古董

2021 ANTIQUES AUCTION RECORDS

拍卖年鉴 玉器

2020-01-01～2020-12-31

欣弘 编

CNS PUBLISHING & MEDIA 湖南美术出版社
全国百佳图书出版单位

图书在版编目(CIP)数据

2021古董拍卖年鉴 · 玉器 / 欣弘编.— 长沙：湖南美术出版社，2020.12
ISBN 978-7-5356-9390-7

Ⅰ. ①2… Ⅱ. ①欣… Ⅲ. ①历史文物－拍卖－价格－中国－2021－年鉴②古玉器－拍卖－价格－中国－2021－年鉴 Ⅳ. ①F724.787-54

中国版本图书馆CIP数据核字(2021)第003612号

2021古董拍卖年鉴 · 玉器

2021 GUDONG PAIMAI NIANJIAN · YUQI

出 版 人：黄　啸
编　　者：欣　弘
策　　划：易兴宏　李志文
责任编辑：李　坚

湖南美术出版社出版发行(长沙市东二环一段622号)
湖南省新华书店经销
雅昌文化(集团)有限公司制版、印刷
开本：787mm × 1092mm　1/16　印张：19
版次：2020年12月第1版　印次：2020年12月第1次印刷
ISBN 978-7-5356-9390-7
定价：168.00元

邮购联系：0731-84787105　邮编：410016　网址：http://www.arts-press.com/
电子邮箱：market@arts-press.com
如有倒装、破损、少页等印装质量问题，请与印刷厂联系斢换。

目　　录

凡　例

1.《2021古董拍卖年鉴》分瓷器卷、玉器卷、杂项卷、翡翠珠宝卷、书画卷，共五册，收录了纽约、伦敦、巴黎、日内瓦、香港、澳门、台北、北京、上海、广州、昆明、天津、重庆、成都、合肥、南京、西安、沈阳、济南等城市或地区的几十家拍卖公司几百个专场的2020年度拍卖成交记录与拍品图片。

2.本书内文条目原则上保留了原拍卖记录（由于作品来自不同的拍卖公司，为便于搜索，对于用词不一致的名称，如“三羊开泰”“三阳开泰”“安迪·沃荷”“安迪·沃霍尔”等等，均不作统一），按拍品号、品名、估价、成交价、尺寸、拍卖公司名称、拍卖日期等排序，部分原内容缺失或不详的不注明，书画卷内文条目还有作者姓名、作品形式、创作年代等内容。

3.因境外拍卖公司宿地不同，本书拍品估价涉及多个币种：RMB（人民币），USD（美元），EUR（欧元），GBP（英镑），HKD（港币），NTD（新台币）。但本书所有拍品成交价均按汇率转换成RMB（人民币）。

4.多人合作的作品，条目中仅列出一至两位主要作者的名字。

礼　玉

玉　璜

208 新石器时代 青玉璜
估　价：HKD 40,000～60,000
成交价：RMB 42,180
宽11.5cm 佳士得 2020-10-08

101 商至西周 玉璜（一组两件）
估　价：GBP 1,000～2,000
成交价：RMB 71,132
宽13.8cm；宽12.2cm 伦敦苏富比 2020-06-15

8 商晚期/周 玉璜（一组四件）
估　价：GBP 12,000～18,000
成交价：RMB 978,300
长12cm 伦敦佳士得 2020-11-03

667 文化期 玉雕双龙首璜
估　价：HKD 30,000～50,000
成交价：RMB 30,656
宽4.8cm 中国嘉德 2020-10-10

2726 商晚期/西周早期 玉双龙形璜
估　价：HKD 120,000～180,000
成交价：RMB 191,700
长27.1cm 佳士得 2020-11-30

1732 新石器时代 中国东南部 公元前四千年至前三千年 玉璜（三件）
估　价：USD 6,000～8,000
成交价：RMB 221,423
最长14.7cm 纽约佳士得 2020-09-25

661 西周 白玉满红沁人龙复合纹璜
估　价：HKD 60,000～80,000
成交价：RMB 173,720
宽8.7cm 中国嘉德 2020-10-10

1014 西周 黄玉人龙纹璜
估　价：RMB 450,000～600,000
成交价：RMB 504,000
长11.4cm 上海叫美 2020-08-22

479 西周 鸟纹玉璜
估　价：HKD 80,000～120,000
成交价：RMB 275,908
长7.2cm 中国嘉德 2020-10-10

2744 西周 玉璜
估　价：HKD 280,000～400,000
成交价：RMB 298,200
长8.6cm 佳士得 2020-11-30

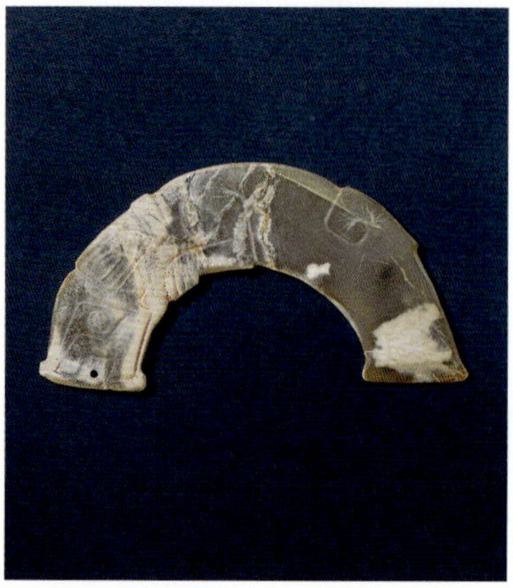

2773 西周 玉龙形璜
估　价：HKD 30,000～50,000
成交价：RMB 53,250
宽9cm 佳士得 2020-11-30

2745 西周 玉双龙纹璜
估　价：HKD 80,000～120,000
成交价：RMB 127,800
长6.6cm 佳士得 2020-11-30

646 春秋晚期 黄玉谷纹璜（一对）
估　价：HKD 40,000～60,000
成交价：RMB 153,282
宽17.7cm×2 中国嘉德 2020-10-10

986 汉 玉谷纹璜
估　价：HKD 100,000～200,000
成交价：RMB 74,976
长25.5cm 保利香港 2020-12-02

58 明 玛瑙璜
估　价：GBP 6,000～8,000
成交价：RMB 65,220
宽14.6cm 伦敦佳士得 2020-11-03

130 明 黄玉璜
估　价：GBP 1,500～2,000
成交价：RMB 107,077
宽11.5cm 伦敦佳士得 2020-02-13

680 春秋 玉雕双龙首璜
估　价：HKD 25,000～35,000
成交价：RMB 143,063
宽5.8cm 中国嘉德 2020-10-10

6180 明 黄玉云雷纹璜
估　价：RMB 300,000～500,000
成交价：RMB 345,000
长11.5cm 北京保利 2020-10-20

1009 明 白玉红沁镂雕螭龙纹璜
估　价：RMB 900,000～1,200,000
成交价：RMB 1,008,000
14.8cm×7.6cm×0.4cm 上海呗美 2020-08-22

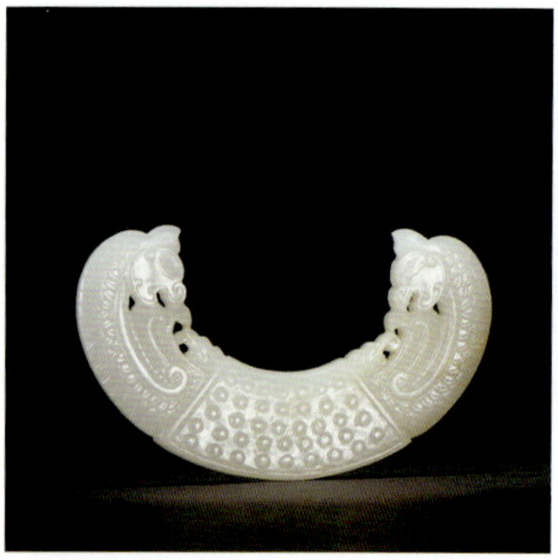

4602 清 白玉双凤纹谷纹璜
估　价：RMB 10,000～15,000
成交价：RMB 11,500
长8.2cm 西泠印社 2020-08-09

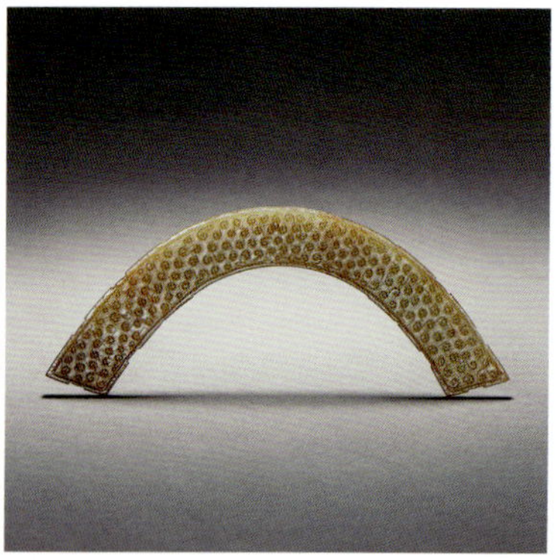

2100 清 谷纹玉璜
估　价：RMB 60,000～120,000
成交价：RMB 115,000
长15.5cm 古天一 2020-10-16

2009 清 青黄玉卷云纹璜
估　价：RMB 60,000～90,000
成交价：RMB 69,000
长8cm 古天一 2020-10-16

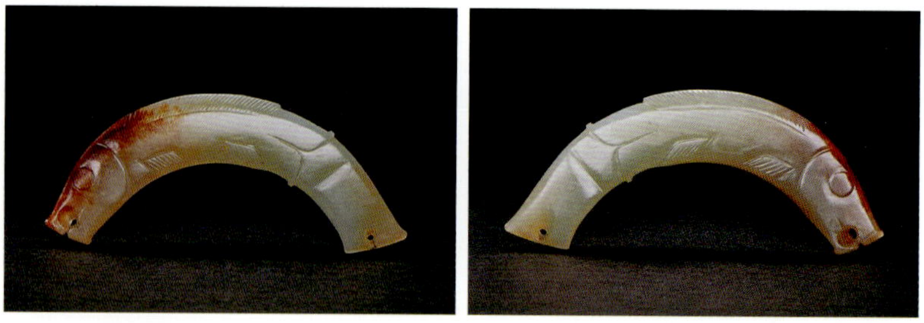

1004 清 鱼形玉璜
估　价：RMB 40,000
成交价：RMB 74,750
长7.2cm 古天一 2020-10-16

玉　琥

2727 商 玉虎
估　价：HKD 120,000～180,000
成交价：RMB 372,750
长27cm 佳士得 2020-11-30

464 商晚期 玉虎（一对）
估　价：HKD 120,000～180,000
成交价：RMB 286,126
长4.3cm；长4.2cm 中国嘉德 2020-10-10

568 东周 玉虎形牌
估　价：USD 20,000～30,000
成交价：RMB 2,754,259
长14cm 纽约苏富比 2020-09-23

玉 璧

1702 公元前三千年 良渚文化 青玉璧
估　价：USD 15,000～25,000
成交价：RMB 161,809
外径17.8cm 纽约佳士得 2020-09-25

385 新石器时代 良渚文化玉璧
估　价：HKD 20,000～30,000
成交价：RMB 114,240
外径13.3cm 香港苏富比 2020-06-05

1723 新石器时代 良渚文化 公元前三千年 灰白玉璧
估　价：USD 6,000～8,000
成交价：RMB 80,904
外径14.5cm 纽约佳士得 2020-09-25

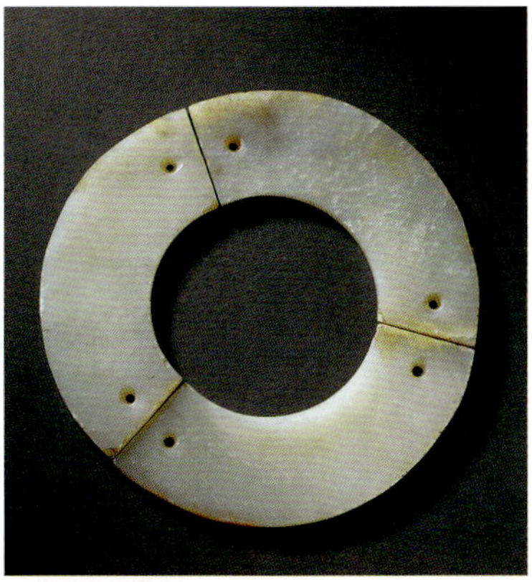

453 新石器时代 白玉联璧
估　价：HKD 30,000～50,000
成交价：RMB 76,641
外径10cm 中国嘉德 2020-10-10

204 新石器时代 玉璧（两件）
估　价：HKD 60,000～80,000
成交价：RMB 200,355
外径18cm×2 佳士得 2020-10-08

18 新石器时代江淮地区 青玉齿牙璧
估　价：HKD 400,000～600,000
成交价：RMB 709,254
外径16.6cm 香港苏富比 2020-10-09

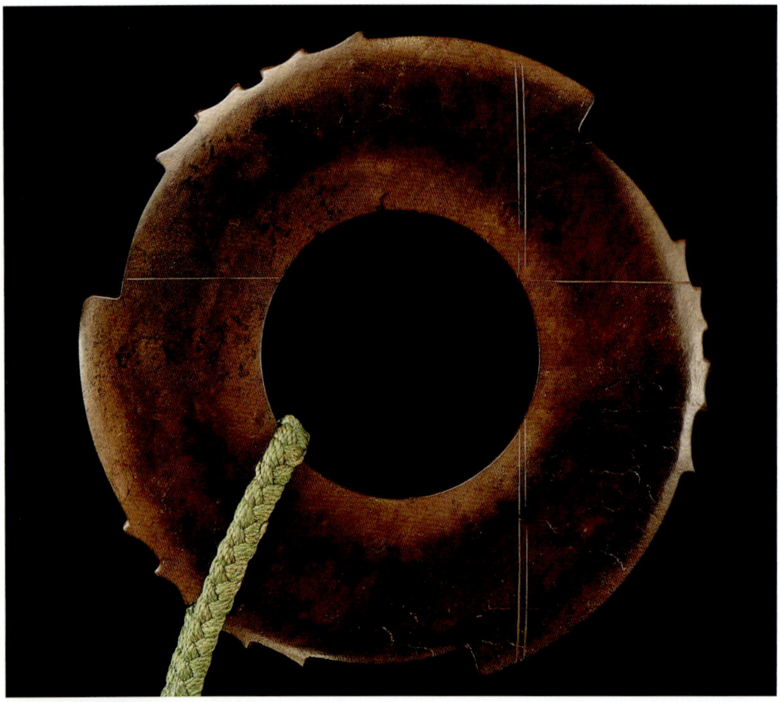

133 新石器时代至商 玉牙璧
估　价：HKD 300,000～500,000
成交价：RMB 1,808,000
外径14cm 香港苏富比 2020-07-11

125 新石器时代至周 玉璧
估　价：HKD 350,000～400,000
成交价：RMB 960,500
外径16.3cm 香港苏富比 2020-07-11

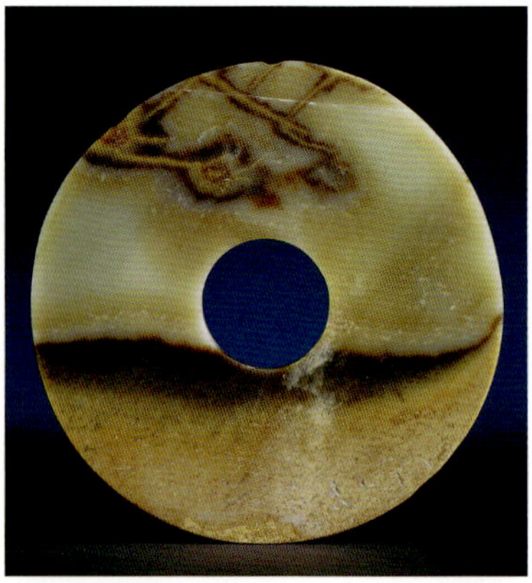

454 新石器时代 青白玉璧
估　价：HKD 50,000～70,000
成交价：RMB 255,470
外径22.5cm 中国嘉德 2020-10-10

598 新石器时代 青玉璧
估　价：HKD 30,000～50,000
成交价：RMB 112,407
外径19.2cm 中国嘉德 2020-10-10

35 新石器时代红山文化 青白玉三联璧
估　价：HKD 80,000～100,000
成交价：RMB 196,409
高8.8cm 香港苏富比 2020-10-09

1740 中国西北部 公元前二千年 玉璧（两件）
估　价：USD 7,000～10,000
成交价：RMB 144,776
大的外径13.5cm 纽约佳士得 2020-09-25

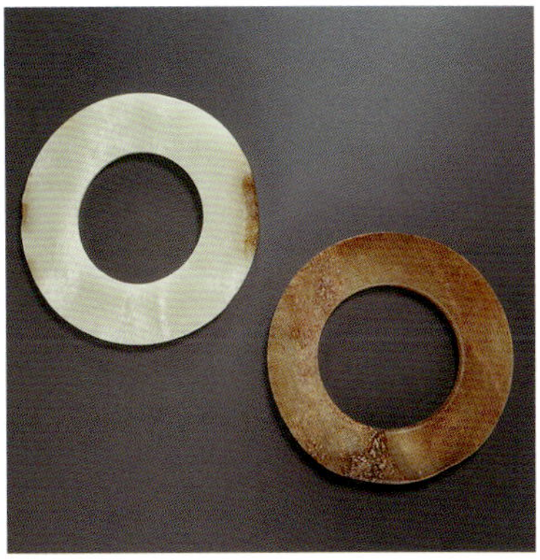

1727 中国西北部 公元前二千年 玉璧（两件）
估　价：USD 8,000～12,000
成交价：RMB 110,711
外径11.5cm×2 纽约佳士得 2020-09-25

2712 商 玉有领璧
估　价：HKD 60,000～80,000
成交价：RMB 276,900
高1.9cm 佳士得 2020-11-30

1735 中国西北部 公元前二千年 灰褐玉璧
估　价：USD 5,000～7,000
成交价：RMB 153,293
外径17.1cm 纽约佳士得 2020-09-25

2127 齐家文化 环形大玉璧
估　价：NTD 150,000
成交价：RMB 42,660
外径11.3cm 台北艺珍 2020-08-16

1737 中国西北部 公元前二千年 玉璧（两件）
估　价：USD 12,000～18,000
成交价：RMB 76,646
大的外径14cm 纽约佳士得 2020-09-25

448 文化期 良渚玉璧
估　价：HKD 50,000～70,000
成交价：RMB 53,138
外径12.4cm 中国嘉德 2020-10-10

300 文化期 玉双联璧
成交价：RMB 128,000
高6.8cm 中国嘉德 2020-07-13

2713 商 玉有领璧
估　价：HKD 80,000～120,000
成交价：RMB 340,800
外径10.1cm 佳士得 2020-11-30

675 汉 白玉红沁谷纹璧
估　价：HKD 120,000～180,000
成交价：RMB 153,282
外径12.2cm 中国嘉德 2020-10-10

489 战国 谷纹系璧
估　价：HKD 60,000～80,000
成交价：RMB 71,532
长6cm 中国嘉德 2020-10-10

181 16/17世纪 青玉螭龙灵芝璧
估　价：EUR 3,000～4,000
成交价：RMB 29,782
长9cm 巴黎佳士得 2020-06-23

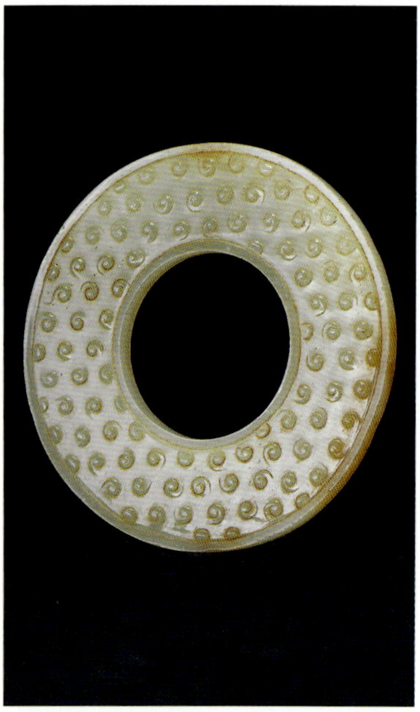

709 战国 白玉谷纹璧
估　价：HKD 20,000～30,000
成交价：RMB 73,575
外径6.4cm 中国嘉德 2020-10-10

394 西汉 玉卧蚕纹出廓璧
估　价：HKD 30,000～50,000
成交价：RMB 91,392
外径6.5cm 香港苏富比 2020-06-05

5051 明 “玬青素瑗”囊匣题铭 龚心钊旧藏玉璧
估　价：RMB 150,000～200,000
成交价：RMB 460,000
外径14cm 北京保利 2020-10-19

284 明 白玉透雕龙纹出廓璧形佩
估　价：HKD 80,000～120,000
成交价：RMB 137,085
长9.3cm 佳士得 2020-10-08

3121 明 玛瑙兽面纹璧
成交价：RMB 13,800
长5.7cm 中鸿信 2020-01-03

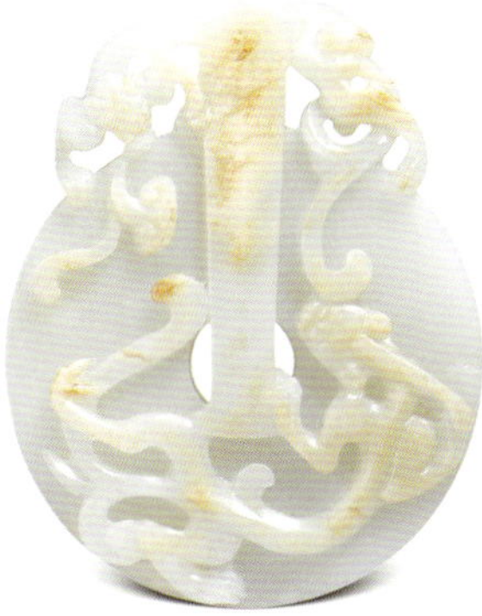

1911 明 白玉螭龙圭璧
估　价：RMB 22,000
成交价：RMB 48,300
高8.5cm 中贸圣佳 2020-12-08

2324 明 白玉龙凤纹出廓璧
成交价：RMB 34,500
高11.7cm 中鸿信 2020-01-03

6176 明 古玉璧
估　价：RMB 800,000～1,200,000
成交价：RMB 977,500
外径20.8cm 北京保利 2020-10-20

2484 明 玉璧
估　价：RMB 30,000～50,000
成交价：RMB 34,500
外径5cm 中国嘉德 2020-08-18

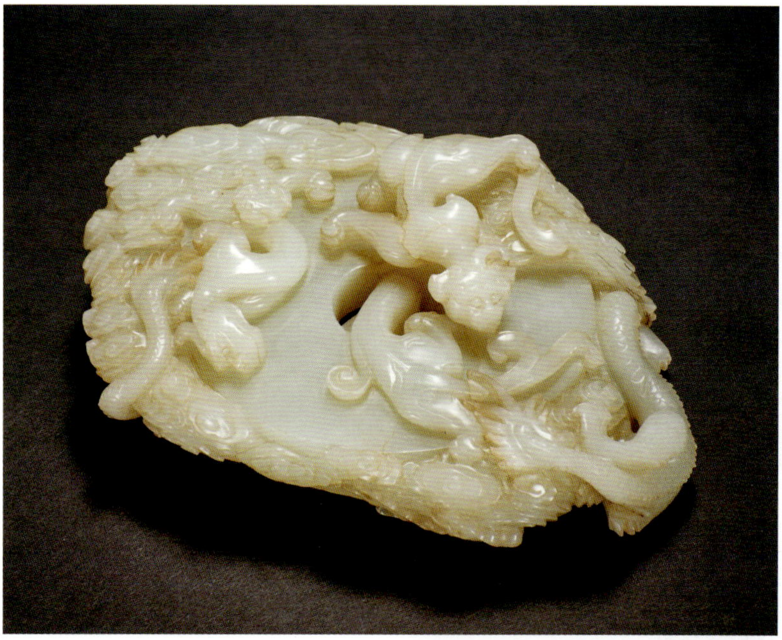

1017 清乾隆 白玉浮雕五龙璧
估　价：RMB 900,000～1,200,000
成交价：RMB 1,008,000
长15.8cm；宽9.9cm；厚4.8cm
上海嗼美 2020-08-22

1124 清中期 白玉云纹璧
估　价：RMB 120,000～180,000
成交价：RMB 179,200
外径5.75cm 上海联合 2020-11-29

1873 清乾隆 白玉巧雕螭龙璧（配底座）
估　价：RMB 200,000～300,000
成交价：RMB 345,000
外径8.2cm 北京保利 2020-12-05

3127 清乾隆 白玉饕餮纹圭璧附带铜鎏金烧蓝底座
“云字三十九号”“乾隆年制”款
估　价：RMB 50,000～80,000
成交价：RMB 287,500
高24cm 中鸿信 2020-01-03

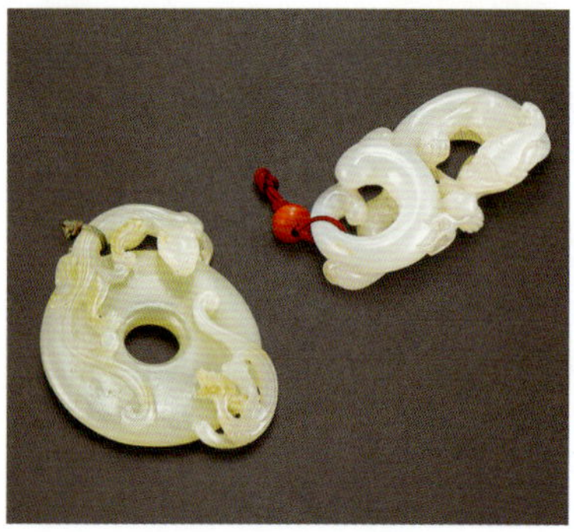

644 清 白玉螭龙璧及佩（一组两件）
估　价：HKD 20,000～30,000
成交价：RMB 91,392
长6cm × 2 香港苏富比 2020-06-05

2151 清 白玉螭龙纹璧
估　价：RMB 150,000～200,000
成交价：RMB 609,500
外径4cm 古天一 2020-10-16

2127 清 白玉透雕云气龙纹璧
估　价：RMB 180,000～280,000
成交价：RMB 230,000
外径8.5cm 古天一 2020-10-16

2014 清 白玉谷纹璧
估　价：RMB 80,000～120,000
成交价：RMB 172,500
外径6.8cm 古天一 2020-10-16

4297 清 白玉雕双螭龙出廓璧
估　价：RMB 20,000～30,000
成交价：RMB 36,800
6.0cm×4.7cm 西泠印社 2020-08-09

2138 清 谷纹玉璧
估　价：RMB 80,000～150,000
成交价：RMB 172,500
外径6cm 古天一 2020-10-16

2095 清 白玉双螭龙纹出廓璧
估　价：RMB 120,000～150,000
成交价：RMB 138,000
长7cm 古天一 2020-10-16

584 清 青白玉仿古螭龙纹璧（一组三件）
估　价：HKD 20,000～30,000
成交价：RMB 100,622
外径5.5cm至7.8cm 香港苏富比 2020-11-26

1026 清 玉雕龙纹璧
估　价：RMB 110,000
成交价：RMB 126,500
外径7.5cm 古天一 2020-10-16

1123 双龙谷纹玉璧
估　价：RMB 300,000～380,000
成交价：RMB 336,000
8cm×6cm 上海联合 2020-11-29

295 清 玉卧虎藏龙佩、玉仿古浮雕螭龙璧、
玉仿古螭龙瓶
估　价：HKD 30,000～60,000
成交价：RMB 79,088
佳士得 2020-10-08

玉　琮

618 新石器时代 黄玉琮
估　价：HKD 60,000～80,000
成交价：RMB 327,002
孔径3.5cm；高2cm 中国嘉德 2020-10-10

459 新石器时代 青玉琮
估　价：HKD 40,000～60,000
成交价：RMB 327,002
孔径4.7cm；高3.5cm 中国嘉德 2020-10-10

457 新石器时代 青白玉琮
估　价：HKD 30,000～50,000
成交价：RMB 163,501
孔径5.5cm；高5.5cm 中国嘉德 2020-10-10

619 新石器时代 黄玉圆琮
估　价：HKD 120,000～180,000
成交价：RMB 173,720
孔径7.8cm；高4cm 中国嘉德 2020-10-10

606 新石器时代 青白玉琮
估　价：HKD 50,000～70,000
成交价：RMB 81,750
孔径3cm；高2.2cm 中国嘉德 2020-10-10

600 新石器时代 青玉琮
估　价：HKD 50,000～70,000
成交价：RMB 163,501
孔径4.2cm；高3cm 中国嘉德 2020-10-10

611 新石器时代 青玉琮
估　价：HKD 30,000～50,000
成交价：RMB 255,470
孔径5cm；高4cm 中国嘉德 2020-10-10

398 新石器时代 齐家文化青玉琮
估　价：HKD 100,000～150,000
成交价：RMB 114,240
孔径13cm 香港苏富比 2020-06-05

1701 新石器时代 良渚文化 公元前三千年 玉石琮
估　价：USD 10,000～15,000
成交价：RMB 55,356
高12.8cm 纽约佳士得 2020-09-25

445 新石器时代 青玉琮
估　价：HKD 30,000～50,000
成交价：RMB 132,844
孔径5cm；高5.5cm 中国嘉德 2020-10-10

616 新石器时代 玉琮
估　价：HKD 60,000～80,000
成交价：RMB 306,564
孔径4.4cm；高2.3cm 中国嘉德 2020-10-10

5021 新石器时代（或良渚文化）玉琮
估　价：HKD 80,000～120,000
成交价：RMB 91,989
孔径6.4cm 香港苏富比 2020-05-22

5006 新石器时代（或齐家文化）玉琮
估　价：HKD 200,000～250,000
成交价：RMB 344,960
高12.7cm 香港苏富比 2020-05-22

52 新石器时代良渚文化 玉琮
估　价：HKD 2,000,000～3,000,000
成交价：RMB 3,273,480
香港苏富比 2020-10-09

1751 中国西北部 公元前一千年 灰褐玉琮
估　价：USD 15,000～25,000
成交价：RMB 723,881
高20.8cm 纽约佳士得 2020-09-25

1747 中国西北部 公元前一千年 灰绿玉琮
估　价：USD 4,000～6,000
成交价：RMB 102,195
长5.8cm 纽约佳士得 2020-09-25

202 良渚文化 玉琮
估　价：HKD 100,000～150,000
成交价：RMB 105,450
宽6.5cm 佳士得 2020-10-08

1739 中国西北部 公元前一千年 青白玉琮
估　价：USD 4,000～6,000
成交价：RMB 76,646
孔径4.7cm 纽约佳士得 2020-09-25

339 文化期 满红沁玉琮
估　价：HKD 100,000～150,000
成交价：RMB 213,344
宽5cm 中国嘉德 2020-07-13

719 文化期 白玉神面纹琮
估　价：HKD 100,000～150,000
成交价：RMB 102,188
宽5cm 中国嘉德 2020-10-10

2224 良渚文化 玉琮
估　价：NTD 600,000
成交价：RMB 170,640
高2.5cm；孔径6cm 台北艺珍 2020-08-16

682 文化期 玉琮
估　价：HKD 2,200,000～2,800,000
成交价：RMB 2,248,136
高20.8cm 中国嘉德 2020-10-10

99 商至西周 玉琮（一组两件）
估　价：GBP 3,000～5,000
成交价：RMB 98,490
宽5.5cm；宽4.3cm 伦敦苏富比 2020-06-15

346 商 玉琮
估　价：HKD 40,000～60,000
成交价：RMB 42,669
宽8.3cm 中国嘉德 2020-07-13

725 文化期 玉雕红沁琮勒
估　价：HKD 250,000～350,000
成交价：RMB 255,470
高3.1cm 中国嘉德 2020-10-10

663 西周 沁色蝉纹玉琮
估　价：HKD 100,000～150,000
成交价：RMB 286,126
宽6.1cm 中国嘉德 2020-10-10

893 周 公元前一千年 灰青玉琮
估　价：USD 4,000～6,000
成交价：RMB 119,315
长6.4cm 纽约佳士得 2020-09-24

642 西周 青白玉琮
估　价：HKD 20,000～30,000
成交价：RMB 204,376
高11.2cm 中国嘉德 2020-10-10

3750 宋 八卦兽面纹红沁玉琮
估　价：RMB 50,000～80,000
成交价：RMB 172,500
高13.5cm 西泠印社 2020-08-09

6181 明 刻御题诗玉琮
估　价：RMB 300,000～400,000
成交价：RMB 368,000
高23.6cm 北京保利 2020-10-20

4364 明 沁色玉琮式管
估　价：RMB 120,000～150,000
成交价：RMB 172,500
3.7cm×1.5cm 西泠印社 2020-08-09

1622 明 玉琮
成交价：RMB 71,300
4.3cm×4.3cm 华艺国际 2020-10-16

4196 明 玉雕十二节弦纹琮
估　价：RMB 80,000～120,000
成交价：RMB 92,000
高25cm 西泠印社 2020-08-09

1028 明 旧玉琮
估　价：RMB 120,000～180,000
成交价：RMB 134,400
长5.5cm 上海呗美 2020-08-22

2010 清 玉琮
估　价：RMB 60,000～90,000
成交价：RMB 207,000
高5.5cm 古天一 2020-10-16

玉　圭

597 新石器时代 青玉圭
估　价：HKD 20,000～30,000
成交价：RMB 204,376
长24.5cm 中国嘉德 2020-10-10

1644 明 青玉圭
估　价：RMB 100,000～150,000
成交价：RMB 115,000
长30cm 北京保利 2020-12-05

3142 清乾隆 御题诗海水纹圭
估　价：RMB 30,000～50,000
成交价：RMB 57,500
高27cm 中鸿信 2020-01-03

玉　璋

2702 二里头文化或略早 玉牙璋
估　价：HKD 500,000～700,000
成交价：RMB 1,917,000
长15.9cm 佳士得 2020-11-30

452 新石器时代 灰青玉璋
估　价：HKD 15,000～20,000
成交价：RMB 45,985
长19.8cm 中国嘉德 2020-10-10

121 新石器时代晚期 墨玉牙璋
估　价：HKD 1,000,000～1,500,000
成交价：RMB 4,280,440
长38cm 香港苏富比 2020-07-11

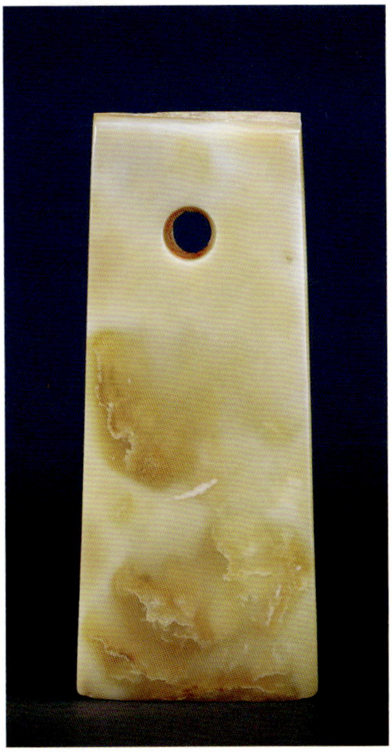

612 新石器时代 白玉璋
估　价：HKD 120,000～180,000
成交价：RMB 459,846
长17.4cm 中国嘉德 2020-10-10

玉　册

970 清乾隆 碧玉雕《后赤壁赋》玉册
估　价：RMB 2,800,000～3,800,000
成交价：RMB 3,220,000
高8.9cm×4 永乐拍卖 2020-12-02

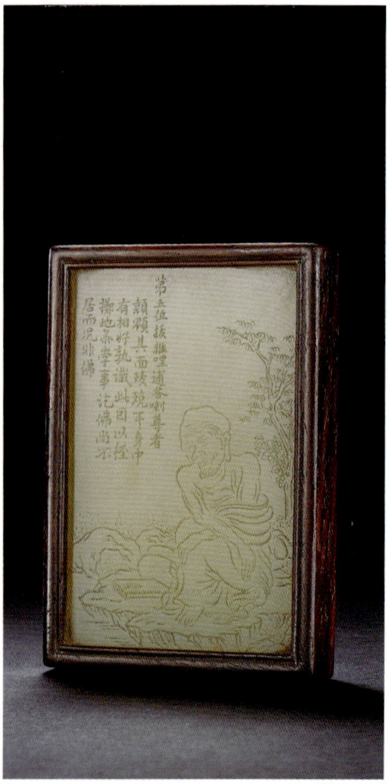

1039 清 黄玉阴刻罗汉册
估　价：RMB 80,000
成交价：RMB 138,000
8.8cm × 6.5cm 古天一 2020-10-16

玉　刀

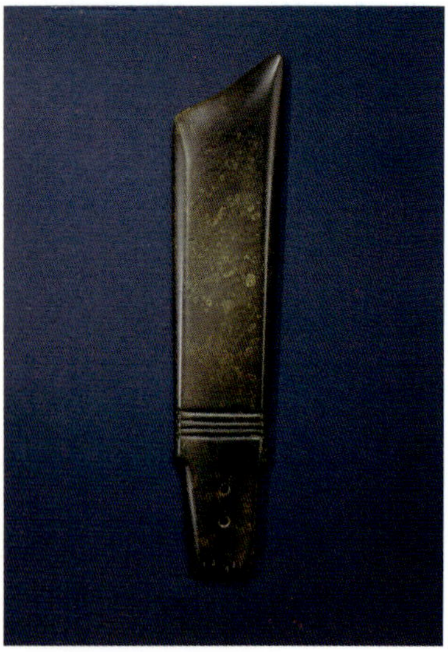

2704 二里头文化 璋式玉刀
估　价：HKD 30,000～50,000
成交价：RMB 79,875
长9cm 佳士得 2020-11-30

2701 二里头文化 墨玉刀
估　价：HKD 120,000～180,000
成交价：RMB 426,000
长13cm 佳士得 2020-11-30

3 新石器时期齐家文化 青玉刀
估　价：GBP 15,000～25,000
成交价：RMB 869,600
长37.1cm 伦敦佳士得 2020-11-03

628 文化期 三孔玉刀
估　价：HKD 30,000～50,000
成交价：RMB 132,844
长47.3cm 中国嘉德 2020-10-10

2734 商 鱼形刻刀（共三件）
估　价：HKD 80,000～120,000
成交价：RMB 340,800
最长3.9cm 佳士得 2020-11-30

玉　戈

2883 商 玉戈
估　价：HKD 200,000～400,000
成交价：RMB 678,000
长34.5cm 佳士得 2020-07-09

2710 商 玉戈
估　价：HKD 50,000～80,000
成交价：RMB 319,500
高6.7cm 佳士得 2020-11-30

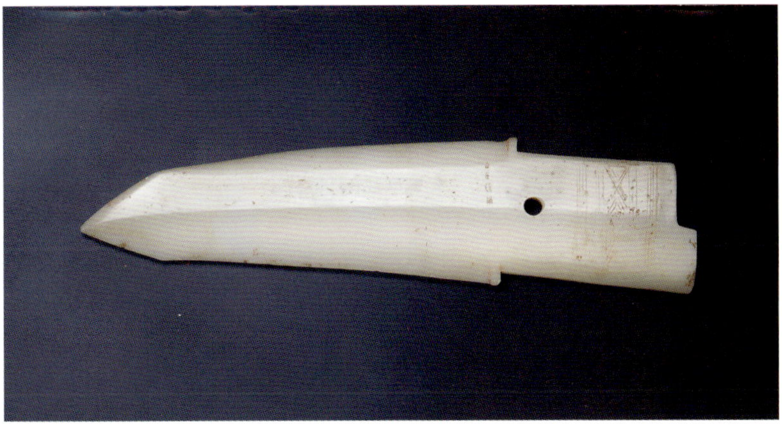

2707 商晚期 “㠱侯弥用”白玉戈
估　价：HKD 2,500,000～4,000,000
成交价：RMB 5,529,480
高3.5cm 佳士得 2020-11-30

2708 商晚期 玉戈
估　价：HKD 1,500,000～2,500,000
成交价：RMB 1,704,000
高3.5cm 佳士得 2020-11-30

2709 商晚期 玉戈
估　价：HKD 120,000～150,000
成交价：RMB 234,300
高6.9cm 佳士得 2020-11-30

1 商晚期 嵌绿松石青铜柄玉戈
估　价：GBP 15,000～25,000
成交价：RMB 1,847,900
长23.2cm 伦敦佳士得 2020-11-03

106 商至周 玉戈
估　价：HKD 700,000～900,000
成交价：RMB 678,000
长43.4cm 香港苏富比 2020-07-11

2706 晚商 安阳时期 玉援铜内戈
估　价：HKD 1,200,000～1,800,000
成交价：RMB 5,325,000
高4.8cm 佳士得 2020-11-30

2737 西周 玉戈
估　价：HKD 30,000～50,000
成交价：RMB 202,350
长11cm 佳士得 2020-11-30

2 商晚期 青玉戈
估　价：GBP 20,000～30,000
成交价：RMB 2,500,100
长28.9cm 伦敦佳士得 2020-11-03

213 新石器时代 黄玉钺
估　价：HKD 60,000～80,000
成交价：RMB 89,633
长11.4cm 佳士得 2020-10-08

367 新石器时代 龙山文化玉钺
估　价：HKD 20,000～30,000
成交价：RMB 148,512
长3.3cm 香港苏富比 2020-06-05

玉　钺

613 新石器时代 白玉钺
估　价：HKD 50,000～70,000
成交价：RMB 91,969
长12cm；宽4.7cm 中国嘉德 2020-10-10

610 新石器时代 灰玉钺
估　价：HKD 30,000～50,000
成交价：RMB 76,641
长24.5cm；宽6.5cm 中国嘉德 2020-10-10

447 新石器时代 青玉钺
估　价：HKD 80,000～120,000
成交价：RMB 306,564
长21.3cm；宽5.4cm 中国嘉德 2020-10-10

638 文化期 玉钺
估　价：HKD 15,000～20,000
成交价：RMB 53,138
高19.2cm 中国嘉德 2020-10-10

666 文化期 玉钺
估　价：HKD 80,000～120,000
成交价：RMB 112,407
高6.1cm 中国嘉德 2020-10-10

608 新石器时代 青白玉斧
估　价：HKD 30,000～50,000
成交价：RMB 63,357
长15cm；宽7.2cm 中国嘉德 2020-10-10

玉　斧

456 新石器时代 碧玉斧
估　价：HKD 15,000～20,000
成交价：RMB 81,750
长9.8cm；宽4.6cm 中国嘉德 2020-10-10

615 新石器时代 白玉斧
估　价：HKD 180,000～220,000
成交价：RMB 613,128
长20.6cm；宽7.6cm 中国嘉德 2020-10-10

449 新石器时代 青玉斧
估　价：HKD 30,000～50,000
成交价：RMB 132,844
长15.5cm；宽9.2cm 中国嘉德 2020-10-10

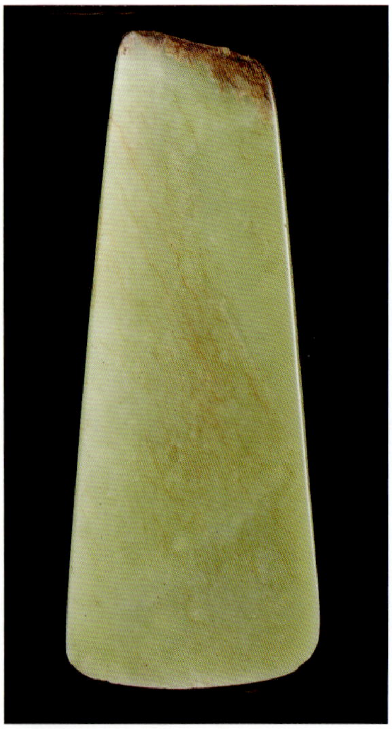

9 新石器时代东北地区 青黄玉斧
估　价：HKD 200,000～300,000
成交价：RMB 196,409
长22.8cm 香港苏富比 2020-10-09

630 文化期 玉斧
估　价：HKD 20,000～30,000
成交价：RMB 388,314
长45cm 中国嘉德 2020-10-10

玉　铲

5077 新石器时代 玉铲
估　价：HKD 50,000～70,000
成交价：RMB 57,493
长25.4cm 香港苏富比 2020-05-22

玉　戚

2703 夏 / 商 玉戚
估　价：HKD 30,000～50,000
成交价：RMB 101,175
长13.5cm 佳士得 2020-11-30

2705 商 镶嵌绿松石兽面铜内玉戚
估　价：HKD 1,800,000～2,500,000
成交价：RMB 5,325,000
直径5cm 佳士得 2020-11-30

2741 西周 玉戚
估　价：HKD 150,000～250,000
成交价：RMB 372,750
长10.6cm 佳士得 2020-11-30

4 商晚期/西周早期 青玉戚
估　价：GBP 15,000～20,000
成交价：RMB 489,150
长10.2cm 伦敦佳士得 2020-11-03

玉 凿

601 新石器时代 碧玉凿
估　价：HKD 30,000～50,000
成交价：RMB 286,126
长30cm；宽6.5cm 中国嘉德 2020-10-10

599 新石器时代 青玉凿
估　价：HKD 30,000～50,000
成交价：RMB 112,407
长17cm；宽3.2cm 中国嘉德 2020-10-10

450 新石器时代 青玉凿
估　价：HKD 15,000～20,000
成交价：RMB 194,157
长23cm；宽5cm 中国嘉德 2020-10-10

603 新石器时代 青玉凿
估　价：HKD 15,000～20,000
成交价：RMB 255,470
长13.5cm；宽4.7cm 中国嘉德 2020-10-10

玉 锛

2711 商 墨玉锛
估　价：HKD 30,000～50,000
成交价：RMB 117,150
高8.4cm 佳士得 2020-11-30

佩玩件

玉　玦

372 新石器时代 红山文化玉玦及玉珠（一组四件）
估　价：HKD 30,000～40,000
成交价：RMB 102,816
直径2cm—5cm 香港苏富比 2020-06-05
（以下“直径”未做特别说明者均指外径）

299 文化期 黄玉玦
成交价：RMB 58,670
宽1.8cm 中国嘉德 2020-07-13

玉璇玑

105 新石器时代晚期至商 玉璇玑（一组两件）
估　价：GBP 4,000～6,000
成交价：RMB 60,189
直径6.8cm；直径6.4cm 伦敦苏富比 2020-06-15

631 文化期 黄玉璇玑
估　价：HKD 60,000～80,000
成交价：RMB 94,013
宽4cm 中国嘉德 2020-10-10

319 文化期 白玉璇玑
估　价：HKD 60,000～80,000
成交价：RMB 170,675
宽7cm 中国嘉德 2020-07-13

713 商 玉雕牙璇玑
估　价：HKD 100,000～150,000
成交价：RMB 102,188
宽9.3cm 中国嘉德 2020-10-10

玉环、玉瑗

446 新石器时代 白玉环
估　价：HKD 50,000～70,000
成交价：RMB 132,844
直径16cm 中国嘉德 2020-10-10

206 新石器时代 黄玉环
估　价：HKD 60,000～80,000
成交价：RMB 115,995
直径15.2cm 佳士得 2020-10-08

205 新石器时代 玉环
估　价：HKD 60,000～80,000
成交价：RMB 63,270
直径12cm 佳士得 2020-10-08

1741 中国西北部 公元前二千年 玉环两件
估　价：USD 8,000～12,000
成交价：RMB 144,776
大的直径12.1cm 纽约佳士得 2020-09-25

5010 或商 玉环
估　价：HKD 100,000～150,000
成交价：RMB 160,981
直径13.3cm 香港苏富比 2020-05-22

2208 红山文化 环面猪形龙
估　价：NTD 1,500,000
成交价：RMB 625,680
直径5cm；高2.6cm
台北艺珍 2020-08-16

315 商 红沁玉瑗
估　价：HKD 50,000～70,000
成交价：RMB 640,032
直径11cm 中国嘉德 2020-07-13

573 商 玉环
估　价：USD 12,000～15,000
成交价：RMB 103,285
直径10.7cm 纽约苏富比 2020-09-23

707 西周 青黄玉凤鸟纹环
估　价：HKD 250,000～350,000
成交价：RMB 255,470
直径8.3cm 中国嘉德 2020-10-10

674 东周 玉雕出廓双凤环
估　价：HKD 28,000～38,000
成交价：RMB 132,844
宽7.2cm 中国嘉德 2020-10-10

751 战国 白玉出廓谷纹龙环
估　价：HKD 60,000～80,000
成交价：RMB 69,488
宽7cm 中国嘉德 2020-10-10

2743 西周 龙形牙环
估　价：HKD 80,000～120,000
成交价：RMB 404,700
长9cm 佳士得 2020-11-30

9 元代 白玉浮雕龙纹绦环
估　价：RMB 30,000
成交价：RMB 50,600
长7.1cm 上海呗美 2020-06-10

1947 清中期 白玉龙纹套环
估　价：RMB 20,000～40,000
成交价：RMB 149,500
长6.5cm 北京翰海 2020-12-12

2161 清 白玉扭丝环
估　价：RMB 150,000～250,000
成交价：RMB 368,000
直径4.5cm 古天一 2020-10-16

1948 清中期 白玉龙凤纹套环
估　价：RMB 10,000～20,000
成交价：RMB 184,000
长6.5cm 北京翰海 2020-12-12

2094 清 白玉谷纹环
估　价：RMB 150,000～300,000
成交价：RMB 310,500
直径6.6cm 古天一 2020-10-16

1270 明 红沁螭龙纹环
估　价：RMB 50,000～70,000
成交价：RMB 80,500
直径4.6cm 中贸圣佳 2020-10-16

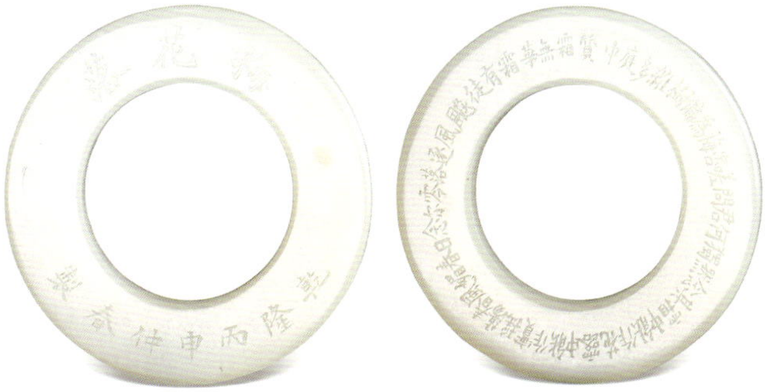

1631 清 白玉浅刻“梅花落”诗文环
“乾隆丙申仲春制”款
估　价：RMB 50,000～80,000
成交价：RMB 57,500
直径5.8cm 北京保利 2020-12-05

1913 清 白玉细线刻夔龙纹方环
估　价：RMB 30,000
成交价：RMB 63,250
长3.7cm 中贸圣佳 2020-12-08

1936 清 黄玉三联环
估　价：RMB 30,000
成交价：RMB 63,250
直径12.4cm 中贸圣佳 2020-12-08

2154 清 青黄玉勾连云纹环
估　价：RMB 120,000～150,000
成交价：RMB 345,000
直径5.7cm 古天一 2020-10-16

2026 清 素玉环
估　价：RMB 100,000～150,000
成交价：RMB 184,000
直径5.8cm 古天一 2020-10-16

2125 清 玉三才环
估　价：RMB 20,000～50,000
成交价：RMB 92,000
直径9.5cm 古天一 2020-10-16

玉管、玉勒

389 或新石器时代山东龙山文化 玉管
估　价：HKD 15,000～20,000
成交价：RMB 1,142,398
高5cm 香港苏富比 2020-06-05

645 文化期 黄玉龙面纹勒
估　价：HKD 30,000～50,000
成交价：RMB 1,941,572
宽3.1cm 中国嘉德 2020-10-10

227 西周 青玉勒
估　价：HKD 80,000～100,000
成交价：RMB 84,360
长7.2cm 佳士得 2020-10-08

217 新石器时代 玉管（一对）
估　价：HKD 60,000～80,000
成交价：RMB 115,995
长6.2cm×2 佳士得 2020-10-08

2746 西周 白玉龙纹管
估　价：HKD 150,000～250,000
成交价：RMB 511,200
长11.2cm 佳士得 2020-11-30

741 春秋 白玉带沁勒
估　价：HKD 30,000～50,000
成交价：RMB 66,422
高6cm 中国嘉德 2020-10-10

743 春秋 白玉红沁虺纹绞丝纹圆勒
估　价：HKD 50,000～70,000
成交价：RMB 51,094
长6.2cm 中国嘉德 2020-10-10

2132 战国 玉谷纹勒
估　价：NTD 250,000
成交价：RMB 91,008
外径1.85cm 台北艺珍 2020-08-16

4013 宋 宣和三年修内司款双钩阴刻陶渊明诗文黄玉勒
估　价：RMB 60,000～80,000
成交价：RMB 1,173,000
高5.1cm；外径1.4cm；内径0.8cm 西泠印社 2020-08-09

227 19世纪 白玉勒子
“子冈”款
估　价：GBP 1,000～1,500
成交价：RMB 120,223
长3.8cm 伦敦苏富比 2020-06-16

2667 明 玉沁色圆珠形勒子
估　价：RMB 1,000～3,000
成交价：RMB 55,200
长4cm 中国嘉德 2020-12-03

742 战国 白玉红沁勒
估　价：HKD 80,000～120,000
成交价：RMB 132,844
高4cm 中国嘉德 2020-10-10

2022 清 青黄玉兽面勒子
估　价：RMB 90,000～150,000
成交价：RMB 126,500
高2.5cm 古天一 2020-10-16

2003 清 弦纹玉勒
成交价：RMB 138,000
长2.8cm 古天一 2020-10-16

2016 清 龙凤纹出廓玉勒
估　价：RMB 150,000～180,000
成交价：RMB 218,500
高1.8cm 古天一 2020-10-16

2074 清 青黄玉谷纹勒子
估　价：RMB 80,000～120,000
成交价：RMB 92,000
高2.6cm 古天一 2020-10-16

2143 清 青黄玉龙纹扁勒子
估　价：RMB 120,000～150,000
成交价：RMB 184,000
长4cm 古天一 2020-10-16

玉刀剑饰

2133 西汉 剑首
估　价：NTD 200,000
成交价：RMB 79,632
外径4cm 台北艺珍 2020-08-16

2049 清 白玉螭龙剑首
估　价：RMB 150,000～200,000
成交价：RMB 368,000
直径4.5cm 古天一 2020-10-16

2140 清 白玉螭纹剑首
估　价：RMB 80,000～120,000
成交价：RMB 310,500
高2.8cm 古天一 2020-10-16

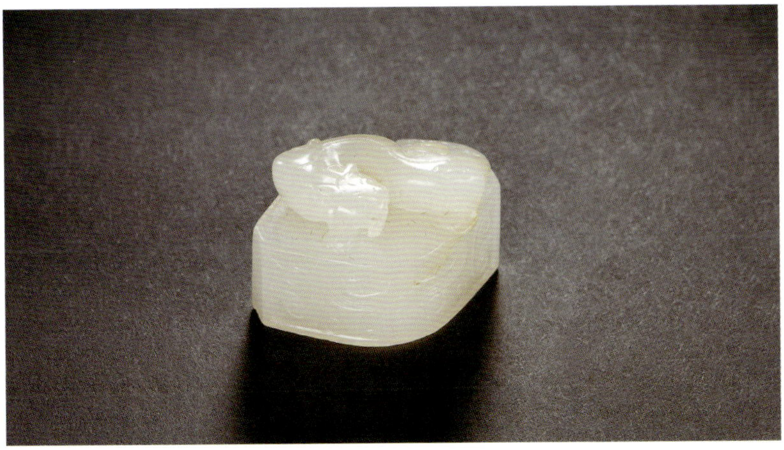

2147 清 白玉高浮雕龙纹剑首
估　价：RMB 100,000～150,000
成交价：RMB 253,000
长3cm 古天一 2020-10-16

755 汉 白玉兽面纹剑璏和剑格（各一件）
估　价：HKD 50,000～70,000
成交价：RMB 51,094
宽5.7cm×2 中国嘉德 2020-10-10

650 清 青白玉剑格（一组两件）
估　价：HKD 15,000～20,000
成交价：RMB 62,832
长4.5cm；长6.3cm 香港苏富比 2020-06-05

492 战国 白玉螭龙纹剑饰
估　价：HKD 90,000～130,000
成交价：RMB 357,658
长9.8cm 中国嘉德 2020-10-10

581 明至清 青白玉螭龙剑格及瑞兽佩饰（一组两件）
估　价：HKD 6,000～8,000
成交价：RMB 53,405
长5.8cm；长6.5cm 香港苏富比 2020-11-26

491 战国 玉剑饰（四件）
估　价：HKD 80,000～120,000
成交价：RMB 327,002
剑首外径4cm；剑格宽6cm；剑璏长8.7cm；剑珌高5.5cm 中国嘉德 2020-10-10

761 汉 白玉兽面勾连云纹剑璏
估　价：HKD 100,000～150,000
成交价：RMB 102,188
长7.2cm 中国嘉德 2020-10-10

1006 元代 白玉红沁兽面纹剑璏
估　价：RMB 150,000～200,000
成交价：RMB 179,200
长12.1cm 上海呗美 2020-08-22

1923 清 白玉螭龙纹文带
估　价：RMB 30,000
成交价：RMB 63,250
长8.7cm 中贸圣佳 2020-12-08

3120 明 旧玉剑格
成交价：RMB 20,700
长4.5cm 中鸿信 2020-01-03

1924 清 鸡骨白玉螭龙纹文带
估　价：RMB 40,000
成交价：RMB 87,400
长10.6cm 中贸圣佳 2020-12-08

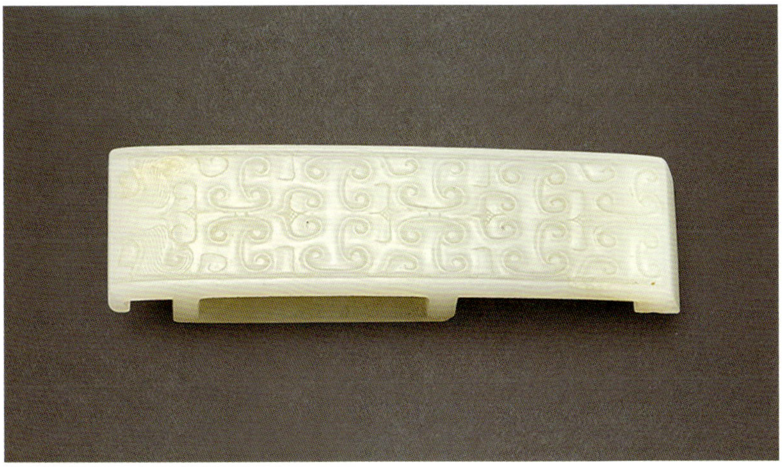

371 或战国 白玉卧蚕纹剑璏
估　价：HKD 20,000～30,000
成交价：RMB 114,240
长9.5cm 香港苏富比 2020-06-05

2060 清 白玉勾云纹兽面剑璲
估　价：RMB 80,000～120,000
成交价：RMB 149,500
长7cm 古天一 2020-10-16

578 或清 剑璏（一组两件）
估　价：HKD 15,000～20,000
成交价：RMB 58,746
长10.1cm；长9.8cm 香港苏富比 2020-11-26

2159 明 白玉高浮雕双螭龙剑璲
估　价：RMB 100,000～150,000
成交价：RMB 115,000
长13.5cm 古天一 2020-10-16

2011 清 白玉兽面勾云纹剑璲
估　价：RMB 50,000～80,000
成交价：RMB 86,250
长6.5cm 古天一 2020-10-16

408 明及更早 玉佩两件及玉剑璏
估　价：HKD 15,000～20,000
成交价：RMB 36,557
通长3.5cm—4cm 香港苏富比 2020-06-05

2485 清 玉螭龙剑璏、玉兽面剑璏（两件）
估　价：RMB 25,000～45,000
成交价：RMB 40,250
长8.1cm；长6.1cm 中国嘉德 2020-08-18

2129 清 玉雕兽面纹剑璏
估　价：RMB 80,000～120,000
成交价：RMB 230,000
长9.5cm 古天一 2020-10-16

5 东周/汉 黄玉剑珌、剑套及剑璏（一组三件）
估　价：GBP 15,000～20,000
成交价：RMB 217,400
剑璏长9.3cm 伦敦佳士得 2020-11-03

2165 清 白玉兽面纹剑璏
估　价：RMB 30,000～50,000
成交价：RMB 82,800
长6cm 古天一 2020-10-16

2015 清 白玉透雕出廓螭龙纹剑璏
估　价：RMB 80,000～120,000
成交价：RMB 94,300
长4cm 古天一 2020-10-16

752 战国 白玉兽面纹剑珌
估　价：HKD 95,000～105,000
成交价：RMB 112,407
宽5.5cm 中国嘉德 2020-10-10

66 明以前 玉兽面纹剑珌（一组两件）
成交价：RMB 21,850
长4.5cm；长5.5cm 广东崇正 2020-06-27

2098 清 白玉高浮雕凤纹剑珌
估 价：RMB 80,000～150,000
成交价：RMB 184,000
长3cm 古天一 2020-10-16

2683 清乾隆 掐丝珐琅龟背纹五福捧寿腰刀、白玉刻“乾隆御赏”画别子、白玉雕乾隆御笔构件（三件）
“乾隆御赏”款
估 价：RMB 250,000～350,000
成交价：RMB 345,000
尺寸不一 中国嘉德 2020-08-18

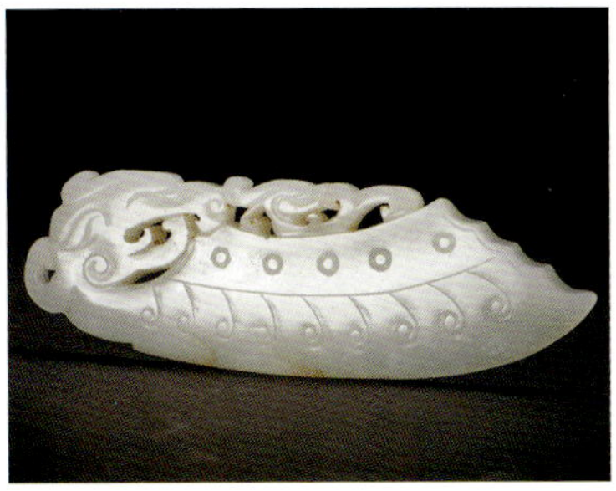

17 清 白玉龙首刀
估 价：RMB 10,000～30,000
成交价：RMB 22,000
长9.8cm 上海呗美 2020-07-30

53 明或更早 青玉饕餮纹剑珌及璧玉钺（一组两件）
估 价：GBP 1,500～2,000
成交价：RMB 13,526
钺长8.3cm；剑珌宽6cm 伦敦佳士得 2020-02-13

2146 清 白玉透雕双凤双兽纹刀首环
估　价：RMB 100,000～150,000
成交价：RMB 212,750
5cm×3cm 古天一 2020-10-16

2130 清 玉雕兽面纹剑珌
估　价：RMB 60,000～90,000
成交价：RMB 69,000
5cm×4.3cm 古天一 2020-10-16

4263 清 青白玉柄短刀配螭龙纹鞘
估　价：RMB 70,000～100,000
成交价：RMB 103,500
22.5cm；18cm 西泠印社 2020-08-09

玉扳指

140 清乾隆 白玉扳指
"乾隆御题"刻款
估　价：GBP 6,000～10,000
成交价：RMB 92,395
直径3.2cm 伦敦佳士得 2020-11-03

2862 清乾隆 白玉绳系璧纹扳指
估　价：RMB 120,000～220,000
成交价：RMB 161,000
外径3.2cm 中国嘉德 2020-12-03

2018 清乾隆 白玉透雕狩猎图扳指
估　价：RMB 50,000～80,000
成交价：RMB 97,750
直径3cm 古天一 2020-10-16

137 清乾隆 青玉御题诗咏玉韘扳指
估　价：GBP 6,000～8,000
成交价：RMB 65,220
直径3.1cm 伦敦佳士得 2020-11-03

229 19世纪 青白玉御题诗扳指
估　价：GBP 800～1,200
成交价：RMB 153,011
宽3.3cm 伦敦苏富比 2020-06-16

2671 清 白玉兰花诗文扳指、狩猎图扳指各一只
估　价：RMB 50,000～80,000
成交价：RMB 86,250
内径1.9cm；内径2.1cm 中国嘉德 2020-12-03

1921 清 白玉洒金皮扳指
估　价：RMB 40,000
成交价：RMB 86,250
长3.6cm 中贸圣佳 2020-12-08

2526 清 琥珀扳指
估　价：RMB 1,000～3,000
成交价：RMB 63,250
外径3.4cm 中国嘉德 2020-08-18

玉带板

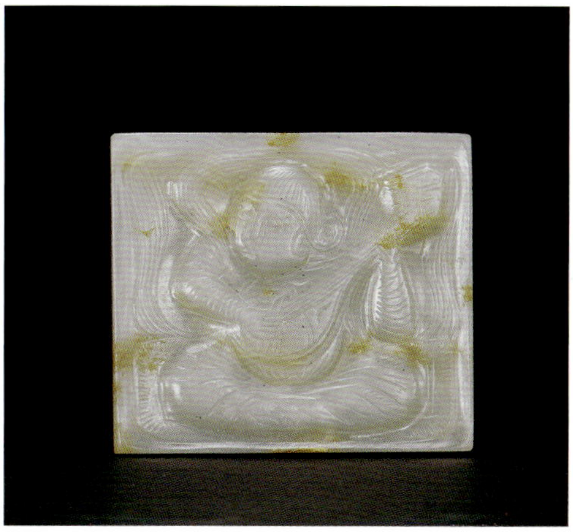

782 唐 青白玉胡人弹琴带板
估　价：HKD 80,000～120,000
成交价：RMB 224,814
宽5.5cm 中国嘉德 2020-10-10

625 唐或更晚 青玉胡人弄琴带板
估　价：HKD 30,000～50,000
成交价：RMB 64,086
长4.1cm 香港苏富比 2020-11-26

1642 明 白玉连珠边花鸟纹带板
估　价：RMB 30,000～50,000
成交价：RMB 57,500
长7.8cm 北京保利 2020-12-05

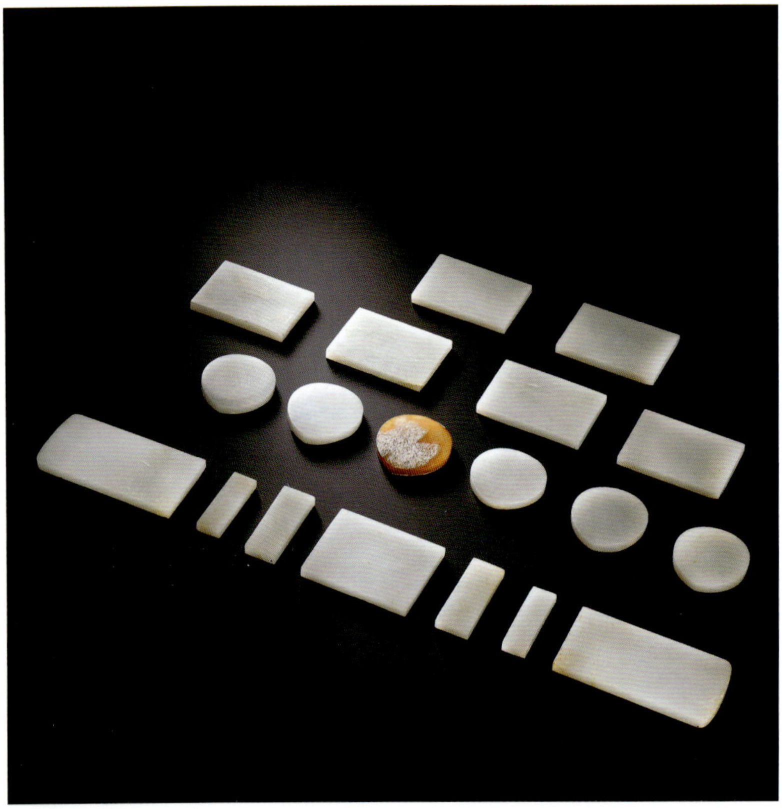

1280 明 白玉带板（一组）
估　价：RMB 1,200,000～1,800,000
成交价：RMB 1,840,000
尺寸不一 中贸圣佳 2020-10-16

5756 明 白玉龙纹带板
估　价：RMB 50,000～80,000
成交价：RMB 92,000
长6.7cm 北京保利 2020-10-20

2487 明 白玉透雕五毒带板
估　价：RMB 20,000～40,000
成交价：RMB 149,500
长9.3cm 中国嘉德 2020-08-18

4310 明 白玉镂雕花鸟纹带板
估　价：RMB 80,000～120,000
成交价：RMB 138,000
8.9cm×5.5cm 西泠印社 2020-08-09

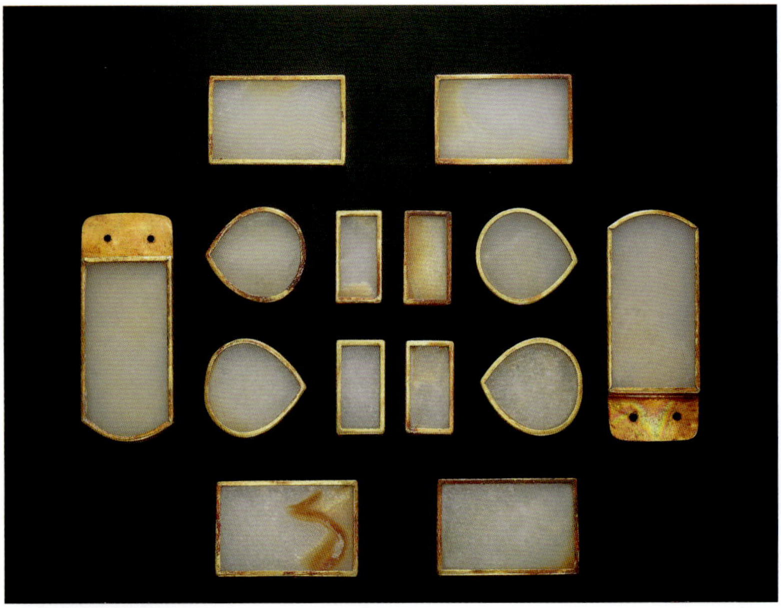

783 明 包金龙纹玉带（一组）
估　价：HKD 220,000～280,000
成交价：RMB 224,814
宽10cm 中国嘉德 2020-10-10

5747 明 黑白玉巧色雕双獬豸纹带板
估　价：RMB 80,000～120,000
成交价：RMB 138,000
长6.8cm 北京保利 2020-10-20

5749 明 黑白玉巧色雕云龙纹带板
估　价：RMB 80,000～120,000
成交价：RMB 126,500
长5.8cm 北京保利 2020-10-20

5752 明 灰白玉带皮巧色雕荷塘鸳鸯纹带板
估　价：RMB 30,000～50,000
成交价：RMB 63,250
长7.5cm 北京保利 2020-10-20

1967 明 白玉一路连科带饰
估　价：RMB 15,000～25,000
成交价：RMB 74,750
长9cm 北京翰海 2020-12-12

2067 玉雕云龙带板
估　价：RMB 12,000
成交价：RMB 64,400
长8.2cm 北京翰海 2020-09-12

5750 明 灰玉海东青击雁图带饰
估　价：RMB 80,000～120,000
成交价：RMB 138,000
宽5.7cm 北京保利 2020-10-20

1640 明 白玉春水图带饰
估　价：RMB 80,000～120,000
成交价：RMB 138,000
长9.5cm 北京保利 2020-12-05

2643 明 白玉镂雕龙纹铊尾（两件）
估　价：RMB 60,000～80,000
成交价：RMB 184,000
12.4cm×4.4cm×2 中国嘉德 2020-12-03

1023 明 白玉红沁螭龙纹带饰
估　价：RMB 180,000～220,000
成交价：RMB 201,600
长9.8cm 上海呗美 2020-08-22

玉带钩

2884 战国 白玉雕饕餮纹虎首带钩
估　价：HKD 200,000～300,000
成交价：RMB 384,200
长5cm 佳士得 2020-07-09

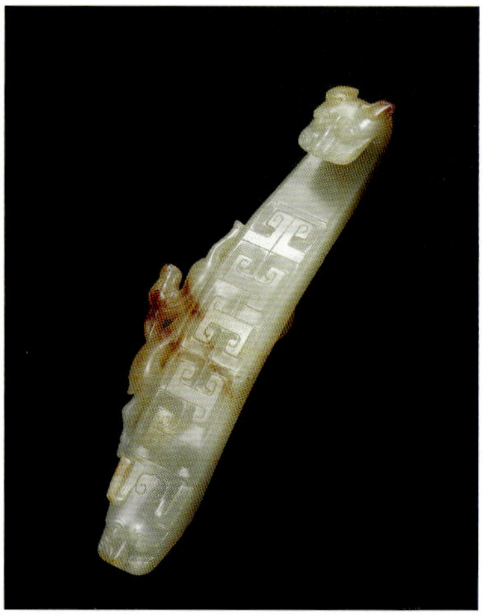

753 战国 白玉沁色鹿纹带钩
估　价：HKD 150,000～200,000
成交价：RMB 153,282
长14cm 中国嘉德 2020-10-10

469 战国 青玉雁首带钩
估　价：HKD 50,000～70,000
成交价：RMB 53,138
长4cm 中国嘉德 2020-10-10

7 西汉 黄玉带钩
估　价：GBP 600,000～800,000
成交价：RMB 25,240,140
9.2cm×6.4cm 伦敦佳士得 2020-11-03

213 18世纪 白玉苍龙教子带钩
估　价：EUR 4,000～6,000
成交价：RMB 64,528
长14.5cm 巴黎佳士得 2020-06-23

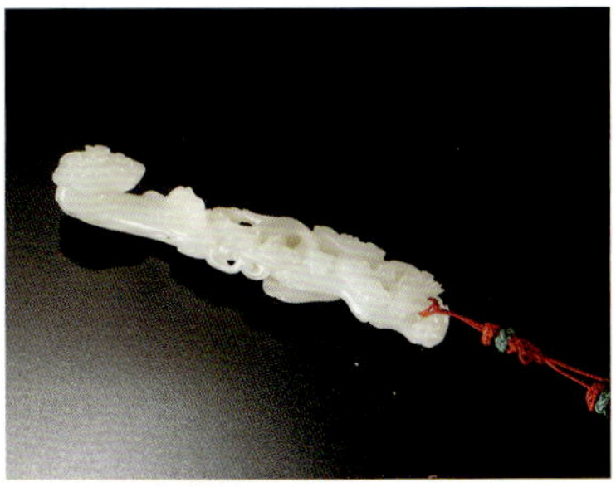

1960 清中期 白玉灵芝带钩
估　价：RMB 80,000～100,000
成交价：RMB 143,750
长11.5cm 北京翰海 2020-12-12

2489 清 白玉凤形带钩
估　价：RMB 60,000～80,000
成交价：RMB 78,200
长9cm 中国嘉德 2020-08-18

482 战国 鸭首带穿
估　价：HKD 50,000～70,000
成交价：RMB 143,063
高1.9cm；宽2cm 中国嘉德 2020-10-10

玉带扣

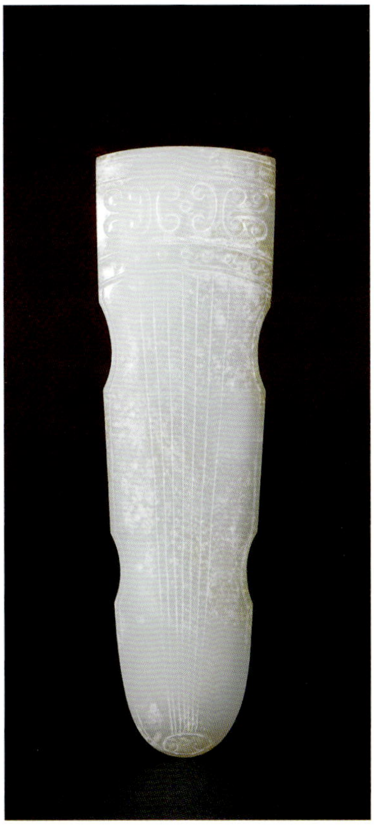

531 宋 白玉琴形带扣
估　价：HKD 80,000～120,000
成交价：RMB 112,407
11.3cm×3.5cm 中国嘉德 2020-10-10

550 元 墨白玉巧雕龙纹带扣
估　价：HKD 20,000～30,000
成交价：RMB 117,491
长7.6cm 香港苏富比 2020-11-26

1276 明 白玉镂雕龙纹带扣
估　价：RMB 50,000～60,000
成交价：RMB 78,200
长7.2cm 中贸圣佳 2020-10-16

2598 明 白玉镂雕麒麟镶碧玉带扣
估　价：RMB 1,000～3,000
成交价：RMB 57,500
7.8cm×5.3cm 中国嘉德 2020-12-03

584 清 白玉龙纹带扣
估　价：HKD 30,000～50,000
成交价：RMB 51,094
7.5cm×6.3cm 中国嘉德 2020-10-10

1216 清 螭龙纹带扣
估　价：RMB 70,000～90,000
成交价：RMB 101,200
长12.2cm 中贸圣佳 2020-10-16

玉　锁

244 18/19世纪 白玉福禄双全纹锁片
估　价：GBP 1,500～2,000
成交价：RMB 52,461
宽8.4cm 伦敦苏富比 2020-06-16

212 18世纪 白玉双喜锁牌
估　价：EUR 3,000～5,000
成交价：RMB 31,767
长7.8cm 巴黎佳士得 2020-06-23

2472 清 白玉“玉堂富贵”锁
估　价：RMB 43,000～53,000
成交价：RMB 49,450
7.6cm×5.6cm 中国嘉德 2020-08-18

1912 清 白玉锁片（一组）
估　价：RMB 40,000
成交价：RMB 89,700
长7.7cm；长8.9cm；长9.1cm；长12.6cm
中贸圣佳 2020-12-08

玉　磬

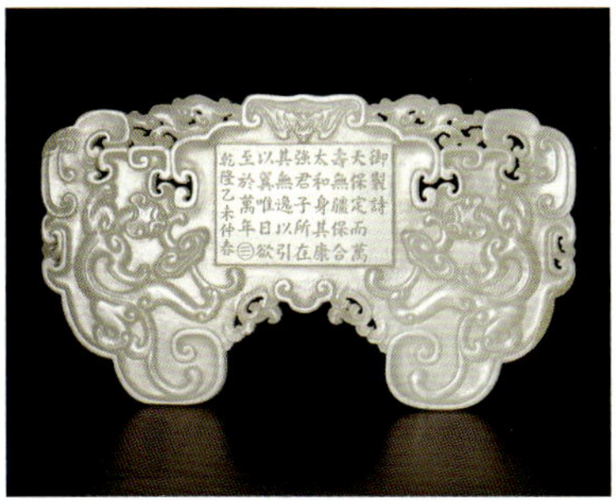

1976 清乾隆 白玉御题诗螭龙纹磬
估　价：RMB 40,000～60,000
成交价：RMB 109,250
长13.4cm 北京翰海 2020-12-12

4338 清 青玉雕夔龙纹磬
估　价：RMB 40,000～85,000
成交价：RMB 55,200
长26cm 西泠印社 2020-08-09

玉刚卯

411 18/19世纪 白玉刚卯
估　价：HKD 25,000～35,000
成交价：RMB 25,133
长2.2cm 香港苏富比 2020-06-05

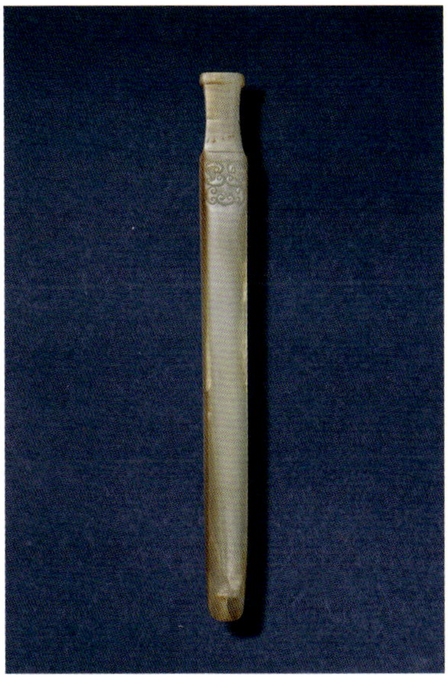

2735 商晚期 玉柄形器
估　价：HKD 30,000～50,000
成交价：RMB 117,150
长8.5cm 佳士得 2020-11-30

1656 明以前 白玉刚卯（两件）
估　价：RMB 20,000～30,000
成交价：RMB 57,500
高2.5cm；高4.5cm 广东崇正 2020-09-13

玉柄形器

2723 商 夔龙冠立鸮柄形器
估　价：HKD 400,000～600,000
成交价：RMB 426,000
长29.8cm 佳士得 2020-11-30

2752 西周 凤纹柄形器
估　价：HKD 60,000～80,000
成交价：RMB 159,750
长7.6cm 佳士得 2020-11-30

玉炉顶

214 元 青白玉镂雕宝鸭纹炉顶
估　价：GBP 1,500～2,000
成交价：RMB 20,766
宽4.8cm 伦敦苏富比 2020-06-16

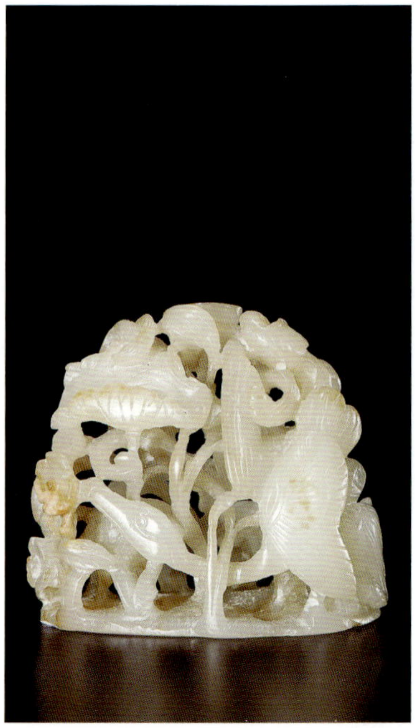

1913 元 白玉一鹭莲科炉顶
估　价：RMB 35,000～55,000
成交价：RMB 230,000
高4cm 北京翰海 2020-12-12

2751 西周 玉凤纹柄形器
估　价：HKD 60,000～80,000
成交价：RMB 127,800
长9.6cm 佳士得 2020-11-30

2596 元 玉沁色孔雀纹炉顶
估　价：RMB 120,000～180,000
成交价：RMB 172,500
高4.6cm 中国嘉德 2020-12-03

1889 明 白玉镂雕鸳鸯荷花炉顶
估　价：RMB 25,000
成交价：RMB 82,800
高4.7cm 中贸圣佳 2020-12-08

2595 明 白玉鸳鸯炉顶
估　价：RMB 40,000～60,000
成交价：RMB 63,250
长3.5cm 中国嘉德 2020-12-03

8030 清早期 白玉抚琴炉顶
估　价：RMB 80,000～150,000
成交价：RMB 230,000
高5cm 十竹斋拍卖（北京）2020-10-18

玉香囊

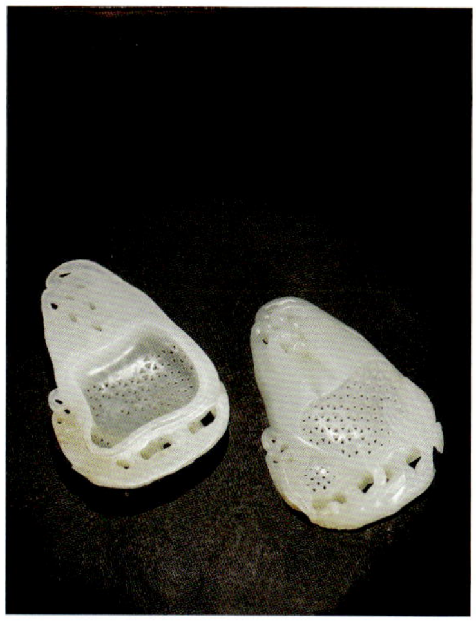

3921 清 白玉镂雕佛手形香囊
成交价：RMB 29,900
长6.8cm 西泠印社 2020-08-09

1717 公元前三千年 灰白玉颈链
估　价：USD 15,000～25,000
成交价：RMB 238,455
长9cm 纽约佳士得 2020-09-25

玉珠串、项链

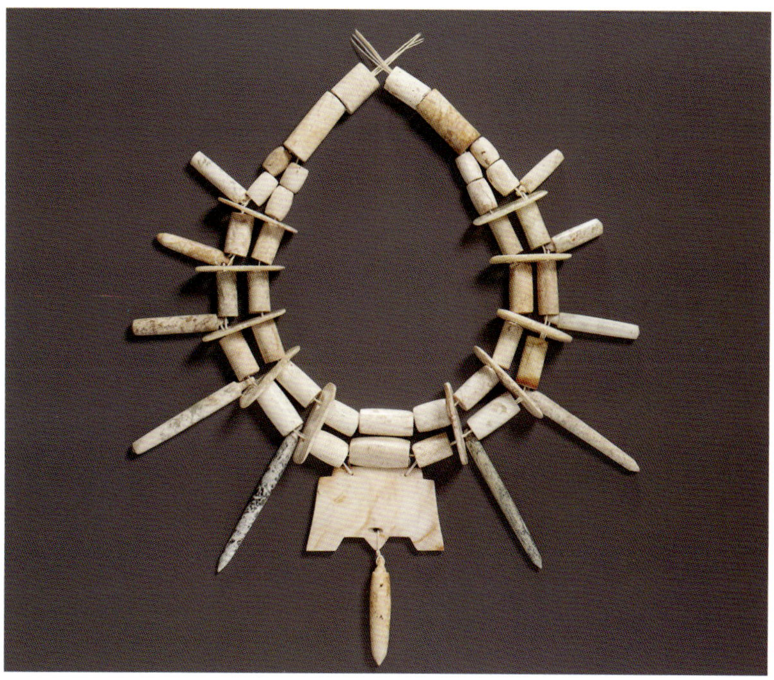

1708 新石器时代 公元前三千年 灰白玉串饰
估　价：USD 20,000～30,000
成交价：RMB 425,813
长6cm 纽约佳士得 2020-09-25

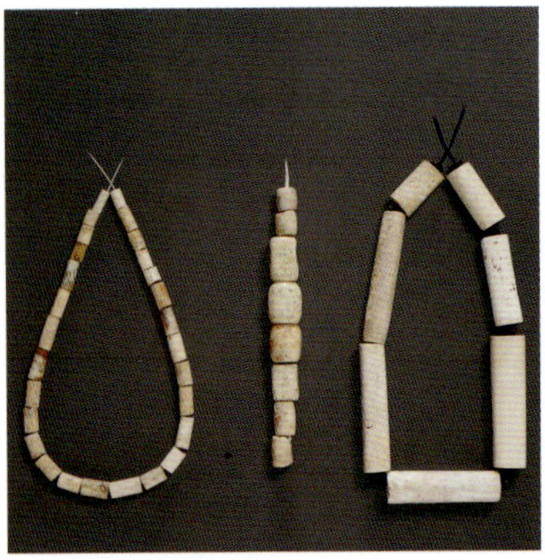

1726 新石器时代 良渚文化 公元前三千年 玉珠三串
估　价：USD 10,000～15,000
成交价：RMB 170,325
长7.7cm 纽约佳士得 2020-09-25

5080 萨珊文化 缠丝玛瑙玉贝珠串
估　价：RMB 51,000～100,000
成交价：RMB 58,650
通长26cm 西泠印社 2020-08-10

224 良渚文化 玉串饰及玉珠
估　价：HKD 40,000～60,000
成交价：RMB 179,265
串饰长27.5cm 佳士得 2020-10-08

442 文化期 良渚玉串饰
估　价：HKD 50,000～70,000
成交价：RMB 73,575
总围长71cm；大玉环直径4.9cm
中国嘉德 2020-10-10

441 文化期 良渚玉串饰
估　价：HKD 30,000～50,000
成交价：RMB 327,002
总围长64cm 中国嘉德 2020-10-10

749 汉 白玉兽面多宝串
估　价：HKD 80,000～120,000
成交价：RMB 81,750
直径2.9cm 中国嘉德 2020-10-10

5076 汉 六棱白水晶珠串
估　价：RMB 48,000～70,000
成交价：RMB 55,200
通长10cm 西泠印社 2020-08-10

5078 斯基泰文化 精品蓝松金贝八棱玛瑙珠串
估　价：RMB 76,000～150,000
成交价：RMB 87,400
通长33cm 西泠印社 2020-08-10

5070 商至战国 琉璃玛瑙珠贝手握组串
估　价：RMB 140,000～200,000
成交价：RMB 161,000
通长26cm 西泠印社 2020-08-10

5075 战国 蓝松金贝松石玛瑙蚌贝珠串
估　价：RMB 74,000～120,000
成交价：RMB 85,100
通长39cm 西泠印社 2020-08-10

4076 宋或更早 玉熊及螭龙纹玉勒多宝串
成交价：RMB 43,700
熊高2cm；玉勒长2.2cm 西泠印社 2020-08-09

1003 明 白玉红沁多宝串
估　价：RMB 90,000～120,000
成交价：RMB 100,800
勒子高1.8cm；璧直径3.6cm 上海呗美 2020-08-22

1044 清 琥珀朝珠108颗
估　价：RMB 80,000～120,000
成交价：RMB 106,400
上海联合 2020-11-29

662 清 珊瑚、玛瑙及玉项链
估　价：HKD 40,000～60,000
成交价：RMB 54,835
长42cm 香港苏富比 2020-06-05

6091 红珊瑚配翡翠项链佛珠共108颗
估　价：RMB 150,000～180,000
成交价：RMB 172,500
珊瑚直径约8mm—9mm；佛珠长约96cm
华艺国际 2020-10-15

1001 清 玉马、玉勒、玉蚕串饰
估　价：RMB 80,000
成交价：RMB 207,000
长2.6cm；长1.8cm；长2cm 古天一 2020-10-16

2073 清 谷纹玉勒子串饰
估　价：RMB 150,000～200,000
成交价：RMB 161,000
高4.8cm 古天一 2020-10-16

2076 清 玉环、龙纹玉勒串饰
估　价：RMB 120,000～150,000
成交价：RMB 126,500
直径5cm；长2.2cm 古天一 2020-10-16

2072 清 玉兽面、玉环串饰
估　价：RMB 100,000～150,000
成交价：RMB 126,500
高3cm 古天一 2020-10-16

26 玉雕动物项链
估　价：HKD 30,000～50,000
成交价：RMB 113,875
长47.3cm 佳士得 2020-04-21

1725 新石器时代 良渚文化 公元前三千年 玉镯（三件）
估　价：USD 10,000～15,000
成交价：RMB 1,277,438
直径10cm 纽约佳士得 2020-09-25

玉　镯

1722 新石器时代 良渚文化 公元前三千年 灰褐玉镯
估　价：USD 15,000～25,000
成交价：RMB 170,325
直径11.2cm 纽约佳士得 2020-09-25

2195 红山文化 玉手镯
估　价：NTD 400,000
成交价：RMB 426,600
外径8.4cm；内径6.7cm 台北艺珍 2020-08-16

702 文化期 满红沁玉镯
估　价：HKD 180,000～220,000
成交价：RMB 183,938
直径8.2cm 中国嘉德 2020-10-10

592 明 白玉绳纹手镯（一对）
估　价：HKD 120,000～180,000
成交价：RMB 183,938
内径5.7cm×2 中国嘉德 2020-10-10

593 明或更早 白玉手镯（一对）
估　价：HKD 120,000～180,000
成交价：RMB 255,470
内径5.3cm×2 中国嘉德 2020-10-10

1937 清中期 白玉绞丝纹手镯
估　价：RMB 10,000～20,000
成交价：RMB 57,500
内径6.1cm 北京翰海 2020-12-12

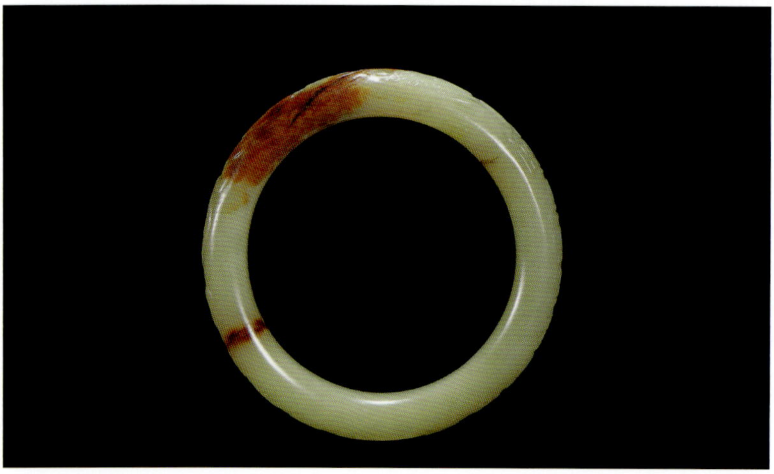

4533 明至清 黄玉浮雕龙纹镯
成交价：RMB 64,400
外径8.2cm 西泠印社 2020-08-09

2531 清 白玉二龙戏珠镯（一对）
估　价：RMB 30,000 ~ 50,000
成交价：RMB 55,200
内径5.6cm × 2 中国嘉德 2020-08-18

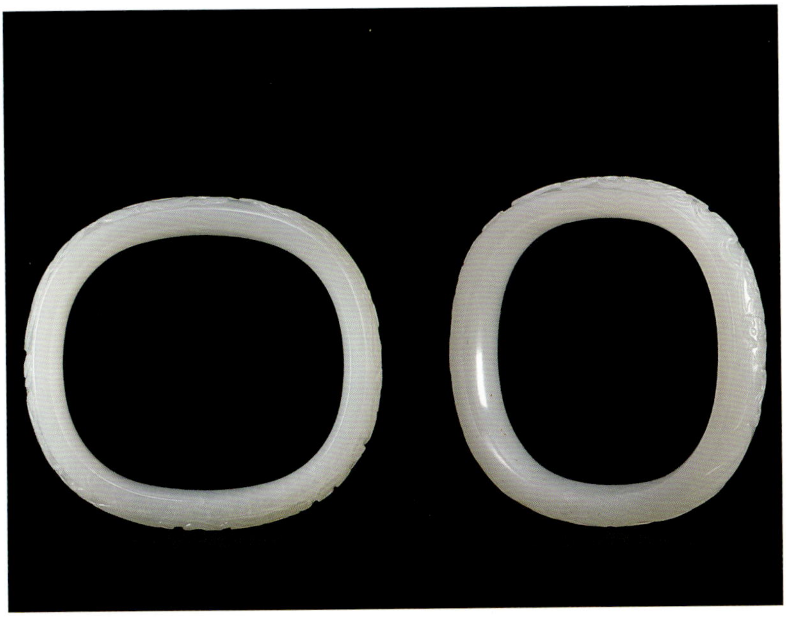

594 清 白玉手镯（一对）
估　价：HKD 200,000 ~ 300,000
成交价：RMB 286,126
外径7.5cm × 2 中国嘉德 2020-10-10

1058 清 白玉双龙抱珠手镯
估　价：RMB 65,000
成交价：RMB 74,750
7cm × 8cm 古天一 2020-10-16

1215 清 白玉连珠手镯
估　价：RMB 40,000 ~ 60,000
成交价：RMB 66,700
直径7.3cm 中贸圣佳 2020-10-16

389 白玉手镯
估　价：RMB 240,000 ~ 320,000
成交价：RMB 268,800
内径5.75cm 上海联合 2020-11-29

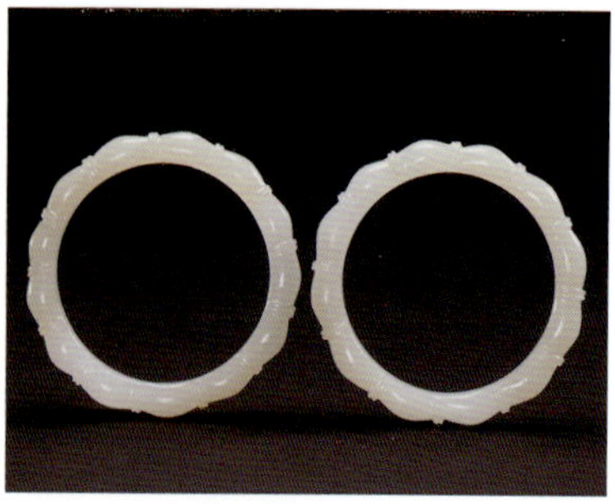

1054 清 白玉竹节手镯（一对）
估　价：RMB 100,000
成交价：RMB 195,500
直径7.3cm×2 古天一 2020-10-16

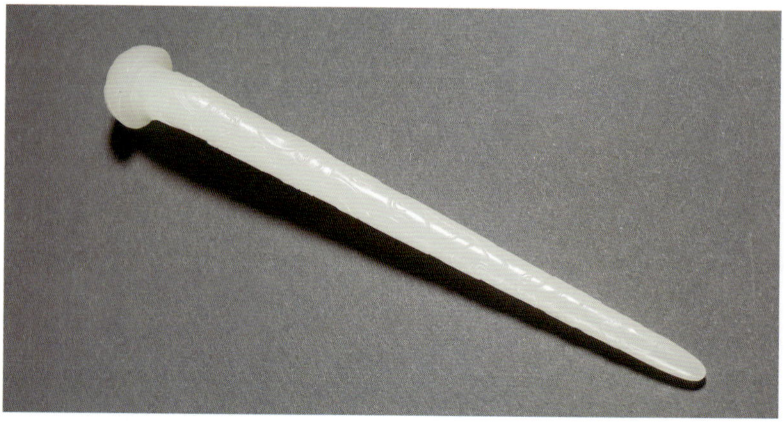

5760 明 白玉三螭纹头簪
估　价：RMB 100,000～150,000
成交价：RMB 161,000
长11.5cm 北京保利 2020-10-20

玉冠饰

136 新石器时代红山文化 黄玉箍形器
估　价：HKD 600,000～800,000
成交价：RMB 847,500
长12.8cm 香港苏富比 2020-07-11

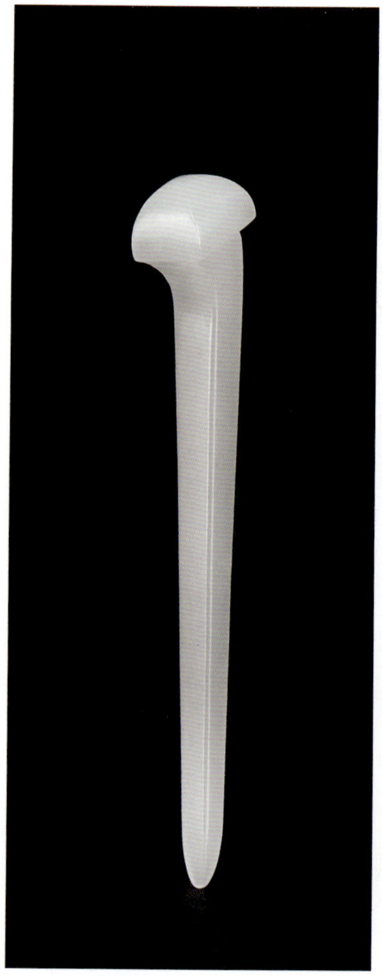

591 明 白玉方簪
估　价：HKD 30,000～50,000
成交价：RMB 63,357
长7.7cm 中国嘉德 2020-10-10

739 商 黄玉弦纹箍
估　价：HKD 60,000～80,000
成交价：RMB 61,313
直径5.5cm 中国嘉德 2020-10-10

1003 清 弦纹玉发箍
估　价：RMB 80,000
成交价：RMB 195,500
直径4.8cm；高1.3cm 古天一 2020-10-16

810 明 白玉梵文发冠
估　价：HKD 80,000～120,000
成交价：RMB 81,750
宽9cm 中国嘉德 2020-10-10

4333 明 白玉扁方
估　价：RMB 70,000～100,000
成交价：RMB 86,250
长28cm 西泠印社 2020-08-09

333 宋 黄玉螭龙鸡心佩
估　价：HKD 35,000～45,000
成交价：RMB 37,335
高7.3cm 中国嘉德 2020-07-13

玉韘形佩

803 17世纪 青白玉螭龙鸡心佩
估　价：HKD 70,000～90,000
成交价：RMB 71,532
高6.8cm 中国嘉德 2020-10-10

1594 明 玉雕龙纹鸡心佩
成交价：RMB 23,000
长9.8cm 西泠印社 2020-08-08

7 明 旧玉龙凤纹鸡心佩
估　价：RMB 250,000～350,000
成交价：RMB 220,000
长7.4cm 上海呗美 2020-07-20

2021 清 白玉变形云气螭纹韘形佩
估　价：RMB 120,000～150,000
成交价：RMB 126,500
6cm×5cm 古天一 2020-10-16

1026 明 白玉人龙凤纹鸡心佩
估　价：RMB 380,000～500,000
成交价：RMB 425,600
长8.4cm 上海呗美 2020-08-22

2024 清 白玉韘形佩
估　价：RMB 50,000～80,000
成交价：RMB 101,200
高5.5cm 古天一 2020-10-16

2163 清 白玉龙纹韘形佩
估　价：RMB 450,000～550,000
成交价：RMB 1,610,000
高6.8cm 古天一 2020-10-16

664 清 黄玉仿古龙纹韘式佩
估　价：HKD 60,000～80,000
成交价：RMB 117,491
高7.5cm 香港苏富比 2020-11-26

1229 清 黄玉鸡心佩
估　价：RMB 250,000～400,000
成交价：RMB 460,000
长9.7cm；宽4.2cm 中贸圣佳 2020-10-16

2124 清 玉雕云纹韘形佩
估　价：RMB 120,000～150,000
成交价：RMB 207,000
高5.5cm 古天一 2020-10-16

203 清乾隆 碧玉雕仿古瑞兽纹韘形佩
估　价：USD 50,000～70,000
成交价：RMB 989,812
高7cm 纽约苏富比 2020-09-22

2071 清 玉三才环、白玉工字佩串饰
估　价：RMB 50,000～80,000
成交价：RMB 59,800
环直径4.8cm 古天一 2020-10-16

玉司南佩

641 汉 玉珠连玉斧一串和工字佩一件
估　价：HKD 8,000～12,000
成交价：RMB 61,313
长62.2cm 中国嘉德 2020-10-10

4371 明 沁色玉雕司南佩
成交价：RMB 11,500
高4.5cm 西泠印社 2020-08-09

玉　牌

285 宋 透雕仕女图玉牌
估　价：HKD 100,000～150,000
成交价：RMB 274,170
总宽16.2cm 佳士得 2020-10-08

222 元 白玉雕天王牌
估　价：USD 50,000～70,000
成交价：RMB 731,600
高5.9cm 纽约苏富比 2020-09-22

10 元 白玉镂雕莲花龙纹牌及18/19世纪紫檀框
估　价：GBP 2,000～4,000
成交价：RMB 101,441
宽16cm 伦敦佳士得 2020-02-13

675 16/17世纪 白玉透雕穿花龙纹牌
估　价：USD 10,000～15,000
成交价：RMB 86,071
宽10.8cm 纽约苏富比 2020-09-23

4349 明 白玉雕喜事连连牌
估　价：RMB 60,000～80,000
成交价：RMB 103,500
高3.7cm 西泠印社 2020-08-09

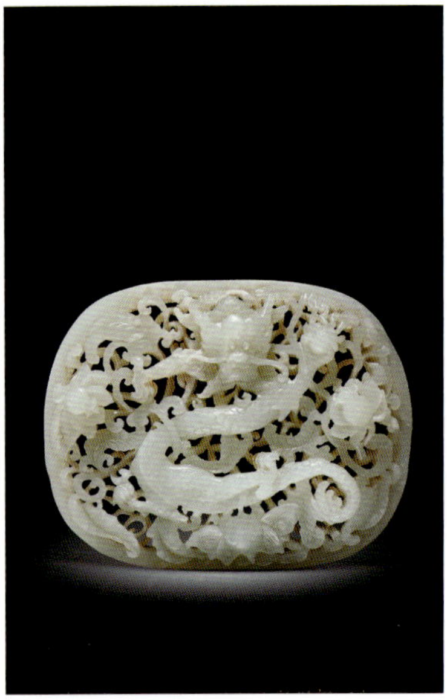

1768 明 白玉雕龙纹牌
估　价：USD 7,000～9,000
成交价：RMB 55,356
宽11cm 纽约佳士得 2020-09-25

804 明 白玉螭龙鹿寿诗文牌
估　价：HKD 100,000～150,000
成交价：RMB 173,720
高4.6cm 中国嘉德 2020-10-10

3073 18世纪 白玉雕孙策图诗文《无双谱》子冈牌
估　价：HKD 300,000～500,000
成交价：RMB 319,500
长6.6cm 佳士得 2020-11-30

836 18世纪 白玉榴开百子牌
估　价：HKD 200,000～300,000
成交价：RMB 204,376
高5.8cm 中国嘉德 2020-10-10

685 18世纪 白玉米芾拜石题字牌“子冈”仿款
估　价：HKD 80,000～120,000
成交价：RMB 91,392
长5.9cm 香港苏富比 2020-06-05

6187 清乾隆 白玉“龙凤呈祥”对牌
估　价：RMB 1,100,000～1,800,000
成交价：RMB 1,265,000
长6cm×2；重46.5g、重44.7g 北京保利 2020-10-20

6189 清乾隆 白玉郭子仪诗文子冈牌
估　价：RMB 400,000～600,000
成交价：RMB 460,000
长6.3cm 北京保利 2020-10-20

3668 清乾隆 白玉“五月蕤宾”月令牌
估　价：HKD 250,000～350,000
成交价：RMB 282,500
高8.5cm 香港苏富比 2020-07-11

6186 清乾隆 白玉《西厢记》牌
估　价：RMB 250,000～350,000
成交价：RMB 287,500
长5.2cm 北京保利 2020-10-20

1079 清乾隆 白玉斋戒牌
估　价：RMB 80,000～100,000
成交价：RMB 92,000
长6cm 永乐拍卖 2020-08-17

2471 清中期 白玉雕人物诗文牌
估　价：RMB 100,000～120,000
成交价：RMB 115,000
高5.6cm 中国嘉德 2020-08-18

650 清 白玉灵猴钟形牌
估　价：HKD 40,000～60,000
成交价：RMB 106,810
高4.8cm 香港苏富比 2020-11-26

211 18/19世纪 白玉梅寿牌
估　价：EUR 4,000～6,000
成交价：RMB 84,382
高7cm 巴黎佳士得 2020-06-23

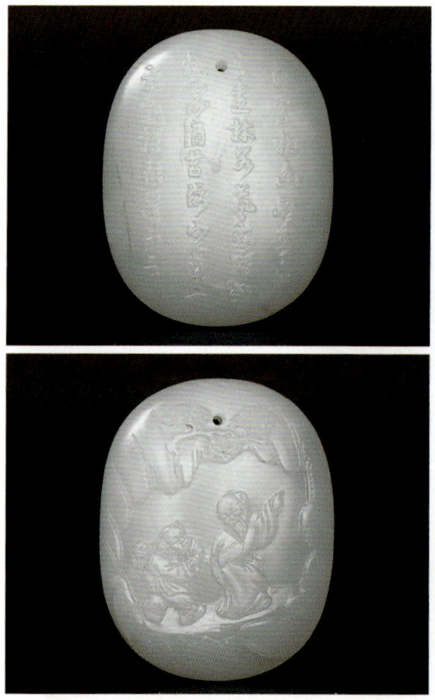

587 清 白玉“白云抱幽石”牌
估　价：HKD 150,000～200,000
成交价：RMB 255,470
高5.6cm 中国嘉德 2020-10-10

5773 清中期 白玉兰石子冈牌
估　价：RMB 100,000～150,000
成交价：RMB 149,500
长6cm 北京保利 2020-10-20

588 清 白玉螭龙牌
估　价：HKD 150,000～200,000
成交价：RMB 388,314
直径5.5cm 中国嘉德 2020-10-10

1629 清 白玉雕诗文浮雕梅花牌
估　价：RMB 5,000 ~ 8,000
成交价：RMB 69,000
长5.5cm 北京保利 2020-12-05

4309 清 白玉雕天保九如诗文牌
估　价：RMB 52,000 ~ 65,000
成交价：RMB 94,300
5.7cm × 4.1cm 西泠印社 2020-08-09

4306 清 白玉雕天鸡诗文牌
估　价：RMB 70,000 ~ 90,000
成交价：RMB 92,000
6.7cm × 4.6cm 西泠印社 2020-08-09

1904 清 白玉浮雕人物文珍牌
估　价：RMB 50,000
成交价：RMB 109,250
长5.5cm；宽3.7cm 中贸圣佳 2020-12-08

4428 清 白玉浮雕渔樵耕读图牌
估　价：RMB 55,000 ~ 70,000
成交价：RMB 69,000
长6cm 西泠印社 2020-08-09

2096 清 白玉福禄长春牌
估　价：RMB 50,000 ~ 80,000
成交价：RMB 80,500
5.8cm × 3.8cm 古天一 2020-10-16

599 清 白玉高士图诗文牌
估　价：HKD 15,000 ~ 20,000
成交价：RMB 234,982
高5.2cm 香港苏富比 2020-11-26

693 清 白玉加官进爵诗文牌
估　价：HKD 300,000～500,000
成交价：RMB 306,564
高7cm 中国嘉德 2020-10-10

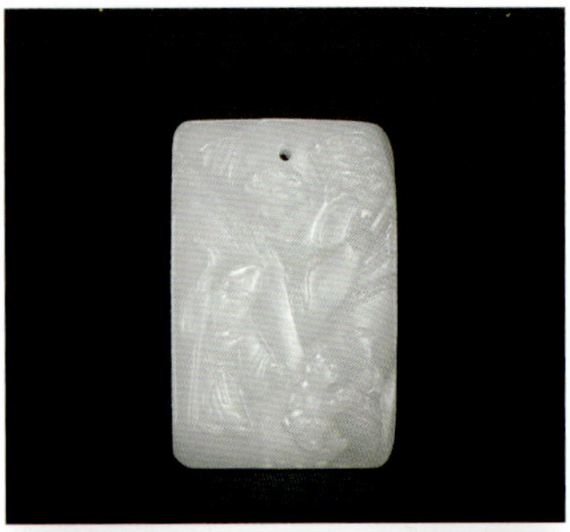

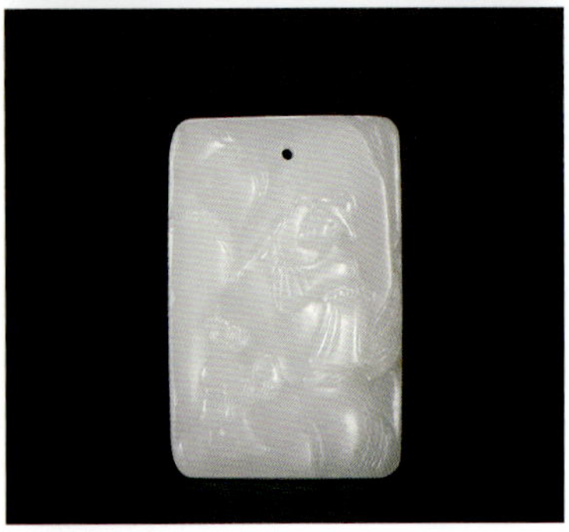

586 清 白玉老翁童子牌
估　价：HKD 60,000～80,000
成交价：RMB 97,079
高5.8cm 中国嘉德 2020-10-10

835 清 白玉牌
估　价：HKD 60,000～80,000
成交价：RMB 61,313
高6.5cm 中国嘉德 2020-10-10

2602 清 白玉山水诗文牌
估　价：RMB 50,000～80,000
成交价：RMB 57,500
5.2cm×4.1cm 中国嘉德 2020-12-03

2467 清 白玉双龙富贵喜字牌
估　价：RMB 65,000～75,000
成交价：RMB 74,750
长7cm 中国嘉德 2020-08-18

2466 清 白玉双面暗刻梅花牌
估　价：RMB 50,000～80,000
成交价：RMB 529,000
长6.6cm 中国嘉德 2020-08-18

2126 清 白玉松下对弈子冈牌
估　价：RMB 150,000～200,000
成交价：RMB 195,500
5.2cm×3.8cm 古天一 2020-10-16

1900 清 白玉苏工松下高士牌
估　价：RMB 25,000
成交价：RMB 51,750
5.3cm×3.7cm 中贸圣佳 2020-12-08

1905 清 白玉童子戏象子冈牌
估　价：RMB 50,000
成交价：RMB 109,250
6.2cm×3.9cm 中贸圣佳 2020-12-08

691 清 白玉岁岁平安牌
估　价：HKD 120,000～180,000
成交价：RMB 286,126
高5.9cm 中国嘉德 2020-10-10

1902 清 白玉羲之爱鹅牌
估　价：RMB 40,000
成交价：RMB 89,700
长5.8cm；宽3.9cm 中贸圣佳 2020-12-08

589 清 白玉羲之爱鹅牌
估　价：HKD 150,000～200,000
成交价：RMB 265,689
高5.7cm 中国嘉德 2020-10-10

1239 清 白玉子冈牌
估　价：RMB 180,000～250,000
成交价：RMB 276,000
长5.9cm；宽3.7cm 中贸圣佳 2020-10-16

1231 清 蝠寿绵绵白玉牌
估　价：RMB 30,000～50,000
成交价：RMB 55,200
长4.4cm；宽5.1cm 中贸圣佳 2020-10-16

4299 清 青白玉雕红皮献寿图诗文牌
估　价：RMB 30,000～50,000
成交价：RMB 48,300
4.3cm×2.7cm 西泠印社 2020-08-09

1944 清 俏色玛瑙梅寿长春牌
“梅寿长春”款
估　价：RMB 25,000
成交价：RMB 55,200
长7.5cm；宽4.1cm 中贸圣佳 2020-12-08

2634 清 黄玉斋戒牌
估　价：RMB 120,000～180,000
成交价：RMB 138,000
4.1cm×6.3cm 中国嘉德 2020-12-03

1903 清 竹林七贤子冈牌
估　价：RMB 50,000
成交价：RMB 109,250
6.2cm×4.3cm 中贸圣佳 2020-12-08

1232 清 子冈款白玉牌
估　价：RMB 120,000～180,000
成交价：RMB 195,500
长5.5cm；宽5cm 中贸圣佳 2020-10-16

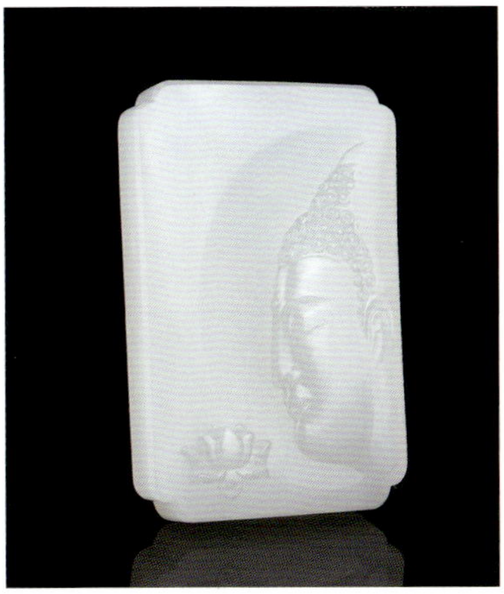

228 白玉花开见佛挂牌
估　价：RMB 70,000～100,000
成交价：RMB 78,400
高4.93cm 上海联合 2020-11-29

283 白玉秋山枫韵挂牌
估　价：RMB 420,000～520,000
成交价：RMB 470,400
8cm × 5.2cm 上海联合 2020-11-29

158 清末 青白玉山居秋暝牌
估　价：EUR 1,500～2,000
成交价：RMB 16,876
高6.5cm 巴黎佳士得 2020-06-23

4757 郭文安 慧愿宏深 白玉插牌
估　价：RMB 900,000～1,200,000
成交价：RMB 1,035,000
11.2cm × 6.5cm 西泠印社 2020-08-10

271 白玉观音牌
估　价：RMB 80,000～120,000
成交价：RMB 99,680
4.6cm × 2.8cm 上海联合 2020-11-29

226 韩东时 碧玉释迦牟尼牌
估　价：RMB 280,000～350,000
成交价：RMB 347,200
6cm × 3.2cm 上海联合 2020-11-29

218 韩东时 碧玉《心经》挂牌
估　价：RMB 90,000～120,000
成交价：RMB 145,600
高5.6cm 上海联合 2020-11-29

4713 李剑 十二生肖碧玉套牌
钤印：元吉
估　价：RMB 150,000～180,000
成交价：RMB 172,500
5.0cm×3.7cm×12 西泠印社 2020-08-10

310 黄杨洪 白玉观音牌
“黄”款
估　价：RMB 45,000～80,000
成交价：RMB 50,400
5.7cm×3.6cm 上海联合 2020-11-29

4716 庞然 坐看云起时 白玉牌
钤印：庞氏
估　价：RMB 300,000～450,000
成交价：RMB 402,500
8.5cm×4.2cm 西泠印社 2020-08-10

207 吴灶发 白玉花好月圆挂牌
“尚凡”款
估　价：RMB 150,000～220,000
成交价：RMB 168,000
6.25cm×3.8cm 上海联合 2020-11-29

295 吴灶发 白玉锦上添花挂牌
“尚凡”款
估　价：RMB 380,000 ~ 480,000
成交价：RMB 425,600
9.5cm × 4.8cm 上海联合 2020-11-29

4692 吴灶发 一路连科白玉牌
钤印：尚
估　价：RMB 280,000 ~ 350,000
成交价：RMB 345,000
7.9cm × 4.3cm 西泠印社 2020-08-10

4662 杨曦 清和朗润 白玉牌
钤印：辰
估　价：RMB 180,000 ~ 250,000
成交价：RMB 287,500
6.6cm × 4.0cm 西泠印社 2020-08-10

4689 吴灶发 喜相逢 白玉牌
钤印：尚
估　价：RMB 580,000 ~ 700,000
成交价：RMB 747,500
9.2cm × 5.2cm 西泠印社 2020-08-10

484 杨建发 白玉飞龙在天挂牌
估　价：RMB 180,000 ~ 280,000
成交价：RMB 201,600
7.8cm × 4cm 上海联合 2020-11-29

303 姚圣云 白玉净瓶观音挂牌
估　价：RMB 65,000 ~ 85,000
成交价：RMB 80,640
5.7cm × 3.55cm 上海联合 2020-11-29

377 于雪涛 白玉财神挂牌
估 价：RMB 100,000～160,000
成交价：RMB 123,200
6.6cm×5cm 上海联合 2020-11-29

216 张焕庆 白玉四君子插牌
估 价：RMB 560,000～780,000
成交价：RMB 627,200
16.4cm×8.8cm 上海联合 2020-11-29

291 张明泉 白玉春和日丽挂牌
估 价：RMB 70,000～90,000
成交价：RMB 78,400
5.4cm×3.4cm 上海联合 2020-11-29

297 翟倚卫 白玉双娇挂牌
估 价：RMB 630,000～800,000
成交价：RMB 705,600
7.55cm×4.2cm 上海联合 2020-11-29

4758 张明泉 静观 白玉牌
钤印：静观 尚善斋
估 价：RMB 160,000～200,000
成交价：RMB 195,500
7.1cm×4.4cm 西泠印社 2020-08-10

238 张明泉 白玉福寿喜三多挂牌
估 价：RMB 90,000～120,000
成交价：RMB 109,760
高5.2cm 上海联合 2020-11-29

234 张明泉 白玉长寿挂牌
估　价：RMB 50,000～80,000
成交价：RMB 61,600
高6.9cm 上海联合 2020-11-29

4681 赵琦 千手观音白玉牌
钤印：琦
估　价：RMB 90,000～120,000
成交价：RMB 115,000
5.9cm×4.0cm 西泠印社 2020-08-10

佩挂件

373 或新石器时代红山文化 黄玉神人
估　价：HKD 10,000～15,000
成交价：RMB 85,680
高4cm 香港苏富比 2020-06-05

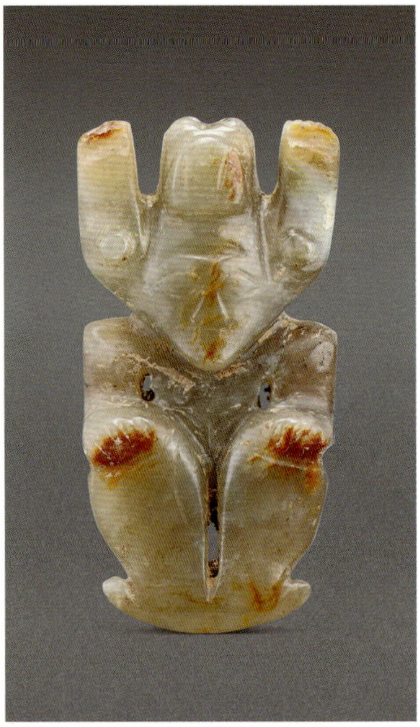

384 或新石器时代红山文化 玉雕神人
估　价：HKD 100,000～150,000
成交价：RMB 114,240
高5.5cm 香港苏富比 2020-06-05

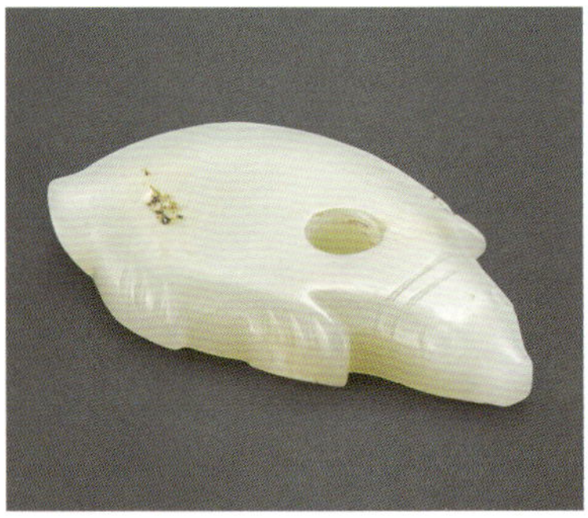

381 新石器时代 大汶口文化白玉鳖
估　价：HKD 30,000～40,000
成交价：RMB 274,175
长5.5cm 香港苏富比 2020-06-05

1703 新石器时代 良渚文化 公元前三千年 褐玉佩
估　价：USD 7,000～9,000
成交价：RMB 851,625
高4.7cm 纽约佳士得 2020-09-25

1719 新石器时代 良渚文化 公元前三千年 玉佩两件
估　价：USD 5,000～7,000
成交价：RMB 72,388
高4.5cm 纽约佳士得 2020-09-25

102 新石器时代红山文化 黄玉猪龙
估　价：HKD 2,000,000～3,000,000
成交价：RMB 5,039,800
高7.2cm 香港苏富比 2020-07-11

21 新石器时代红山文化 黄玉猪龙
估　价：HKD 2,000,000～3,000,000
成交价：RMB 2,182,320
高10cm 香港苏富比 2020-10-09

2200 红山文化 飞玉蝉
估　价：NTD 350,000
成交价：RMB 540,360
6.9cm×3.5cm 台北艺珍 2020-08-16

2194 红山文化 玉蝉蛹
估　价：NTD 350,000
成交价：RMB 426,600
长5.6cm 台北艺珍 2020-08-16

2206 红山文化 玉女神首
估　价：NTD 1,000,000
成交价：RMB 1,279,800
6.2cm×3.3cm 台北艺珍 2020-08-16

2196 红山文化 黄玉飞鹰
估　价：NTD 1,000,000
成交价：RMB 1,194,480
4.8cm × 5.7cm 台北艺珍 2020-08-16

2205 红山文化 玉兽面丫形器
估　价：NTD 500,000
成交价：RMB 426,600
9.7cm × 3.2cm 台北艺珍 2020-08-16

2201 红山文化 玉鳖
估　价：NTD 1,000,000
成交价：RMB 1,279,800
6.3cm × 6.3cm 台北艺珍 2020-08-16

2207 红山文化 玉太阳神人
估　价：NTD 3,000,000
成交价：RMB 2,701,800
8.7cm × 4.2cm 台北艺珍 2020-08-16

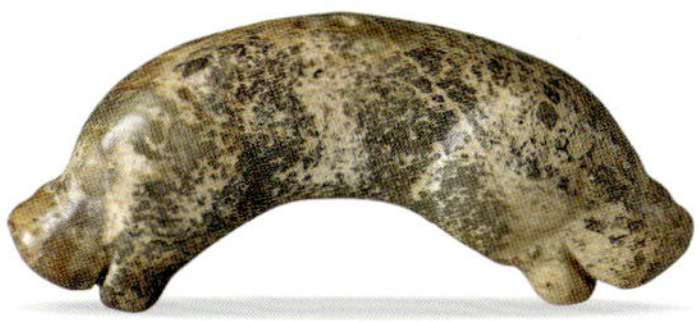

2199 红山文化 玉双猪龙璜
估　价：NTD 450,000
成交价：RMB 255,960
6cm × 2.6cm 台北艺珍 2020-08-16

2198 红山文化 玉枭
估　价：NTD 150,000
成交价：RMB 184,860
宽4.8cm 台北艺珍 2020-08-16

2203 红山文化 玉熊面佩
估　价：NTD 500,000
成交价：RMB 255,960
10.6cm × 7.7cm 台北艺珍 2020-08-16

2202 红山文化 玉鹰
估　价：NTD 350,000
成交价：RMB 511,920
3.8cm × 6.3cm 台北艺珍 2020-08-16

383 红山文化式青玉蝉
估　价：HKD 20,000～30,000
成交价：RMB 85,680
长7.9cm 香港苏富比 2020-06-05

731 文化期 白玉虎头
估　价：HKD 280,000～320,000
成交价：RMB 510,940
宽3.7cm 中国嘉德 2020-10-10

697 文化期 黄玉红沁鸟
估　价：HKD 60,000～80,000
成交价：RMB 71,532
宽4.1cm 中国嘉德 2020-10-10

301 文化期 黄玉佩
估　价：HKD 40,000～60,000
成交价：RMB 53,336
宽7.5cm 中国嘉德 2020-07-13

633 文化期 玉猪龙
估　价：HKD 220,000～280,000
成交价：RMB 224,814
高7.5cm 中国嘉德 2020-10-10

639 文化期 玉猪龙
估　价：HKD 150,000～200,000
成交价：RMB 204,376
高5.8cm 中国嘉德 2020-10-10

2716 商 白玉鸮
估　价：HKD 200,000～300,000
成交价：RMB 585,750
高6.7cm 佳士得 2020-11-30

2715 商 青玉鸮
估　价：HKD 120,000～180,000
成交价：RMB 63,900
高4.6cm 佳士得 2020-11-30

2714 商 青玉鸮
估　价：HKD 800,000～1,200,000
成交价：RMB 1,917,000
高5.5cm 佳士得 2020-11-30

2718 商 青玉鹦鹉佩
估　价：HKD 120,000～180,000
成交价：RMB 1,065,000
长32cm 佳士得 2020-11-30

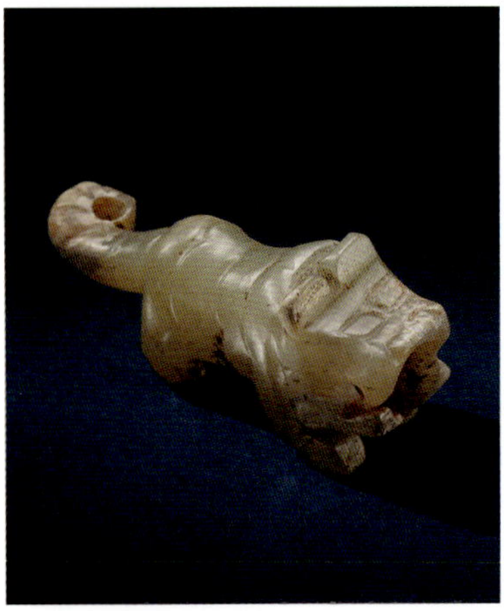

2728 商 玉虎佩
估　价：HKD 60,000～100,000
成交价：RMB 319,500
长7.8cm 佳士得 2020-11-30

2719 商 玉鸟形佩
估　价：HKD 180,000～250,000
成交价：RMB 479,250
长9.8cm 佳士得 2020-11-30

2733 商 玉鲨鱼形佩
估　价：HKD 30,000～50,000
成交价：RMB 319,500
长18.2cm 佳士得 2020-11-30

2724 商 玉人佩
估　价：HKD 200,000～250,000
成交价：RMB 213,000
长48.9cm 佳士得 2020-11-30

2717 商 玉鹦鹉形佩
估　价：HKD 150,000～250,000
成交价：RMB 532,500
长24.5cm 佳士得 2020-11-30

738 商 玉兽面
估　价：HKD 60,000～80,000
成交价：RMB 61,313
高3.1cm 中国嘉德 2020-10-10

2732 商 玉兔形佩
估　价：HKD 100,000～150,000
成交价：RMB 106,500
长9.2cm 佳士得 2020-11-30

9 商晚期 青灰玉饕餮纹珠
估　价：GBP 20,000～30,000
成交价：RMB 1,195,700
直径3.3cm 伦敦佳士得 2020-11-03

2725 商晚期 玉龙形佩
估　价：HKD 150,000～200,000
成交价：RMB 319,500
长34.1cm 佳士得 2020-11-30

2730 商晚期 / 西周早期 玉虎形佩
估　价：HKD 80,000～120,000
成交价：RMB 181,050
长9.8cm 佳士得 2020-11-30

1765 晚商/西周早期 玉鱼形佩
估　价：USD 4,000～6,000
成交价：RMB 161,809
长8.7cm 纽约佳士得 2020-09-25

2736 商晚期 玉蛇纹佩
估　价：HKD 80,000～120,000
成交价：RMB 745,500
长19.1cm 佳士得 2020-11-30

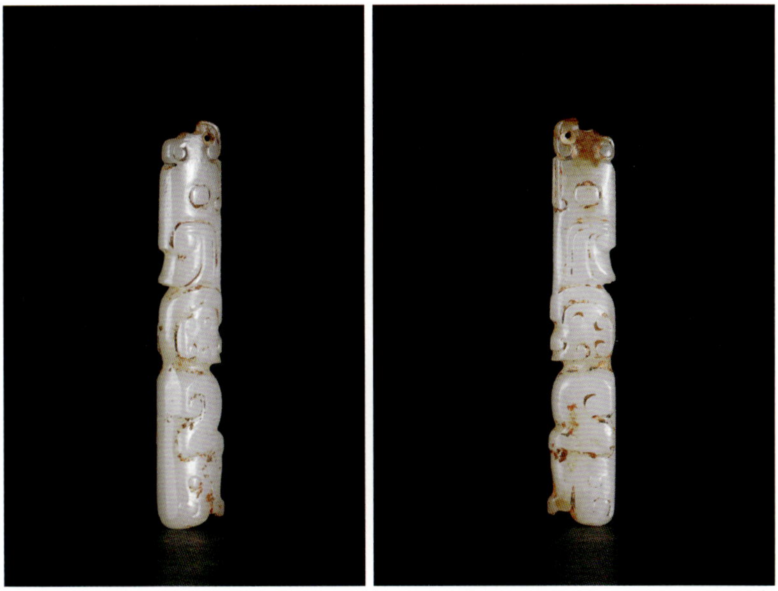

480 西周 龙纹人形佩
估　价：HKD 80,000～120,000
成交价：RMB 357,658
长5.7cm 中国嘉德 2020-10-10

2769 商晚期 / 西周早期 玉虎形佩
估　价：HKD 50,000～70,000
成交价：RMB 74,550
宽5.2cm 佳士得 2020-11-30

2771 西周 青白玉鱼形佩
估　价：HKD 30,000～50,000
成交价：RMB 51,120
宽3cm 佳士得 2020-11-30

735 西周 黄玉镂雕人龙复合纹佩
估　价：HKD 80,000～120,000
成交价：RMB 183,938
高7.2cm 中国嘉德 2020-10-10

2760 西周 鸟纹圆形佩
估　价：HKD 30,000～50,000
成交价：RMB 213,000
直径4.3cm 佳士得 2020-11-30

2762 西周 兽面形玉贝、玉牛面形佩及玉兽面各一
估　价：HKD 60,000～80,000
成交价：RMB 181,050
宽6.2cm 佳士得 2020-11-30

2748 西周 青玉人龙佩
估　价：HKD 60,000～80,000
成交价：RMB 127,800
长7.4cm 佳士得 2020-11-30

230 西周或以后 白玉人形佩（玉人像）及玉猴两件
估　价：HKD 60,000～80,000
成交价：RMB 189,810
高2.8cm 佳士得 2020-10-08

2767 西周 玉蝉形佩、玉鹿形佩及玉兔形佩各一
估　价：HKD 60,000～80,000
成交价：RMB 191,700
宽5cm 佳士得 2020-11-30

2768 西周 玉虎形佩
估　价：HKD 60,000～80,000
成交价：RMB 234,300
宽4.5cm 佳士得 2020-11-30

2761 西周 玉龙纹佩
估　价：HKD 50,000～70,000
成交价：RMB 69,225
宽4.1cm 佳士得 2020-11-30

2753 西周 玉鸟形佩
估　价：HKD 120,000～180,000
成交价：RMB 276,900
长6cm 佳士得 2020-11-30

2756 西周 玉鸟形佩
估　价：HKD 150,000～250,000
成交价：RMB 213,000
宽6.7cm 佳士得 2020-11-30

2759 西周 玉夔龙形佩
估　价：HKD 30,000～50,000
成交价：RMB 51,120
宽8.3cm 佳士得 2020-11-30

2757 西周 玉鸟形佩（两件）
估　价：HKD 40,000～60,000
成交价：RMB 63,900
宽5.2cm 佳士得 2020-11-30

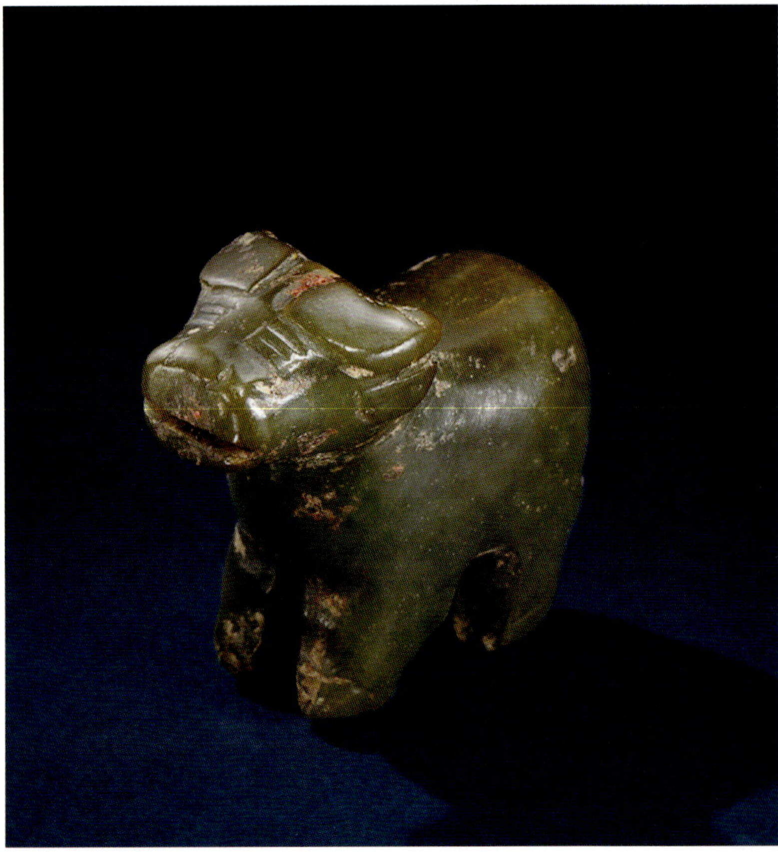

2766 西周 玉牛形佩
估　价：HKD 100,000～150,000
成交价：RMB 958,500
宽3.1cm 佳士得 2020-11-30

2764 西周 玉牛形佩
估　价：HKD 40,000～60,000
成交价：RMB 101,175
宽5.7cm 佳士得 2020-11-30

2747 西周 玉人龙纹佩
估　价：HKD 200,000～300,000
成交价：RMB 170,400
长8cm 佳士得 2020-11-30

2749 西周 玉人龙纹佩
估　价：HKD 40,000～60,000
成交价：RMB 191,700
长5.8cm 佳士得 2020-11-30

2750 西周 玉人龙纹佩
估　价：HKD 80,000～120,000
成交价：RMB 90,525
长3.8cm 佳士得 2020-11-30

2770 西周 玉鱼形佩
估　价：HKD 30,000～50,000
成交价：RMB 69,225
宽4cm 佳士得 2020-11-30

2772 西周 玉鱼形佩
估　价：HKD 50,000～70,000
成交价：RMB 213,000
宽9.5cm 佳士得 2020-11-30

229 西周或以后 玉兽形佩
估　价：HKD 40,000～60,000
成交价：RMB 442,890
宽3.5cm 佳士得 2020-10-08

232 西周或以后 青玉人首龙形佩
估　价：HKD 60,000～80,000
成交价：RMB 274,170
长5cm 佳士得 2020-10-08

109 东周 虎纹玉珩
估　价：HKD 150,000～200,000
成交价：RMB 192,100
长13cm 香港苏富比 2020-07-11

26 东周春秋时期 青白玉龙形佩
估　价：HKD 200,000～300,000
成交价：RMB 283,702
8.1cm 香港苏富比 2020-10-09

484 战国 白玉龙纹佩
估　价：HKD 120,000～180,000
成交价：RMB 510,940
长4.2cm；宽3.5cm 中国嘉德 2020-10-10

477 周 玉蝉、圆雕玉虎、玉蚕、玉鸟
估　价：HKD 60,000～80,000
成交价：RMB 122,626
长蝉2.3cm；虎2.7cm；蚕3cm；鸟4.6cm
中国嘉德 2020-10-10

376 或西汉 墨白玉凤佩
估　价：HKD 20,000～30,000
成交价：RMB 125,664
长4.4cm 香港苏富比 2020-06-05

94 西汉 青白玉鹰
估　价：HKD 400,000～600,000
成交价：RMB 436,464
长6.4cm 香港苏富比 2020-10-09

501 唐 莲花仕女玉佩
估　价：HKD 120,000～180,000
成交价：RMB 868,598
7.1cm×2.9cm×0.9cm 中国嘉德 2020-10-10

537 或唐 白玉凤佩
估　价：HKD 15,000～20,000
成交价：RMB 90,789
长3.7cm 香港苏富比 2020-11-26

767 唐 白玉宝相花佩
估　价：HKD 60,000～80,000
成交价：RMB 61,313
高7.7cm 中国嘉德 2020-10-10

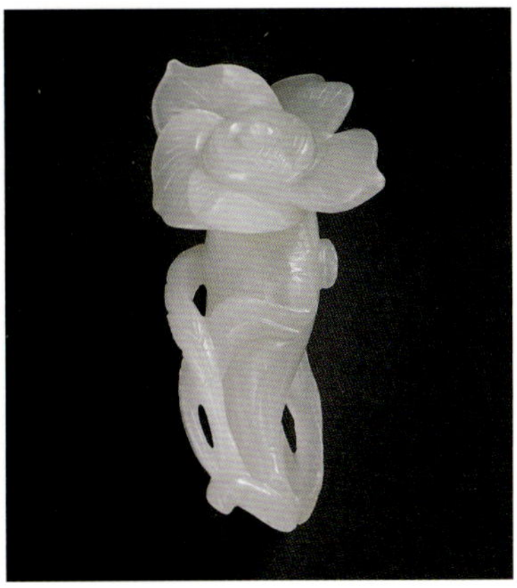

530 宋 白玉花形佩
估　价：HKD 50,000～70,000
成交价：RMB 79,707
长5.5cm 中国嘉德 2020-10-10

2856 宋 黄玉骆驼佩
估　价：HKD 200,000～300,000
成交价：RMB 511,200
长6cm 佳士得 2020-11-30

529 宋 白玉双喜佩
估　价：HKD 50,000～70,000
成交价：RMB 51,094
宽4.3cm 中国嘉德 2020-10-10

1766 宋/明 玉雕仿古龙形佩
估　价：USD 6,000～8,000
成交价：RMB 80,904
长12cm 纽约佳士得 2020-09-25

407 宋至明 玉兽
估　价：HKD 25,000~30,000
成交价：RMB 29,702
高4.4cm 香港苏富比 2020-06-05

3751 元 白玉红沁镂雕绶带鸟花卉纹佩
估　价：RMB 18,000~35,000
成交价：RMB 28,750
直径6cm 西泠印社 2020-08-09

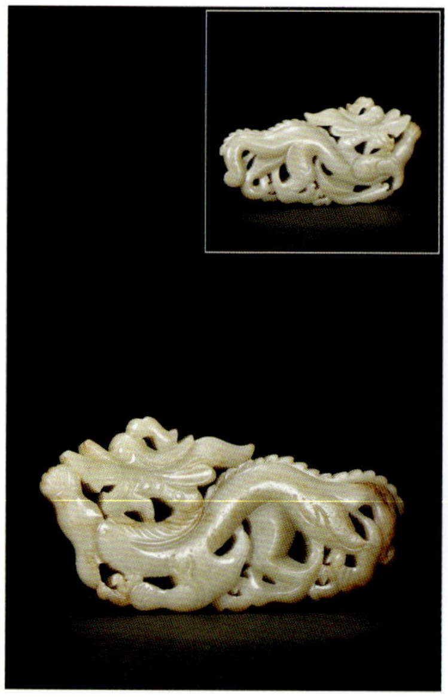

3758 元 玉雕龙纹佩
估　价：RMB 10,000~30,000
成交价：RMB 28,750
长12cm 西泠印社 2020-08-09

3752 辽金 白玉镂雕红沁花卉纹环佩
估　价：RMB 12,000~20,000
成交价：RMB 25,300
外径5.6cm 西泠印社 2020-08-09

4319 元 沁色玉雕螭龙衔芝佩
估　价：RMB 150,000~180,000
成交价：RMB 287,500
11.8cm×7.0cm 西泠印社 2020-08-09

2480 元 玉透雕莲花大雁佩
估　价：RMB 15,000~25,000
成交价：RMB 20,700
长4.7cm 中国嘉德 2020-08-18

364 元 玉虎（两件）
估　价：HKD 20,000~30,000
成交价：RMB 21,334
宽4.4cm 中国嘉德 2020-07-13

377 元至明 青白玉龟巢荷叶佩及花卉佩（一组三件）
估　价：HKD 10,000～20,000
成交价：RMB 399,839
直径9.2cm；直径6.2cm×2 香港苏富比 2020-06-05

224 明 白玉雕高士形佩
估　价：USD 30,000～50,000
成交价：RMB 559,459
高7.4cm 纽约苏富比 2020-09-22

931 明万历 玉雕双兔捣药图佩
估　价：RMB 10,000～15,000
成交价：RMB 18,400
6cm×4.4cm 北京诚轩 2020-08-17

2869 明 白玉雕蛇形佩
估　价：RMB 300,000～500,000
成交价：RMB 345,000
长5.2cm 中国嘉德 2020-12-03

307 明 白玉龟壳
估　价：HKD 15,000～20,000
成交价：RMB 16,001
宽4.3cm 中国嘉德 2020-07-13

2476 明 白玉留皮鹅莲佩
估　价：RMB 30,000～50,000
成交价：RMB 34,500
高5.2cm 中国嘉德 2020-08-18

5746 明 白玉太子像佩
估　价：RMB 150,000～250,000
成交价：RMB 287,500
高6.2cm 北京保利 2020-10-20

5789 明 古玉龙纹方佩
估　价：RMB 60,000～80,000
成交价：RMB 92,000
长7.8cm 北京保利 2020-10-20

2020 明 白玉龙凤佩
估　价：RMB 50,000～80,000
成交价：RMB 78,200
高4.5cm 古天一 2020-10-16

1875 明 白玉圆雕宝鸭挂坠
估　价：RMB 150,000
成交价：RMB 322,000
长5cm 中贸圣佳 2020-12-08

5745 明 灰玉官人立像佩
估　价：RMB 60,000～80,000
成交价：RMB 92,000
高5.2cm 北京保利 2020-10-20

1907 明 白玉双联管形佩
估　价：RMB 20,000
成交价：RMB 43,700
高3.7cm 中贸圣佳 2020-12-08

6177 明 古玉龙纹佩
估　价：RMB 300,000～400,000
成交价：RMB 402,500
长9.8cm 北京保利 2020-10-20

4369 明 沁色玉雕连年有余佩
成交价：RMB 32,200
高8.3cm 西泠印社 2020-08-09

571 明 玉雕宋式狮形佩
估　价：HKD 5,000～7,000
成交价：RMB 64,086
高4.9cm 香港苏富比 2020-11-26

3687 明 青白玉带皮双鱼佩
估　价：HKD 40,000～60,000
成交价：RMB 45,200
7.3cm 香港苏富比 2020-07-11

2601 明 玉龟吐祥云游莲佩
估　价：RMB 35,000～55,000
成交价：RMB 74,750
长6.3cm 中国嘉德 2020-12-03

2588 明 玉沁色蝉
估　价：RMB 60,000～80,000
成交价：RMB 69,000
长5.8cm 中国嘉德 2020-12-03

590 明 青白玉团马佩
估　价：HKD 50,000～70,000
成交价：RMB 51,094
高4.1cm 中国嘉德 2020-10-10

2477 明 玉留皮虎纹佩
估　价：RMB 18,000～28,000
成交价：RMB 59,800
长5cm 中国嘉德 2020-08-18

2644 明 玉沁色龙佩
估　价：RMB 30,000～50,000
成交价：RMB 63,250
长8.9cm 中国嘉德 2020-12-03

2028 明末清初 白玉镂雕教子朝天佩
估　价：RMB 120,000～150,000
成交价：RMB 184,000
高10.5cm 古天一 2020-10-16

2001 明末清初 白玉一团和气童子佩
成交价：RMB 97,750
5.5cm × 5.5cm 古天一 2020-10-16

583 明或更早 白玉缠龙佩
估　价：HKD 50,000～70,000
成交价：RMB 112,407
长7cm 中国嘉德 2020-10-10

3124 明末清初 子冈螭龙人物诗文佩
估　价：RMB 80,000～120,000
成交价：RMB 138,000
高5.5cm 中鸿信 2020-01-03

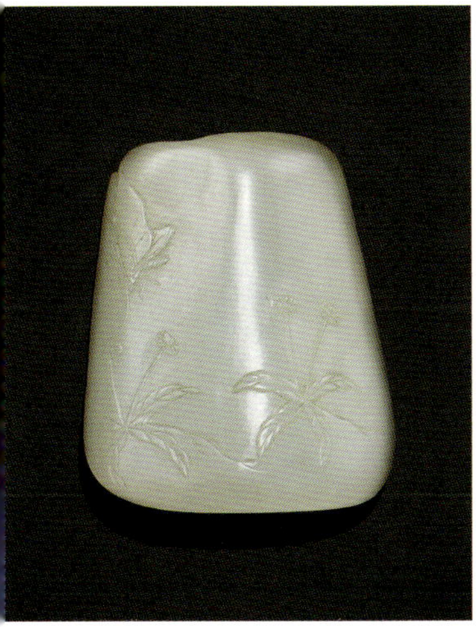

201 18世纪 白玉雕紫菀花蝶图佩
估　价：USD 8,000～12,000
成交价：RMB 163,534
高5cm 纽约苏富比 2020-09-22

3664 清乾隆 白玉“天喜大吉”佩（一对）
估　价：HKD 150,000～250,000
成交价：RMB 316,400
高8cm × 2 香港苏富比 2020-07-11

3688 18世纪 白玉福山寿海佩
估　价：HKD 250,000～350,000
成交价：RMB 282,500
高6.1cm 香港苏富比 2020-07-11

1044 清乾隆 “乾隆年制”款玉佛挂件
估　价：RMB 60,000
成交价：RMB 345,000
高3.5cm；佛高2.8cm 古天一 2020-10-16

2465 清乾隆 白玉大吉佩
估　价：RMB 70,000～90,000
成交价：RMB 161,000
长5cm 中国嘉德 2020-08-18

219 18世纪 碧玺寿桃蝙蝠纹佩
估　价：EUR 3,000～4,000
成交价：RMB 37,724
长4.5cm 巴黎佳士得 2020-06-23

4274 清乾隆 白玉雕福寿双全挂件
估　价：RMB 120,000～150,000
成交价：RMB 172,500
4.3cm×3.7cm 西泠印社 2020-08-09

918 清乾隆 白玉雕童子挂件
估　价：RMB 100,000～150,000
成交价：RMB 115,000
长5.5cm 永乐拍卖 2020-12-02

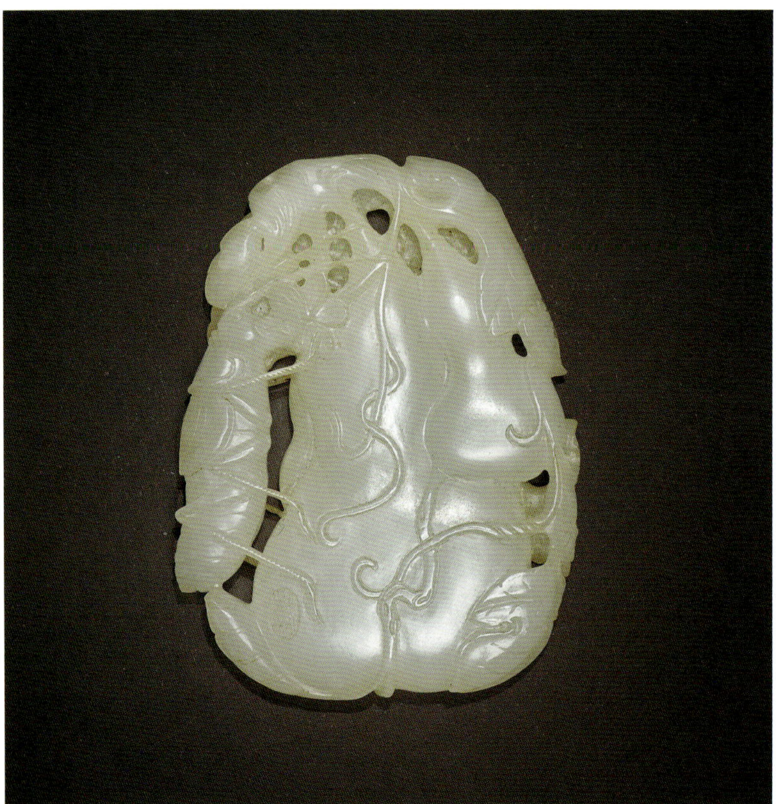

230 清乾隆 白玉雕瓜藤蝈蝈佩
“子冈”仿款
估　价：USD 20,000～30,000
成交价：RMB 301,247
高5.7cm 纽约苏富比 2020-09-22

3147 清乾隆 白玉留皮螭龙佩
估　价：RMB 50,000～60,000
成交价：RMB 92,000
高6.3cm 中鸿信 2020-01-03

6197 清乾隆 白玉留皮诗文福寿双全坠
估　价：RMB 250,000～300,000
成交价：RMB 287,500
长6cm 北京保利 2020-10-20

6188 清乾隆 白玉籽料留皮巧雕灵芝多子坠
估　价：RMB 300,000～400,000
成交价：RMB 345,000
长3.7cm 北京保利 2020-10-20

3128 清乾隆 白玉太平有象佩
估　价：RMB 20,000～30,000
成交价：RMB 69,000
长6.8cm 中鸿信 2020-01-03

1891 清乾隆 白玉留皮苏作花鸟佩
估　价：RMB 50,000
成交价：RMB 109,250
长5.2cm 中贸圣佳 2020-12-08

231 清乾隆 白玉镂雕双螭龙纹佩
估　价：USD 25,000～35,000
成交价：RMB 327,068
高6.2cm 纽约苏富比 2020-09-22

3683 清乾隆 苏作玛瑙灵猴献寿佩
“山果属猿公”款
估　价：HKD 200,000～300,000
成交价：RMB 226,000
长6.3cm 香港苏富比 2020-07-11

2479 清乾隆 白玉巧雕岁岁平安坠
估　价：RMB 50,000～80,000
成交价：RMB 57,500
长3.4cm 中国嘉德 2020-08-18

3125 清乾隆 羊脂白玉螭龙佩
估　价：RMB 60,000～90,000
成交价：RMB 195,500
长8.2cm 中鸿信 2020-01-03

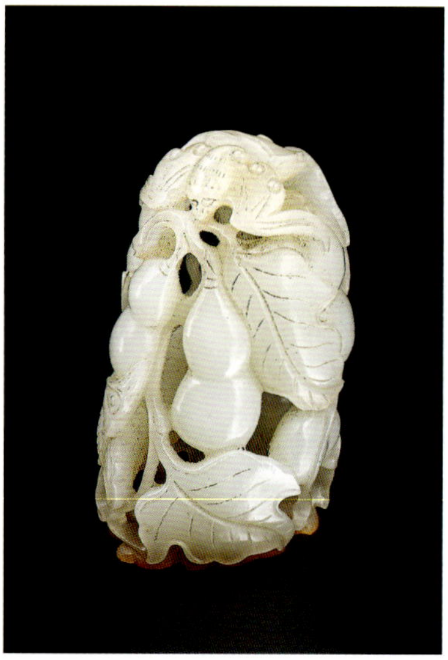

374 清中期 白玉“瓜瓞绵绵”佩
估　价：HKD 80,000～120,000
成交价：RMB 85,338
高5.4cm 中国嘉德 2020-07-13

2022 清中期 白玉欢天喜地佩
估　价：RMB 25,000～35,000
成交价：RMB 55,200
高5.3cm 北京翰海 2020-12-12

2014 清中期 白玉大吉葫芦佩
估　价：RMB 20,000～40,000
成交价：RMB 132,250
高5.6cm 北京翰海 2020-12-12

2019 清中期 白玉花卉富贵佩
估　价：RMB 30,000～50,000
成交价：RMB 172,500
高6.5cm 北京翰海 2020-12-12

1856 清中期 白玉夔凤佩
估　价：RMB 8,000～12,000
成交价：RMB 63,250
高6cm 北京翰海 2020-12-12

1027 清中期 白玉麒麟负书坠
估　价：RMB 60,000～90,000
成交价：RMB 69,440
3.7cm×3cm 上海联合 2020-11-29

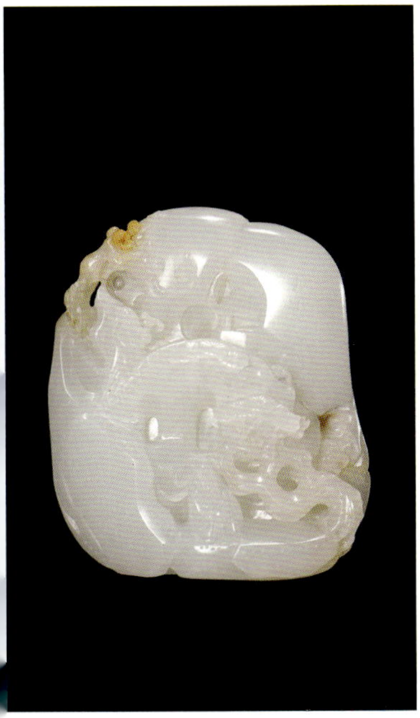

1852 清中期 白玉山水人物坠
估　价：RMB 40,000～60,000
成交价：RMB 46,000
高6.5cm 北京翰海 2020-12-12

2017 清中期 白玉寿天百禄佩
估　价：RMB 40,000～60,000
成交价：RMB 207,000
高6cm 北京翰海 2020-12-12

1824 清中期 白玉双欢坠
估　价：RMB 25,000～35,000
成交价：RMB 86,250
长5.5cm 北京翰海 2020-12-12

1829 清中期 白玉鱼坠
估　价：RMB 15,000～25,000
成交价：RMB 17,250
长8.5cm 北京翰海 2020-12-12

2026 清中期 白玉载来花甲佩
估　价：RMB 35,000～55,000
成交价：RMB 103,500
高6cm 北京翰海 2020-12-12

2519 清中期 粉碧玺代代封侯佩
估　价：RMB 88,000～98,000
成交价：RMB 126,500
长6.3cm 中国嘉德 2020-08-18

4416 清中期 子冈款白玉浮雕婴戏纹诗文佩
估　价：RMB 20,000～30,000
成交价：RMB 51,750
长5.7cm；宽3.9cm 西泠印社 2020-08-09

11 18/19世纪 灰白玉瓜瓞绵绵镂雕佩
估　价：GBP 1,200～1,800
成交价：RMB 95,806
长5cm 伦敦佳士得 2020-02-13

13 19世纪 玛瑙镂雕佩（一组两件）
估　价：GBP 2,000～4,000
成交价：RMB 45,085
最大高度6.3cm 伦敦佳士得 2020-02-13

648 清 白玉“贵子兰孙”及桃寿万年佩（一组两件）
估　价：HKD 15,000～20,000
成交价：RMB 62,832
高5.5cm—5.8cm 香港苏富比 2020-06-05

4556 清 白玉雕“平安至宝”双龙戏珠迦楼罗佩
估　价：RMB 20,000～30,000
成交价：RMB 40,250
长7.3cm；宽5cm 西泠印社 2020-08-09

654 或清 新石器时代红山文化式 青白玉猪龙及刀形器（一组两件）
估　价：HKD 40,000～60,000
成交价：RMB 1,256,637
长3.9cm；长9.5cm 香港苏富比 2020-06-05

1032 清 白玉持荷童子佩
估　价：RMB 60,000～100,000
成交价：RMB 96,320
高5.8cm 上海明美 2020-08-22

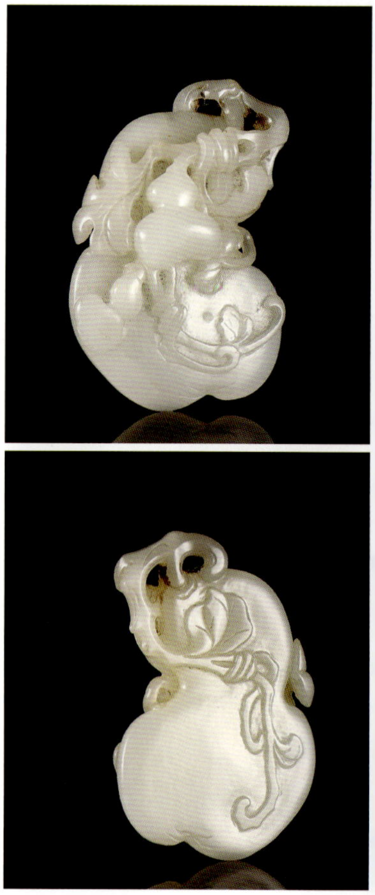

4305 清 白玉雕大吉福禄
估　价：RMB 90,000～120,000
成交价：RMB 138,000
6.9cm×4.6cm 西泠印社 2020-08-09

4341 清 白玉雕福至心灵佩
估　价：RMB 45,000～55,000
成交价：RMB 57,500
6.6cm×4.2cm 西泠印社 2020-08-09

646 清 白玉仿古螭龙佩
估　价：HKD 10,000～12,000
成交价：RMB 45,696
长8.3cm 香港苏富比 2020-06-05

4314 清 白玉雕云纹法轮转心佩
估　价：RMB 15,000～25,000
成交价：RMB 17,250
5.5cm×5.5cm 西泠印社 2020-08-09

4264 清 白玉雕吉庆有余佩
成交价：RMB 86,250
5.9cm×4.0cm 西泠印社 2020-08-09

4427 清 白玉浮雕梅花诗文佩
估　价：RMB 110,000～150,000
成交价：RMB 126,500
长6.2cm；宽4.7cm 西泠印社 2020-08-09

4209 清 白玉金刚杵挂件
估　价：RMB 20,000～30,000
成交价：RMB 23,000
长6.4cm 西泠印社 2020-08-09

1256 清 白玉海东青捕雁佩
估　价：RMB 250,000～350,000
成交价：RMB 391,000
长7.2cm 中贸圣佳 2020-10-16

2463 清 白玉连年有余坠
估　价：RMB 22,000～42,000
成交价：RMB 59,800
长4.7cm 中国嘉德 2020-08-18

1249 清 白玉留皮葫芦佩
估　价：RMB 40,000～55,000
成交价：RMB 94,300
高5.2cm 中贸圣佳 2020-10-16

258 清 白玉留皮巧雕福禄坠、代代为侯坠（共两件）
估　价：HKD 50,000～80,000
成交价：RMB 52,725
长5.5cm 佳士得 2020-10-08

2577 清 白玉灵芝、喜事连连坠（两件）
估　价：RMB 35,000～55,000
成交价：RMB 57,500
长4cm；长3.8cm 中国嘉德 2020-12-03

4303 清 白玉镂雕螭龙佩
估　价：RMB 28,000～35,000
成交价：RMB 74,750
5.2cm×5.2cm 西泠印社 2020-08-09

1901 清 白玉镂雕龙船转心佩
估　价：RMB 25,000
成交价：RMB 55,200
高5.8cm 中贸圣佳 2020-12-08

1035 清 白玉留皮雕携子上朝佩
估　价：RMB 150,000～200,000
成交价：RMB 168,000
长6.8cm 上海呗美 2020-08-22

1238 清 白玉镂雕秋山佩
估　价：RMB 120,000～180,000
成交价：RMB 195,500
长7.7cm 中贸圣佳 2020-10-16

1083 清 白玉镂雕团龙纹佩
估　价：RMB 60,000
成交价：RMB 63,250
3.2cm×3.8cm 古天一 2020-10-16

2063 清 白玉佩蝉
估　价：RMB 80,000～150,000
成交价：RMB 184,000
高4.8cm 古天一 2020-10-16

2164 清 白玉佩蝉
估　价：RMB 30,000～50,000
成交价：RMB 109,250
长3.6cm 古天一 2020-10-16

647 清 白玉飘带纹“代子还朝”长方佩
“子冈”仿款
估　价：HKD 15,000～20,000
成交价：RMB 27,418
长7.8cm 香港苏富比 2020-06-05

1209 清 白玉三龙交结佩
估　价：RMB 30,000～50,000
成交价：RMB 55,200
长5.5cm 中贸圣佳 2020-10-16

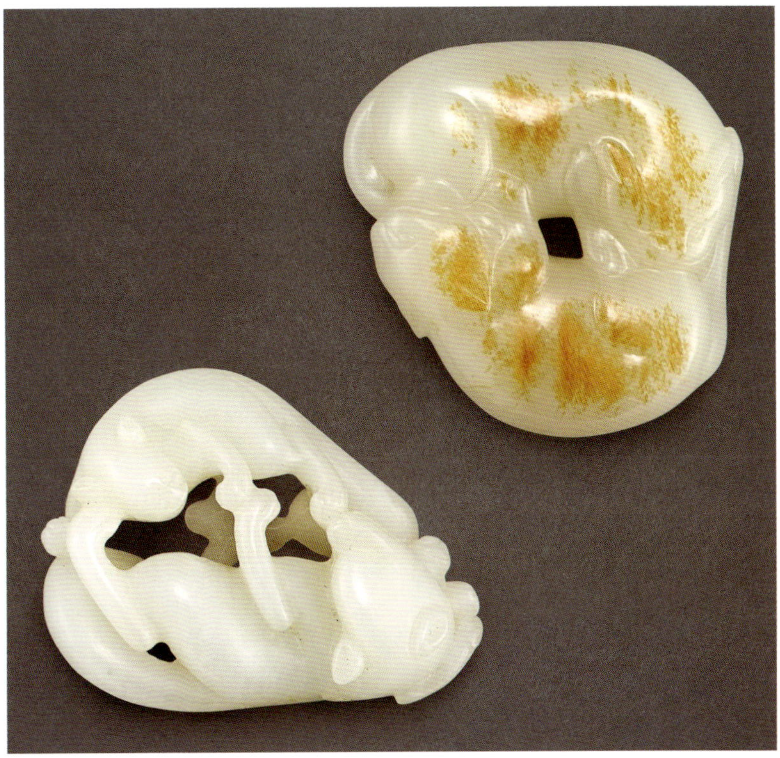

660 清 白玉双欢佩（一组两件）
估　价：HKD 15,000～20,000
成交价：RMB 74,256
长5cm；长5.3cm 香港苏富比 2020-06-05

1045 清 白玉麒麟童子坠
估　价：RMB 30,000
成交价：RMB 69,000
长4.5cm 古天一 2020-10-16

2473 清 白玉双獾守业佩
估　价：RMB 45,000～55,000
成交价：RMB 51,750
长6.8cm 中国嘉德 2020-08-18

1109 清 白玉太平有象佩
估　价：RMB 120,000～180,000
成交价：RMB 168,000
4.5cm×3.5cm 上海联合 2020-11-29

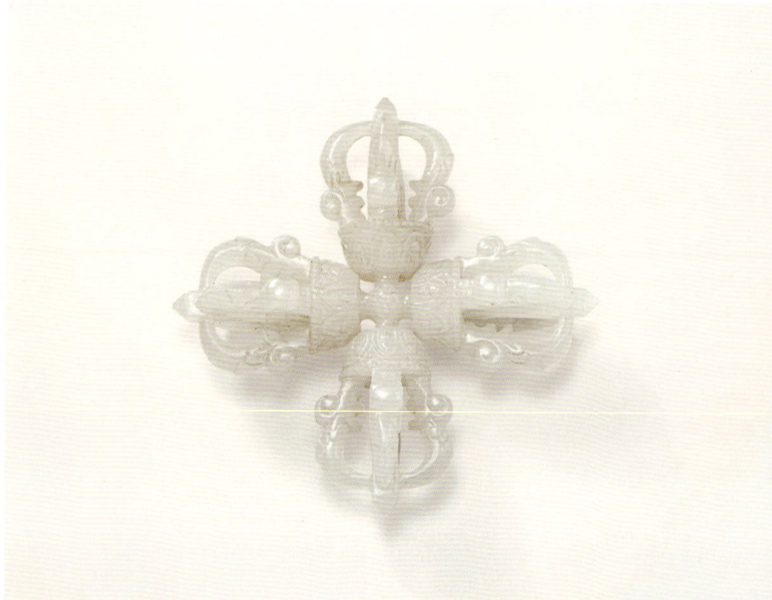

2724 清 白玉十字金刚杵
估　价：HKD 120,000～180,000
成交价：RMB 180,800
长6.5cm 佳士得 2020-07-09

1851 清 白玉双莲蓬挂件
估　价：RMB 25,000
成交价：RMB 51,750
长7.5cm 中贸圣佳 2020-12-08

1885 清 白玉双童子挂件
估　价：RMB 20,000
成交价：RMB 92,000
高3cm 中贸圣佳 2020-12-08

1854 清 白玉双獾挂件
估　价：RMB 90,000
成交价：RMB 195,500
长4.6cm 中贸圣佳 2020-12-08

1871 清 白玉兽形坠
估　价：RMB 28,000
成交价：RMB 63,250
长5.7cm 中贸圣佳 2020-12-08

2460 清 白玉喜报三元佩
估　价：RMB 20,000～40,000
成交价：RMB 55,200
直径7.2cm 中国嘉德 2020-08-18

4414 清 白玉阴刻兰竹诗文佩
成交价：RMB 63,250
长6.2cm；宽4.6cm 西泠印社 2020-08-09

1245 清 白玉转心人物佩
估　价：RMB 10,000～30,000
成交价：RMB 63,250
长4.7cm 广东崇正 2020-09-13

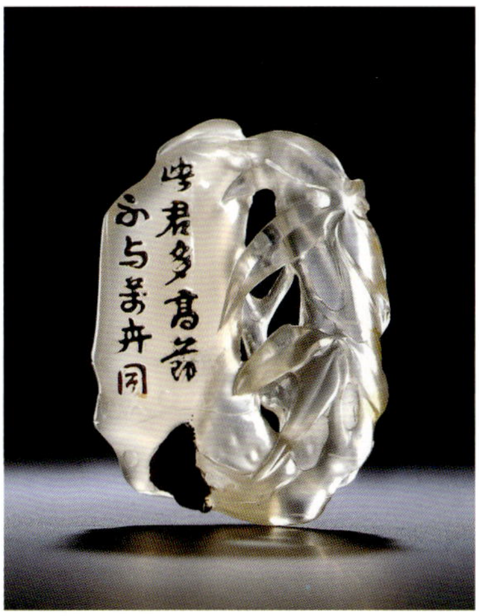

1308 清 冰糖玛瑙巧雕竹节佩
估　价：RMB 160,000～200,000
成交价：RMB 207,000
长4.5cm 中贸圣佳 2020-10-16

221 清 翠玉云龙赶珠纹佩
估　价：EUR 5,000～7,000
成交价：RMB 59,564
长5.4cm 巴黎佳士得 2020-06-23

2057 清 黄玉龙凤形佩
估　价：RMB 150,000～200,000
成交价：RMB 184,000
长6cm 古天一 2020-10-16

1266 清 黄玉蝉形佩
估　价：RMB 40,000～55,000
成交价：RMB 59,800
长5.1cm 中贸圣佳 2020-10-16

1246 清 黄玉鸡形佩
估　价：RMB 40,000~55,000
成交价：RMB 59,800
长6.6cm 中贸圣佳 2020-10-16

663 清 青白玉题诗蟠桃佩
估　价：HKD 20,000~30,000
成交价：RMB 51,408
高5.2cm 香港苏富比 2020-06-05

2142 清 青白玉龙形佩
估　价：RMB 60,000~120,000
成交价：RMB 115,000
长16.3cm 古天一 2020-10-16

590 清 青白玉凤及鱼形佩（一组两件）
估　价：HKD 6,000~8,000
成交价：RMB 51,269
高7.2cm；高6.3cm 香港苏富比 2020-11-26

2144 清 青白玉龙形佩（一对）
估　价：RMB 150,000~250,000
成交价：RMB 396,750
长11cm；长11.5cm 古天一 2020-10-16

2166 清 青黄玉蝉
估　价：RMB 30,000～50,000
成交价：RMB 105,800
长6cm 古天一 2020-10-16

2128 清 青黄玉谷纹龙形佩
估　价：RMB 150,000～200,000
成交价：RMB 172,500
长26.5cm 古天一 2020-10-16

1267 清 提油松鼠灵芝挂件
估　价：RMB 45,000～55,000
成交价：RMB 51,750
长6cm 中贸圣佳 2020-10-16

664 清 玉鸟（一组五件）
估　价：HKD 10,000～15,000
成交价：RMB 182,784
长3cm至4cm 香港苏富比 2020-06-05

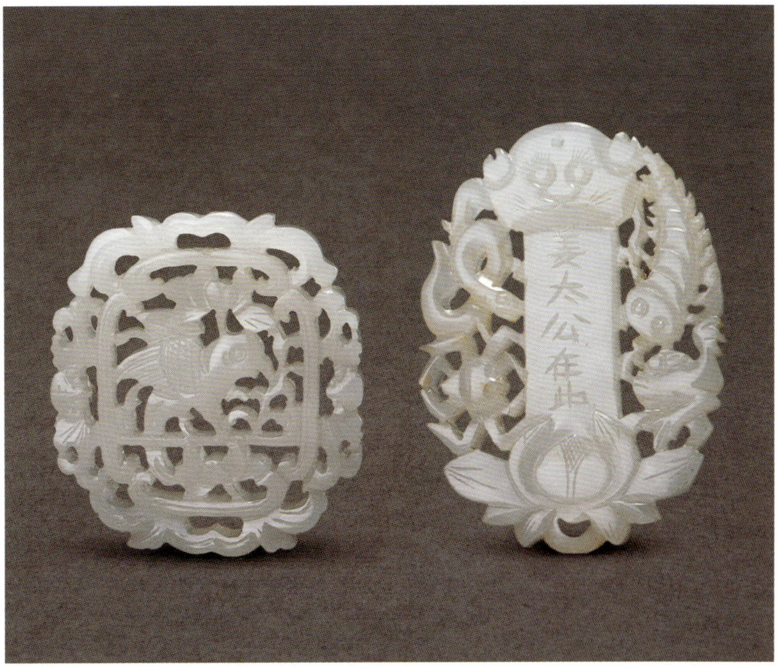

2495 清 玉透雕鸟纹佩、五毒佩（两件）
估　价：RMB 20,000～40,000
成交价：RMB 94,300
长3.8cm；长4.5cm 中国嘉德 2020-08-18

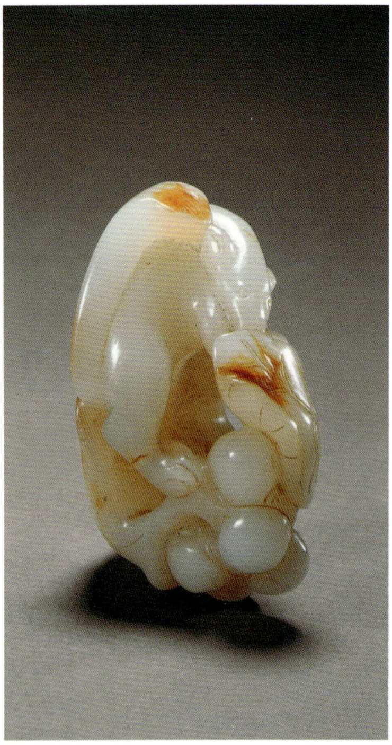

2462 清 玉留皮松鼠葡萄坠
估　价：RMB 18,000～28,000
成交价：RMB 59,800
长5cm 中国嘉德 2020-08-18

587 清或更晚 黄青玉透雕夔凤纹“长命富贵”佩
估　价：HKD 20,000～30,000
成交价：RMB 534,051
长9.7cm 香港苏富比 2020-11-26

241 18世纪 灰白玉镂雕仿古螭龙纹斧佩
估　价：GBP 3,000～4,000
成交价：RMB 32,788
长12.1cm 伦敦苏富比 2020-06-16

218 19/20世纪 玉件（一组三件）
估　价：EUR 3,000～5,000
成交价：RMB 27,797
尺寸不一 巴黎佳士得 2020-06-23

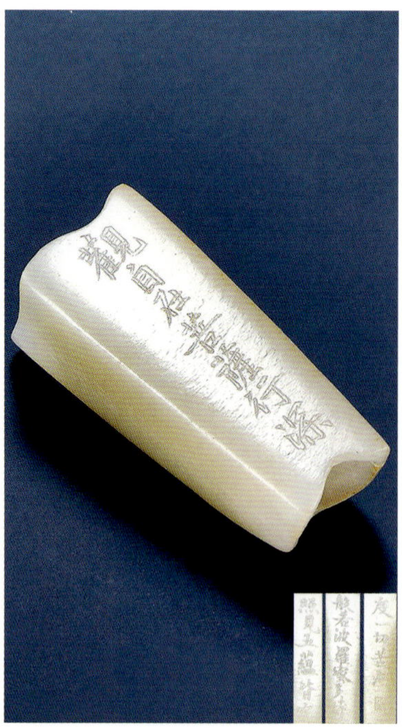

2721 明 白玉影骨佛指舍利
成交价：RMB 48,300
高4.5cm 中鸿信 2020-01-03

391 吴金星 白玉戈形佩
估　价：RMB 200,000～300,000
成交价：RMB 224,000
6.35cm × 3cm 上海联合 2020-11-29

334 白玉观音挂件
估　价：RMB 450,000～650,000
成交价：RMB 504,000
6.7cm×4.1cm 上海联合 2020-11-29

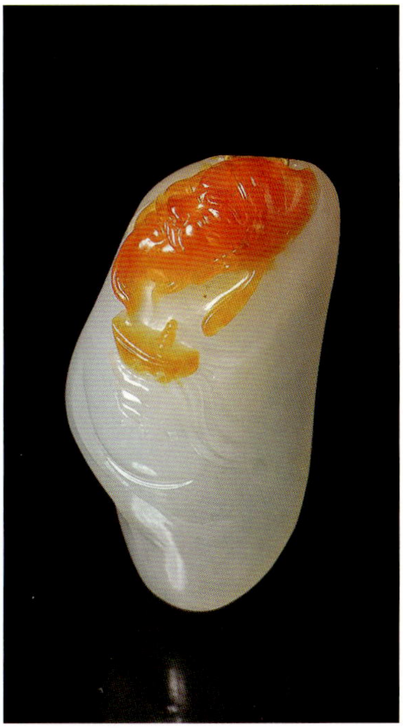

431 白玉太白醉酒挂件
估　价：RMB 70,000～90,000
成交价：RMB 78,400
长3.9cm 上海联合 2020-11-29

413 龚克勤 白玉府上有龙挂件
估　价：RMB 70,000～100,000
成交价：RMB 89,600
长5.3cm 上海联合 2020-11-29

4737 侯晓锋 引福来 白玉挂件
钤印：一户侯
估　价：RMB 90,000～120,000
成交价：RMB 115,000
4.6cm×3.4cm 西泠印社 2020-08-10

31 黄玉留皮巧雕张骞乘槎佩
估　价：HKD 30,000～50,000
成交价：RMB 51,244
长5.1cm 佳士得 2020-04-21

316 蒋永葆 白玉貔貅挂件
估　价：RMB 80,000～120,000
成交价：RMB 89,600
长3.8cm 上海联合 2020-11-29

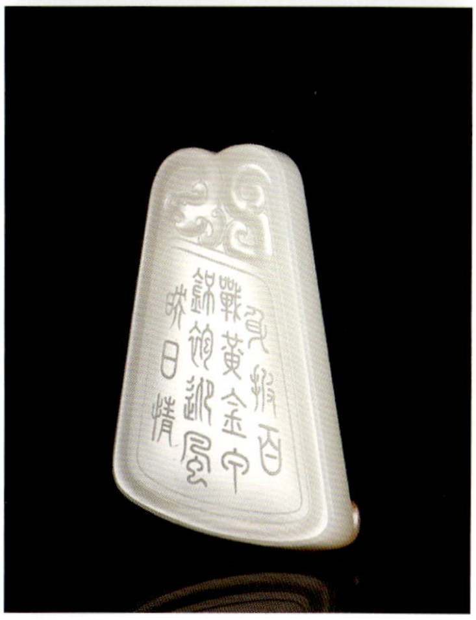

4672 林金波 武财神 白玉挂件
钤印：金德
估　价：RMB 120,000～150,000
成交价：RMB 149,500
5.2cm×3.2cm 西泠印社 2020-08-10

382 刘海 白玉蝶恋花挂件
估　价：RMB 50,000～80,000
成交价：RMB 56,000
长5.3cm 上海联合 2020-11-29

233 吴金星 白玉苍龙出海挂件
估　价：RMB 300,000～400,000
成交价：RMB 336,000
6.6cm×2.3cm 上海联合 2020-11-29

272 王彬 白玉财帛星君挂件
估　价：RMB 80,000～120,000
成交价：RMB 97,440
长4.85cm 上海联合 2020-11-29

313 吴金星 白玉一鸣惊人挂件
估　价：RMB 50,000～80,000
成交价：RMB 56,000
长4.15cm 上海联合 2020-11-29

1129 新疆和田玉洒金皮千手观音
估　价：RMB 150,000～220,000
成交价：RMB 172,500
6.73cm×5.59cm 永乐拍卖 2020-12-04

217 杨建发 白玉封侯拜相挂件
估　价：RMB 180,000～280,000
成交价：RMB 224,000
4.93cm×3.2cm 上海联合 2020-11-29

225 杨建发 白玉鸿运当头挂件
估　价：RMB 220,000～280,000
成交价：RMB 268,800
4.75cm×3.35cm 上海联合 2020-11-29

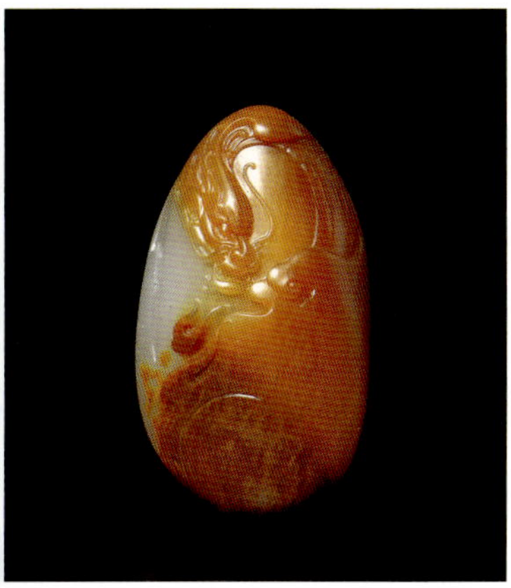

294 杨建发 白玉金龙献瑞挂件
估　价：RMB 160,000～240,000
成交价：RMB 201,600
4.75cm×2.8cm 上海联合 2020-11-29

把玩件

374 或新石器时代红山文化 黄玉鸮
估　价：HKD 30,000～40,000
成交价：RMB 148,512
长7cm 香港苏富比 2020-06-05

247 辽 宋 青玉飞天把件 玉飞天把件
估　价：HKD 50,000～80,000
成交价：RMB 84,360
长6.8cm 佳士得 2020-10-08

4599 宋 白玉雕持莲童子把件
估　价：RMB 5,000～10,000
成交价：RMB 9,200
长6.5cm 西泠印社 2020-08-09

3753 宋 白玉红沁镂雕持莲婴戏把件
估　价：RMB 22,000～35,000
成交价：RMB 40,250
直径5cm 西泠印社 2020-08-09

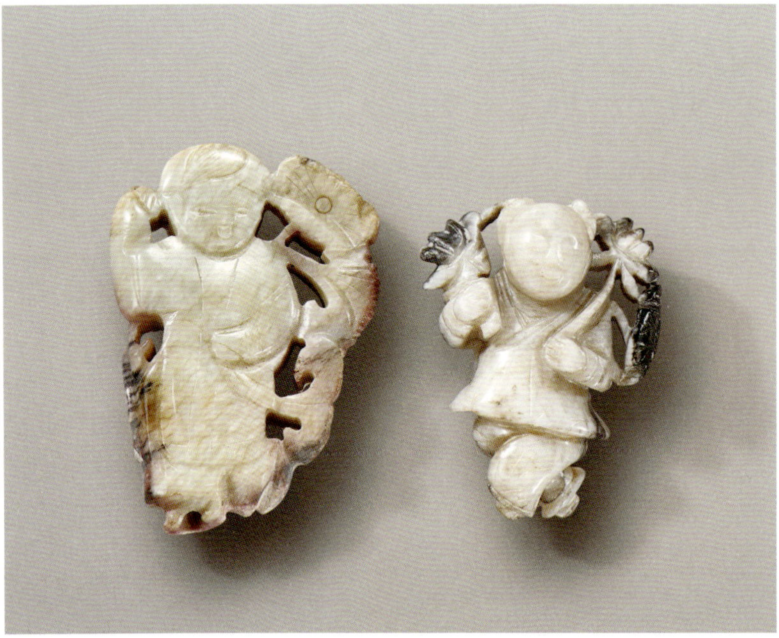

246 宋/元 黑白玉连生贵子把件及白玉沁色连生贵子把件
估 价：HKD 60,000～80,000
成交价：RMB 68,543
高4.5cm 佳士得 2020-10-08

3926 元 黄玉带沁持莲童子把件
估 价：RMB 10,000～20,000
成交价：RMB 25,300
长5.6cm 西泠印社 2020-08-09

254 宋至明 黄玉雕瑞兽把件
估 价：USD 80,000～120,000
成交价：RMB 860,706
长6.5cm 纽约苏富比 2020-09-22

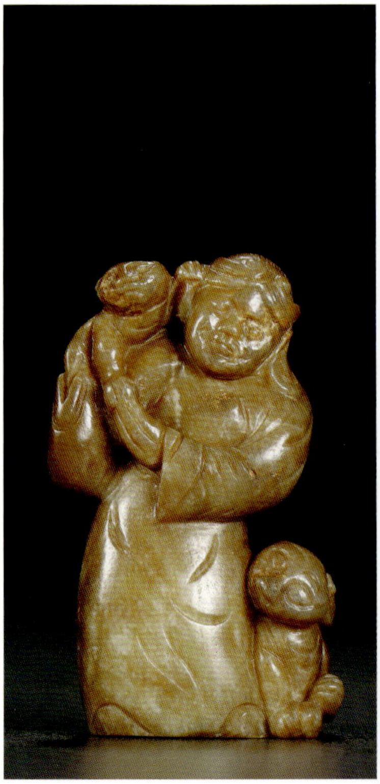

3756 元 玉雕胡人戏狮把件
估 价：RMB 10,000～20,000
成交价：RMB 25,300
高6cm 西泠印社 2020-08-09

543 元 黄玉胡人戏象把件
估　价：HKD 60,000～80,000
成交价：RMB 1,522,808
长4.5cm 香港苏富比 2020-11-26

4598 明 白玉胡人戏兽把件
成交价：RMB 10,350
高6.4cm 西泠印社 2020-08-09

3818 明 白玉雕太师少师把件
估　价：RMB 20,000～30,000
成交价：RMB 55,200
长9.6cm 西泠印社 2020-08-09

228 明 青玉和合二仙把件
估　价：GBP 1,000～1,500
成交价：RMB 13,115
宽3.1cm 伦敦苏富比 2020-06-16

701 明 青白玉鹅把件
估　价：HKD 30,000～50,000
成交价：RMB 51,269
长6cm 香港苏富比 2020-11-26

46 明 灰玉雕瑞兽把件
估　价：GBP 3,000～5,000
成交价：RMB 50,721
长10.3cm 伦敦佳士得 2020-02-13

4207 明 玉雕提油卧犬把件
估　价：RMB 30,000～50,000
成交价：RMB 34,500
长8.5cm 西泠印社 2020-08-09

3923 明至清 白玉双兽把件
估　价：RMB 10,000～20,000
成交价：RMB 63,250
长5.5cm 西泠印社 2020-08-09

605 明至清 玉雕鲤鱼、大象及瑞兽把件（一组三件）
估　价：HKD 15,000～20,000
成交价：RMB 51,269
长7.5cm；长6cm；长4.8cm 香港苏富比 2020-11-26

239 18世纪 白玉雕双欢把件
估　价：USD 10,000～15,000
成交价：RMB 111,892
长6cm 纽约苏富比 2020-09-22

2882 17/18世纪 白玉巧雕水牛把件
估　价：HKD 200,000～300,000
成交价：RMB 226,000
宽7.3cm 佳士得 2020-07-09

10 18世纪 白玉马上封侯把件
估　价：GBP 3,000～5,000
成交价：RMB 32,910
宽6.7cm 伦敦佳士得 2020-05-21

206 18世纪 白玉卧马把件
估　价：EUR 6,000～8,000
成交价：RMB 99,273
长8.8cm 巴黎佳士得 2020-06-23

292 18世纪 墨白玉透雕瑞兽衔灵芝把件
估　价：HKD 80,000～120,000
成交价：RMB 84,360
宽7cm 佳士得 2020-10-08

205 18世纪 青玉瑞兽衔芝把件
估　价：EUR 6,000～8,000
成交价：RMB 69,491
长9.0cm 巴黎佳士得 2020-06-23

202 清乾隆 黄玉雕福迭富贵把件
估　价：USD 30,000～50,000
成交价：RMB 301,247
宽7.8cm 纽约苏富比 2020-09-22

228 清乾隆 黄玉雕一路连科把件
估　价：USD 50,000～70,000
成交价：RMB 430,353
长7.3cm 纽约苏富比 2020-09-22

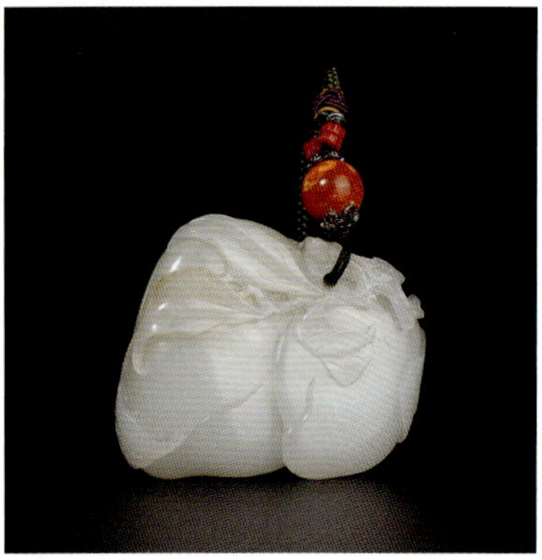

1119 清乾隆 白玉福寿双全手握
估　价：RMB 350,000～650,000
成交价：RMB 560,000
6.8cm×5.8cm 上海联合 2020-11-29

219 清乾隆 白玉雕佛手把件
“子冈”仿款
估　价：USD 40,000～60,000
成交价：RMB 344,282
高7.3cm 纽约苏富比 2020-09-22

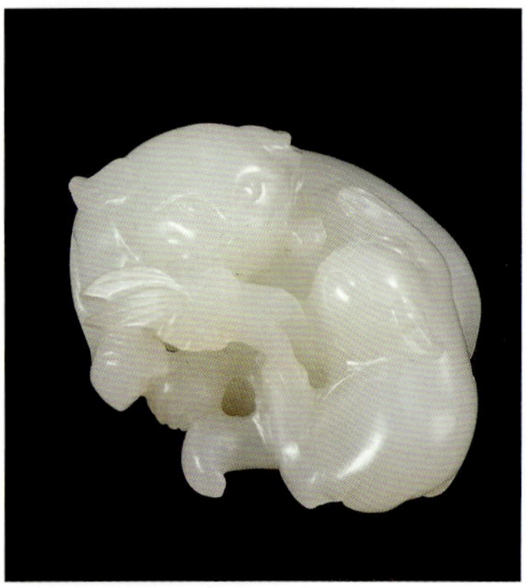

8016 清中期 白玉耄耋把件
估　价：RMB 45,000～55,000
成交价：RMB 51,750
长5.5cm 十竹斋拍卖（北京） 2020-10-18

8015 清中期 白玉瑞兽把件
估　价：RMB 30,000～50,000
成交价：RMB 51,750
长5.2cm 十竹斋拍卖（北京） 2020-10-18

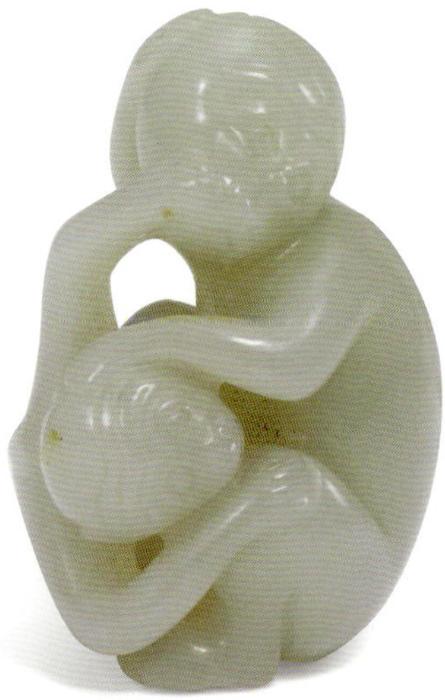

49 18/19世纪 青白玉灵猴献寿把件
估　价：GBP 4,000～6,000
成交价：RMB 33,814
高4.5cm 伦敦佳士得 2020-02-13

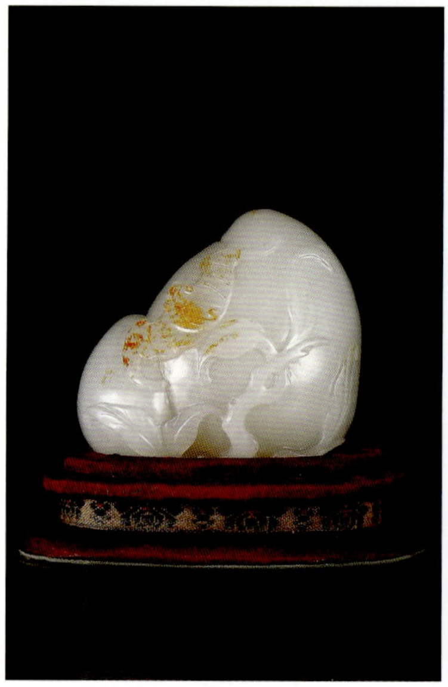

4287 清 白玉雕福寿双全把件
估　价：RMB 150,000～180,000
成交价：RMB 218,500
长5.8cm 西泠印社 2020-08-09

45 19世纪 巧色玉雕双獾把件
估　价：GBP 3,000～5,000
成交价：RMB 41,686
长4.7cm 伦敦佳士得 2020-05-21

4261 清 白玉雕留皮佛手把件
成交价：RMB 97,750
10.8cm × 6.4cm 西泠印社 2020-08-09

259 清 白玉雕饮马把件
估　价：HKD 60,000～80,000
成交价：RMB 738,150
宽5cm 佳士得 2020-10-08

574 清 白玉三羊开泰把件
估　价：HKD 20,000～30,000
成交价：RMB 64,086
长6cm 香港苏富比 2020-11-26

4568 清 白玉红沁瑞兽把件
估　价：RMB 75,000～90,000
成交价：RMB 86,250
长9.5cm 西泠印社 2020-08-09

4039 清 琥珀佛手把件
估　价：RMB 20,000～30,000
成交价：RMB 55,200
长10cm 西泠印社 2020-08-09

579 清 青白玉卧羊衔仙草把件
估　价：HKD 15,000～20,000
成交价：RMB 53,405
长10cm 香港苏富比 2020-11-26

174 清 白玉佛手把件
估　价：RMB 80,000～100,000
成交价：RMB 149,500
长7.3cm 上海敬华 2020-09-22

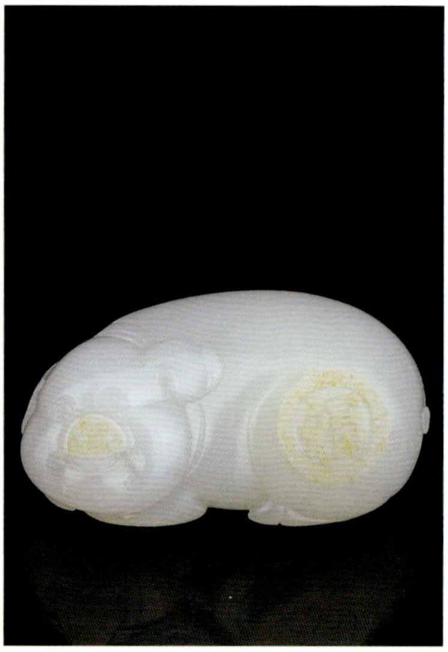

311 白玉福猪把件
估　价：RMB 200,000～260,000
成交价：RMB 224,000
5.2cm×3.3cm 上海联合 2020-11-29

322 白玉一鸣惊人把件
估　价：RMB 600,000～800,000
成交价：RMB 873,600
4.2cm×2.2cm 上海联合 2020-11-29

2880 清 白玉巧雕灵芝卧羊把件
估　价：HKD 120,000～180,000
成交价：RMB 135,600
长5.5.cm 佳士得 2020-07-09

24 白玉雕蟾把件
估　价：HKD 20,000～30,000
成交价：RMB 113,875
长5.8cm 佳士得 2020-04-21

256 清 青玉童子把件
估　价：HKD 50,000～70,000
成交价：RMB 63,270
高6.5cm 佳士得 2020-10-08

4695 崔磊 财神到 白玉把件
钤印：崔 青藤
估　价：RMB 500,000～600,000
成交价：RMB 690,000
6.2cm×3.8cm 西泠印社 2020-08-10

219 房文杰 碧玉一品清莲把件
“房”款
估　价：RMB 50,000～80,000
成交价：RMB 56,000
5.15cm×4cm 上海联合 2020-11-29

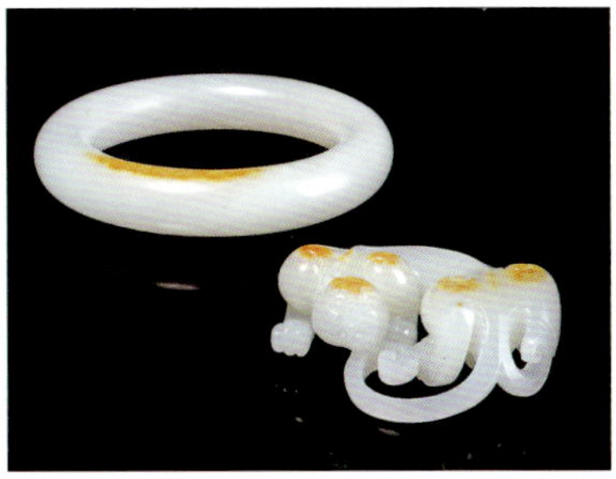

209 白玉手镯、瑞兽把件
估　价：RMB 240,000～300,000
成交价：RMB 268,800
镯内径5.6cm；把件长5.65cm
上海联合 2020-11-29

222 白玉招财猫把件
估　价：RMB 180,000～280,000
成交价：RMB 201,600
5.4cm×3.1cm 上海联合 2020-11-29

4733 侯晓锋 喜乐随缘 白玉把件
钤印：一户侯
估　价：RMB 180,000～220,000
成交价：RMB 230,000
5.7cm×3.6cm 西泠印社 2020-08-10

4756 刘国皓 高瞻远瞩 白玉把件
估　价：RMB 180,000～220,000
成交价：RMB 207,000
长7.6cm 西泠印社 2020-08-10

4712 李剑 掌中有宝 白玉把件
钤印：元吉
估　价：RMB 200,000～280,000
成交价：RMB 230,000
7.1cm×3.5cm 西泠印社 2020-08-10

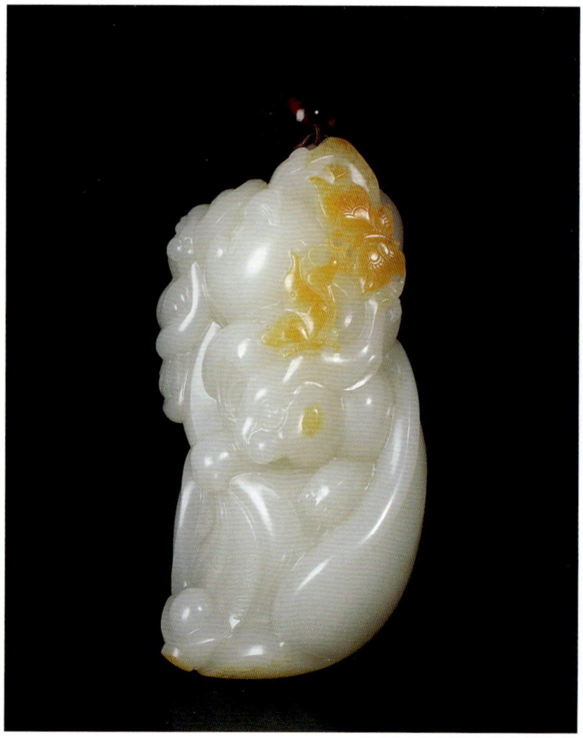

321 刘海 白玉前途无量把件
估　价：RMB 200,000～300,000
成交价：RMB 224,000
9.15cm×4.75cm 上海联合 2020-11-29

4653 瞿利军 秋山仙隐 白玉把件
钤印：中鼎
成交价：RMB 115,000
6.0cm×6.2cm 西泠印社 2020-08-10

214 黄杨洪 白玉貔貅把件
“黄”款
估　价：RMB 98,000～150,000
成交价：RMB 117,600
4.6cm×3.3cm 上海联合 2020-11-29

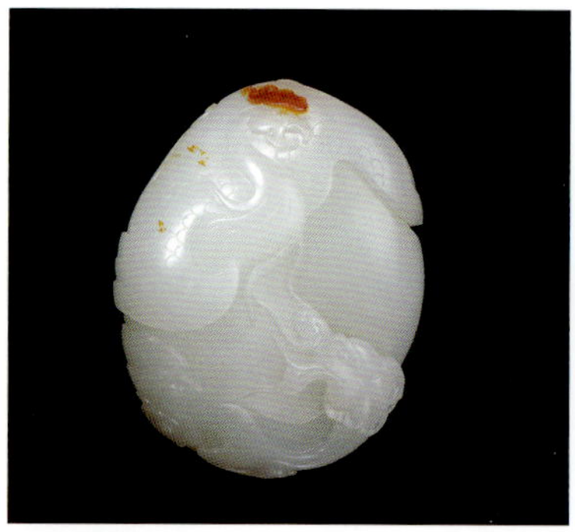

281 卢开飞 白玉龙凤呈祥把件
估　价：RMB 90,000～120,000
成交价：RMB 103,040
长6.25cm 上海联合 2020-11-29

410 黄杨洪 绿松石事事如意把件
估　价：RMB 62,000～88,000
成交价：RMB 69,440
长4.45cm 上海联合 2020-11-29

392 王金忠 白玉福在眼前把件
估　价：RMB 550,000～650,000
成交价：RMB 616,000
5.6cm×4.3cm 上海联合 2020-11-29

241 仵子辉 鸭蛋青碧玉福报把件
估　价：RMB 380,000～480,000
成交价：RMB 784,000
12.2cm×4.55cm 上海联合 2020-11-29

4699 王一卜 鸟鸣涧 白玉把件
钤印：一卜山人
估　价：RMB 350,000～480,000
成交价：RMB 402,500
6.2cm×5.8cm 西泠印社 2020-08-10

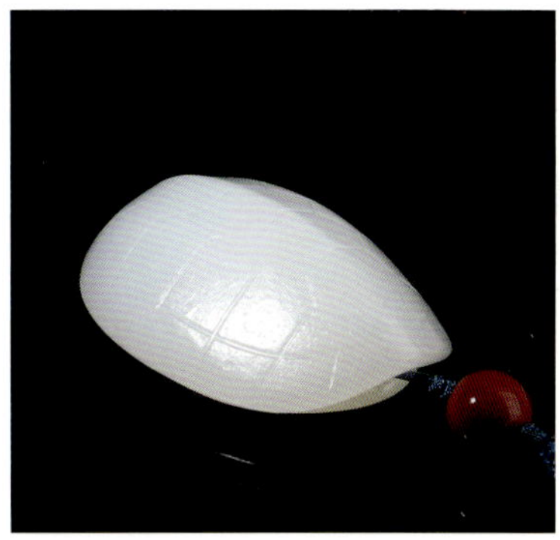

215 陆爱风 白玉长寿龟把件
“陆”款
估　价：RMB 120,000～160,000
成交价：RMB 134,400
4.2cm×2.9cm 上海联合 2020-11-29

4680 吴德昇 云游四海 白玉把件
估　价：RMB 300,000～400,000
成交价：RMB 345,000
8.3cm×3.5cm 西泠印社 2020-08-10

227 杨建发 白玉龙戏珠把件
估　价：RMB 280,000～350,000
成交价：RMB 313,600
5.7cm × 4cm 上海联合 2020-11-29

210 杨建发 白玉一鸣惊人把件
“发”款
估　价：RMB 180,000～240,000
成交价：RMB 201,600
7cm × 3.35cm 上海联合 2020-11-29

1130 新疆和田玉洒金皮福在眼前手把件
估　价：RMB 80,000～120,000
成交价：RMB 92,000
6.04cm × 5.8cm 永乐拍卖 2020-12-04

299 杨建发 白玉马上封侯把件
估　价：RMB 70,000～90,000
成交价：RMB 78,400
3.05cm × 4.9cm 上海联合 2020-11-29

224 徐志浩 白玉瓜瓞绵绵把件
“浩”款
估　价：RMB 180,000～240,000
成交价：RMB 212,800
8.3cm × 3.9cm 上海联合 2020-11-29

4668 杨曦 太狮少狮 白玉把件
钤印：龙
估　价：RMB 320,000～380,000
成交价：RMB 402,500
6.3cm×4.5cm 西泠印社 2020-08-10

304 杨勇 白玉钟馗纳福手把件
估　价：RMB 80,000～120,000
成交价：RMB 89,600
7cm×4.1cm 上海联合 2020-11-29

4706 张永来 圆满瑞兽 白玉把件
估　价：RMB 200,000～250,000
成交价：RMB 230,000
长6.4cm 西泠印社 2020-08-10

4669 杨曦 鸿运当头 白玉把件
钤印：辰
估　价：RMB 280,000～350,000
成交价：RMB 345,000
7.1cm×3.9cm 西泠印社 2020-08-10

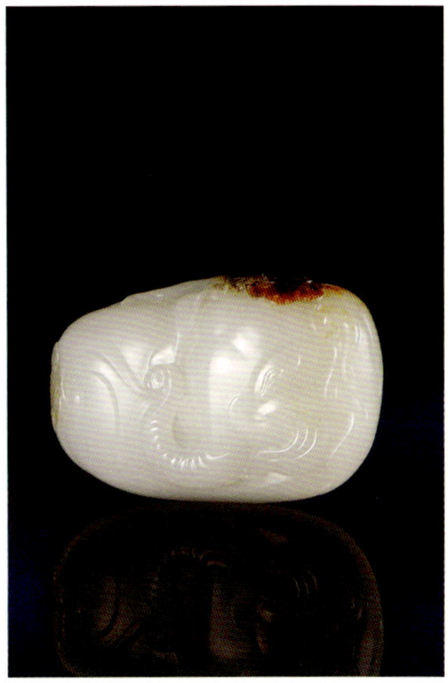

4705 赵显志 封侯拜相 白玉把件
估　价：RMB 280,000～350,000
成交价：RMB 322,000
长6.6cm 西泠印社 2020-08-10

其他佩玩件

2197 红山文化 玉钩形器
估　价：NTD 700,000
成交价：RMB 511,920
17.8cm×3.4cm 台北艺珍 2020-08-16

1716 新石器时代 良渚文化 公元前三千年
灰褐玉饰
估　价：USD 4,000～6,000
成交价：RMB 93,679
长5.2cm 纽约佳士得 2020-09-25

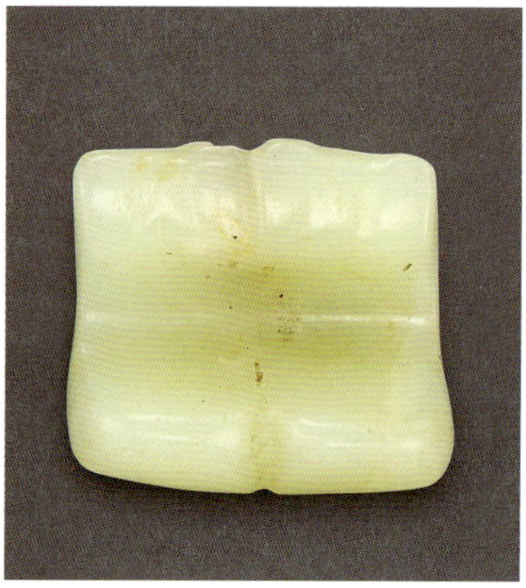

369 或新石器时代红山文化 黄玉双蝉
估　价：HKD 40,000～60,000
成交价：RMB 125,664
长2cm 香港苏富比 2020-06-05

1721 新石器时代 良渚文化 公元前三千年至前二千年 象牙白玉鸟首形饰
估　价：USD 4,000～6,000
成交价：RMB 170,325
高3cm 纽约佳士得 2020-09-25

219 新石器时代 玉锥形器
估　价：HKD 40,000～50,000
成交价：RMB 94,905
长14cm 佳士得 2020-10-08

621 文化期 青黄玉红沁钩形器和匕首（各一件）
成交价：RMB 51,094
长7cm 中国嘉德 2020-10-10

706 商 玉雕炭坑沁兽面纹觿
估　价：HKD 150,000～200,000
成交价：RMB 613,128
长9.9cm 中国嘉德 2020-10-10

245 商 玉人面形饰
估　价：USD 10,000～15,000
成交价：RMB 559,459
高4.2cm 纽约苏富比 2020-09-22

321 文化期 玉雕兽面纹杖顶
估　价：HKD 60,000～80,000
成交价：RMB 64,003
宽4.8cm 中国嘉德 2020-07-13

2729 商 玉虎饰
估　价：HKD 80,000～120,000
成交价：RMB 585,750
长6.8cm 佳士得 2020-11-30

108 或西周 玉牌饰
估　价：GBP 3,000～5,000
成交价：RMB 32,830
长7.8cm 伦敦苏富比 2020-06-15

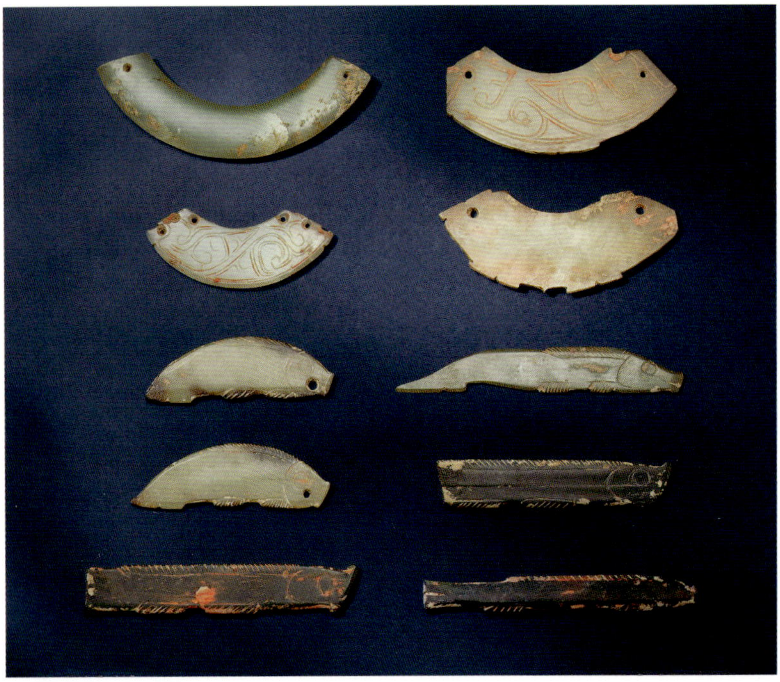

2774 西周 异形玉佩饰（共十件）
估　价：HKD 30,000～50,000
成交价：RMB 159,750
宽7.5cm 佳士得 2020-11-30

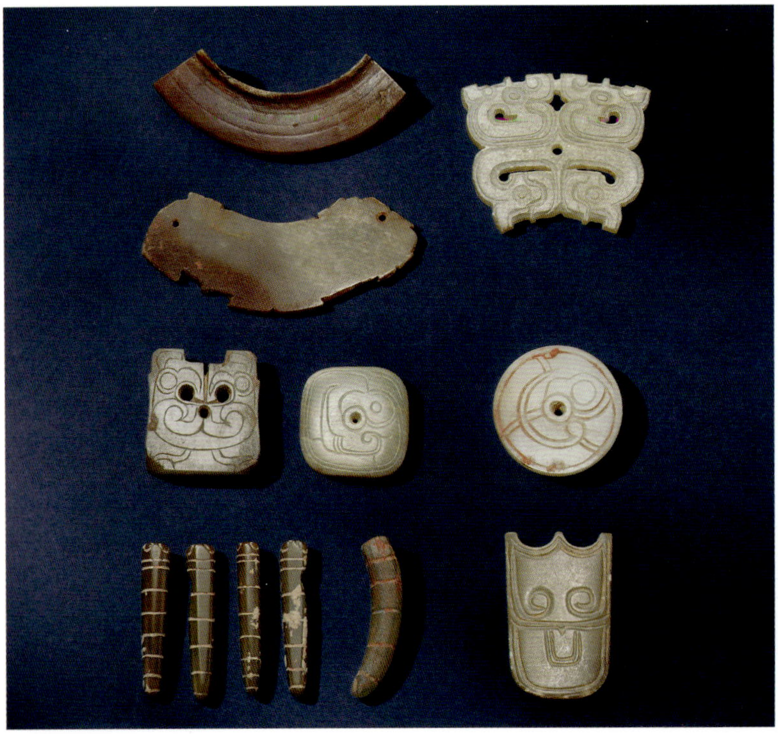

2775 西周 玉饰（十二件）
估　价：HKD 30,000～50,000
成交价：RMB 319,500
宽6.9cm 佳士得 2020-11-30

481 西周 白玉双龙纹玉饰（一对）
估　价：HKD 30,000～50,000
成交价：RMB 112,407
5.5cm×1.6cm×2 中国嘉德 2020-10-10

468 西周 龙纹玉璜、龙纹圈饰
估　价：HKD 60,000～80,000
成交价：RMB 132,844
璜长5cm；圈径2.7cm 中国嘉德 2020-10-10

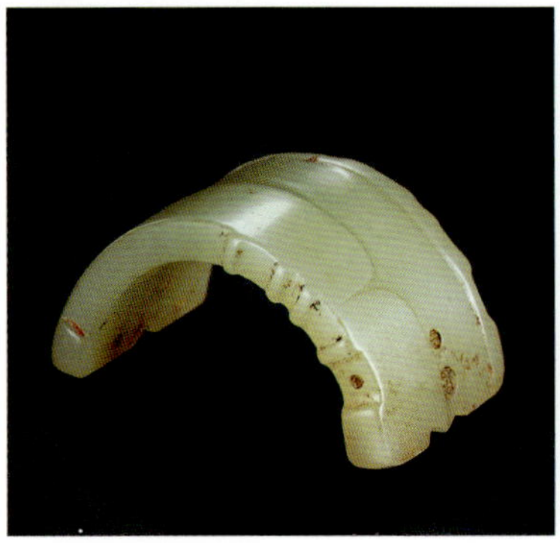

704 西周 黄玉佩饰
估　价：HKD 220,000～280,000
成交价：RMB 388,314
宽4.9cm 中国嘉德 2020-10-10

5014 西周 玉饰三件
估　价：HKD 30,000～50,000
成交价：RMB 206,976
高5.6cm；高7.2cm；高8.4cm
香港苏富比 2020-05-22

235 西周或以后 青玉人龙纹饰件
估　价：HKD 300,000～500,000
成交价：RMB 316,350
长20.6cm 佳士得 2020-10-08

475 西周 兽首玉饰、圆雕玉鸟、玉蚕
估　价：HKD 150,000～200,000
成交价：RMB 153,282
兽长2.1cm；鸟长2.7cm；蚕长3cm 中国嘉德
2020-10-10

114 东周 玉犀形佩饰
估　价：HKD 500,000～700,000
成交价：RMB 1,130,000
长12.7cm 香港苏富比 2020-07-11

62 东周春秋时期 青白玉兽面纹牌饰
估　价：HKD 100,000～200,000
成交价：RMB 152,762
长5cm 香港苏富比 2020-10-09

249 东周/战国 玉扭丝纹饰
估　价：USD 15,000～20,000
成交价：RMB 129,106
直径5.9cm 纽约苏富比 2020-09-22

717 春秋 白玉龙纹牌饰
估 价：HKD 350,000～450,000
成交价：RMB 408,752
高6.6cm 中国嘉德 2020-10-10

745 春秋 白玉炭坑沁觿
估 价：HKD 220,000～280,000
成交价：RMB 224,814
长9.5cm 中国嘉德 2020-10-10

716 春秋 青白玉龙纹兽面双系拱形饰
估 价：HKD 280,000～320,000
成交价：RMB 163,501
宽5.2cm 中国嘉德 2020-10-10

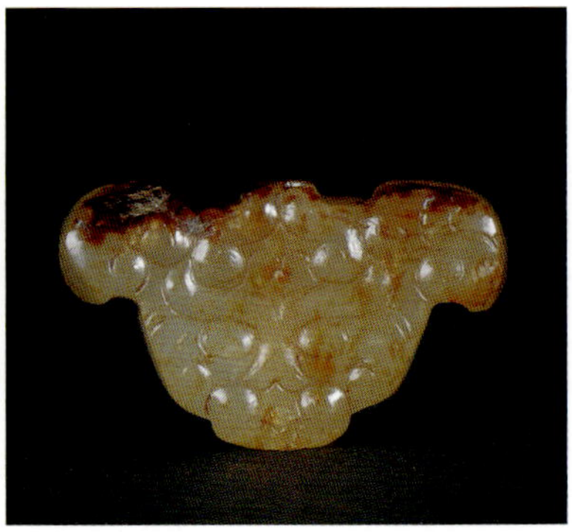

483 春秋 兽面玉饰
估 价：HKD 60,000～80,000
成交价：RMB 204,376
宽1.9cm 中国嘉德 2020-10-10

715 春秋 青白玉红沁龙纹兽面臂形饰
估 价：HKD 160,000～210,000
成交价：RMB 357,658
宽4.6cm 中国嘉德 2020-10-10

6 战国 褐白玉龙形觿
估 价：GBP 60,000～80,000
成交价：RMB 1,847,900
长11.1cm 伦敦佳士得 2020-11-03

466 战国 鸟形嵌饰器
估　价：HKD 120,000～180,000
成交价：RMB 1,328,444
高3.4cm；宽3cm 中国嘉德 2020-10-10

1022 宋代 黄玉鹌鹑杖首
估　价：RMB 280,000～350,000
成交价：RMB 313,600
长7cm 上海呗美 2020-08-22

539 宋至元 白玉镂雕花鸟纹杏形佩饰
估　价：HKD 20,000～30,000
成交价：RMB 117,491
长6cm 香港苏富比 2020-11-26

378 宋或更早 白玉镂雕飞鸟蜻蜓饰
估　价：HKD 20,000～30,000
成交价：RMB 194,208
长5.2cm 香港苏富比 2020-06-05

488 六朝 白玉熊嵌饰物
估　价：HKD 150,000～200,000
成交价：RMB 367,877
3.6cm × 1.8cm 中国嘉德 2020-10-10

3826 辽 白玉飞天耳环（一对）
估　价：RMB 80,000～120,000
成交价：RMB 161,000
长3.9cm；长4cm 西泠印社 2020-08-09

2583 元 玉蟠龙诗文嵌饰
估　价：RMB 50,000～80,000
成交价：RMB 195,500
5cm×4.9cm 中国嘉德 2020-12-03

393 元至明 玉镂空龙纹佩饰（一组两件）
估　价：HKD 10,000～20,000
成交价：RMB 274,175
长6.5cm；长9.3cm 香港苏富比 2020-06-05

5744 明 白玉飞天饰
估　价：RMB 50,000～80,000
成交价：RMB 74,750
长4cm 北京保利 2020-10-20

1012 元代 白玉雕鹭鸟纹嵌饰
估　价：RMB 40,000
成交价：RMB 59,800
6cm×5.5cm 古天一 2020-10-16

1257 明 白玉春水饰件
估　价：RMB 200,000～300,000
成交价：RMB 287,500
长6.7cm；宽3.8cm 中贸圣佳 2020-10-16

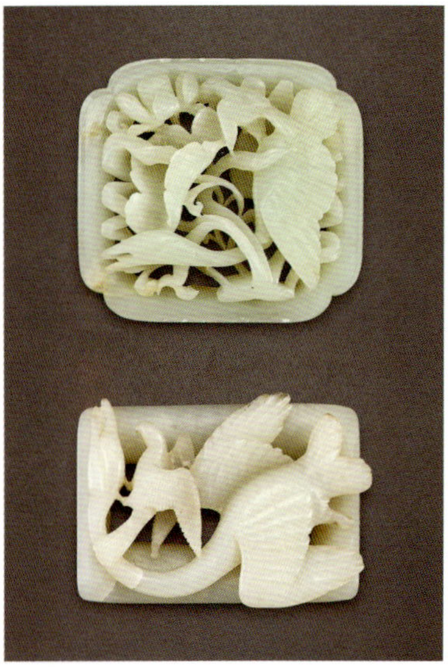

386 元至明 青白玉镂空大雁佩饰（一组两件）
估　价：HKD 20,000～30,000
成交价：RMB 251,327
长6.3cm；长6.4cm 香港苏富比 2020-06-05

5743 明 白玉卧狮纹带环
估　价：RMB 40,000～60,000
成交价：RMB 63,250
长4cm 北京保利 2020-10-20

1862 明 白玉凤形手暖
估　价：RMB 40,000
成交价：RMB 86,250
长9.1cm 中贸圣佳 2020-12-08

2578 明 白玉孔雀牡丹纹、双凤牡丹纹嵌饰（两件）
估　价：RMB 30,000～50,000
成交价：RMB 55,200
长9cm；长6.1cm 中国嘉德 2020-12-03

2579 明 白玉透雕人物嵌饰（两件）
估　价：RMB 30,000～50,000
成交价：RMB 51,750
长4.5cm；长7.5cm 中国嘉德 2020-12-03

6178 明 古玉龙纹觿（一对）
估　价：RMB 200,000～300,000
成交价：RMB 230,000
长10.7cm×2 北京保利 2020-10-20

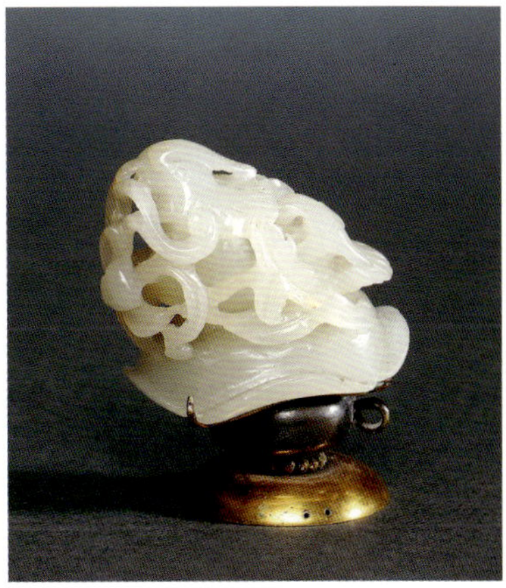

1638 明 白玉鸳鸯衔荷草纹帽顶
估　价：RMB 60,000～80,000
成交价：RMB 97,750
高4.5cm 北京保利 2020-12-05

1861 明 黄玉金蟾手暖
估　价：RMB 29,000
成交价：RMB 63,250
长5cm；高2.7cm 中贸圣佳 2020-12-08

5742 明 青玉龙头杖首
估　价：RMB 50,000～80,000
成交价：RMB 74,750
长7.7cm 北京保利 2020-10-20

2647 明 玉双龙纹杖首
估　价：RMB 20,000～40,000
成交价：RMB 115,000
高4.3cm 中国嘉德 2020-12-03

1658 明或以前 白玉凤纹杖首
估　价：RMB 30,000～50,000
成交价：RMB 80,500
高7cm 广东崇正 2020-09-13

1914 清中期 白玉透雕龙纹瓦子
估　价：RMB 25,000～35,000
成交价：RMB 48,300
长6.2cm 北京翰海 2020-12-12

233 清乾隆 碧玉镂雕莲纹菱花式座
估　价：USD 10,000～15,000
成交价：RMB 275,426
宽11.5cm 纽约苏富比 2020-09-22

1925 清乾隆 白玉镂雕缠枝西番莲纹座
估　价：RMB 30,000
成交价：RMB 63,250
直径7.3cm 中贸圣佳 2020-12-08

2679 清乾隆 白玉刻“乾隆御赏”“仇英虎丘图”画别子
“乾隆御赏”“仇英虎丘图”款
估　价：RMB 75,000～95,000
成交价：RMB 207,000
长7.2cm 中国嘉德 2020-08-18

5763 清 白玉螭衔灵芝纹镶饰
估 价：RMB 30,000～50,000
成交价：RMB 51,750
长8cm 北京保利 2020-10-20

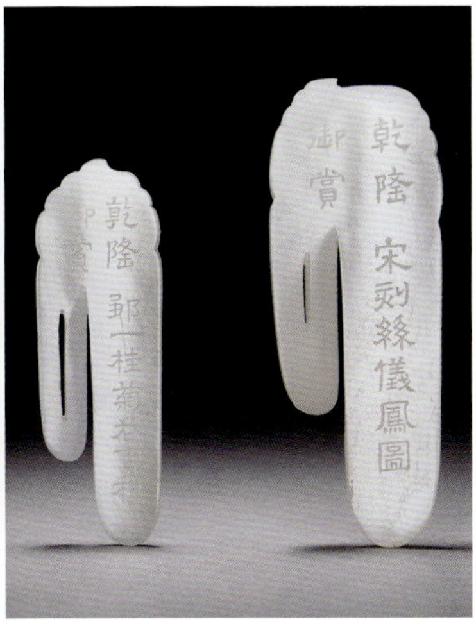

2167 清 白玉宫廷手卷别子（两件）
估 价：RMB 30,000～50,000
成交价：RMB 161,000
长6.5cm；长3.6cm 古天一 2020-10-16

2469 清 白玉丹凤朝阳佩饰
估 价：RMB 30,000～50,000
成交价：RMB 59,800
长6.7cm 中国嘉德 2020-08-18

67 清 白玉金刚铃
估 价：GBP 10,000～20,000
成交价：RMB 108,700
高15cm 伦敦佳士得 2020-11-03

5761 清 白玉梅树纹带环
估 价：RMB 30,000～50,000
成交价：RMB 69,000
长5.5cm 北京保利 2020-10-20

2005 清 白玉出廓云纹牌饰
成交价：RMB 71,300
2.1cm×3.8cm 古天一 2020-10-16

652 清 白玉瑞兽兵符
估 价：HKD 8,000～12,000
成交价：RMB 57,120
长4.2cm 香港苏富比 2020-06-05

141 17世纪 黄玉“平定”虎符
估　价：HKD 600,000～800,000
成交价：RMB 678,000
长10.3cm 香港苏富比 2020-07-11

2012 清 青黄玉龙纹腕饰（一对）
估　价：RMB 60,000～90,000
成交价：RMB 161,000
长6.5cm×2 古天一 2020-10-16

2136 清 青黄玉方形锥形器
估　价：RMB 150,000～200,000
成交价：RMB 345,000
长15.6cm 古天一 2020-10-16

陈设和生活用品

玉 屏

3663 清乾隆 白玉童子献瑞图圆屏配錾胎珐琅座
估 价：HKD 2,000,000～3,000,000
成交价：RMB 2,260,000
屏径 19cm；总高 30.5cm 香港苏富比 2020-07-11

2738 清乾隆 碧玉人物故事插屏（一对）
估 价：RMB 220,000～250,000
成交价：RMB 287,500
高28cm × 2 中鸿信 2020-01-03

825 清乾隆 碧玉山水人物花鸟纹圆屏
估　价：HKD 200,000～300,000
成交价：RMB 204,376
直径22.8cm 中国嘉德 2020-10-10

200 清乾隆 青玉进宝图插屏
估　价：EUR 15,000～20,000
成交价：RMB 377,238
高29cm 巴黎佳士得 2020-06-23

2740 清乾隆 高士仙游图插屏
估　价：RMB 60,000～90,000
成交价：RMB 230,000
高32cm 中鸿信 2020-01-03

174 清乾隆 青金石御题诗松鹤延年图插屏
估　价：EUR 30,000～40,000
成交价：RMB 238,256
高17.0cm 巴黎佳士得 2020-06-23

53 清乾隆 青白玉描金御题诗山水图插屏（一对）
估　价：GBP 20,000～30,000
成交价：RMB 326,100
宽18.9cm×2 伦敦佳士得 2020-11-03

235 清乾隆 青玉雕六合同春图插屏（一对）
估　价：USD 80,000～120,000
成交价：RMB 661,581
高14.6cm×2 纽约苏富比 2020-11-22

1024 清 白玉双兔插屏
估　价：RMB 250,000～350,000
成交价：RMB 504,000
高22.1cm 上海呗美 2020-08-22

16 清 白玉太平有象圆插屏
估　价：RMB 180,000
成交价：RMB 198,000
直径21cm 上海呗美 2020-09-20

2725 清中期 碧玉浮雕人物故事插屏
估　价：RMB 120,000～150,000
成交价：RMB 253,000
40cm×40cm 中鸿信 2020-01-03

8027 清 白玉雕山水人物故事插屏（一对）
估　价：RMB 200,000～300,000
成交价：RMB 287,500
高32cm×2 十竹斋拍卖（北京） 2020-10-18

玉如意

4272 清乾隆 白玉雕福寿有余如意
估　价：RMB 1,500,000～1,800,000
成交价：RMB 1,955,000
长30cm 西泠印社 2020-08-09

2904 清乾隆 白玉螭龙赶珠五福临门菊花纹如意
估　价：HKD 1,500,000～2,500,000
成交价：RMB 2,130,000
长42.7cm 佳士得 2020-11-30

1868 清乾隆 白玉云龙赶珠如意
估　价：RMB 450,000～650,000
成交价：RMB 632,500
长43.5cm 北京保利 2020-12-05

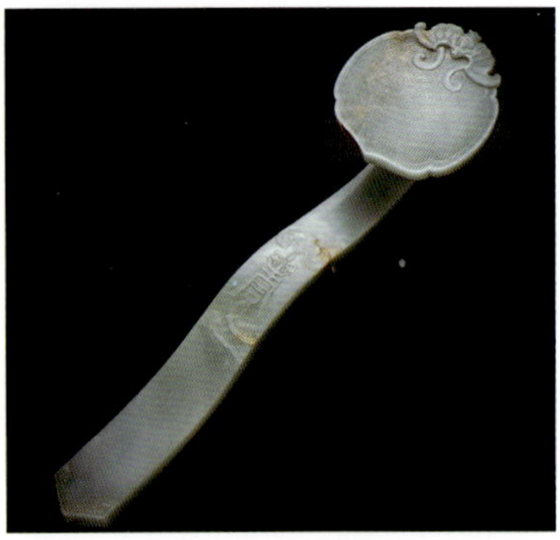

2784 清乾隆 青白玉万福长寿如意
估　价：RMB 180,000～280,000
成交价：RMB 402,500
长44.5cm 中国嘉德 2020-08-18

5090 清乾隆 白玉仙人贺寿双蝠如意（一对）
估　价：RMB 8,000,000～12,000,000
成交价：RMB 11,270,000
长43cm×2 北京保利 2020-10-19

8028 清乾隆 白玉仿汉谷纹云福如意
估　价：RMB 1,800,000～2,200,000
成交价：RMB 2,300,000
长42.5cm 十竹斋拍卖（北京） 2020-10-18

5089 清乾隆 碧玉雕仿古夙纹如意
估　价：RMB 900,000～1,200,000
成交价：RMB 1,782,500
长45.5cm 北京保利 2020-10-19

1933 18世纪 白玉雕人物纹如意
估　价：RMB 80,000
成交价：RMB 161,000
长41cm 中贸圣佳 2020-12-08

3672 18/19世纪 白玉凤衔牡丹如意
估　价：HKD 400,000～600,000
成交价：RMB 904,000
长34cm 香港苏富比 2020-07-11

3675 17至18世纪 青玉灵芝如意
估　价：HKD 250,000～350,000
成交价：RMB 339,000
长32.3cm 香港苏富比 2020-07-11

52 18/19世纪 白玉八仙图如意
估　价：GBP 8,000～12,000
成交价：RMB 152,180
长41.2cm 伦敦佳士得 2020-11-03

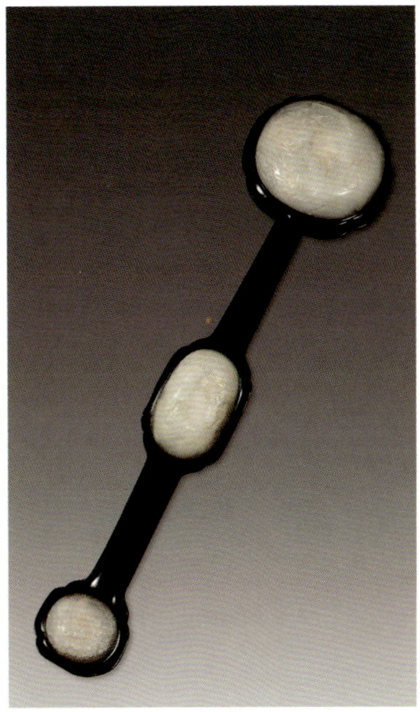

2625 清中期 青白玉高士图三镶如意
估　价：RMB 50,000～80,000
成交价：RMB 287,500
长65cm 中国嘉德 2020-12-03

1631 清 白玉三镶福寿纹如意（带原盒）
估　价：RMB 50,000～80,000
成交价：RMB 57,500
长44cm 广东崇正 2020-09-13

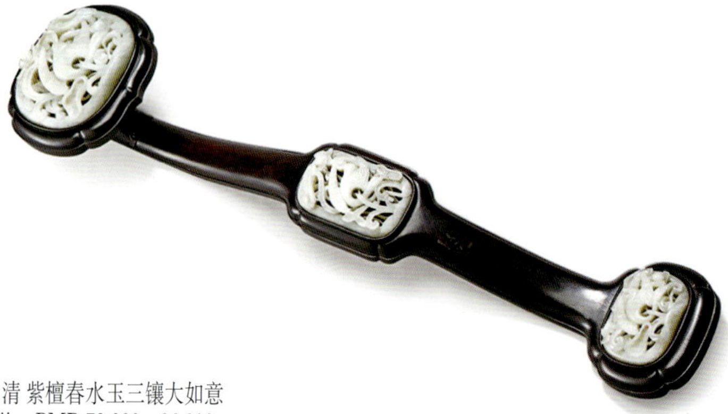

1284 清 紫檀春水玉三镶大如意
估　价：RMB 70,000～96,000
成交价：RMB 109,250
长54cm 中贸圣佳 2020-10-16

1282 清 白玉三镶紫檀嵌银丝如意
成交价：RMB 66,700
长46.4cm 中贸圣佳 2020-10-16

1283 清 白玉三镶如意
成交价：RMB 74,750
长62cm 中贸圣佳 2020-10-16

638 清 木嵌元至明青白玉如意
估　价：HKD 100,000～150,000
成交价：RMB 106,810
长45cm 香港苏富比 2020-11-26

2322 玉三镶如意
估　价：RMB 15,000
成交价：RMB 304,750
长40cm 北京翰海 2020-09-12

1285 清 青白玉八宝如意
估　价：RMB 200,000～300,000
成交价：RMB 345,000
长44.3cm 中贸圣佳 2020-10-16

585 清 青白玉福寿如意及木嵌青白玉持荷童子砚屏（一组两件）
估　价：HKD 30,000～50,000
成交价：RMB 64,086
如意20.5cm × 9.5cm 香港苏富比 2020-11-26

玉佛手

205 清乾隆 青白玉雕佛手摆件
估　价：USD 30,000～50,000
成交价：RMB 559,459
高16.3cm 纽约苏富比 2020-09-22

4524 清 白玉雕佛手摆件
成交价：RMB 25,300
高7.4cm 西泠印社 2020-08-09

2680 清中期 白玉佛手
估　价：RMB 65,000～85,000
成交价：RMB 172,500
长6.7cm 中国嘉德 2020-08-18

2623 清 白玉佛手摆件
估　价：RMB 80,000～120,000
成交价：RMB 103,500
连座高17.7cm 中国嘉德 2020-12-03

1010 清 白玉佛手摆件
估　价：RMB 480,000～600,000
成交价：RMB 582,400
高19.7cm 上海呗美 2020-08-22

玉山子

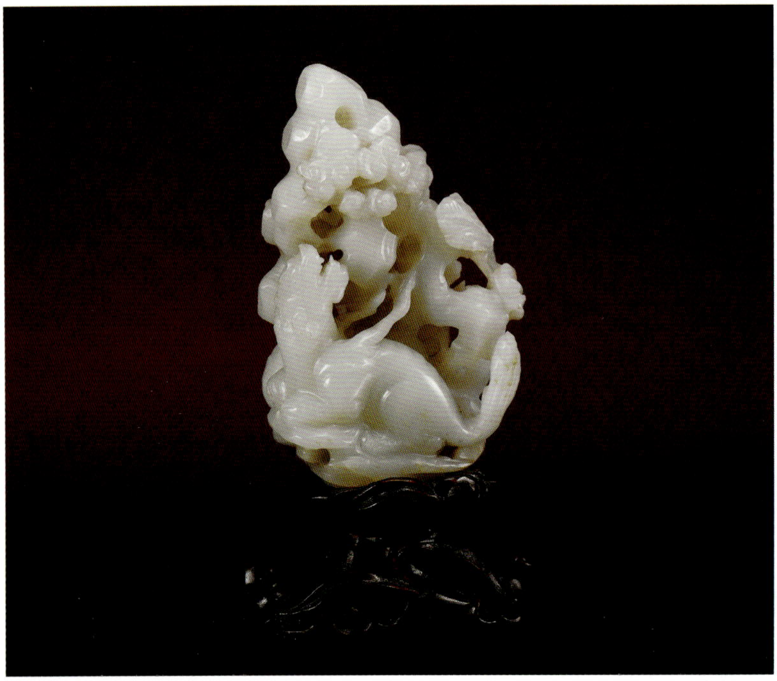

522 宋 白玉瑞兽山子
估　价：HKD 500,000～700,000
成交价：RMB 1,737,196
长10cm；宽7cm 中国嘉德 2020-10-10

211 18世纪 青白玉雕灵岳绝壁图山子
估　价：USD 100,000～150,000
成交价：RMB 1,118,918
高29.4cm 纽约苏富比 2020-09-22

1532 清乾隆 白玉松鹤长春图山子
估　价：RMB 250,000～300,000
成交价：RMB 402,500
长9.5cm 华艺国际 2020-10-16

62 18世纪 白玉松鹿图山子
估　价：GBP 6,000～10,000
成交价：RMB 92,395
高12.2cm 伦敦佳士得 2020-11-03

2849 18世纪 白玉雕芝仙祝寿山子 连红木座
估　价：HKD 300,000～500,000
成交价：RMB 847,500
高16.7cm 佳士得 2020-07-09

2737 清乾隆 白玉浮雕《搜神记》图山子
估　价：RMB 150,000～180,000
成交价：RMB 368,000
长21.7cm 中鸿信 2020-01-03

2858 清乾隆 白玉携琴访友松鹤延年山子
估　价：RMB 10,000～20,000
成交价：RMB 287,500
高23.5cm 中国嘉德 2020-12-03

1550 清乾隆 白玉瑶池祝寿山子（配木座）
估　价：RMB 600,000～800,000
成交价：RMB 828,000
高18cm 华艺国际 2020-10-16

1870 清乾隆 白玉驿马图山子
估　价：RMB 1,000,000～1,500,000
成交价：RMB 1,495,000
高18.8cm 北京保利 2020-12-05

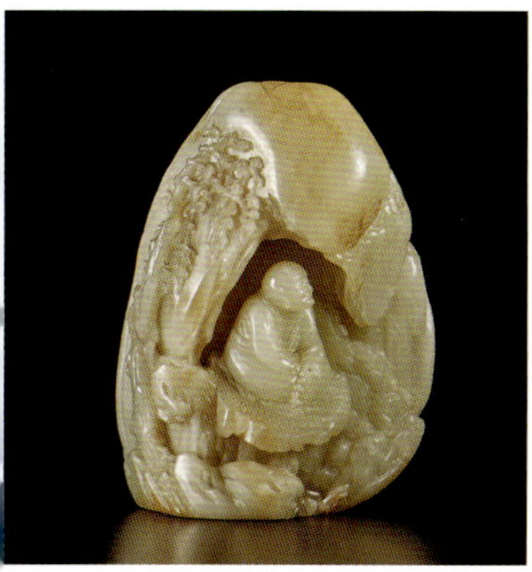

653 清乾隆 青白玉雕罗汉图山子
估　价：USD 30,000～50,000
成交价：RMB 688,565
高12.7cm 纽约苏富比 2020-09-23

5804 清中期 白玉童子洗象图山子
估　价：RMB 100,000～150,000
成交价：RMB 161,000
长11cm 北京保利 2020-10-20

3138 清中期 白玉祝寿图山子
估　价：RMB 120,000～150,000
成交价：RMB 184,000
长16.5cm 中鸿信 2020-01-03

1121 清 “英雄”白玉山子摆件
估　价：RMB 120,000～180,000
成交价：RMB 201,600
9.3cm×7.7cm 上海联合 2020-11-29

1287 清 白玉山水人物山子
估　价：RMB 120,000～150,000
成交价：RMB 138,000
长19cm；高9.5cm 中贸圣佳 2020-10-16

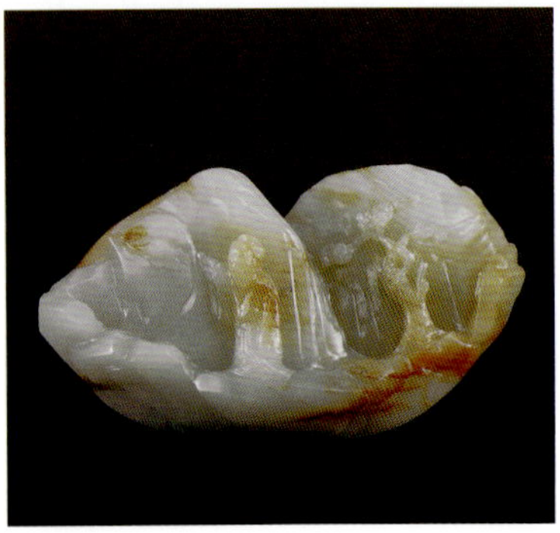

578 清 白玉小山子
估　价：HKD 50,000～70,000
成交价：RMB 51,094
长7.6cm 中国嘉德 2020-10-10

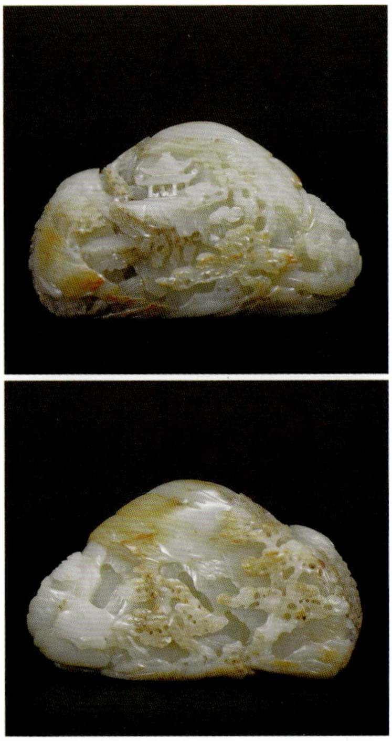

580 清 白玉松荫山子
估　价：HKD 350,000～450,000
成交价：RMB 613,128
长13cm；宽8cm 中国嘉德 2020-10-10

4352 清 “大清乾隆年造”款玉山子
估　价：RMB 170,000～200,000
成交价：RMB 195,500
10.4cm×7.8cm 西泠印社 2020-08-09

581 清 青白玉浮舟山子
估　价：HKD 120,000～180,000
成交价：RMB 143,063
长15cm 中国嘉德 2020-10-10

579 清 青白玉山子
估 价：HKD 60,000～80,000
成交价：RMB 97,079
长15.4cm 中国嘉德 2020-10-10

4322 碧玉山水人物大山子
估 价：RMB 1,000～2,000
成交价：RMB 17,250
长60cm 中国嘉德 2020-07-15

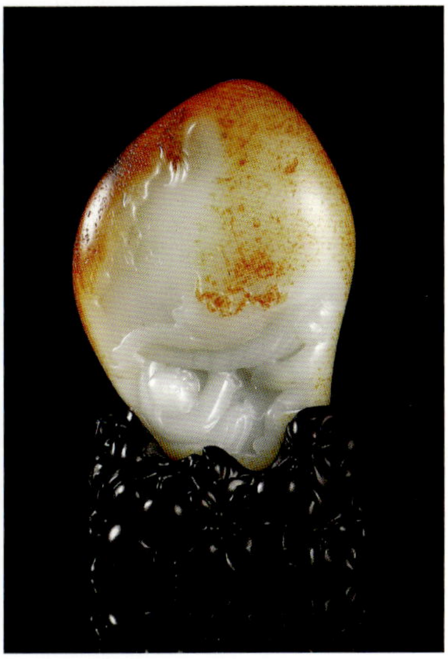

4694 顾铭 献寿图 白玉山子
钤印：铭
估 价：RMB 280,000～350,000
成交价：RMB 368,000
11.2cm×8.1cm 西泠印社 2020-08-10

1942 当代 青玉留皮仙山楼阁大山子
估 价：RMB 200,000
成交价：RMB 391,000
长60cm；高31.1cm 中贸圣佳 2020-12-08

545 清 玉罗汉山子
估 价：HKD 250,000～350,000
成交价：RMB 562,034
高19cm（不含座） 中国嘉德 2020-10-10

人物摆件

726 文化期 玉雕受沁神人
估　价：HKD 80,000～120,000
成交价：RMB 388,314
高6cm 中国嘉德 2020-10-10

2035 汉代 白玉俑
估　价：NTD 200,000
成交价：RMB 91,008
高5.8cm 台北艺珍 2020-08-16

547 汉 青玉女跪人（一对）
估　价：HKD 30,000～50,000
成交价：RMB 64,086
长7.5cm；长7.6cm 香港苏富比 2020-11-26

500 唐至宋 白玉人物
估　价：HKD 30,000～50,000
成交价：RMB 112,407
高4.6cm 中国嘉德 2020-10-10

359 唐 玉雕天王像
成交价：RMB 8,534
高4.2cm 中国嘉德 2020-07-13

207 唐 白玉胡人
估　价：USD 50,000～70,000
成交价：RMB 516,424
高8.2cm 纽约苏富比 2020-09-22

499 唐至宋 青白玉木马戏童
估　价：HKD 50,000～70,000
成交价：RMB 132,844
高3.6cm 中国嘉德 2020-10-10

506 宋 白玉持卷童子
估　价：HKD 50,000～70,000
成交价：RMB 51,094
高4.1cm 中国嘉德 2020-10-10

509 宋 白玉平安富贵童子
估　价：HKD 80,000～120,000
成交价：RMB 204,376
高7.4cm 中国嘉德 2020-10-10

504 宋 白玉擎荷童子
估　价：HKD 30,000～50,000
成交价：RMB 91,969
高5.7cm 中国嘉德 2020-10-10

505 宋 白玉擎荷童子
估　价：HKD 30,000～50,000
成交价：RMB 73,575
高4.8cm 中国嘉德 2020-10-10

510 宋 白玉童子
估　价：HKD 30,000～50,000
成交价：RMB 173,720
高5cm 中国嘉德 2020-10-10

4192 宋 黄玉童子
估　价：RMB 12,000～15,000
成交价：RMB 13,800
长4.4cm 西泠印社 2020-08-09

507 宋 白玉杂耍双童
估　价：HKD 60,000～80,000
成交价：RMB 79,707
高3.3cm 中国嘉德 2020-10-10

508 宋 青玉连生双子
估　价：HKD 120,000～180,000
成交价：RMB 173,720
高7cm 中国嘉德 2020-10-10

1463 宋或更早 白玉飞天仕女
估　价：RMB 50,000～80,000
成交价：RMB 126,500
长5cm 广东崇正 2020-09-13

1021 宋代 旧玉舞人
估　价：RMB 50,000～80,000
成交价：RMB 151,200
高7.1cm 上海呗美 2020-08-22

502 辽金 童子飞天
估　价：HKD 60,000～80,000
成交价：RMB 255,470
宽6.1cm 中国嘉德 2020-10-10

2496 元 白玉沁色卧童
估　价：RMB 100,000～120,000
成交价：RMB 184,000
长4.6cm 中国嘉德 2020-08-18

1050 元代 白玉释迦牟尼佛
估　价：RMB 40,000
成交价：RMB 115,000
高5.2cm 古天一 2020-10-16

257 17世纪 青玉雕童子牧牛摆件
估　价：USD 60,000～80,000
成交价：RMB 1,721,412
长14cm 纽约苏富比 2020-09-22

1852 明 白玉圆雕托钵弥勒摆件
估　价：RMB 25,000
成交价：RMB 115,000
高3.8cm 中贸圣佳 2020-12-08

2651 明 白玉趺跏坐相观音
估　价：RMB 60,000～80,000
成交价：RMB 69,000
高5cm 中国嘉德 2020-12-03

226 明末 白玉雕马上封侯高士童子摆件
估　价：USD 80,000～120,000
成交价：RMB 688,565
宽9.4cm 纽约苏富比 2020-09-22

191 约17世纪 火燎玉观音坐像
估　价：EUR 5,000～8,000
成交价：RMB 317,674
高11.5cm 巴黎佳士得 2020-06-23

5748 明 白玉立雕山夫采药像
估　价：RMB 150,000～250,000
成交价：RMB 276,000
高4.5cm 北京保利 2020-10-20

2498 明 白玉沁色游戏童子
估　价：RMB 150,000～180,000
成交价：RMB 172,500
高5.2cm 中国嘉德 2020-08-18

2503 明 白玉坐佛
估　价：RMB 45,000～55,000
成交价：RMB 264,500
高4.9cm 中国嘉德 2020-08-18

1842 明 白玉坐佛（一组两件）
估　价：RMB 15,000
成交价：RMB 69,000
尺寸不一 中贸圣佳 2020-12-08

225 明 青玉雕童子牧牛摆件
估　价：USD 100,000～150,000
成交价：RMB 1,032,847
长17.9cm 纽约苏富比 2020-09-22

1882 明 黄玉巧色童子
估　价：RMB 8,000
成交价：RMB 66,700
高7.4cm 中贸圣佳 2020-12-08

2502 明 玛瑙胡人
估　价：RMB 35,000～55,000
成交价：RMB 103,500
高3.4cm 中国嘉德 2020-08-18

1888 明 青白玉飞天童子
估　价：RMB 28,000
成交价：RMB 59,800
高6.3cm 中贸圣佳 2020-12-08

544 明 青白玉佛
估　价：HKD 180,000～220,000
成交价：RMB 286,126
高11.5cm 中国嘉德 2020-10-10

543 明或更早 白玉胡人献宝
估　价：HKD 120,000～180,000
成交价：RMB 255,470
长5.6cm 中国嘉德 2020-10-10

1033 明 白玉文财神立像
估　价：RMB 360,000～450,000
成交价：RMB 403,200
高23.6cm 上海呗美 2020-08-22

542 明至清初 白玉胡人献宝
估　价：HKD 80,000～120,000
成交价：RMB 173,720
高6.5cm 中国嘉德 2020-10-10

917 清早期 白玉雕童子摆件
估　价：RMB 60,000～100,000
成交价：RMB 71,300
长5.5cm 永乐拍卖 2020-12-02

823 清早期 青白玉和合二仙
估　价：HKD 50,000～70,000
成交价：RMB 79,707
高9.2cm 中国嘉德 2020-10-10

770 清早期 青白玉童子
估　价：HKD 25,000～35,000
成交价：RMB 66,422
高9.3cm 中国嘉德 2020-10-10

3072 清康熙 青白玉仙人坐像
估　价：HKD 100,000～150,000
成交价：RMB 255,600
高9.7cm 佳士得 2020-11-30

6200 清早期 白玉释迦坐像
估　价：RMB 350,000～550,000
成交价：RMB 529,000
高14cm 北京保利 2020-10-20

209 清康熙/雍正 青玉雕仙山童子摆件
估　价：USD 100,000～150,000
成交价：RMB 3,938,755
高9.8cm 纽约苏富比 2020-09-22

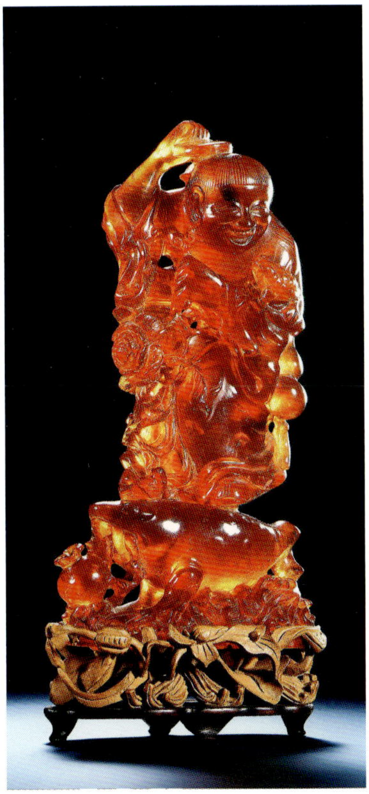

2724 清康熙 琥珀刘海戏金蟾
估　价：RMB 800,000～1,200,000
成交价：RMB 920,000
高15.8cm 中鸿信 2020-01-03

1777 18世纪 白玉骑牛童子摆件
估　价：USD 15,000～25,000
成交价：RMB 272,520
长14.4cm 纽约佳士得 2020-09-25

211 18世纪 青白玉持莲童子
估　价：GBP 4,000～6,000
成交价：RMB 43,718
高8.3cm 伦敦苏富比 2020-06-16

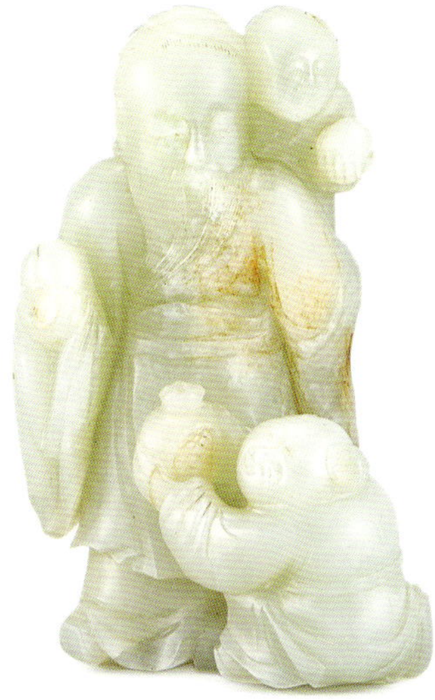

676 18世纪 青白玉寿老童子
估　价：HKD 50,000～70,000
成交价：RMB 53,405
高10.2cm 香港苏富比 2020-11-26

2902 18世纪 青白玉佛陀坐像
估　价：HKD 1,000,000～1,500,000
成交价：RMB 3,408,000
高18.5cm 佳士得 2020-11-30

1873 清乾隆 白玉持如意童子
估　价：RMB 100,000
成交价：RMB 207,000
高4.2cm 中贸圣佳 2020-12-08

4275 清乾隆 白玉雕童子击鼓
估　价：RMB 250,000～300,000
成交价：RMB 402,500
5.0cm×4.4cm 西泠印社 2020-08-09

2499 清乾隆 白玉双童献寿
估　价：RMB 35,000～55,000
成交价：RMB 40,250
高5.2cm 中国嘉德 2020-08-18

2908 清乾隆/嘉庆 白玉福禄寿摆件
估　价：HKD 5,000,000～7,000,000
成交价：RMB 8,903,400
高27.2cm 佳士得 2020-11-30

237 清乾隆 青白玉雕刘海戏金蟾摆件
估　价：USD 60,000～80,000
成交价：RMB 1,893,553
高18.3cm 纽约苏富比 2020-09-22

6198 清乾隆 青玉阿弥陀佛配铜鎏金龛
估　价：RMB 600,000～800,000
成交价：RMB 736,000
高20cm 北京保利 2020-10-20

1988 清中期 玉滴水观音
估　价：RMB 20,000～40,000
成交价：RMB 63,250
高13.5cm 北京翰海 2020-12-12

236 18/19世纪 青玉雕东方朔立像
估　价：USD 20,000～30,000
成交价：RMB 206,569
高15cm 纽约苏富比 2020-09-22

561 18/19世纪 白玉童子献寿及福禄童子（一组两件）
估　价：HKD 30,000～40,000
成交价：RMB 80,108
高的高3.5cm 香港苏富比 2020-11-26

654 19世纪末/20世纪初 白玉雕观音立像“乾隆年制”仿款
估　价：USD 20,000～30,000
成交价：RMB 387,318
高37.5cm 纽约苏富比 2020-09-23

5764 清 白玉阿弥陀佛坐像
估　价：RMB 400,000～600,000
成交价：RMB 632,500
高7.1cm 北京保利 2020-10-20

541 清 白玉芭蕉仕女
估　价：HKD 250,000～350,000
成交价：RMB 306,564
长9cm；宽5cm 中国嘉德 2020-10-10

1292 清 白玉持荷观音
估　价：RMB 400,000～500,000
成交价：RMB 517,500
高25.8cm 中贸圣佳 2020-10-16

1853 清 白玉持荷童子摆件
估　价：RMB 35,000
成交价：RMB 78,200
高6.4cm 中贸圣佳 2020-12-08

4346 清 白玉雕持荷戏猫童子
估　价：RMB 120,000～150,000
成交价：RMB 161,000
9.4cm×4.8cm 西泠印社 2020-08-09

1984 清 白玉凤阳婆戏猴
估　价：RMB 20,000～40,000
成交价：RMB 23,000
高6.5cm 北京翰海 2020-12-12

710 清 白玉持莲高士
估　价：HKD 50,000～70,000
成交价：RMB 64,086
高7.6cm 香港苏富比 2020-11-26

253 清 白玉雕仙人
估　价：HKD 30,000～50,000
成交价：RMB 63,270
高3.5cm 佳士得 2020-10-08

1543 清乾隆 白玉雕童子洗象摆件
估　价：USD 500,000～800,000
成交价：RMB 6,908,382
高19cm 纽约佳士得 2020-09-25

5725 清 白玉俏色巧雕胡人戏狮
估　价：RMB 70,000～100,000
成交价：RMB 80,500
高9.5cm 北京保利 2020-10-20

1254 清 青白玉迦楼罗像
估　价：RMB 50,000～80,000
成交价：RMB 92,000
高6.4cm 中贸圣佳 2020-10-16

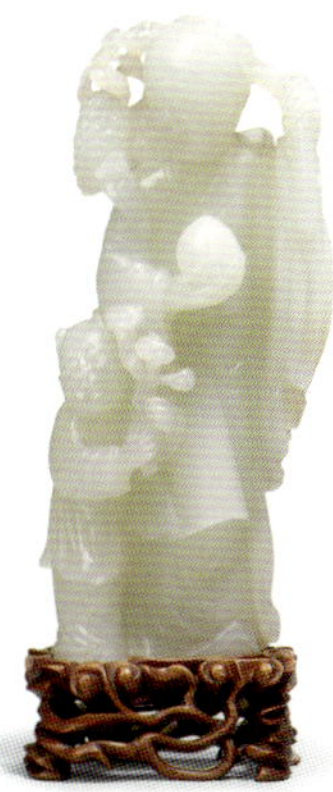

1932 清 白玉仕女童子摆件
估　价：RMB 80,000
成交价：RMB 184,000
高14cm 中贸圣佳 2020-12-08

2653 清 白玉坐佛
估　价：RMB 160,000～260,000
成交价：RMB 195,500
高13.8cm 中国嘉德 2020-12-03

1775 清 青白玉雕钟馗骑驴摆件
估　价：USD 5,000～7,000
成交价：RMB 63,872
高13.2cm 纽约佳士得 2020-09-25

657 清 青白玉刘海及和合二仙（一组两件）
估　价：HKD 15,000～20,000
成交价：RMB 27,418
高5.7cm；高6.5cm 香港苏富比 2020-06-05

68 清 青白玉仙人摆件
估　价：GBP 8,000～12,000
成交价：RMB 119,570
高19.6cm 伦敦佳士得 2020-11-03

546 清 青玉释迦牟尼坐像
估　价：HKD 1,200,000～1,800,000
成交价：RMB 1,328,444
高17.5cm 中国嘉德 2020-10-10

539 清或稍早 白玉老少欢
估　价：HKD 50,000～70,000
成交价：RMB 51,094
高5cm 中国嘉德 2020-10-10

2022 清 玉吹箫引凤
估　价：NTD 150,000
成交价：RMB 711,000
高12cm 台北艺珍 2020-08-16

78 和田玉“八仙”摆件
估　价：RMB 888,000
成交价：RMB 1,045,000
北京贞观 2020-11-28

283 白玉雕人物跽坐像
估　价：HKD 10,000～15,000
成交价：RMB 100,178
高7cm 佳士得 2020-10-08

6051 高毅进　白玉观音摆件
估　价：RMB 7,000,000～8,000,000
成交价：RMB 8,625,000
高约72cm；底座约20cm 华艺国际 2020-10-15

1068 清 玉雕骑凤观音
估　价：RMB 140,000
成交价：RMB 149,500
高5.8cm 古天一 2020-10-16

1226 创汇期 绿松石穆桂英摆件
估　价：RMB 40,000～60,000
成交价：RMB 56,000
9.3cm×7.7cm 上海联合 2020-11-29

4704 高毅进、张红哲 慈悲法愿 白玉摆件
钤印：红哲
估　价：RMB 3,200,000～4,000,000
成交价：RMB 4,140,000
22.3cm×22cm×8.3cm；重量4840g
西泠印社 2020-08-10

667 18世纪 白玉寿老
估　价：HKD 60,000～80,000
成交价：RMB 64,086
10.5cm 香港苏富比 2020-11-26

323 崔磊 白玉生生不息摆件
款识：崔 青藤
估　价：RMB 1,400,000～2,200,000
成交价：RMB 1,568,000
13.6cm×9cm 上海联合 2020-11-29

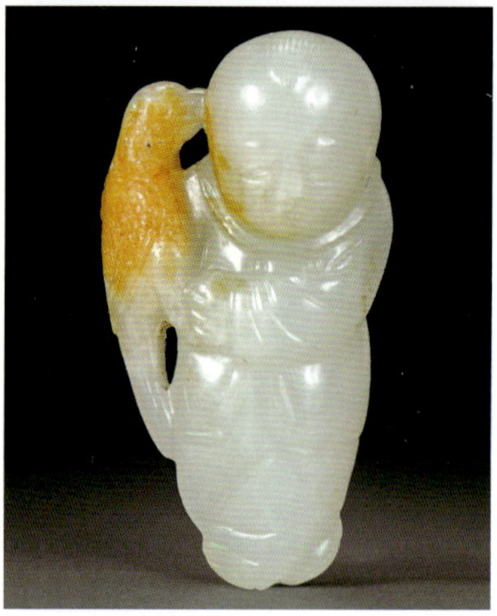

2147 玉童子
估　价：RMB 3,000
成交价：RMB 57,500
高5cm 北京翰海 2020-09-12

4720 徐志浩 慧性灵心 白玉摆件
钤印：浩
估　价：RMB 320,000～400,000
成交价：RMB 368,000
10.7cm×6.6cm 西泠印社 2020-08-10

4717 庞然 观世自在 白玉摆件
钤印：庞
估　价：RMB 400,000～550,000
成交价：RMB 517,500
16.3cm×4.7cm 西泠印社 2020-08-10

379 元中堂王天翔 白玉四大菩萨（一套）
估　价：RMB 1,450,000～1,800,000
成交价：RMB 1,624,000
高11.2cm×4 上海联合 2020-11-29

动物摆件

250 新石器时代 玉羊
估　价：USD 15,000～25,000
成交价：RMB 258,212
长8.3cm 纽约苏富比 2020-09-22

327 商 黄玉猪面
估　价：HKD 25,000～35,000
成交价：RMB 26,668
宽4.7cm 中国嘉德 2020-07-13

462 商 玉牛
估　价：HKD 30,000～50,000
成交价：RMB 286,126
宽3.2cm 中国嘉德 2020-10-10

2721 商 玉鹅
估　价：HKD 100,000～150,000
成交价：RMB 106,500
长21cm 佳士得 2020-11-30

470 西周 青玉牛
估　价：HKD 60,000～80,000
成交价：RMB 204,376
宽3.9cm 中国嘉德 2020-10-10

2720 商 玉鸟
估　价：HKD 100,000～150,000
成交价：RMB 170,400
长11.8cm 佳士得 2020-11-30

2765 西周 小玉鹿
估　价：HKD 30,000～50,000
成交价：RMB 85,200
宽3.3cm 佳士得 2020-11-30

2731 商 玉卧牛
估　价：HKD 80,000～120,000
成交价：RMB 447,300
长6.9cm 佳士得 2020-11-30

467 西周 玉鹗
估　价：HKD 60,000～80,000
成交价：RMB 163,501
宽5.2cm 中国嘉德 2020-10-10

658 西周 玉卷尾龙
成交价：RMB 94,013
高4.5cm 中国嘉德 2020-10-10

471 西周 玉鹿、玉夔龙、玉鱼、玉兔
估　价：HKD 80,000～120,000
成交价：RMB 327,002
长：鹿5.3cm；虎4.8cm；鱼5.7cm；兔4.7cm
中国嘉德 2020-10-10

2755 西周 玉鸟
估　价：HKD 80,000～120,000
成交价：RMB 191,700
长7cm 佳士得 2020-11-30

2763 西周 玉牛
估　价：HKD 80,000～100,000
成交价：RMB 798,750
宽3.2cm 佳士得 2020-11-30

463 西周 玉龙、玉虎
估　价：HKD 60,000～80,000
成交价：RMB 224,814
虎长4.9cm；龙长4.8cm 中国嘉德 2020-10-10

2131 西周 玉鱼（一对）
估　价：NTD 350,000
成交价：RMB 99,540
宽6cm × 2 台北艺珍 2020-08-16

476 西周 圆雕双玉鹅
估　价：HKD 80,000 ~ 120,000
成交价：RMB 204,376
高3.3cm 中国嘉德 2020-10-10

478 战国 青玉鹦鹉
估　价：HKD 350,000 ~ 450,000
成交价：RMB 3,780,956
高2.6cm；宽1cm 中国嘉德 2020-10-10

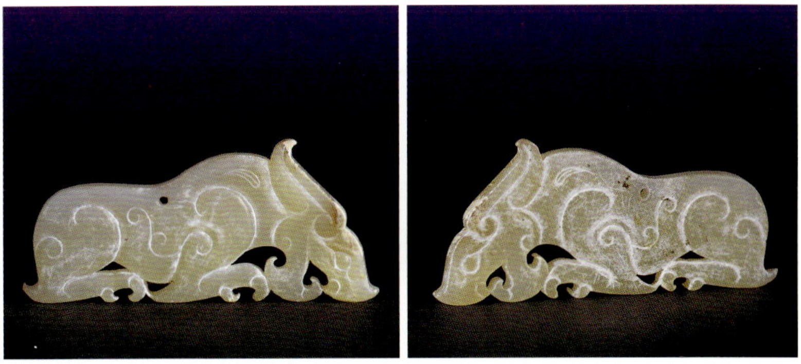

474 战国 白玉犀牛
估　价：HKD 60,000 ~ 80,000
成交价：RMB 163,501
高2cm；宽4.3cm 中国嘉德 2020-10-10

2758 西周晚期 玉鸟（两件）
估　价：HKD 120,000 ~ 180,000
成交价：RMB 319,500
宽6.5cm 佳士得 2020-11-30

40 东汉 青白玉辟邪
估　价：HKD 1,500,000～2,000,000
成交价：RMB 1,854,972
长4.8cm 香港苏富比 2020-10-09

487 汉至六朝 白玉辟邪
估　价：HKD 500,000～700,000
成交价：RMB 531,378
高1cm；宽2.5cm 中国嘉德 2020-10-10

2867 汉 玉辟邪
估　价：HKD 800,000～1,200,000
成交价：RMB 904,000
宽8.2cm 佳士得 2020-07-09

485 汉 圆雕玉兔
估　价：HKD 80,000～120,000
成交价：RMB 408,752
1.3cm×2.3cm×1.3cm 中国嘉德 2020-10-10

252 汉至六朝 玉马首
估　价：USD 600,000～800,000
成交价：RMB 5,095,926
高9.7cm 纽约苏富比 2020-09-22

331 六朝 玉辟邪
估　价：HKD 160,000～210,000
成交价：RMB 170,675
宽8cm 中国嘉德 2020-07-13

513 宋 白青玉飞雁
估　价：HKD 60,000～80,000
成交价：RMB 61,313
高2cm；宽4.5cm 中国嘉德 2020-10-10

747 六朝 玉辟邪
估　价：HKD 200,000～300,000
成交价：RMB 204,376
宽4.4cm 中国嘉德 2020-10-10

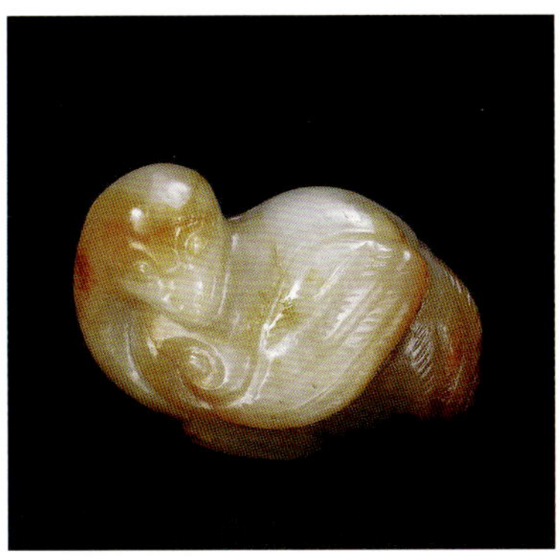

497 唐至宋 白玉鸟
估　价：HKD 50,000～70,000
成交价：RMB 66,422
高2.5cm；宽4cm 中国嘉德 2020-10-10

807 宋 白玉红沁瑞兽
估　价：HKD 70,000～90,000
成交价：RMB 71,532
宽5cm 中国嘉德 2020-10-10

332 六朝 玉鹰
估　价：HKD 50,000～70,000
成交价：RMB 53,336
宽6cm 中国嘉德 2020-07-13

494 唐至宋 白玉兔
估　价：HKD 30,000～50,000
成交价：RMB 224,814
高2cm；宽3.7cm 中国嘉德 2020-10-10

787 宋 白玉红沁卧熊
估　价：HKD 300,000～500,000
成交价：RMB 306,564
宽6.9cm 中国嘉德 2020-10-10

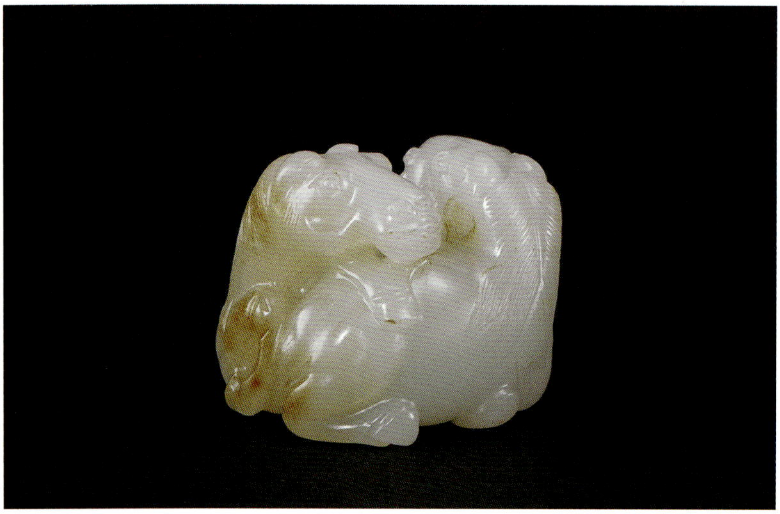

514 宋 白玉双马
估　价：HKD 250,000～350,000
成交价：RMB 1,635,008
高2.6cm；宽2.6cm 中国嘉德 2020-10-10

362 宋 黄玉带沁熊
估　价：HKD 15,000～20,000
成交价：RMB 16,001
高4.5cm 中国嘉德 2020-07-13

519 宋 白玉狮子戏球
估　价：HKD 180,000～220,000
成交价：RMB 429,190
高3.2cm；宽4cm 中国嘉德 2020-10-10

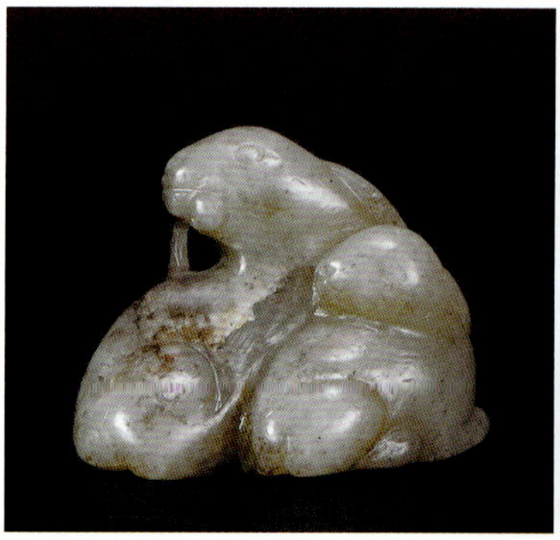

515 宋 灰玉双兔
估　价：HKD 30,000～50,000
成交价：RMB 51,094
高2.6cm；宽3.1cm 中国嘉德 2020-10-10

512 宋 白玉衔荷雁
估　价：HKD 50,000～70,000
成交价：RMB 73,575
高4cm；宽4.8cm 中国嘉德 2020-10-10

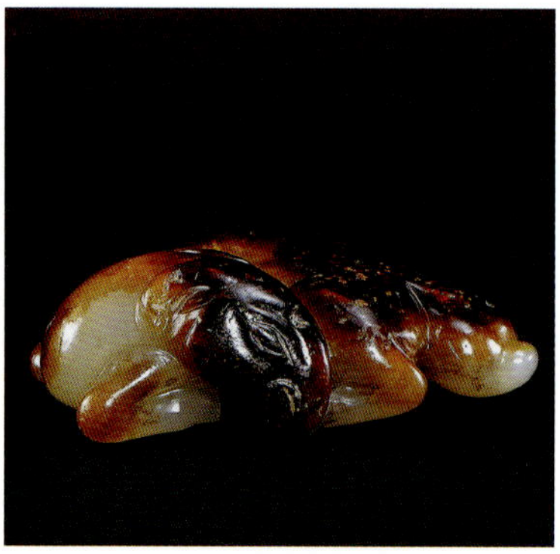

516 宋 白玉羊
估　价：HKD 150,000～200,000
成交价：RMB 388,314
高2.1cm；宽5.5cm 中国嘉德 2020-10-10

4335 宋 沁色玉狗
估　价：RMB 50,000～70,000
成交价：RMB 69,000
9.8cm×3.2cm 西泠印社 2020-08-09

511 宋 青玉犬
估　价：HKD 80,000~120,000
成交价：RMB 132,844
高1.3cm；宽5.8cm 中国嘉德 2020-10-10

813 宋 玉雕红沁瑞兽
估　价：HKD 100,000~150,000
成交价：RMB 163,501
宽4.5cm 中国嘉德 2020-10-10

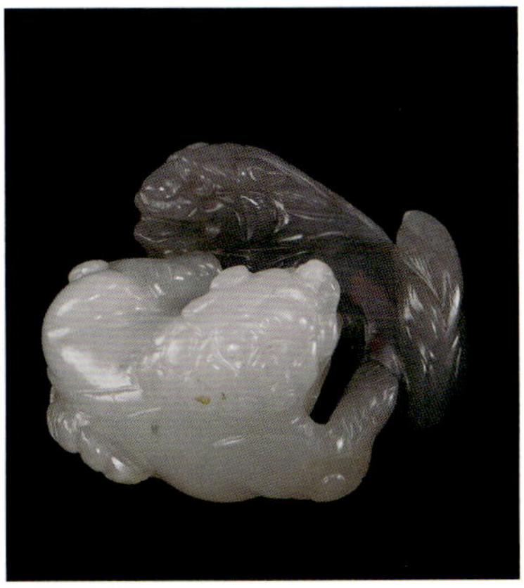

520 宋或更早 白玉巧色双狮
估　价：HKD 60,000~80,000
成交价：RMB 122,626
高3.4cm；宽3cm 中国嘉德 2020-10-10

649 宋或更早 白玉羊
估　价：HKD 25,000~35,000
成交价：RMB 112,407
宽2.2cm 中国嘉德 2020-10-10

523 宋或稍晚 白玉牛
估　价：HKD 50,000~70,000
成交价：RMB 286,126
高2.1cm；宽6.2cm 中国嘉德 2020-10-10

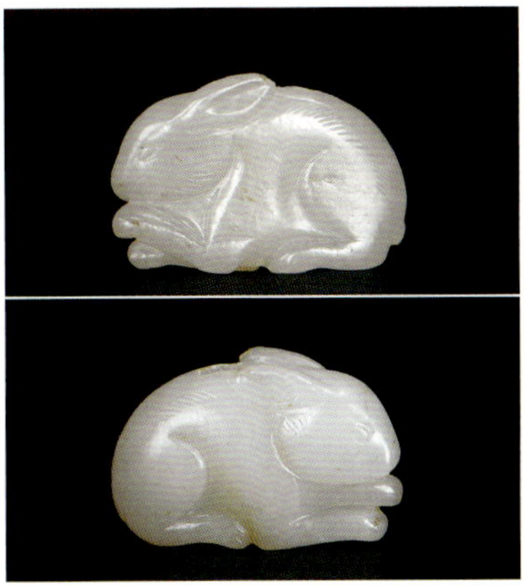

518 宋至明 白玉兔
估　价：HKD 20,000~30,000
成交价：RMB 122,626
高2.4cm；宽3.6cm 中国嘉德 2020-10-10

521 宋至元 白玉双鱼
估　价：HKD 35,000~45,000
成交价：RMB 53,138
高2.2cm；宽5.4cm 中国嘉德 2020-10-10

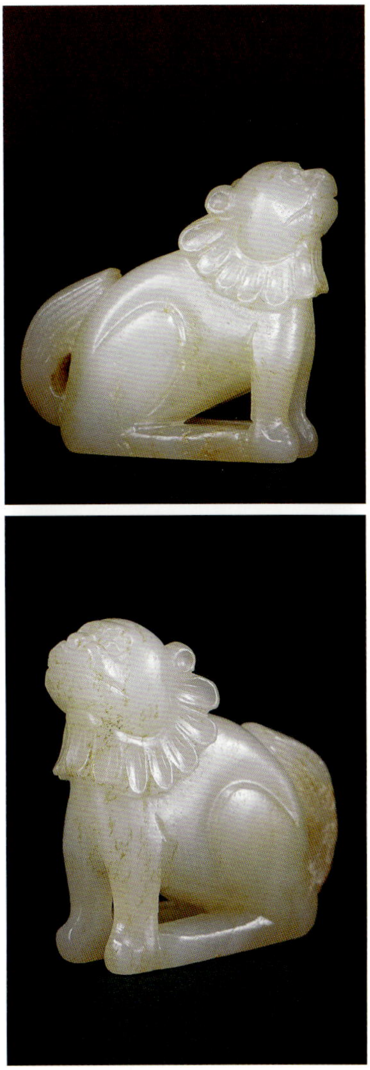

517 宋至元 白玉瑞兽
估　价：HKD 30,000~50,000
成交价：RMB 255,470
高3.2cm；宽3.5cm 中国嘉德 2020-10-10

241 宋至明 黄玉雕瑞兽摆件
估　价：USD 60,000～80,000
成交价：RMB 645,530
长9.7cm 纽约苏富比 2020-09-22

788 元 白玉红沁虎
估　价：HKD 300,000～500,000
成交价：RMB 306,564
宽6.1cm 中国嘉德 2020-10-10

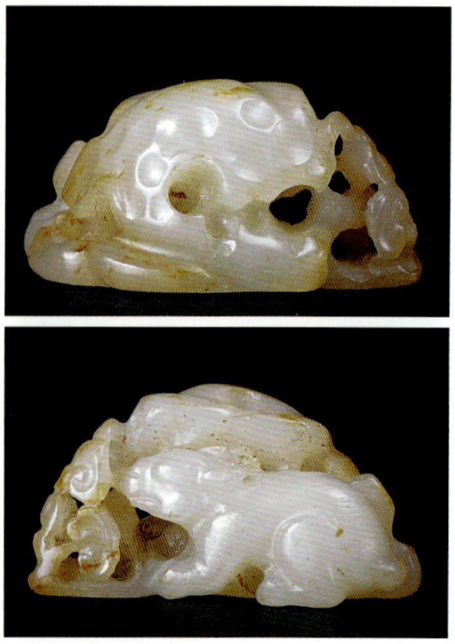

495 辽金 白玉山石玉兔
估　价：HKD 50,000～70,000
成交价：RMB 173,720
高1.8cm；宽3.8cm 中国嘉德 2020-10-10

498 辽金 玉雕猛虎下山
估　价：HKD 120,000～180,000
成交价：RMB 327,002
高3cm；宽5cm 中国嘉德 2020-10-10

1859 元 白玉衔芝双龙摆件
估　价：RMB 32,000
成交价：RMB 69,000
长6.8cm 中贸圣佳 2020-12-08

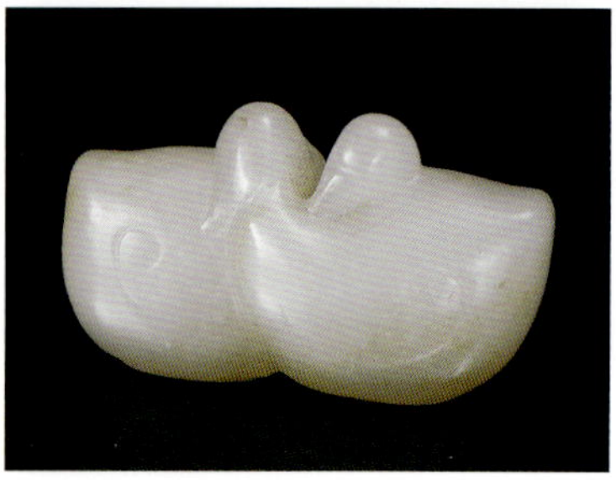

496 辽金 青白玉双鹅
估　价：HKD 30,000～50,000
成交价：RMB 79,707
高2.4cm；宽4.6cm 中国嘉德 2020-10-10

923 元 白玉雕英雄摆件
估　价：RMB 600,000～1,000,000
成交价：RMB 690,000
宽5cm 永乐拍卖 2020-12-02

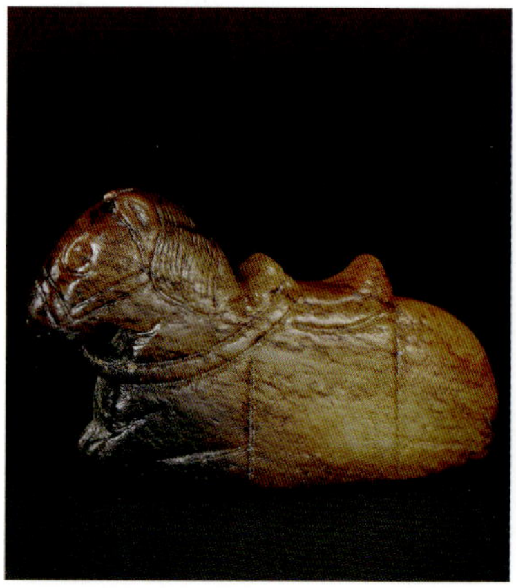

524 元 黄玉马
估　价：HKD 80,000～120,000
成交价：RMB 204,376
高2.8cm；宽4.7cm 中国嘉德 2020-10-10

1809 元 旧玉卧羊
估　价：RMB 20,000～40,000
成交价：RMB 74,750
长6cm 北京翰海 2020-12-12

678 元/明 黄玉瑞兽
估　价：USD 5,000～7,000
成交价：RMB 137,713
长4cm 纽约苏富比 2020-09-23

704 元至明 青白玉瑞鹅
估　价：HKD 30,000～50,000
成交价：RMB 101,470
长7cm 香港苏富比 2020-11-26

781 元 沁色玉雕瑞兽
估　价：HKD 120,000～180,000
成交价：RMB 122,626
宽7.8cm 中国嘉德 2020-10-10

1076 元代 白玉踏云衔枝瑞兽
估　价：RMB 40,000
成交价：RMB 86,250
高4.5cm 古天一 2020-10-16

525 元 青白玉鹅衔荷花
估　价：HKD 30,000～50,000
成交价：RMB 63,357
高3.4cm；宽4.2cm 中国嘉德 2020-10-10

1084 元代 白玉祥云瑞兽
估　价：RMB 200,000
成交价：RMB 218,500
高4cm；长6.5cm 古天一 2020-10-16

1036 元代 玉鹅
估　价：RMB 80,000
成交价：RMB 161,000
高4.5cm；长6cm 古天一 2020-10-16

1652 明以前 玉牛首
估　价：RMB 50,000～80,000
成交价：RMB 57,500
长6.5cm 广东崇正 2020-09-13

817 17世纪 白玉红沁瑞兽
估　价：HKD 150,000～200,000
成交价：RMB 153,282
长4.9cm 中国嘉德 2020-10-10

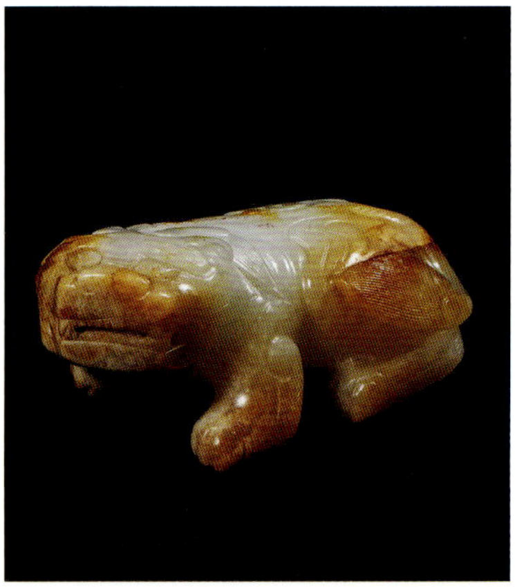

652 明 白玉带沁瑞兽
估　价：HKD 50,000～70,000
成交价：RMB 76,641
长7.5cm 中国嘉德 2020-10-10

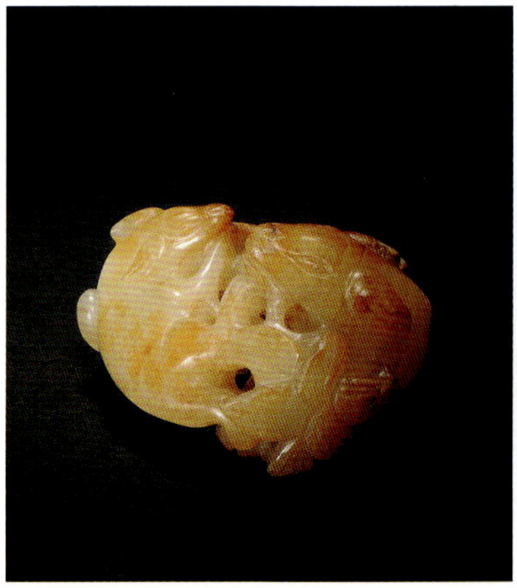

2866 明 白玉雕双獾
估　价：RMB 85,000～120,000
成交价：RMB 120,750
长4.5cm 中国嘉德 2020-12-03

815 17世纪 白玉牛毛红沁牛
估　价：HKD 150,000～200,000
成交价：RMB 153,282
长4.9cm 中国嘉德 2020-10-10

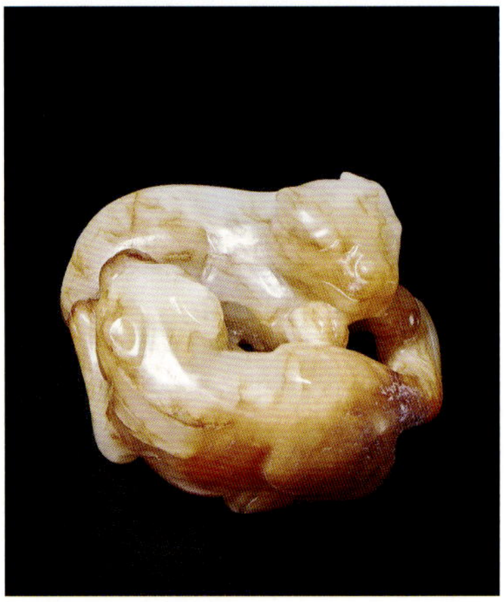

651 明 白玉带沁双獾
估　价：HKD 50,000～70,000
成交价：RMB 51,094
长6.3cm 中国嘉德 2020-10-10

1659 明 白玉鹅
估　价：RMB 20,000～30,000
成交价：RMB 57,500
长5.5cm 广东崇正 2020-09-13

1890 明 白玉留皮羊形摆件
估　价：RMB 50,000
成交价：RMB 109,250
长5cm 中贸圣佳 2020-12-08

3119 明 白玉马
估　价：RMB 120,000～250,000
成交价：RMB 138,000
长7cm 中鸿信 2020-01-03

1085 明 白玉马上封侯
估　价：RMB 200,000
成交价：RMB 322,000
高5.5cm 古天一 2020-10-16

2464 明 白玉镂雕展翅立凤
估　价：RMB 25,000～45,000
成交价：RMB 598,000
高4.8cm 中国嘉德 2020-08-18

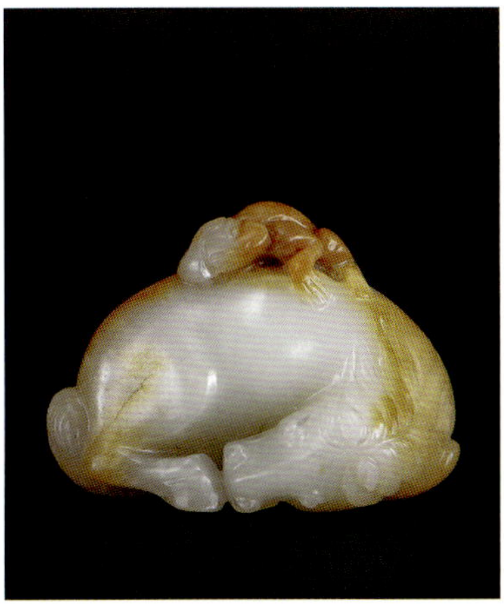

549 明 白玉马上封侯
估　价：HKD 80,000～120,000
成交价：RMB 81,750
长5.5cm 中国嘉德 2020-10-10

1247 明 白玉龙马负图摆件
估　价：RMB 300,000～500,000
成交价：RMB 563,500
长9.4cm 中贸圣佳 2020-10-16

533 明 白玉猫
估　价：HKD 120,000～180,000
成交价：RMB 306,564
高5cm；宽3.5cm 中国嘉德 2020-10-10

306 明 白玉沁色三羊开泰
估　价：HKD 30,000～50,000
成交价：RMB 34,135
宽9.1cm 中国嘉德 2020-07-13

1272 明 白玉卧马摆件
估　价：RMB 200,000～300,000
成交价：RMB 253,000
长6.5cm 中贸圣佳 2020-10-16

563 明 白玉辟邪
估　价：HKD 100,000～150,000
成交价：RMB 132,844
高5.4cm；宽7.8cm 中国嘉德 2020-10-10

532 明 白玉沁色鸳鸯
估　价：HKD 30,000～50,000
成交价：RMB 69,488
长4cm 中国嘉德 2020-10-10

1811 明 白玉卧马
估　价：RMB 80,000～100,000
成交价：RMB 103,500
长6.8cm 北京翰海 2020-12-12

640 明 白玉麒麟背书
估　价：HKD 150,000～200,000
成交价：RMB 213,620
长13cm 香港苏富比 2020-11-26

141 明 白玉卧虎
估　价：GBP 15,000～20,000
成交价：RMB 163,050
长5.1cm 伦敦佳士得 2020-11-03

1876 明 白玉卧熊摆件
估　价：RMB 120,000
成交价：RMB 230,000
长4.8cm 中贸圣佳 2020-12-08

6183 明 白玉卧犬
估　价：RMB 380,000～450,000
成交价：RMB 437,000
长7cm 北京保利 2020-10-20

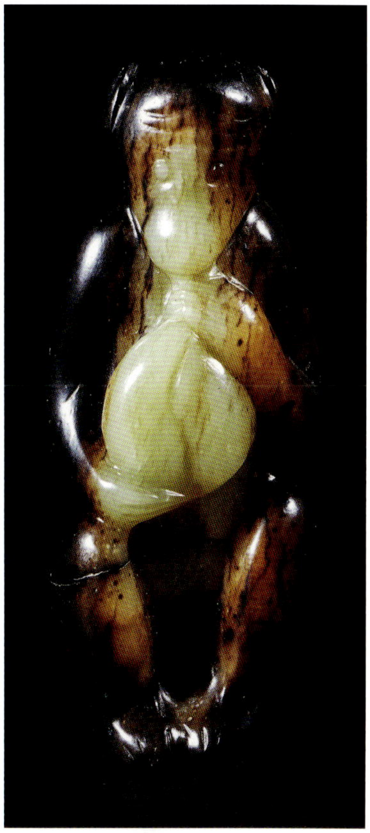

653 明 黄玉老提油巧雕猴
估　价：HKD 200,000～300,000
成交价：RMB 286,126
高7.5cm 中国嘉德 2020-10-10

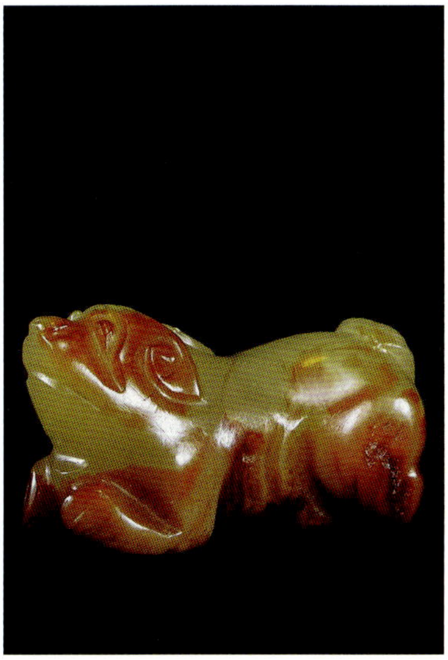

565 明 黄玉沁色瑞兽
估　价：HKD 30,000～50,000
成交价：RMB 83,794
长3cm 中国嘉德 2020-10-10

1867 明 黄玉瑞兽
估　价：RMB 1,000,000～1,500,000
成交价：RMB 1,150,000
长7cm 北京保利 2020-12-05

6179 明 黄玉兽面摆件
估　价：RMB 550,000～850,000
成交价：RMB 632,500
长7cm 北京保利 2020-10-20

1870 明 火烧玉玄武摆件
估　价：RMB 20,000
成交价：RMB 43,700
长7.6cm 中贸圣佳 2020-12-08

5753 明 灰白玉雕猴戏马摆件
估　价：RMB 120,000～150,000
成交价：RMB 172,500
长10.8cm 北京保利 2020-10-20

2106 明 黄玉太狮少狮摆件
估　价：RMB 80,000～120,000
成交价：RMB 230,000
高6cm 古天一 2020-10-16

1771 明 鸡骨白玉雕卧象摆件
估　价：USD 4,000～6,000
成交价：RMB 51,098
长12cm 纽约佳士得 2020-09-25

1995 明 旧玉象
估　价：RMB 10,000～20,000
成交价：RMB 74,750
长4.3cm 北京翰海 2020-12-12

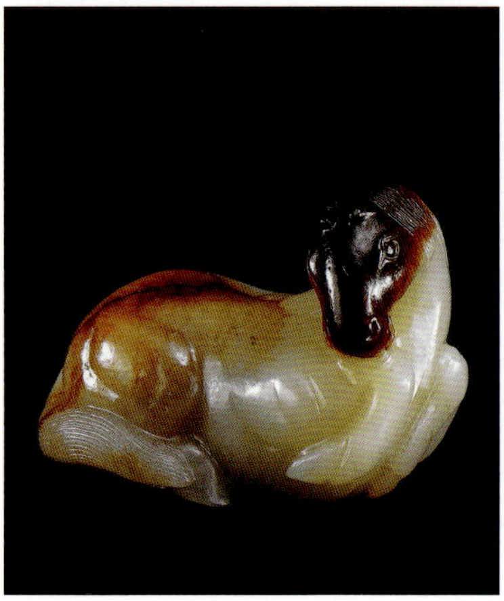

550 明 青白玉沁色鸿运当头卧马
估　价：HKD 250,000～350,000
成交价：RMB 286,126
5.4cm×4.1cm 中国嘉德 2020-10-10

206 明 青玉卧马
估　价：GBP 1,000～1,500
成交价：RMB 10,929
宽6cm 伦敦苏富比 2020-06-16

3673 明 玉雕马上封侯摆件
估　价：HKD 400,000～600,000
成交价：RMB 452,000
长11.6cm 香港苏富比 2020-07-11

261 明 玉雕卧马摆件
估　价：USD 50,000～70,000
成交价：RMB 430,353
长7.5cm 纽约苏富比 2020-09-22

2522 明 玉留皮鹅
估　价：RMB 1,000～3,000
成交价：RMB 57,500
长7.6cm 中国嘉德 2020-08-18

101 明 玉马上封侯摆件
估　价：HKD 200,000～300,000
成交价：RMB 218,232
长6.3cm 香港苏富比 2020-10-09

2587 明 玉小鹅、玉小羊（一组）
估　价：RMB 1,000～3,000
成交价：RMB 57,500
长3cm 中国嘉德 2020-12-03

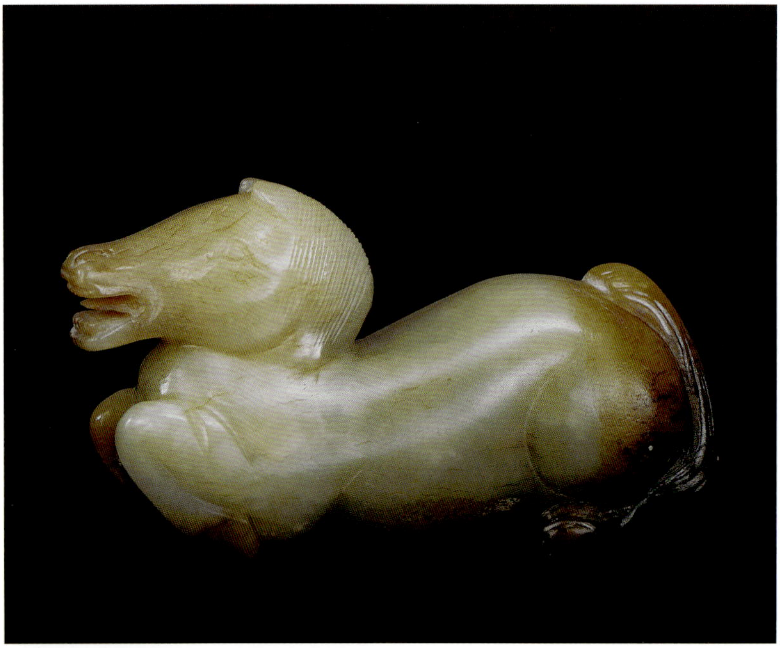

552 明 张嘴玉卧马
估　价：HKD 350,000～450,000
成交价：RMB 357,658
6.3cm×3.7cm 中国嘉德 2020-10-10

560 明或更早 白玉衔穗双雁
估　价：HKD 220,000～280,000
成交价：RMB 388,314
6.7cm×3.3cm 中国嘉德 2020-10-10

561 明或更早 青玉衔荷雁
估　价：HKD 50,000～70,000
成交价：RMB 79,707
6cm×3.8cm 中国嘉德 2020-10-10

1772 明末/清初 16至18世纪 灰褐玉瑞猫摆件
估　价：USD 7,000～9,000
成交价：RMB 59,614
长6.6cm 纽约佳士得 2020-09-25

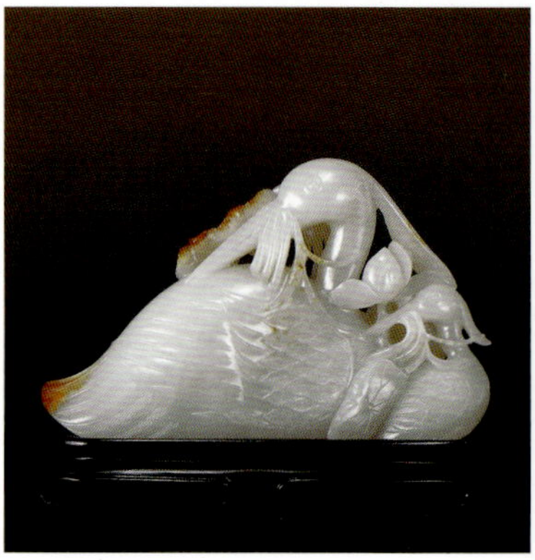

562 明末清初 白玉鸳鸯衔荷
估　价：HKD 80,000～120,000
成交价：RMB 143,063
10.3cm×6.5cm 中国嘉德 2020-10-10

553 清早期 白玉麒麟负书
估　价：HKD 550,000～650,000
成交价：RMB 562,034
长10cm 中国嘉德 2020-10-10

215 17/18世纪 青玉雕连年有余摆件
估　价：USD 8,000～12,000
成交价：RMB 154,927
长9.2cm 纽约苏富比 2020-09-22

656 清早期 白玉双獾
估　价：HKD 60,000～80,000
成交价：RMB 79,707
宽5.6cm 中国嘉德 2020-10-10

797 清早期 白玉卧犬
估　价：HKD 80,000～120,000
成交价：RMB 102,188
宽5.8cm 中国嘉德 2020-10-10

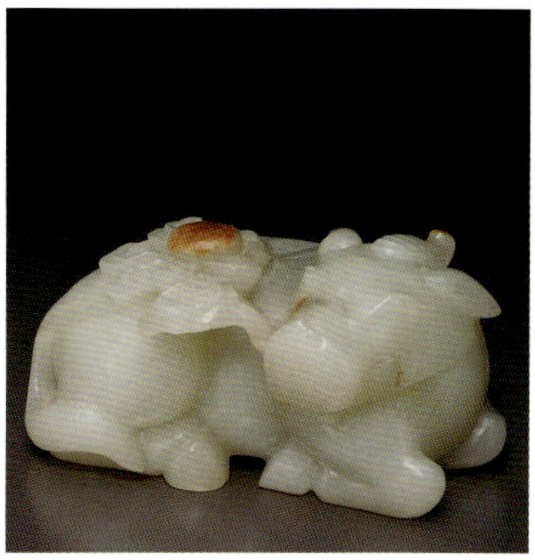

931 17/18世纪 青白玉雕卧兽
估　价：USD 20,000～30,000
成交价：RMB 127,838
长11.4cm 纽约佳士得 2020-09-24

2871 清乾隆 白玉雕宝鸭穿莲摆件
估　价：RMB 1,000,000～2,000,000
成交价：RMB 1,150,000
高7.5cm 中国嘉德 2020-12-03

932 17/18世纪 青褐玉雕骆驼与犬
估　价：USD 15,000～25,000
成交价：RMB 55,396
长7.7cm 纽约佳士得 2020-09-24

207 18世纪 青玉鹿衔灵芝摆件
估　价：EUR 6,000～8,000
成交价：RMB 59,564
长8.5cm 巴黎佳士得 2020-06-23

968 清乾隆 白玉雕河洛负书摆件
估　价：RMB 2,800,000～3,500,000
成交价：RMB 3,220,000
长29.5cm 永乐拍卖 2020-12-02

206 清乾隆 白玉雕连年有余摆件
估　价：USD 80,000～120,000
成交价：RMB 1,377,130
长8.5cm 纽约苏富比 2020-09-22

921 清乾隆 白玉雕瑞兽摆件
估　价：RMB 1,200,000～1,500,000
成交价：RMB 1,380,000
长16cm 永乐拍卖 2020-12-02

4273 清乾隆 白玉雕如意双安摆件
估　价：RMB 400,000～500,000
成交价：RMB 747,500
14.7cm × 11.3cm 西泠印社 2020-08-09

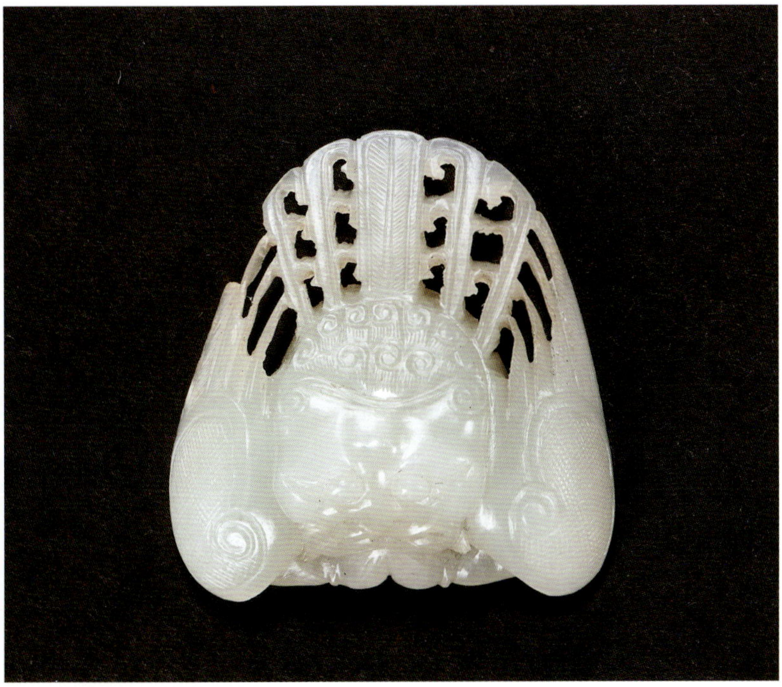

1020 清 白玉迦楼罗
估　价：RMB 110,000
成交价：RMB 253,000
长4cm 古天一 2020-10-16

1144 清乾隆 白玉年年有余摆件（配木座）
估　价：RMB 300,000～400,000
成交价：RMB 322,000
长8cm 华艺国际 2020-10-16

204 清乾隆 白玉雕瑞兽摆件
估　价：USD 100,000～150,000
成交价：RMB 2,668,189
长10.4cm 纽约苏富比 2020-09-22

883 清乾隆 白玉留皮童子洗象摆件
估　价：RMB 2,200,000～2,800,000
成交价：RMB 2,875,000
长14.7cm；高9.4cm 中贸圣佳 2020-10-17

8023 清乾隆 白玉凤出麒麟摆件
估　价：RMB 50,000～80,000
成交价：RMB 92,000
长18cm 十竹斋拍卖（北京） 2020-10-18

204 清乾隆 白玉喜报平安喜鹊摆件
估　价：EUR 10,000～15,000
成交价：RMB 357,384
长8.3cm 巴黎佳士得 2020-06-23

1866 清乾隆 白玉鹰熊
估　价：RMB 150,000～200,000
成交价：RMB 172,500
高4.2cm 北京保利 2020-12-05

227 清乾隆 黄玉雕瑞兽摆件
估　价：USD 200,000～300,000
成交价：RMB 11,708,334
长15cm 纽约苏富比 2020-09-22

6190 清乾隆 羊脂白玉双欢
估　价：RMB 250,000～350,000
成交价：RMB 287,500
长4.8cm 北京保利 2020-10-20

5723 清中期 白玉雕仙鹿衔芝
估　价：RMB 50,000～80,000
成交价：RMB 57,500
长9.7cm 北京保利 2020-10-20

8020 清乾隆 白玉鸳鸯戏水摆件
估　价：RMB 100,000～200,000
成交价：RMB 218,500
长10.5cm 十竹斋拍卖（北京） 2020-10-18

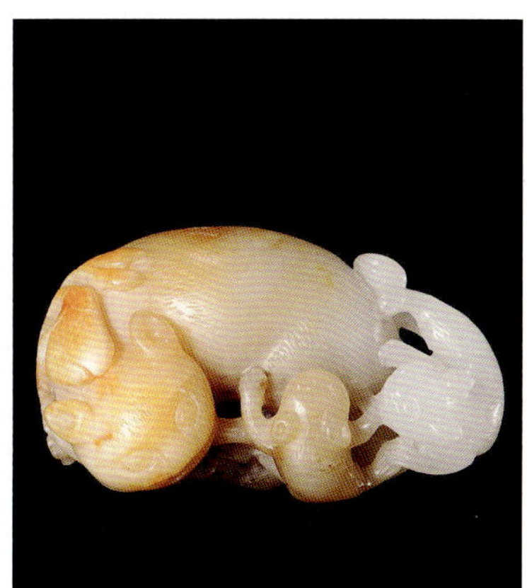

1996 清中期 白玉合家欢
估　价：RMB 20,000～40,000
成交价：RMB 48,300
长6cm 北京翰海 2020-12-12

1990 清中期 白玉麒麟驮书
估　价：RMB 15,000~25,000
成交价：RMB 43,700
长8cm 北京翰海 2020-12-12

1999 清中期 白玉瑞兽
估　价：RMB 35,000~55,000
成交价：RMB 40,250
长4.7cm 北京翰海 2020-12-12

566 清中期 黄玉牛
估　价：HKD 120,000~180,000
成交价：RMB 122,626
长4cm 中国嘉德 2020-10-10

2027 清中期 翡翠宝鸭穿莲摆件
估　价：RMB 50,000~70,000
成交价：RMB 55,200
长5.5cm 古天一 2020-10-16

244 18/19世纪初 白玉雕松鹤延年摆件
估　价：USD 80,000~120,000
成交价：RMB 688,565
高18.5cm 纽约苏富比 2020-09-22

666 18/19世纪 白玉灵猴献桃
估 价：HKD 30,000～50,000
成交价：RMB 34,272
长7.2cm 香港苏富比 2020-06-05

936 18/19世纪 青白玉雕卧马
估 价：USD 10,000～15,000
成交价：RMB 63,919
长15.9cm 纽约佳士得 2020-09-24

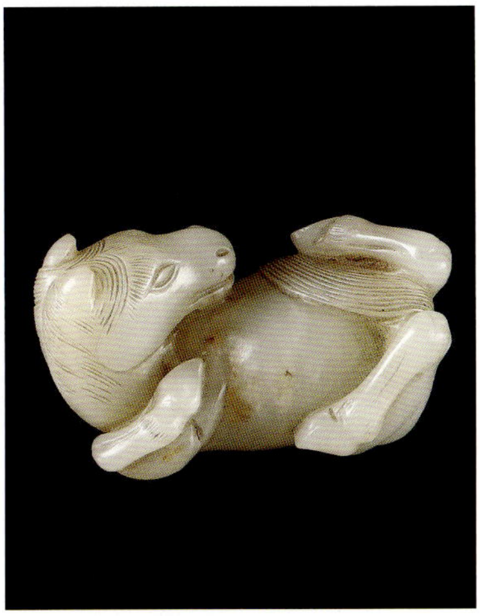

4313 清 白玉雕滚尘马
估 价：RMB 60,000～80,000
成交价：RMB 92,000
5.5cm×3.2cm 西泠印社 2020-08-09

261 清 白玉雕马上封侯摆件
估 价：HKD 150,000～200,000
成交价：RMB 158,175
长8cm 佳士得 2020-10-08

4345 清 白玉雕马上封侯
估 价：RMB 280,000～350,000
成交价：RMB 368,000
9.0cm×5.0cm 西泠印社 2020-08-09

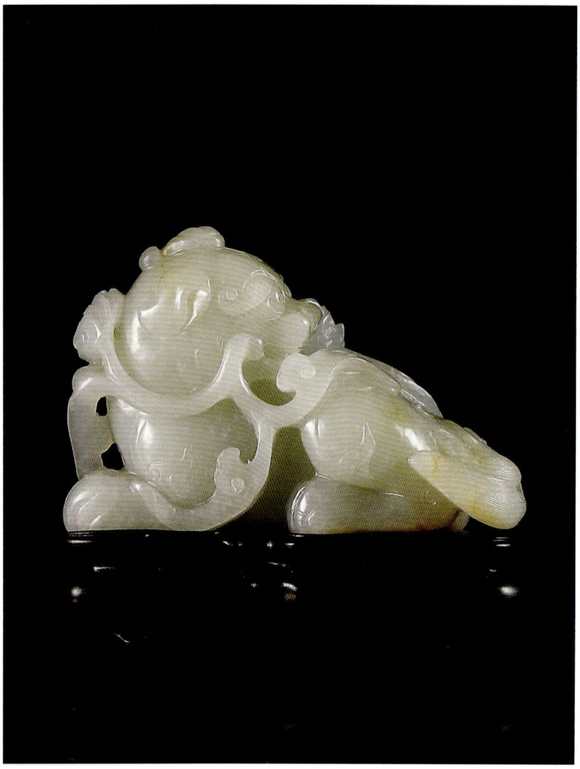

4347 清 白玉雕衔莲天禄
估　价：RMB 90,000～120,000
成交价：RMB 126,500
9.4cm×6.6cm 西泠印社 2020-08-09

4283 清 白玉雕羊羊得意
估　价：RMB 450,000～550,000
成交价：RMB 575,000
7.8cm×5.8cm×3.4cm 西泠印社 2020-08-09

583 清 白玉马
估　价：HKD 20,000～30,000
成交价：RMB 69,427
长6.8cm 香港苏富比 2020-11-26

1259 清 白玉雕瑞兽摆件
估　价：RMB 350,000～400,000
成交价：RMB 460,000
高6cm 中贸圣佳 2020-10-16

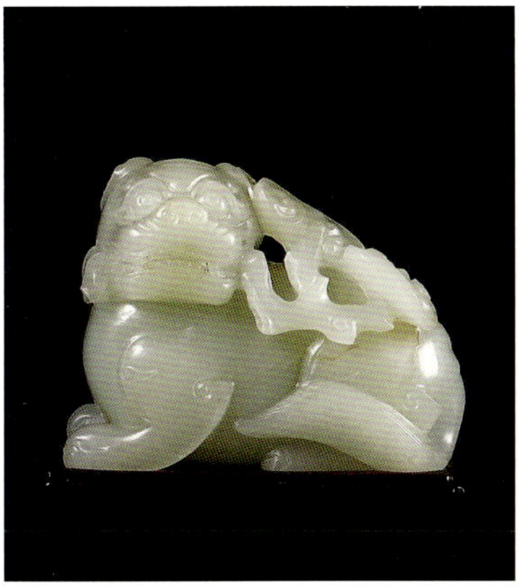

4318 清 白玉雕衔芝瑞兽
估　价：RMB 100,000～120,000
成交价：RMB 138,000
7.5cm×5.4cm 西泠印社 2020-08-09

1261 清 白玉马上封侯
估　价：RMB 60,000～100,000
成交价：RMB 112,700
长7.2cm 中贸圣佳 2020-10-16

1258 清 白玉麒麟送子摆件
估　价：RMB 40,000～55,000
成交价：RMB 59,800
长4cm 中贸圣佳 2020-10-16

6184 清 白玉年年有余
估　价：RMB 200,000～350,000
成交价：RMB 230,000
长7cm 北京保利 2020-10-20

4292 清 白玉鼠
估　价：RMB 180,000～220,000
成交价：RMB 276,000
6.7cm×3.0cm 西泠印社 2020-08-09

1855 清 白玉瑞兽灵芝摆件
估　价：RMB 40,000
成交价：RMB 89,700
长5.9cm 中贸圣佳 2020-12-08

1856 清 白玉十二生肖·蛇神摆件
估　价：RMB 40,000
成交价：RMB 92,000
高4cm 中贸圣佳 2020-12-08

4311 清 白玉双羊
估　价：RMB 60,000～80,000
成交价：RMB 80,500
5.1cm × 3.7cm 西泠印社 2020-08-09

4302 清 白玉卧马
估　价：RMB 150,000～180,000
成交价：RMB 207,000
10.6cm × 7.0cm 西泠印社 2020-08-09

2122 清 白玉象
估　价：RMB 120,000～150,000
成交价：RMB 138,000
高7cm；长11cm 古天一 2020-10-16

1002 清 白玉一品清莲摆件
估　价：RMB 450,000～600,000
成交价：RMB 515,200
长24.5cm 上海呗美 2020-08-22

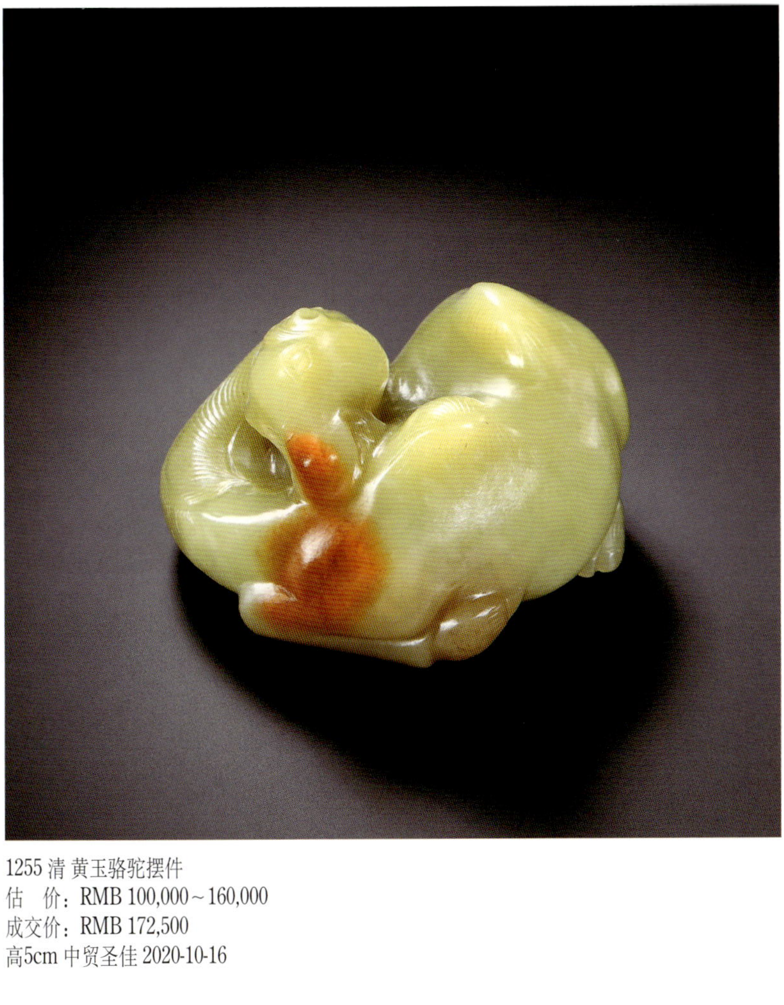

1255 清 黄玉骆驼摆件
估　价：RMB 100,000～160,000
成交价：RMB 172,500
高5cm 中贸圣佳 2020-10-16

1027 清 白玉坐狮
估　价：RMB 15,000
成交价：RMB 161,000
高3.6cm 古天一 2020-10-16

929 清 褐青玉雕骆驼
估　价：USD 15,000～25,000
成交价：RMB 68,180
长26.6cm 纽约佳士得 2020-09-24

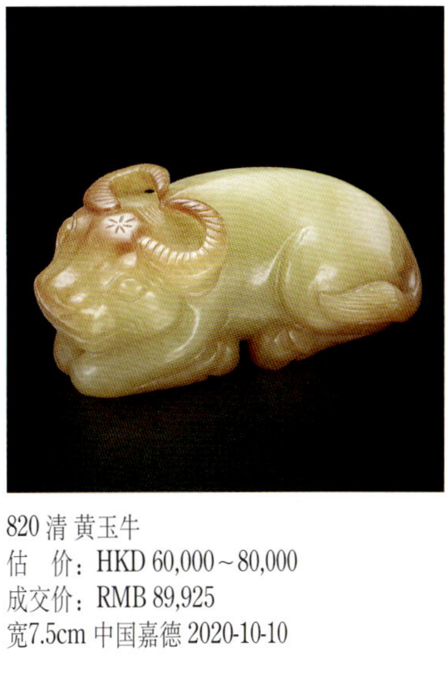

820 清 黄玉牛
估　价：HKD 60,000～80,000
成交价：RMB 89,925
宽7.5cm 中国嘉德 2020-10-10

555 清 黄玉卧牛
估　价：HKD 40,000～60,000
成交价：RMB 117,491
长4.5cm 香港苏富比 2020-11-26

1868 清 鸡骨白双兽摆件
估　价：RMB 20,000
成交价：RMB 40,250
长7.4cm 中贸圣佳 2020-12-08

655 清 青白玉卧马（一组两件）
估　价：HKD 8,000～12,000
成交价：RMB 59,405
长4.5cm；长5cm 香港苏富比 2020-06-05

1288 清 鸡骨白玉荷塘双鹅摆件
估　价：RMB 110,000～150,000
成交价：RMB 126,500
长23.5cm 中贸圣佳 2020-10-16

217 清 青白玉凤凰摆件
估　价：EUR 15,000～20,000
成交价：RMB 168,765
高12cm 巴黎佳士得 2020-06-23

659 清 青白玉卧兽及衔芝卧羊（一组两件）
估　价：HKD 20,000～30,000
成交价：RMB 57,120
长5cm；长5.6cm 香港苏富比 2020-06-05

4315 清 青花玉俏色雕太师少师
估　价：RMB 40,000～50,000
成交价：RMB 51,750
4.6cm×3.6cm 西泠印社 2020-08-09

1622 清 水晶兔
估　价：RMB 30,000～50,000
成交价：RMB 69,000
长8.2cm 北京保利 2020-12-05

598 清 玉雕动物（一组五件）
估　价：HKD 10,000～20,000
成交价：RMB 96,129
长3cm—4.5cm 香港苏富比 2020-11-26

675 清 玉雕双马
估　价：HKD 20,000～30,000
成交价：RMB 64,086
长7cm 香港苏富比 2020-11-26

1032 清 玉卧熊
估　价：RMB 55,000
成交价：RMB 59,800
长6cm 古天一 2020-10-16

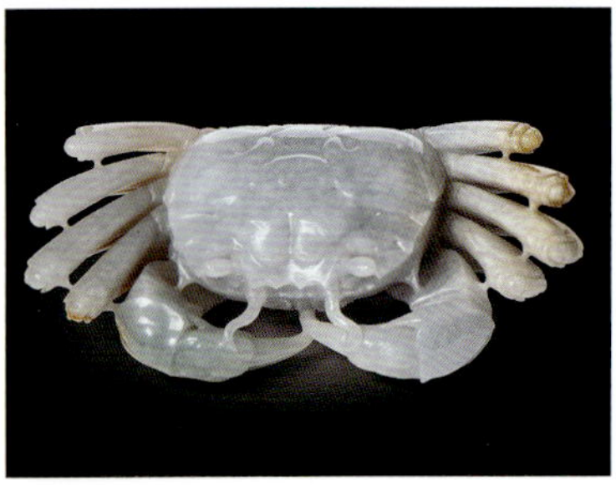

223 20世纪 翠玉福禄寿三色螃蟹摆件
估　价：EUR 5,000~8,000
成交价：RMB 61,549
长17.0cm 巴黎佳士得 2020-06-23

403 白玉 浴牛图摆件
估　价：RMB 85,000~120,000
成交价：RMB 106,400
9.45cm×8.55cm 上海联合 2020-11-29

1604 青白玉雕凤鸟摆件（一对）
估　价：USD 5,000~7,000
成交价：RMB 161,809
高36.2cm×2 纽约佳士得 2020-09-25

4714 冯钤 如虎添翼 玉摆件
估　价：RMB 130,000~150,000
成交价：RMB 149,500
长8.9cm 西泠印社 2020-08-10

284 元中堂王天翔 白玉路路通达摆件
估 价：RMB 320,000 - 450,000
成交价：RMB 358,400
12.3cm × 7.25cm 上海联合 2020-11-29

221 卢开飞 白玉一鹭莲科摆件
估 价：RMB 100,000 ~ 160,000
成交价：RMB 112,000
7.8cm × 7.4cm 上海联合 2020-11-29

380 俞巍巍 白玉辈辈旺财摆件
估 价：RMB 60,000 ~ 90,000
成交价：RMB 76,160
8.2cm × 5.9cm 上海联合 2020-11-29

319 熊明星 白玉世代富贵摆件
"熊""玉冢"款
估 价：RMB 1,050,000 ~ 1,800,000
成交价：RMB 1,176,000
9cm × 7.6cm × 6.8cm；重量571.1g 上海联合 2020-11-29

其他摆件

811 明 玉佛塔
估 价：HKD 80,000 ~ 120,000
成交价：RMB 97,079
高11.8cm 中国嘉德 2020-10-10

773 18世纪 白玉苦瓜
估　价：HKD 120,000～180,000
成交价：RMB 163,501
高9cm 中国嘉德 2020-10-10

264 18世纪 白玉旭日东升摆件
估　价：HKD 300,000～500,000
成交价：RMB 548,340
宽12.5cm 佳士得 2020-10-08

703 18世纪 青白玉石榴双喜
估　价：HKD 80,000～120,000
成交价：RMB 234,982
长8.9cm 香港苏富比 2020-11-26

1070 清乾隆 碧玉雕仿古兽面纹斧（钺）
估　价：RMB 110,000～200,000
成交价：RMB 126,500
长18cm 永乐拍卖 2020-08-17

6182 清乾隆 紫檀嵌银丝题铭架配古玉斧
“乾隆四十九年”题字
估　价：RMB 1,000,000～1,500,000
成交价：RMB 1,495,000
玉斧高15.4cm 北京保利 2020-10-20

6211 清乾隆 白玉福寿双全摆件
估　价：RMB 800,000～1,200,000
成交价：RMB 920,000
长14.5cm 北京保利 2020-10-20

326 清乾隆 白玉右旋法螺
估　价：RMB 120,000～200,000
成交价：RMB 138,000
长7.4cm 北京中汉 2020-12-04

2624 清乾隆 白玉福寿摆件
估　价：RMB 68,000～88,000
成交价：RMB 126,500
长7.2cm 中国嘉德 2020-12-03

881 清乾隆 白玉留皮石榴摆件
估　价：RMB 500,000～600,000
成交价：RMB 736,000
高6.3cm 中贸圣佳 2020-10-17

3126 清乾隆 白玉御题诗山水人物摆件
估　价：RMB 30,000～50,000
成交价：RMB 34,500
长16.5cm 中鸿信 2020-01-03

1042 清乾隆 玉葫芦
估　价：RMB 50,000
成交价：RMB 97,750
高8cm 古天一 2020-10-16

157 18世纪 白玉仿古编钟摆件
估　价：EUR 4,000～6,000
成交价：RMB 168,765
高18.2cm 巴黎佳士得 2020-06-23

4270 清乾隆 青白玉雕四季平安提梁花篮
估　价：RMB 250,000～450,000
成交价：RMB 460,000
33cm×23cm×7.8cm；带座高60cm 西泠印社 2020-08-09

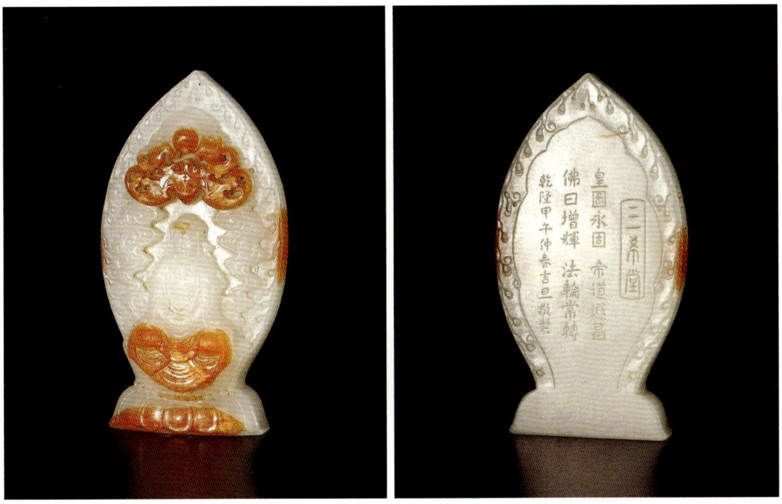

1980 清乾隆 白玉御题诗文无量寿摆件
估　价：RMB 200,000～300,000
成交价：RMB 230,000
高8.8cm 北京翰海 2020-12-12

706 18/19世纪 白玉巧作多子多福雕件
估　价：HKD 20,000～30,000
成交价：RMB 96,129
长6.4cm 香港苏富比 2020-11-26

1647 清 白玉花篮
估　价：RMB 10,000～30,000
成交价：RMB 63,250
高7.8cm 广东崇正 2020-09-13

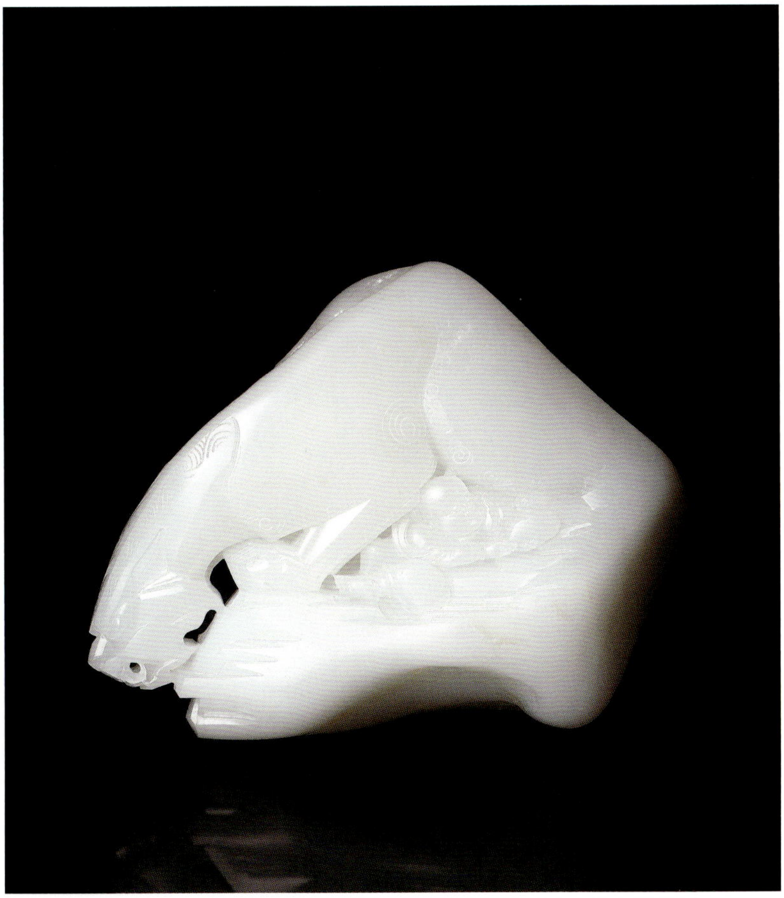

6053 崔磊设计 和田玉“天地根”雕件
估　价：RMB 2,200,000～3,000,000
成交价：RMB 2,645,000
11cm × 10cm 华艺国际 2020-12-05

661 19世纪 白玉镂雕富贵吉祥摆件
估　价：USD 15,000～20,000
成交价：RMB 103,285
高24.1cm 纽约苏富比 2020-09-23

383 刘海 黄玉百财摆件
估　价：RMB 50,000～80,000
成交价：RMB 56,000
8cm×3.8cm 上海联合 2020-11-29

274 雅园玉道 白玉游园惊梦摆件
估　价：RMB 300,000～480,000
成交价：RMB 336,000
12cm×7.7cm 上海联合 2020-11-29

320 刘海 黄玉福寿喜三多摆件
估　价：RMB 300,000～400,000
成交价：RMB 336,000
15.5cm×7.8cm 上海联合 2020-11-29

466 于洪飞 磐龙玉编钟
估　价：RMB 150,000～250,000
成交价：RMB 280,000
90cm×20cm×80cm 上海联合 2020-11-29

390 张焕庆 白玉节节高摆件
估　价：RMB 220,000～280,000
成交价：RMB 246,400
高6.3cm 上海联合 2020-11-29

472 于洪飞 磐龙玉罗马骑士
估　价：RMB 170,000～350,000
成交价：RMB 392,000
23cm × 8cm × 53cm 上海联合 2020-11-29

464 于洪飞 磐龙墨玉重生
估　价：RMB 800,000～1,200,000
成交价：RMB 1,344,000
13cm × 3cm × 29cm 上海联合 2020-11-29

465 于洪飞 磐龙玉秋山幽居图
估　价：RMB 150,000～250,000
成交价：RMB 246,400
50cm × 18cm × 18cm 上海联合 2020-11-29

471 于洪飞 磐龙玉拖拉机
估　价：RMB 180,000～350,000
成交价：RMB 392,000
45cm × 16cm × 17cm 上海联合 2020-11-29

473 于洪飞 磐龙玉一路连科
估　价：RMB 100,000～180,000
成交价：RMB 179,200
高37cm 上海联合 2020-11-29

玉　瓶

663 16/17世纪 鸡骨玉雕诗文菱花式瓶
估　价：USD 8,000～12,000
成交价：RMB 68,856
高21.3cm 纽约苏富比 2020-09-23

51 明末至清初 鸡骨白玉镂雕仿古纹盖瓶
估　价：EUR 3,000～4,000
成交价：RMB 37,968
高15.9cm 巴黎苏富比 2020-06-18

2731 明 白玉镂空花卉环耳盖瓶
估　价：RMB 120,000～150,000
成交价：RMB 138,000
长20cm 中鸿信 2020-01-03

2906 18世纪 白玉夔龙万寿纹如意耳盖瓶
估　价：HKD 1,500,000～2,500,000
成交价：RMB 852,000
总高25.8cm 佳士得 2020-11-30

2853 18世纪 碧玉雕蟠桃八吉祥纹梅瓶
估　价：HKD 1,000,000～2,000,000
成交价：RMB 1,130,000
高25.5cm 佳士得 2020-07-09

143 18世纪 碧玉山水图双耳盖瓶
估　价：GBP 30,000～50,000
成交价：RMB 380,450
高27.3cm 伦敦佳士得 2020-11-03

920 清乾隆 白玉雕挂瓶
估　价：RMB 600,000～800,000
成交价：RMB 690,000
高24cm 永乐拍卖 2020-12-02

4276 清乾隆 白玉雕和合二仙葫芦瓶
估　价：RMB 150,000～180,000
成交价：RMB 230,000
高16cm 西泠印社 2020-08-09

822 18世纪 青白玉雕龙戏珠瓶
估　价：USD 80,000～120,000
成交价：RMB 272,720
高17.1cm 纽约佳士得 2020-09-24

2851 清乾隆 白玉代代平安小瓶 连紫檀座
估　价：HKD 180,000～250,000
成交价：RMB 339,000
高7.7cm 佳士得 2020-07-09

5088 清乾隆 白玉梅花如意盖扁瓶
估　价：RMB 1,800,000～2,800,000
成交价：RMB 2,300,000
高30.5cm 北京保利 2020-10-19

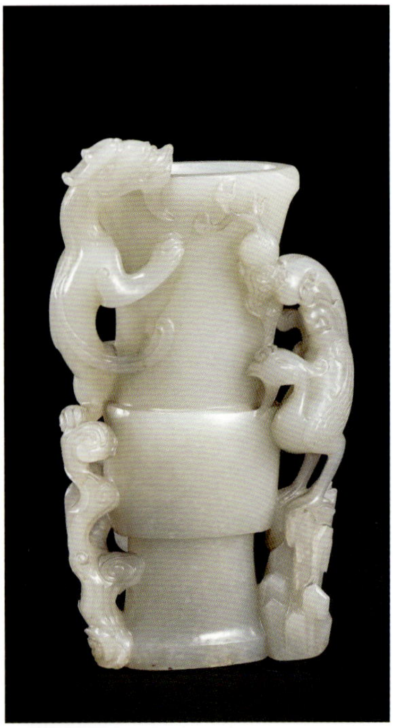

8024 清乾隆 白玉龙凤纹瓶
估　价：RMB 100,000～150,000
成交价：RMB 149,500
高14.5cm 十竹斋拍卖（北京）2020-10-18

1871 清乾隆 白玉西番莲纹瓶
估　价：RMB 1,500,000～2,000,000
成交价：RMB 3,392,500
高25.8cm 北京保利 2020-12-05

2735 清乾隆 白玉梅花图御制诗文四方瓶
估　价：RMB 50,000～60,000
成交价：RMB 230,000
高28cm 中鸿信 2020-01-03

1019 清乾隆 白玉饕餮纹辅首扁瓶
估　价：RMB 550,000～700,000
成交价：RMB 627,200
高19.6cm 上海呗美 2020-08-22

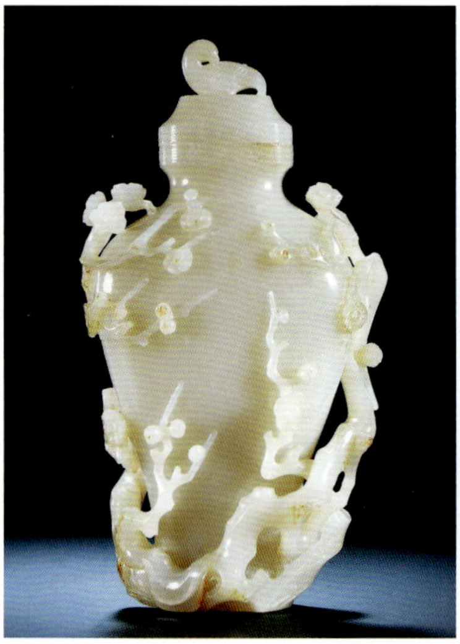

3136 清乾隆 白玉喜上眉梢梅瓶
估　价：RMB 250,000～350,000
成交价：RMB 287,500
高18cm 中鸿信 2020-01-03

2910 清乾隆 青白玉夔凤纹象首衔活环耳盖瓶
“大清乾隆仿古”楷书刻款
估　价：HKD 2,000,000～3,000,000
成交价：RMB 2,023,500
总高32.5cm 佳士得 2020-11-30

2734 清乾隆 御制琥珀整挖兽耳衔环狮钮扁瓶
估　价：RMB 1,500,000～1,800,000
成交价：RMB 1,725,000
高21cm 中鸿信 2020-01-03

5087 清乾隆 御制碧玉蹲龙钮八吉祥西番莲抱月瓶
估　价：RMB 1,000,000～1,500,000
成交价：RMB 1,725,000
高30.5cm 北京保利 2020-10-19

3135 清中期 白玉镂雕瓜棱形天鸡游环橄榄形盖瓶
估　价：RMB 80,000～120,000
成交价：RMB 207,000
高26cm 中鸿信 2020-01-03

1901 清中期 白玉云龙纹如意耳衔环盖瓶
估　价：RMB 120,000～150,000
成交价：RMB 138,000
高54.5cm 北京翰海 2020-12-12

2331 清中期 碧玉兽面纹盖瓶
估　价：RMB 50,000～80,000
成交价：RMB 138,000
高23cm 中鸿信 2020-01-03

1900 清中期 白玉兽耳衔环盖瓶
估　价：RMB 200,000～300,000
成交价：RMB 287,500
高29cm 北京翰海 2020-12-12

3152 清中期 碧玉浮雕饕餮纹提梁盖瓶
估　价：RMB 50,000～60,000
成交价：RMB 149,500
高28.6cm 中鸿信 2020-01-03

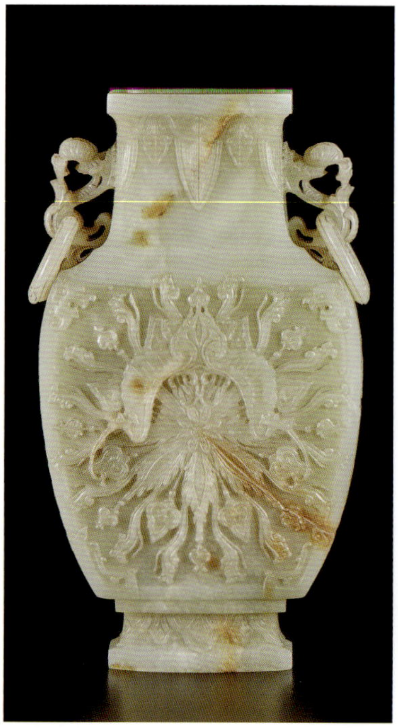

656 19世纪 青玉雕宝相花纹环耳瓶
估　价：USD 10,000～15,000
成交价：RMB 81,767
高21cm 纽约苏富比 2020-09-23

658 19世纪初 白玉雕兽耳活环龙钮盖瓶
估　价：USD 60,000～80,000
成交价：RMB 344,282
高24.1cm 纽约苏富比 2020-09-23

682 清 白玉雕缠枝莲纹龙耳活环瑞兽钮盖瓶
估　价：USD 30,000～50,000
成交价：RMB 258,212
高30.2cm 纽约苏富比 2020-09-23

4446 清 白玉雕兽钮双龙首衔活环耳赏瓶
估　价：RMB 50,000～80,000
成交价：RMB 97,750
高23cm 西泠印社 2020-08-09

1122 清 白玉带盖松鹤纹瓶
估　价：RMB 80,000～120,000
成交价：RMB 106,400
高12.9cm 上海联合 2020-11-29

4436清白玉雕痕都斯坦风格西番莲纹活环耳盖瓶
估　价：RMB 30,000～50,000
成交价：RMB 89,700
高11.5cm 西泠印社 2020-08-09

4316 清 白玉雕盘龙戏珠纹瓶
估　价：RMB 650,000～750,000
成交价：RMB 805,000
高30cm 西泠印社 2020-08-09

4280 清 白玉雕童戏图双耳扁瓶
估 价：RMB 150,000～180,000
成交价：RMB 253,000
高16.3cm 西泠印社 2020-08-09

4448 清 白玉海棠形双龙耳盖瓶
估 价：RMB 50,000～80,000
成交价：RMB 115,000
高18.5cm 西泠印社 2020-08-09

2787 清 白玉和合二仙葫芦盖瓶
估 价：RMB 200,000～300,000
成交价：RMB 230,000
高13.8cm 中国嘉德 2020-08-18

4449 清 白玉浮雕龙凤双联瓶
估 价：RMB 120,000～200,000
成交价：RMB 368,000
高15.5cm 西泠印社 2020-08-09

555 清 白玉梅花连案瓶
估 价：HKD 180,000～220,000
成交价：RMB 255,470
高15cm；宽19.5cm 中国嘉德 2020-10-10

1930 清 白玉饕餮纹方瓶
估　价：RMB 200,000
成交价：RMB 448,500
高24.4cm 中贸圣佳 2020-12-08

1384 清 白玉香瓶
估　价：RMB 15,000～30,000
成交价：RMB 63,250
高8cm 广东崇正 2020-09-13

1664 清 白玉云蝠纹盖瓶
“嘉庆年制”款
估　价：RMB 30,000～50,000
成交价：RMB 80,500
高14cm 广东崇正 2020-09-13

4262 清 碧玉雕龙纹双耳盖瓶
成交价：RMB 74,750
高15.4cm 西泠印社 2020-08-09

1927 清 白玉天鸡瓶
估　价：RMB 180,000
成交价：RMB 391,000
高25cm 中贸圣佳 2020-12-08

3680 清 翠玉提梁狮钮盖瓶
估　价：HKD 2,000,000～3,000,000
成交价：RMB 3,164,000
连提梁高 22.5cm 香港苏富比 2020-07-11

554 清 碧玉瓶
估　价：HKD 80,000～120,000
成交价：RMB 255,470
高16cm 中国嘉德 2020-10-10

567 清 黄玉螭龙瓶
估　价：HKD 1,500,000～2,000,000
成交价：RMB 1,532,820
高17.2cm；宽9cm 中国嘉德 2020-10-10

290 清 青玉高浮雕苍龙教子双耳瓶
估　价：HKD 80,000～120,000
成交价：RMB 84,360
高18.5cm 佳士得 2020-10-08

198 20世纪初 白玉花卉纹兽耳衔环仿古式盖瓶
估　价：EUR 20,000～30,000
成交价：RMB 198,547
高20.2cm 巴黎佳士得 2020-06-23

4430 清 黄玉如意耳瓜棱赏瓶
估　价：RMB 30,000～50,000
成交价：RMB 109,250
高15cm 西泠印社 2020-08-09

52 清 青白玉雕缠枝莲纹贯耳瓶
估　价：EUR 2,000～3,000
成交价：RMB 29,975
高10.8cm 巴黎苏富比 2020-06-18

1787 清晚期 痕都斯坦式绿玉雕嵌宝抱月盖瓶
估　价：USD 10,000～15,000
成交价：RMB 85,163
高29.5cm 纽约佳士得 2020-09-25

4721 杨光 喜从天降 白玉瓶
估　价：RMB 280,000～350,000
成交价：RMB 345,000
高17.5cm 西泠印社 2020-08-10

1736 清 黄玉螭龙耳方尊
估　价：RMB 300,000
成交价：RMB 345,000
高14.3cm 中贸圣佳 2020-12-07

467 魏玉忠 盘龙玉四羊方尊
估　价：RMB 120,000～160,000
成交价：RMB 179,200
高30cm；重6342g 上海联合 2020-11-29

玉　尊

469 严红新 磐龙墨玉犀牛尊
估　价：RMB 500,000～800,000
成交价：RMB 761,600
20cm × 8.5cm × 11cm；重1342g 上海联合 2020-11-29

826 清乾隆 碧玉天鸡尊
“乾隆仿古”款、“甲”款
估　价：HKD 300,000～500,000
成交价：RMB 735,754
高19cm 中国嘉德 2020-10-10

玉觥、玉罍

3816 宋至元 玉镂雕仿古螭龙纹觥形杯
估　价：RMB 30,000～50,000
成交价：RMB 74,750
高8cm 西泠印社 2020-08-09

188 约17世纪 褐玉螭龙纹觥
估　价：EUR 12,000～18,000
成交价：RMB 114,164
高14.0cm 巴黎佳士得 2020-06-23

6199 清中期 白玉巧色凤形觥
"大正元年供天皇御览"款
估　价：RMB 400,000～600,000
成交价：RMB 460,000
高25cm 北京保利 2020-10-20

4274 白玉龙凤纹觥
估　价：RMB 1,000～2,000
成交价：RMB 2,300
长10.3cm 中国嘉德 2020-07-15

16 清 青白玉兽面纹方罍
估　价：RMB 120,000
成交价：RMB 137,500
19cm × 12cm × 12.5cm 上海呗美 2020-10-20

玉　觚

2004 明 玉雕饕餮纹觚
成交价：RMB 55,200
高21.2cm 古天一 2020-10-16

1869 清乾隆 白玉龙纹花觚
估　价：RMB 3,000,000～5,000,000
成交价：RMB 4,025,000
高21.5cm 北京保利 2020-12-05

305 碧玉花觚（一对）
估　价：RMB 45,000～65,000
成交价：RMB 53,760
高3.28cm×2 上海联合 2020-11-29

242 清乾隆 青白玉龙凤呈祥纹觚
估　价：GBP 10,000～15,000
成交价：RMB 163,941
高17.4cm 伦敦苏富比 2020-06-16

玉　鼎

463 马洪伟 磐龙墨玉兽面三足鼎
估　价：RMB 500,000～700,000
成交价：RMB 784,000
直径16cm；高14cm 上海联合 2020-11-29

玉 壶

3 东汉 玉兽首衔环壶
估 价：HKD 400,000~600,000
成交价：RMB 1,200,276
高12.7cm 香港苏富比 2020-10-09

3144 清乾隆 和田白玉羊首提梁壶
估 价：RMB 60,000~80,000
成交价：RMB 103,500
高21cm 中鸿信 2020-01-03

221 宋至明 玉雕仿古饕餮纹凤耳壶
估 价：USD 30,000~50,000
成交价：RMB 430,353
高8.4cm 纽约苏富比 2020-09-22

556 明 灰白玉和合二仙方执壶
估 价：HKD 500,000~700,000
成交价：RMB 510,940
高19.5cm；宽18cm 中国嘉德 2020-10-10

1004 清 白玉菊瓣纹酒壶
估 价：RMB 280,000~350,000
成交价：RMB 313,600
通高14cm 上海呗美 2020-08-22

4438 清 青白玉双凤纹夔龙耳如意纹提梁壶
估　价：RMB 120,000～220,000
成交价：RMB 253,000
壶高23cm 西泠印社 2020-08-09

4310 碧玉羊首提梁壶
估　价：RMB 1,000～2,000
成交价：RMB 13,800
高20.5cm 中国嘉德 2020-07-15

玉　罐

461 于洪飞 磬龙玉三友壶
估　价：RMB 50,000～80,000
成交价：RMB 89,600
14cm×10cm×17cm 上海联合 2020-11-29

4285 清 白玉雕甪端钮凤耳活环三足罐
估　价：RMB 80,000～120,000
成交价：RMB 149,500
11.4cm×11.0cm 西泠印社 2020-08-09

玉　匜

990 明 白玉匜形杯
估　价：HKD 150,000～250,000
成交价：RMB 78,384
宽13.1cm 保利香港 2020-12-02

6207 清早期 白玉仿古匜
木座"乙"款
估　价：RMB 100,000～150,000
成交价：RMB 138,000
长13.6cm 北京保利 2020-10-20

4271 清乾隆 白玉雕凤鸟纹匜
估　价：RMB 280,000～400,000
成交价：RMB 575,000
18.5cm×14.3cm 西泠印社 2020-08-09

14 清 白玉八宝纹龙首匜
估　价：RMB 80,000～120,000
成交价：RMB 126,500
长21.9cm 上海呗美 2020-07-30

5121 明 青白玉刻龙纹匜
估　价：RMB 1,200,000～2,200,000
成交价：RMB 2,932,500
长18cm 北京保利 2020-10-19

玉　炉

1897 明 白玉双龙耳簋式炉
估　价：RMB 30,000～50,000
成交价：RMB 74,750
高7cm 北京翰海 2020-12-12

4269 清乾隆 白玉雕蕉叶如意纹圈耳活环香炉
估　价：RMB 1,800,000～2,500,000
成交价：RMB 2,990,000
17.3cm×17.3cm×11.6cm 西泠印社 2020-08-09

4442 清乾隆 白玉雕盘龙钮乳钉绳纹方鼎式香炉
估　价：RMB 50,000～80,000
成交价：RMB 86,250
高18.5cm 西泠印社 2020-08-09

274 明及清 白玉雕仿青铜器回纹兽面足筒式炉各一
估　价：HKD 60,000～80,000
成交价：RMB 63,270
直径5.7cm 佳士得 2020-10-08

217 明 青玉簋式炉
估　价：USD 20,000～30,000
成交价：RMB 189,355
宽22.8cm 纽约苏富比 2020-09-22

8025 清乾隆 白玉雕双龙耳兽面纹熏炉
估　价：RMB 500,000～800,000
成交价：RMB 598,000
高10.5cm 十竹斋拍卖（北京） 2020-10-18

63 18世纪 青白玉饕餮纹双龙衔环耳炉
估　价：GBP 6,000～8,000
成交价：RMB 86,960
直径16cm 伦敦佳士得 2020-11-03

651 18世纪 青玉雕夔龙纹兽耳活环簋式炉
估　价：USD 6,000～8,000
成交价：RMB 86,071
宽15.9cm 纽约苏富比 2020-09-23

2730 清乾隆 白玉饕餮纹兽面三足朝冠耳炉
估　价：RMB 150,000～180,000
成交价：RMB 253,000
长18.5cm 中鸿信 2020-01-03

885 清乾隆 白玉盘龙钮饕餮纹香炉
估　价：RMB 900,000～1,200,000
成交价：RMB 1,265,000
高10.3cm；长17cm 中贸圣佳 2020-10-17

1881 清乾隆 白玉兽面纹龙钮活环三足炉
估　价：RMB 1,000,000～1,500,000
成交价：RMB 1,150,000
宽21.5cm 北京保利 2020-12-05

1281 清乾隆 白玉翼龙耳炉
估　价：RMB 250,000～300,000
成交价：RMB 299,000
长17cm；高9.1cm 中贸圣佳 2020-10-16

6193 清乾隆 碧玉雕花卉纹盖炉
估　价：RMB 350,000～550,000
成交价：RMB 402,500
宽18cm 北京保利 2020-10-20

676 清乾隆 碧玉雕兽面纹鼎式炉
估　价：RMB 100,000～200,000
成交价：RMB 126,500
高20cm 保利厦门 2020-09-26

6209 清乾隆 白玉西番莲纹双耳炉
估　价：RMB 800,000～1,200,000
成交价：RMB 920,000
直径19.1cm 北京保利 2020-10-20

2330 清乾隆 黄玉饕餮纹朝冠耳炉
估　价：RMB 80,000～120,000
成交价：RMB 172,500
长20.5cm 中鸿信 2020-01-03

2736 清乾隆 碧玉饕餮纹兽耳衔环龙钮三足炉
估　价：RMB 380,000～420,000
成交价：RMB 437,000
高28.5cm 中鸿信 2020-01-03

989 清乾隆 青白玉雕莲瓣纹双环耳盖炉
“乾隆年制”款
估　价：HKD 250,000～350,000
成交价：RMB 251,340
宽10cm 保利香港 2020-12-02

4351 清乾隆 青白玉雕龙钮兽面纹盖炉
估　价：RMB 120,000～150,000
成交价：RMB 138,000
12.6cm × 10.5cm 西泠印社 2020-08-09

1546 清中期 白玉雕兽面纹双龙耳盖炉
估　价：RMB 60,000～80,000
成交价：RMB 105,800
宽14.5cm 华艺国际 2020-10-16

1899 清中期 黄玉凤钮兽耳衔环盖炉
估　价：RMB 150,000～200,000
成交价：RMB 172,500
高18cm 北京翰海 2020-12-12

652 18/19世纪 青玉透雕莲纹兽耳活环三足熏炉
估　价：USD 20,000～30,000
成交价：RMB 172,141
宽20cm 纽约苏富比 2020-09-23

6194 清中期 白玉太狮少狮双耳龙纹三足炉
估　价：RMB 300,000～400,000
成交价：RMB 460,000
高14.5；宽16.3cm 北京保利 2020-10-20

683 18/19世纪 青白玉雕饕餮纹兽耳活环狮钮盖炉
估　价：USD 10,000～15,000
成交价：RMB 120,499
宽15.5cm 纽约苏富比 2020-09-23

667 19世纪 青金石雕饕餮纹龙耳活环龙钮三足盖炉
估　价：USD 12,000～15,000
成交价：RMB 68,856
宽21.6cm 纽约苏富比 2020-09-23

677 清中期 碧玉雕缠枝莲纹香熏
估　价：RMB 100,000～200,000
成交价：RMB 115,000
直径19cm 保利厦门 2020-09-26

685 19世纪 青玉雕凤耳活环瑞兽钮三足盖炉
估　价：USD 120,000～150,000
成交价：RMB 1,032,847
宽20.3cm 纽约苏富比 2020-09-23

668 19世纪末/20世纪初 翠玉雕花卉纹龙耳活环凤凰牡丹钮三足盖炉
估 价：USD 30,000～50,000
成交价：RMB 344,282
宽19cm 纽约苏富比 2020-09-23

3781 清 白玉锦地开窗瓜果福寿纹长方炉“乾隆年制”款
估 价：RMB 30,000～50,000
成交价：RMB 74,750
长7.8cm；宽5.3cm 西泠印社 2020-08-09

289 清 白玉三足盖炉
估 价：HKD 100,000～150,000
成交价：RMB 137,085
宽15.8cm 佳士得 2020-10-08

1051 清 白玉活环灵芝花卉纹三足炉
估 价：RMB 350,000
成交价：RMB 414,000
高10.5cm 古天一 2020-10-16

4432 清 白玉兽衔活环耳螭龙纹盖炉
估 价：RMB 150,000～200,000
成交价：RMB 253,000
高11.5cm 西泠印社 2020-08-09

1217 清 碧玉狮钮环耳香炉
估 价：RMB 200,000～350,000
成交价：RMB 230,000
长19.8cm；高18.5cm 中贸圣佳 2020-10-16

4279 清 白玉雕太狮少狮钮双龙活环耳三足盖炉
估 价：RMB 350,000～500,000
成交价：RMB 690,000
18cm×11.8cm×13.8cm 西泠印社 2020-08-09

4348 清 青白玉镂雕西番莲纹香熏炉
估　价：RMB 120,000～150,000
成交价：RMB 172,500
高9.3cm 西泠印社 2020-08-09

3160 清 青金石螭龙纹香炉
“乾隆年制”款
成交价：RMB 11,500
直径15cm 中鸿信 2020-01-03

1078 清 玉雕桥耳三足炉
估　价：RMB 100,000
成交价：RMB 138,000
高9cm 古天一 2020-10-16

622 清末 白玉双兽活环耳太狮少狮钮三足盖炉
估　价：HKD 50,000～70,000
成交价：RMB 114,240
高15.5cm 香港苏富比 2020-06-05

3075 民国 白玉太狮少狮三足炉
估　价：HKD 500,000～800,000
成交价：RMB 479,250
宽19.8cm 佳士得 2020-11-30

玉　盒

2885 明万历 青玉天伦图长方盖盒
估　价：HKD 120,000～180,000
成交价：RMB 135,600
长9.8cm 佳士得 2020-07-09

6201 明 白玉瑞兽胭脂盒
估　价：RMB 200,000～300,000
成交价：RMB 230,000
直径5.5cm 北京保利 2020-10-20

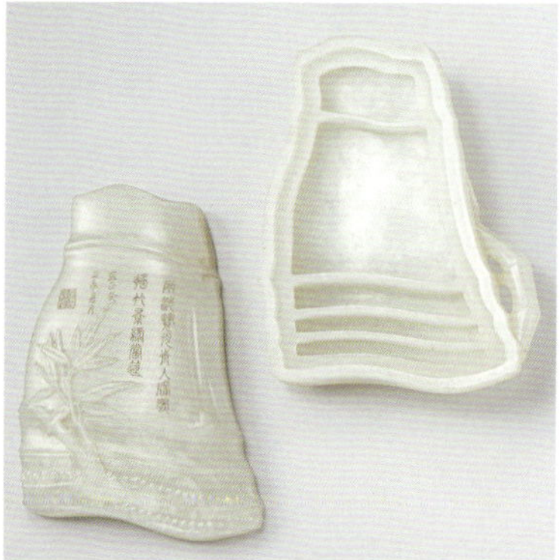

2887 18世纪 白玉题诗竹形盖盒
估　价：HKD 400,000～600,000
成交价：RMB 452,000
长11.3cm 佳士得 2020-07-09

232 19世纪 青白玉镂雕仕女图香盒
估　价：GBP 1,000～1,500
成交价：RMB 87,435
长7cm 伦敦苏富比 2020-06-16

748 汉 玉雕鸭形盖盒
估　价：HKD 200,000～300,000
成交价：RMB 204,376
宽10.5cm 中国嘉德 2020-10-10

2327 清乾隆 白玉雕缠枝牡丹纹盖盒
估　价：RMB 50,000～80,000
成交价：RMB 115,000
直径9.5cm 中鸿信 2020-01-03

185 清 白玉嵌人物圆盖盒
估　价：RMB 50,000～80,000
成交价：RMB 57,500
直径5.5cm 上海敬华 2020-09-22

3922 清 白玉雕凤鸟形盖盒
估　价：RMB 58,000～65,000
成交价：RMB 69,000
高6cm 西泠印社 2020-08-09

798 19世纪 青白玉宝鸭盖盒
估　价：HKD 60,000～80,000
成交价：RMB 83,794
宽19.5cm 中国嘉德 2020-10-10

1914 清 白玉镂空莲纹香盒
估　价：RMB 25,000
成交价：RMB 55,200
直径6.1cm 中贸圣佳 2020-12-08

4284 清 碧玉嵌白玉龙纹捧盒（一对）
估　价：RMB 200,000~250,000
成交价：RMB 333,500
直径17.5cm×2 西泠印社 2020-08-09

454 晚清/民初 青金石兔形盖盒（一对）
估　价：HKD 30,000~50,000
成交价：RMB 79,088
长10cm×2 佳士得 2020-10-08

221 清中期 白玉雕福寿如意盖盒
估　价：RMB 50,000~80,000
成交价：RMB 57,500
直径10cm 荣宝斋（南京） 2020-11-28

694 清 青白玉云龙纹倭角长方盖盒
估　价：HKD 20,000~30,000
成交价：RMB 58,746
长8cm 香港苏富比 2020-11-26

玉　奁

6195 清乾隆 青白玉奁
估　价：RMB 500,000~800,000
成交价：RMB 575,000
高20cm 北京保利 2020-10-20

1628 清中期 白玉皮球花盖奁
估　价：RMB 100,000~150,000
成交价：RMB 138,000
宽16cm 北京保利 2020-12-05

5814 清 白玉雕八吉祥莲花盖奁
估　价：RMB 250,000~350,000
成交价：RMB 287,500
直径18.3cm 北京保利 2020-10-20

玉　盘

210 清嘉庆 青白玉盘
“嘉庆年制”四字楷书刻款
估　价：EUR 25,000～35,000
成交价：RMB 277,965
直径14.9cm 巴黎佳士得 2020-06-23

1053 清 白玉寿桃纹八角盘
估　价：RMB 40,000
成交价：RMB 86,250
直径10.5cm 古天一 2020-10-16

4267 清 青白玉雕五福捧寿纹盘
估　价：RMB 50,000～70,000
成交价：RMB 69,000
直径15.5cm 西泠印社 2020-08-09

1299 清 碧玉方形承盘
“大清乾隆年制”款
估　价：RMB 140,000～160,000
成交价：RMB 161,000
长30cm；宽21.3cm 中贸圣佳 2020-10-16

4339 清 碧玉雕蝠耳活环盘
估　价：RMB 15,000～30,000
成交价：RMB 74,750
31.2cm × 18cm 西泠印社 2020-08-09

3808 清 白玉浮雕荷塘清趣赏盘
估　价：RMB 20,000～30,000
成交价：RMB 34,500
19.5cm × 14.5cm 西泠印社 2020-08-09

1547 清乾隆 白玉素盘（配木座、原木盒）
估　价：RMB 1,400,000～1,800,000
成交价：RMB 1,610,000
宽27.2cm 华艺国际 2020-10-16

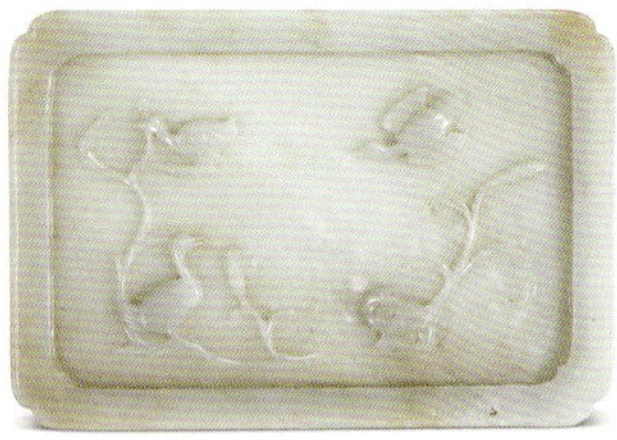

1940 清 青玉浮雕芦雁香盘
估　价：RMB 25,000
成交价：RMB 55,200
19.5cm × 13.2cm 中贸圣佳 2020-12-08

4302 银镶青白玉花卉灵芝纹海棠形盏托
估　价：RMB 20,000～30,000
成交价：RMB 23,000
长27cm 中国嘉德 2020-07-15

玉　碗

2326 清乾隆 白玉云蝠纹盖碗连碧玉座
估　价：RMB 55,000～80,000
成交价：RMB 92,000
直径14.5cm 中鸿信 2020-01-03

5810 清乾隆 白玉碗（一对）
“乾隆年制”款（一只）
估　价：RMB 170,000～220,000
成交价：RMB 195,500
直径15.4cm；直径15.8cm 北京保利 2020-10-20

2733 清中期 白玉高浮雕福寿盖碗
估　价：RMB 65,000～100,000
成交价：RMB 126,500
直径14.5cm 中鸿信 2020-01-03

208 清乾隆 墨白玉碗
“大清乾隆年制”楷书款
估　价：EUR 5,000～8,000
成交价：RMB 54,600
直径14cm 巴黎佳士得 2020-06-23

413 19世纪 青白玉痕都斯坦式菊瓣纹盖碗
估　价：HKD 20,000～30,000
成交价：RMB 51,408
直径9.8cm 香港苏富比 2020-06-05

6192 清乾隆 青白玉浅碗
“乾隆年制”款
估　价：RMB 100,000～150,000
成交价：RMB 115,000
直径13.5cm 北京保利 2020-10-20

50 19世纪 痕都斯坦式青白玉雕嵌宝双花耳活环碗
估　价：GBP 8,000～12,000
成交价：RMB 152,180
直径22.5cm 伦敦佳士得 2020-11-03

570 清 白玉八宝玉碗
估　价：HKD 350,000～450,000
成交价：RMB 531,378
径12.2cm；高6.3cm 中国嘉德 2020-10-10

1938 清 碧玉荷鹭纹碗
估　价：RMB 30,000
成交价：RMB 66,700
直径21.7cm 中贸圣佳 2020-12-08

4282 清 玛瑙碗
估　价：RMB 20,000～30,000
成交价：RMB 46,000
13.7cm×12.2cm 西泠印社 2020-08-09

415 清末至民国 白玉嵌宝痕都斯坦式嘎巴拉碗
估　价：HKD 20,000～30,000
成交价：RMB 62,832
宽14.5cm 香港苏富比 2020-06-05

657 19/20世纪 青玉雕莲纹盖碗
“大清乾隆年制”仿款
估　价：USD 15,000～25,000
成交价：RMB 120,499
直径15.5cm 纽约苏富比 2020-09-23

4438 青白玉暗刻诗文碗（一对）
估　价：RMB 1,000～2,000
成交价：RMB 32,200
直径9cm×2 中国嘉德 2020-07-15

玉　杯

16 西汉 玉雕朱雀纹高足杯
估　价：HKD 6,000,000～8,000,000
成交价：RMB 19,013,030
直径11.3cm 香港苏富比 2020-10-09

4237 宋 黄玉杯
估　价：RMB 18,000～30,000
成交价：RMB 25,300
口径7cm 西泠印社 2020-08-09

3814 元 白玉高浮雕螭龙杯
估　价：RMB 60,000～90,000
成交价：RMB 69,000
高8cm 西泠印社 2020-08-09

216 元/明 青玉龙耳杯
估 价：USD 20,000~30,000
成交价：RMB 189,355
宽11.3cm 纽约苏富比 2020-09-22

428 17世纪 玛瑙竹节耳葵花式杯
估 价：HKD 60,000~80,000
成交价：RMB 251,327
直径12cm 香港苏富比 2020-06-05

23 元代 青白玉双螭耳杯
估 价：RMB 28,000
成交价：RMB 101,200
口径8.6cm 上海呗美 2020-09-10

988 明 白玉雕螭龙纹双板耳杯
“永寿”款
估 价：HKD 150,000~250,000
成交价：RMB 78,384
宽14.6cm 保利香港 2020-12-02

4286 元至清 白玉、青玉杯（一组十件）
估 价：RMB 300,000~400,000
成交价：RMB 586,500
尺寸不一 西泠印社 2020-08-09

8029 明 白玉谷钉纹爵杯
估 价：RMB 50,000~80,000
成交价：RMB 80,500
长9.5cm 十竹斋拍卖（北京） 2020-10-18

1896 明 白玉寿字花卉双耳杯
估　价：RMB 10,000～20,000
成交价：RMB 74,750
高4.5cm 北京翰海 2020-12-12

687 明 墨白玉杯
估　价：HKD 8,000～12,000
成交价：RMB 125,664
直径5.7cm 香港苏富比 2020-06-05

4058 明至清 白玉莲瓣钵式小杯
成交价：RMB 35,650
口径5.2cm 西泠印社 2020-08-09

403 明 黄玉牛首角杯
估　价：HKD 50,000～70,000
成交价：RMB 57,120
高4.8cm 香港苏富比 2020-06-05

53 明 青白玉镂雕枝叶花卉纹杯
估　价：EUR 3,000～5,000
成交价：RMB 54,954
直径11.6cm 巴黎苏富比 2020-06-18

399 明 青玉夔龙纹高足杯
估　价：HKD 100,000～150,000
成交价：RMB 114,240
直径13.7cm 香港苏富比 2020-06-05

3815 明 火烧玉龙首衔活环耳浮雕穿云龙纹杯
估　价：RMB 15,000～30,000
成交价：RMB 17,250
通径14.5cm 西泠印社 2020-08-09

794 明 青白玉侍女双耳杯
估　价：HKD 50,000～70,000
成交价：RMB 429,190
宽12.9cm 中国嘉德 2020-10-10

453 晚明/清初 琥珀雕螭龙纹杯
估　价：HKD 30,000～40,000
成交价：RMB 57,998
宽8.4cm 佳士得 2020-10-08

202 18世纪 青白玉痕都斯坦风格花卉纹杯
估　价：EUR 4,000～6,000
成交价：RMB 64,528
直径7.8cm 巴黎佳士得 2020-06-23

1637 清乾隆 痕都斯坦碧玉刻莲花爵杯
估　价：RMB 20,000～30,000
成交价：RMB 80,500
长12.2cm 广东崇正 2020-09-13

1226 明至清 白玉雕荷叶莲鱼纹杯
估　价：RMB 200,000～250,000
成交价：RMB 276,000
长6.6cm；高4.2cm 中贸圣佳 2020-10-16

20 清乾隆 白玉蝙蝠纹杯
估　价：RMB 28,000
成交价：RMB 132,000
长10.4cm 上海呗美 2020-09-10

288 18世纪 白玉杯连海棠式杯托
估　价：HKD 100,000～150,000
成交价：RMB 115,995
宽11.5cm 佳士得 2020-10-08

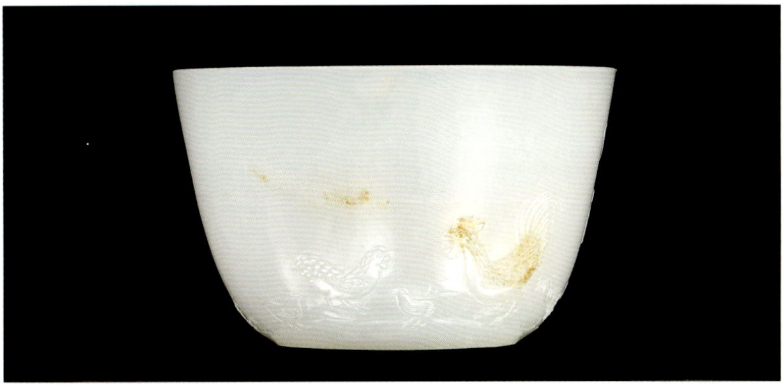

124 清乾隆 白玉鸡缸杯
估　价：HKD 10,000,000～15,000,000
成交价：RMB 11,006,200
直径7.6cm 香港苏富比 2020-07-11

779 清中期 白玉杯（一对）
估 价：HKD 60,000～80,000
成交价：RMB 153,282
直径6.3cm×2 中国嘉德 2020-10-10

222 清中期 白玉高足杯
估 价：RMB 50,000～80,000
成交价：RMB 78,200
直径11cm 荣宝斋（南京） 2020-11-28

209 19世纪 玛瑙痕都斯坦风格花卉纹叶耳杯
估 价：EUR 5,000～7,000
成交价：RMB 317,674
长20cm 巴黎佳士得 2020-06-23

1034 清 痕都斯坦羊角杯
成交价：RMB 100,800
长18.8cm 上海呗美 2020-08-22

4293 清 青白玉雕菊瓣纹花形耳杯
估 价：RMB 50,000～60,000
成交价：RMB 74,750
高5.5cm 西泠印社 2020-08-09

568 清 青白玉猴把杯
估 价：HKD 60,000～80,000
成交价：RMB 183,938
直径4cm 中国嘉德 2020-10-10

36 老水晶包银鎏金螭龙杯
估 价：MOP 280,000
成交价：RMB 402,864
18cm × 14cm 香港贞观 2020-08-30

1530 清乾隆 菱花形白玉水仙盆
估 价：RMB 250,000 ~ 350,000
成交价：RMB 368,000
长21cm；宽18cm 中贸圣佳 2020-10-16

玉盆、玉钵

1120 清早期 青白玉缠枝纹钵
估 价：RMB 200,000 ~ 300,000
成交价：RMB 392,000
8.5cm × 3.8cm 上海联合 2020-11-29

8021 清 碧玉竹节纹活环水仙盆（一对）
估 价：RMB 100,000 ~ 150,000
成交价：RMB 126,500
33.5cm × 13.5cm × 2 十竹斋拍卖（北京）
2020-10-18

玉花插

1529 明 蜜蜡螭凤灵芝葫芦形花插
估　价：RMB 350,000～450,000
成交价：RMB 460,000
高13.4cm 中贸圣佳 2020-10-16

8019 清乾隆 南红玛瑙巧做福寿花插
估　价：RMB 350,000～550,000
成交价：RMB 644,000
长25cm 十竹斋拍卖（北京） 2020-10-18

3682 18世纪 翠玉荷蛙花插
估　价：HKD 300,000～400,000
成交价：RMB 339,000
直径11.8cm 香港苏富比 2020-07-11

933 18世纪 白玉雕三多花插
估　价：USD 20,000～30,000
成交价：RMB 340,900
高19cm 纽约佳士得 2020-09-24

2785 清乾隆 青白玉鱼化龙花插
估　价：RMB 280,000～380,000
成交价：RMB 322,000
高19cm 中国嘉德 2020-08-18

1865 清乾隆 白玉沁色白菜形花插
估　价：RMB 400,000～600,000
成交价：RMB 920,000
高16.5cm 北京保利 2020-12-05

676 18/19世纪 红玉髓雕梅桩形花插
估　价：USD 6,000～8,000
成交价：RMB 55,946
长13.4cm 纽约苏富比 2020-09-23

291 清中期 黄玉鱼化龙花插
估　价：HKD 300,000～500,000
成交价：RMB 632,700
高12cm 佳士得 2020-10-08

1941 清 福寿灵芝翡翠花插
估　价：RMB 60,000
成交价：RMB 126,500
高16.1cm 中贸圣佳 2020-12-08

4445 清 青玉灵芝纹花插
估　价：RMB 120,000～180,000
成交价：RMB 253,000
高22cm 西泠印社 2020-08-09

2514 民国 青玉松竹梅花插
估　价：RMB 1,000～3,000
成交价：RMB 17,250
长11.5cm 中国嘉德 2020-08-18

玉渣斗

3671 18世纪 白玉光素渣斗
估　价：HKD 200,000～300,000
成交价：RMB 395,500
长8.5cm 香港苏富比 2020-07-11

196 清乾隆 白玉痕都斯坦风格花式渣斗
估　价：EUR 10,000～15,000
成交价：RMB 397,093
高8.3cm 巴黎佳士得 2020-06-23

玉香筒

2626 清 黄玉螭龙小香插
估　价：RMB 1,000～3,000
成交价：RMB 57,500
高4.8cm 中国嘉德 2020-12-03

2334 清 黄玉大象香插
成交价：RMB 23,000
长9cm 中鸿信 2020-01-03

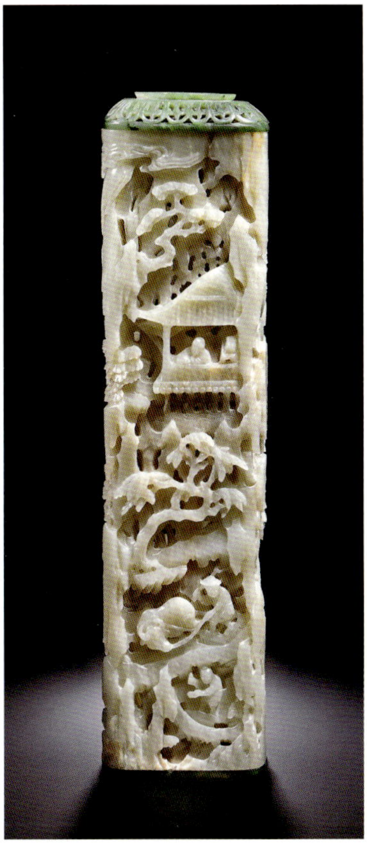

1291 清 镂雕亭阁四方玉香筒
估　价：RMB 300,000～450,000
成交价：RMB 345,000
高23.5cm 中贸圣佳 2020-10-16

2139 清 玉雕松山人物香筒
估　价：NTD 100,000
成交价：RMB 56,880
长18.3cm 台北艺珍 2020-08-16

4522 清 白玉龙钩镜（一组两件）
成交价：RMB 74,750
长22cm；长24cm 西泠印社 2020-08-09

1528 清 南红玛瑙香插连座
估　价：RMB 100,000～150,000
成交价：RMB 161,000
高11.7cm 中贸圣佳 2020-10-16

玉　镜

1220 清 和田白玉多宝镜
成交价：RMB 138,000
长27.8cm 中贸圣佳 2020-10-16

其他生活用品

1 明 白玉莲花纹佛供
估　价：RMB 25,000
成交价：RMB 46,200
高8.3cm 上海呗美 2020-06-10

664 16/17世纪 灰青玉开光透雕云龙纹方灯笼配盖
估　价：USD 10,000～15,000
成交价：RMB 129,106
高23.2cm 纽约苏富比 2020-09-23

115 唐至五代 松绿石舍利函
估　价：HKD 80,000～100,000
成交价：RMB 120,028
长7.9cm 香港苏富比 2020-10-09

文房用品

玉 笔

1926 清 白玉龙纹笔
估 价：RMB 80,000
成交价：RMB 172,500
长16.5cm 中贸圣佳 2020-12-08

玉笔筒

1931 清乾隆 白玉烤色梅桩纹小笔筒
估 价：RMB 180,000
成交价：RMB 391,000
高8.2cm 中贸圣佳 2020-12-08

1780 清乾隆 碧玉雕胡人献宝图笔筒
估 价：USD 400,000～600,000
成交价：RMB 3,236,175
高19.4cm 纽约佳士得 2020-09-25

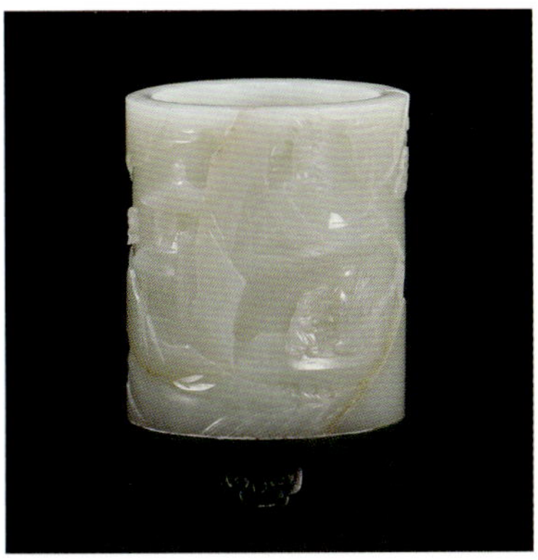

8116 清乾隆 白玉人物故事笔筒
估 价：RMB 80,000～130,000
成交价：RMB 138,000
高10.2cm 十竹斋拍卖（北京） 2020-10-18

2861 清乾隆 碧玉竹亭观瀑御题诗小笔筒
“乾隆年制”篆书款，乾隆本朝
估 价：RMB 300,000～500,000
成交价：RMB 345,000
高10.9cm 中国嘉德 2020-12-03

2032 清乾隆 御制碧玉仙山人物巨型笔海
估 价：RMB 80,000～150,000
成交价：RMB 149,500
直径24cm 中鸿信 2020-01-03

1864 清中期 白玉竹节形笔筒
估　价：RMB 80,000～120,000
成交价：RMB 115,000
高10.6cm 北京保利 2020-12-05

144 清 碧玉山水人物图笔筒
估　价：GBP 30,000～50,000
成交价：RMB 282,620
高23cm 伦敦佳士得 2020-11-03

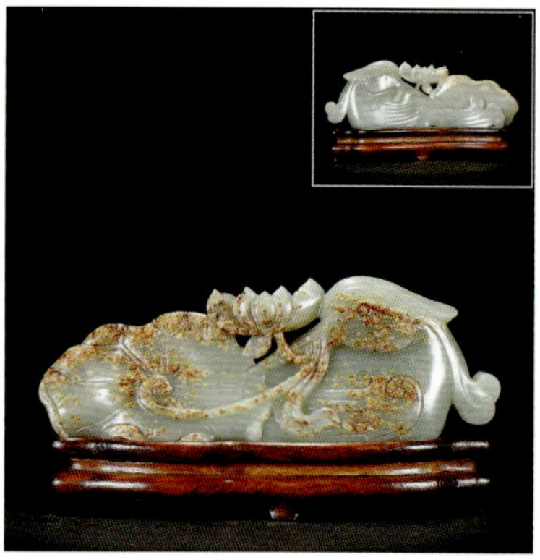

3779 明 玉雕鸳鸯衔莲笔架
估　价：RMB 18,000～30,000
成交价：RMB 20,700
长11.5cm 西泠印社 2020-08-09

1522 清中期 水晶雕双清雅聚竹节式笔筒
估　价：RMB 50,000～100,000
成交价：RMB 57,500
高8.8cm 华艺国际 2020-10-16

665 清 青白玉岁寒三友树桩式笔筒
估　价：HKD 60,000～80,000
成交价：RMB 64,086
高10cm 香港苏富比 2020-11-26

4451 清早期 白玉雕苍龙教子纹笔架
估　价：RMB 48,000～60,000
成交价：RMB 55,200
长17cm 西泠印社 2020-08-09

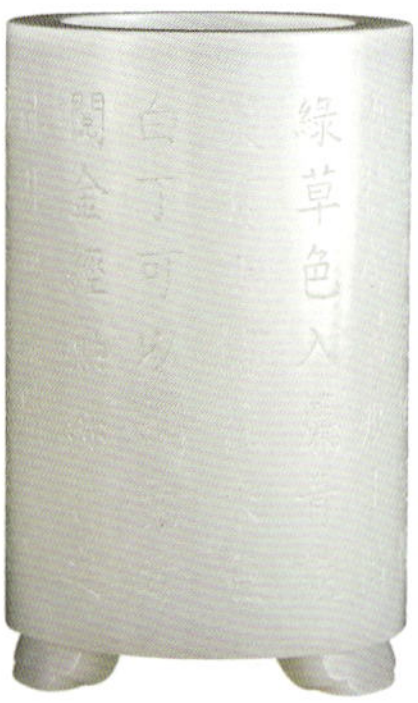

2085 清 白玉题诗笔筒
“乾隆年制”款
估　价：NTD 600,000
成交价：RMB 426,600
高8.8cm 台北艺珍 2020-08-16

玉笔架

2508 明 青白玉笔架山
估　价：RMB 90,000～120,000
成交价：RMB 105,800
长15cm 中国嘉德 2020-08-18

187 18/19世纪 青玉鳌鱼乘浪笔架
估　价：EUR 4,000～6,000
成交价：RMB 39,709
长8.8cm 巴黎佳士得 2020-06-23

572 明或更早 碧玉笔山
估　价：HKD 30,000～50,000
成交价：RMB 71,532
长10.8cm 中国嘉德 2020-10-10

1892 清 青白玉留皮和合二仙笔架
估　价：RMB 40,000
成交价：RMB 89,700
长13.6cm 中贸圣佳 2020-12-08

309 罗建明 白玉江山多娇笔山
估　价：RMB 50,000～80,000
成交价：RMB 56,000
长14.7cm 上海联合 2020-11-29

8120 清 白玉巧雕百鸟朝凤笔架
估　价：RMB 20,000～30,000
成交价：RMB 126,500
长16cm 十竹斋拍卖（北京） 2020-10-18

574 清 灰白玉笔山
估　价：HKD 50,000～70,000
成交价：RMB 153,282
高9cm 中国嘉德 2020-10-10

玉印盒

2617 明 白玉梅花纹方印盒
估　价：RMB 85,000～120,000
成交价：RMB 97,750
6.3cm×6.8cm 中国嘉德 2020-12-03

1110 清中期 痕都斯坦玉印盒
估　价：RMB 80,000～100,000
成交价：RMB 91,840
7.9cm×3.1cm 上海联合 2020-11-29

3804 清 子冈款白玉浮雕海屋添筹纹印盒
估　价：RMB 28,000～35,000
成交价：RMB 34,500
8.5cm×8.5cm 西泠印社 2020-08-09

玉墨床

3966 清 红木嵌白玉镂雕螭龙花卉纹书卷式墨床
估　价：RMB 30,000～40,000
成交价：RMB 34,500
长9.8cm 西泠印社 2020-08-09

玉水丞

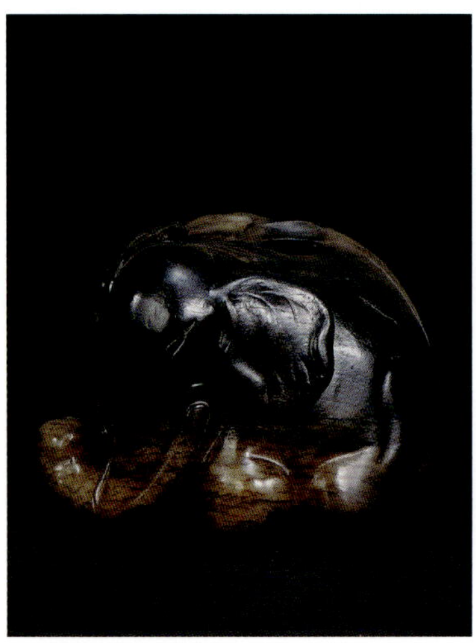

571 明 灰玉象形水盂
估　价：HKD 50,000～70,000
成交价：RMB 347,439
长3.2cm 中国嘉德 2020-10-10

3791 清 白玉鼓形水盂
估　价：RMB 30,000～50,000
成交价：RMB 46,000
口径3.5cm 西泠印社 2020-08-09

1943 清 白玉烤皮童子水盂
估　价：RMB 40,000
成交价：RMB 89,700
直径6cm 中贸圣佳 2020-12-08

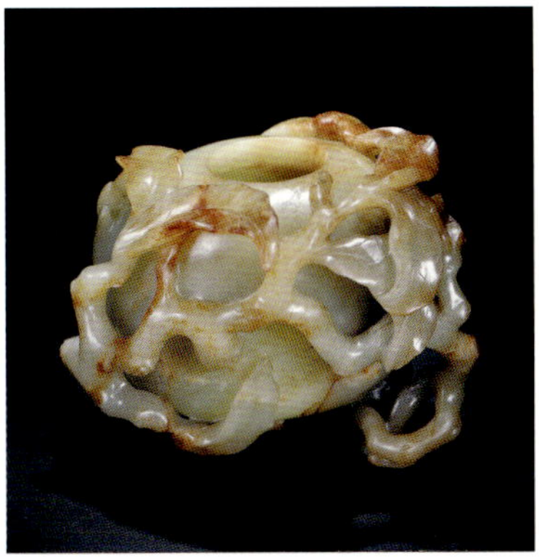

3792 清 青白玉高浮雕花卉纹水盂
估　价：RMB 20,000～30,000
成交价：RMB 46,000
长8.7cm 西泠印社 2020-08-09

702 清 青白玉巧色喜上眉梢水盂
估　价：HKD 40,000～60,000
成交价：RMB 58,746
长12.7cm 香港苏富比 2020-11-26

8076 清 白玉雕鸠形水呈
估　价：RMB 50,000～80,000
成交价：RMB 57,500
高7cm 十竹斋拍卖（北京） 2020-10-18

玉砚滴

48 18/19世纪 青白玉麒麟纹水滴
估　价：GBP 2,000～4,000
成交价：RMB 18,034
长11.5cm 伦敦佳士得 2020-02-13

8079 清乾隆 白玉宝鸭衔花水呈
估　价：RMB 250,000～350,000
成交价：RMB 287,500
长12.5cm 十竹斋拍卖（北京） 2020-10-18

玉笔洗

4172 明 白玉带座荷叶洗
估　价：RMB 35,000～50,000
成交价：RMB 40,250
长9cm 西泠印社 2020-08-09

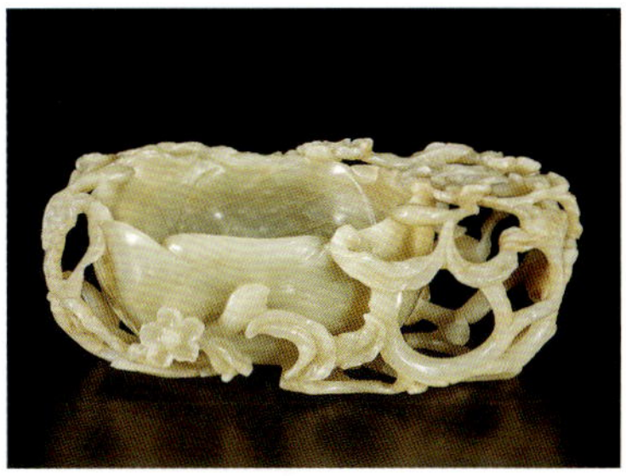

665 明 青玉镂雕花形洗
估　价：USD 8,000～12,000
成交价：RMB 154,927
长20.3cm 纽约苏富比 2020-09-23

935 明 玉雕三思洗
估　价：RMB 70,000～90,000
成交价：RMB 138,000
13cm × 8.8cm 北京诚轩 2020-08-17

155 清雍正 白玉题诗海棠式洗
“雍正年制”刻款
估　价：EUR 5,000～10,000
成交价：RMB 397,093
长9.3cm 巴黎佳士得 2020-06-23

5 18世纪 琥珀螭龙灵芝纹洗
估　价：EUR 3,000～4,000
成交价：RMB 69,491
长9cm 巴黎佳士得 2020-06-23

132 17/18世纪 青白玉如意洗
估　价：GBP 2,000～3,000
成交价：RMB 101,441
高21.4cm 伦敦佳士得 2020-02-13

456 18世纪 青白玉题诗樵图斗式洗
“绮霞轩”款
估　价：HKD 50,000～70,000
成交价：RMB 57,120
高7.2cm 香港苏富比 2020-06-05

204 17/18世纪 青玉桃形洗
估　价：GBP 5,000～7,000
成交价：RMB 76,506
长10.5cm 伦敦苏富比 2020-06-16

831 18世纪 白玉螭龙洗
估　价：HKD 500,000～700,000
成交价：RMB 510,940
宽11.5cm 中国嘉德 2020-10-10

186 18世纪 青玉带皮蜻蜓莲花式荷叶洗
估　价：EUR 6,000～8,000
成交价：RMB 59,564
长14.7cm 巴黎佳士得 2020-06-23

8121 清乾隆 白玉雕螭龙穿花蜻蜓耳活环水洗
估　价：RMB 250,000～350,000
成交价：RMB 322,000
长24cm 十竹斋拍卖（北京） 2020-10-18

2033 清乾隆 白玉痕都斯坦式菊花活环耳瓜棱式洗
估　价：RMB 120,000～180,000
成交价：RMB 345,000
长13.8cm 中鸿信 2020-01-03

1929 清乾隆 白玉兽耳含环双鱼洗
估　价：RMB 150,000
成交价：RMB 333,500
长19.8cm 中贸圣佳 2020-12-08

1779 清乾隆 碧玉雕八吉祥纹蝶耳洗
估　价：USD 150,000～200,000
成交价：RMB 681,300
宽31.1cm 纽约佳士得 2020-09-25

884 清乾隆 白玉缠枝莲纹双鱼三足洗
估　价：RMB 2,800,000～3,200,000
成交价：RMB 3,220,000
直径17.7cm；高6.5cm 中贸圣佳 2020-10-17

882 清乾隆 白玉留皮福寿纹洗（一对）
估　价：RMB 2,000,000～2,600,000
成交价：RMB 2,645,000
9.6cm×7cm×2 中贸圣佳 2020-10-17

212 清乾隆 黄玉雕灵芝形洗
估　价：USD 20,000～30,000
成交价：RMB 473,388
宽9cm 纽约苏富比 2020-09-22

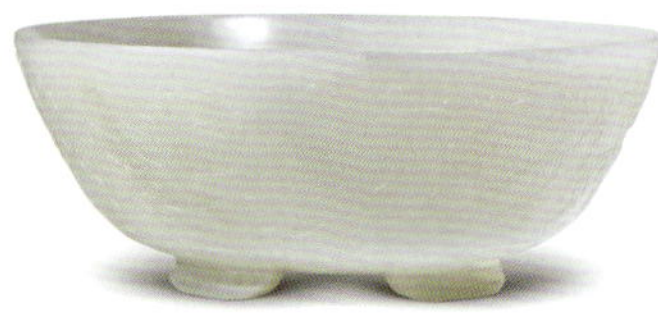

1928 清乾隆 青白玉八宝纹四足洗
估　价：RMB 120,000
成交价：RMB 287,500
直径15cm 中贸圣佳 2020-12-08

969 清乾隆 黄玉雕缠枝莲纹海螺洗
估　价：RMB 680,000～800,000
成交价：RMB 782,000
长13cm 永乐拍卖 2020-12-02

193 清乾隆青白玉寿桃洗“乾隆年制”四字刻款
估　价：EUR 4,000～6,000
成交价：RMB 39,709
长8.4cm 巴黎佳士得 2020-06-23

1882 清乾隆 青玉云龙大洗
估　价：RMB 600,000～1,000,000
成交价：RMB 1,058,000
长40cm 北京保利 2020-12-05

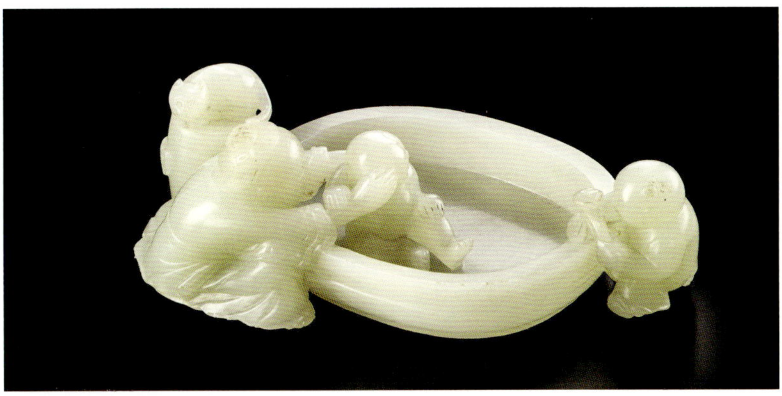

189 清乾隆 青白玉童子戏水洗
估　价：EUR 15,000～25,000
成交价：RMB 466,584
长12.0cm 巴黎佳士得 2020-06-23

769 清中期 青白玉菱花口洗
估　价：HKD 50,000～70,000
成交价：RMB 63,357
宽12cm 中国嘉德 2020-10-10

2506 清中期 白玉梅花洗
估　价：RMB 1,000～3,000
成交价：RMB 57,500
长6.7cm 中国嘉德 2020-08-18

1544 清中期 白玉镂雕牧童引路图笔洗
估　价：RMB 50,000～80,000
成交价：RMB 80,500
宽10.3cm 华艺国际 2020-10-16

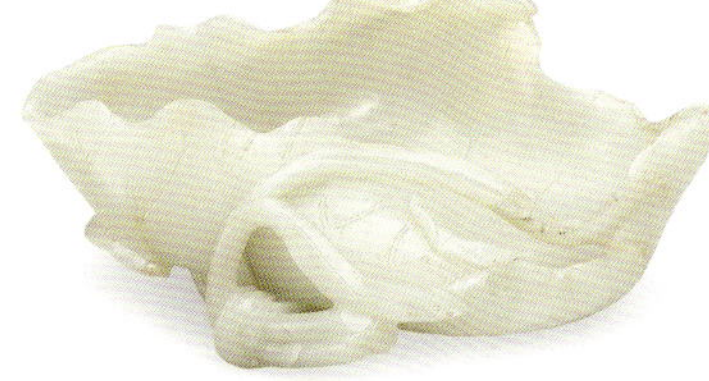

721 清中期 白玉荷叶式水洗
估　价：NTD 3,000,000～4,600,000
成交价：RMB 685,440
长24cm 罗芙奥 2020-07-18

4437 清中期 玉雕痕都斯坦风格花卉活环耳菊瓣纹洗
估　价：RMB 50,000～80,000
成交价：RMB 57,500
直径22cm 西泠印社 2020-08-09

684 18/19世纪 青白玉雕鱼藻莲塘图洗
估　价：USD 40,000～60,000
成交价：RMB 258,212
直径20.1cm 纽约苏富比 2020-09-23

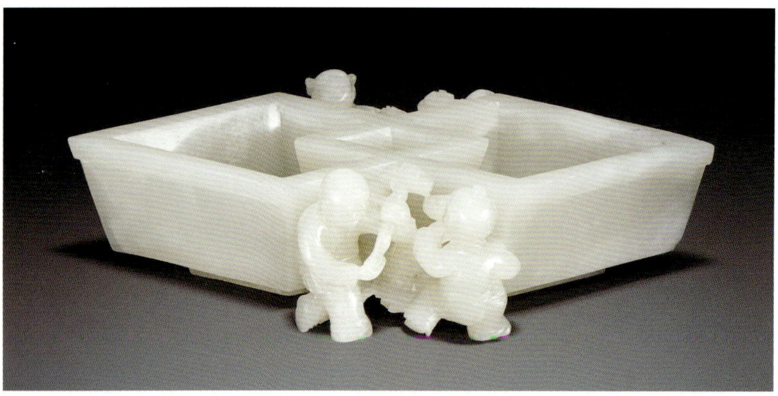

1778 18/19世纪 白玉雕方胜形笔洗
估　价：USD 30,000～50,000
成交价：RMB 357,683
长17.5cm 纽约佳士得 2020-09-25

1776 18/19世纪 青白玉蝴蝶活环耳洗
估　价：USD 25,000～35,000
成交价：RMB 170,325
长15.9cm 纽约佳士得 2020-09-25

1584 清 白玉浮雕岁寒四友纹双胜洗
成交价：RMB 74,750
长14cm 西泠印社 2020-08-08

41 19世纪 青玉仙鹤灵芝洗
估　价：GBP 2,000～3,000
成交价：RMB 38,395
宽16.2cm 伦敦佳士得 2020-05-21

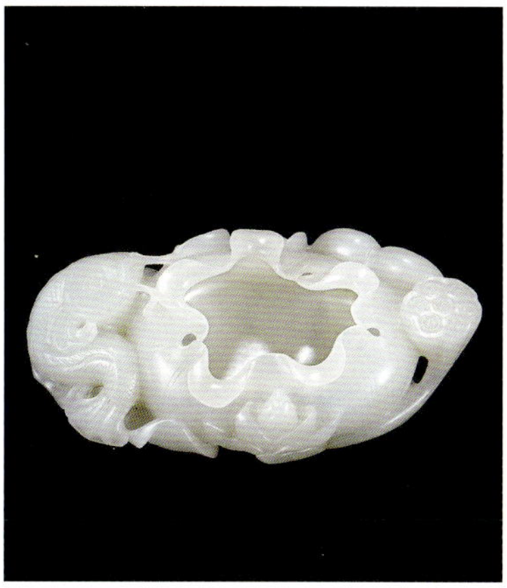

992 清 白玉莲鱼纹洗
估　价：HKD 60,000～80,000
成交价：RMB 85,456
宽9.2cm 保利香港 2020-12-02

3775 清 碧玉雕云龙纹大水洗
估　价：RMB 40,000～60,000
成交价：RMB 46,000
长18cm 西泠印社 2020-08-09

8077 清 白玉双鱼水洗
估　价：RMB 35,000～55,000
成交价：RMB 71,300
直径10.5cm 十竹斋拍卖（北京） 2020-10-18

1013 清 白玉年年有余水洗
估　价：RMB 380,000～500,000
成交价：RMB 672,000
口径15cm 上海嘎美 2020-08-22

2628 清 碧玉福寿花口洗
估　价：RMB 1,000～3,000
成交价：RMB 92,000
直径18.5cm 中国嘉德 2020-12-03

5803 清 白玉荷塘清趣笔洗
估　价：RMB 80,000～120,000
成交价：RMB 178,250
长16.3cm 北京保利 2020-10-20

65 清 青白玉灵猴献桃纹洗
估　价：GBP 5,000～8,000
成交价：RMB 59,785
直径14.6cm 伦敦佳士得 2020-11-03

55 清 青白玉镂雕花式洗
估　价：EUR 1,200～1,800
成交价：RMB 69,941
直径13.1cm 巴黎苏富比 2020-06-18

4278 清 青白玉素面洗
成交价：RMB 74,750
23.3cm×23.3cm 西泠印社 2020-08-09

4703 高毅进 福寿双喜 白玉大桃洗
钤印：高毅进
估　价：RMB 2,800,000～3,500,000
成交价：RMB 3,243,000
21.5cm×19.3cm 西泠印社 2020-08-10

935 清末/20世纪初 翠玉雕荷叶形洗
估　价：USD 6,000～8,000
成交价：RMB 72,441
长18.5cm 纽约佳士得 2020-09-24

玉笔舔

1533 清中期 白玉雕螭龙荷叶形笔舔
估　价：RMB 50,000～80,000
成交价：RMB 69,000
长11.5cm 华艺国际 2020-10-16

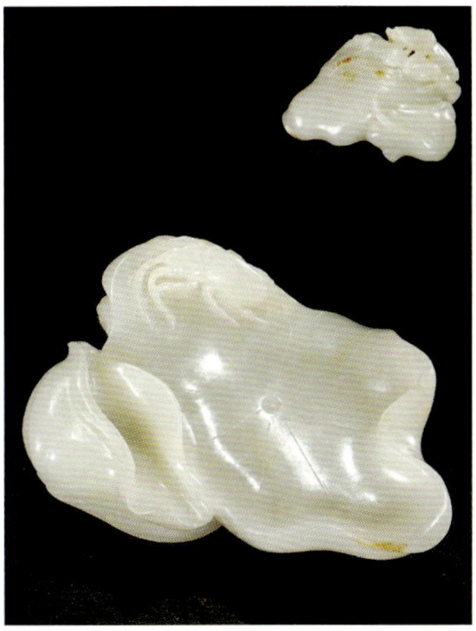

3796 清 白玉荷塘清趣笔舔
估　价：RMB 10,000～20,000
成交价：RMB 17,250
长8.2cm 西泠印社 2020-08-09

3795 清 白玉叶形笔舔
估　价：RMB 18,000～25,000
成交价：RMB 28,750
长11.7cm 西泠印社 2020-08-09

玉纸镇

1874 明 青玉瑞兽镇纸
估　价：RMB 60,000
成交价：RMB 115,000
长8cm 中贸圣佳 2020-12-08

1013 元代 玉瑞兽镇
估　价：RMB 30,000
成交价：RMB 51,750
长6cm 古天一 2020-10-16

934 明末清初 玉雕蟾蜍衔石榴镇
估　价：RMB 18,000～25,000
成交价：RMB 21,850
6.5cm × 4.8cm 北京诚轩 2020-08-17

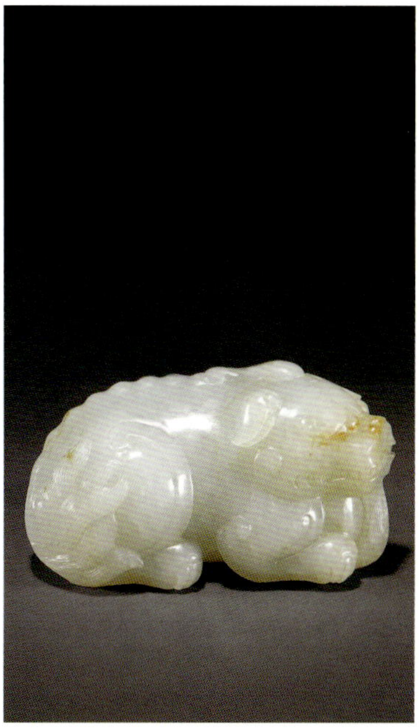

929 清早期 青白玉雕瑞兽镇
估　价：RMB 30,000～40,000
成交价：RMB 34,500
7.4cm × 4.6cm 北京诚轩 2020-08-17

1624 清早期 青白玉雕螭龙钮荔枝纹纸镇
估　价：RMB 30,000～50,000
成交价：RMB 103,500
长20.2cm 北京保利 2020-12-05

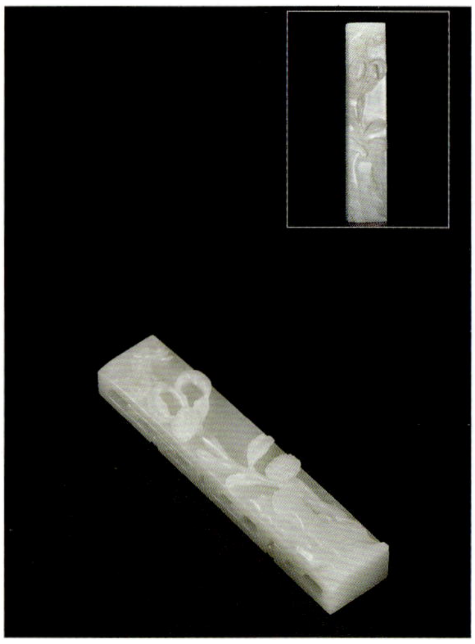

3783 清中期 白玉高浮雕菊石图镇纸
估　价：RMB 80,000～120,000
成交价：RMB 115,000
长14cm 西泠印社 2020-08-09

5854 清乾隆 白玉带皮刻御题诗叶形镇
估　价：RMB 80,000～120,000
成交价：RMB 103,500
长15cm 北京保利 2020-10-20

1875 清中期 白玉留皮荷塘清趣纸镇
估　价：RMB 60,000～80,000
成交价：RMB 69,000
长9cm 北京翰海 2020-12-12

1877 清乾隆 白玉御题诗文纸镇
估　价：RMB 100,000～150,000
成交价：RMB 115,000
长9.8cm 北京翰海 2020-12-12

2513 清 玉留皮琴棋书画纸镇
估　价：RMB 35,000～55,000
成交价：RMB 40,250
长7.1cm 中国嘉德 2020-08-18

玉砚台

152 明 玉夔龙纹砚
估　价：EUR 8,000～12,000
成交价：RMB 69,491
长15.9cm 巴黎佳士得 2020-06-23

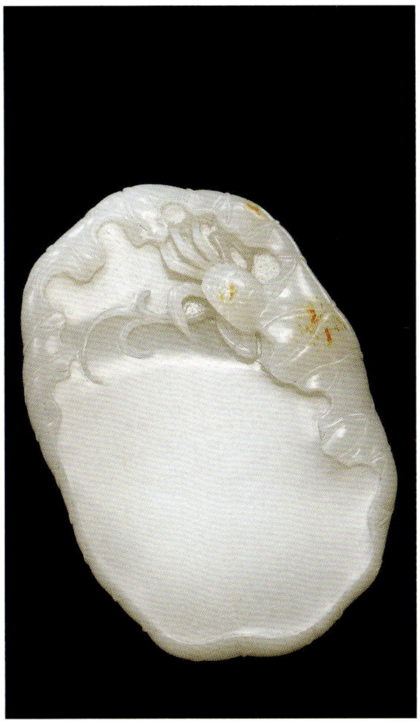

375 清 青白玉“荷塘清趣”砚台
估　价：HKD 40,000～60,000
成交价：RMB 42,669
宽10.4cm 中国嘉德 2020-07-13

2722 清 青白玉雕灵芝纹砚
“乾隆年制”款
估　价：RMB 50,000～60,000
成交价：RMB 57,500
高17cm 中鸿信 2020-01-03

2614 清 白玉诗文砚台
估　价：RMB 35,000～55,000
成交价：RMB 63,250
10.4cm × 6.1cm 中国嘉德 2020-12-03

玉　玺

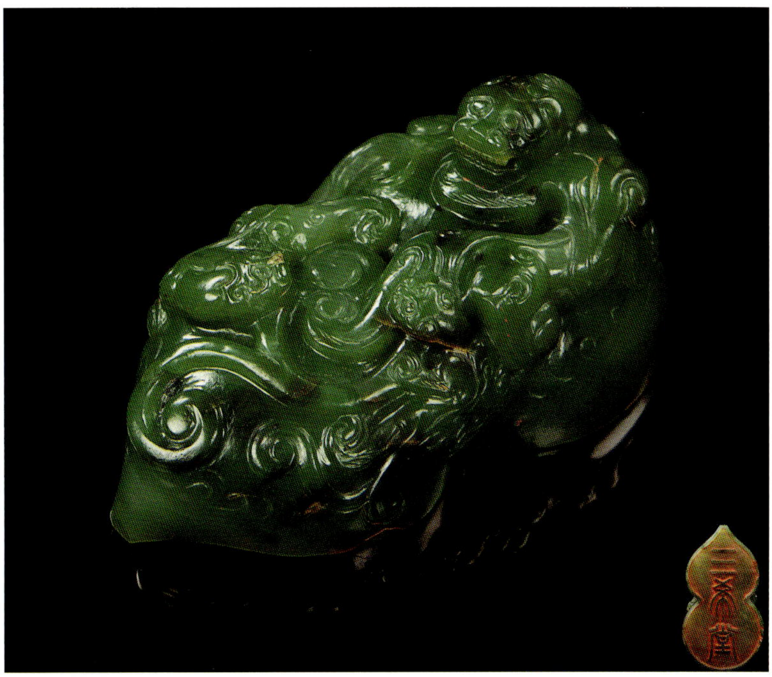

1808 清乾隆 御制碧玉“三希堂”葫芦形宝玺
“三希堂”篆字阳文
成交价：RMB 98,900,000
长8.7cm 华艺国际 2020-10-16

3629 清乾隆 乾隆帝御宝花青玉交龙钮玺
印文：八征耄念之宝
估　价：HKD 20,000,000～25,000,000
成交价：RMB 16,430,200
6.5cm × 6.4cm × 6.4cm 香港苏富比 2020-07-11

929 清嘉庆 御制“绿荫轩”黄玉玺
印文：绿荫轩
估　价：RMB 1,600,000～2,600,000
成交价：RMB 1,840,000
长3.5cm 永乐拍卖 2020-12-02

3643 清嘉庆 嘉庆帝御宝镂雕龙钮碧玉玺
印文：会其有极
估　价：HKD 3,000,000～4,000,000
成交价：RMB 3,273,480
宽7cm 香港苏富比 2020-10-09

375 元中堂 王天翔 白玉盘龙玺
估　价：RMB 220,000～280,000
成交价：RMB 246,400
5.2cm × 4.85cm × 4.85cm 上海联合 2020-11-29

926 清康熙 御制“稽古右文之章”玉玺
印文：稽古右文之章
估　价：RMB 1,800,000～3,000,000
成交价：RMB 2,070,000
宽5cm 永乐拍卖 2020-12-02

玉印章

486 战国 青玉龟钮玉印
估　价：HKD 20,000～30,000
成交价：RMB 163,501
宽1.8cm 中国嘉德 2020-10-10

354 汉 白玉瓦钮勾云纹印、辟邪钮印（各一件）
印文：“刘勃”“上官傅”
估　价：HKD 40,000～60,000
成交价：RMB 42,669
宽2.3cm 中国嘉德 2020-07-13

81 六朝 墨玉龟钮方印
估　价：HKD 60,000～80,000
成交价：RMB 60,014
高3cm 香港苏富比 2020-10-09

780 宋/明 沁色兽钮玉印
印文：词泉之玺
估　价：HKD 60,000～80,000
成交价：RMB 61,313
高4.2cm 中国嘉德 2020-10-10

2211 元 白玉瑞兽钮巴思八文印章
估　价：RMB 25,000～35,000
成交价：RMB 46,000
长4.3cm 中鸿信 2020-01-03

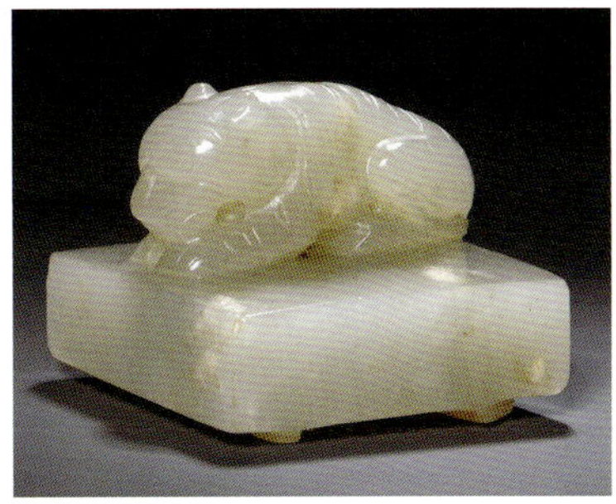

2616 明 白玉沁色虎钮押
估　价：RMB 80,000～120,000
成交价：RMB 506,000
长3.8cm 中国嘉德 2020-12-03

5086 明 白玉山水人物纹印池
“子冈”款
估　价：RMB 350,000～550,000
成交价：RMB 1,610,000
宽5cm 北京保利 2020-10-19

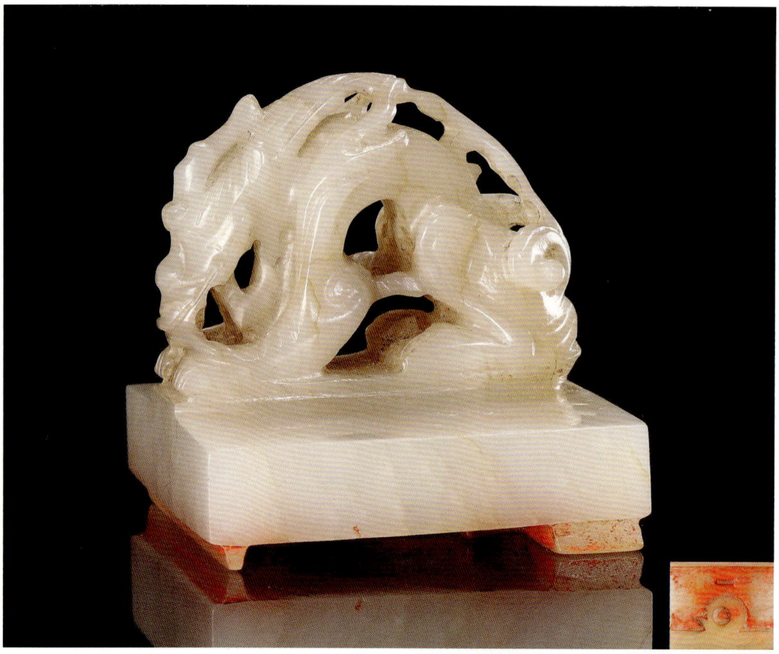

5052 明 玉雕龙钮方印
估　价：RMB 800,000～1,200,000
成交价：RMB 1,840,000
4.5cm×4.3cm×5.3cm 北京保利 2020-10-19

2816 18世纪 青白玉螭龙钮印
印文：春田周嘐
估　价：HKD 30,000～50,000
成交价：RMB 58,575
3.1cm×3.1cm 佳士得 2020-11-30

19 明 青白玉螭龙钮印
估　价：RMB 60,000～90,000
成交价：RMB 66,000
高2.3cm 上海呗美 2020-07-20

2509 清乾隆 白玉留皮螭钮章
估　价：RMB 20,000～40,000
成交价：RMB 48,300
高3.3cm 中国嘉德 2020-08-18

60 明 青褐玉瑞兽钮方印
估　价：GBP 5,000～10,000
成交价：RMB 54,350
宽6.2cm 伦敦佳士得 2020-11-03

15 清道光 青白玉瓦钮印章（一对）
印文："臣瑛棨印""兰坡居士"
估　价：RMB 800,000～1,200,000
成交价：RMB 1,322,500
6.2cm×6.2cm×6cm×2 华艺国际 2020-12-05

934 清光绪三年 碧玉雕龙钮方印
估　价：USD 30,000～50,000
成交价：RMB 153,405
长10.1cm 纽约佳士得 2020-09-24

2055 清 白玉雕兽钮印
估　价：RMB 80,000～120,000
成交价：RMB 184,000
1cm×1cm×1.5cm 古天一 2020-10-16

1207 清 白玉留皮螭龙钮印
印文：仁者寿
估　价：RMB 40,000～55,000
成交价：RMB 63,250
4.2cm×3cm×2.6cm 中贸圣佳 2020-10-16

5767 清 白玉山水纹钮印
估　价：RMB 120,000～180,000
成交价：RMB 201,250
长2.2cm×1.5cm×3.8cm 北京保利 2020-10-20

1206 清 黄玉六面印
印文：朗倩、沈颢、石天散禅、现居士身、吴趋沈颢
估　价：RMB 50,000～70,000
成交价：RMB 78,200
3.4cm×2.5cm×2.7cm 中贸圣佳 2020-10-16

2157 清 玉勾连纹覆斗印
印文：陈吉
估　价：RMB 180,000～280,000
成交价：RMB 494,500
2.2cm×2.2cm×1.6cm 古天一 2020-10-16

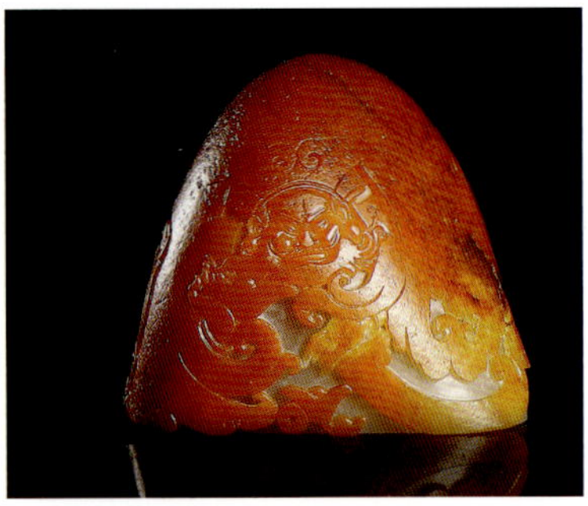

4696 崔磊 富甲天下 白玉印
钤印：青藤 崔
估　价：RMB 380,000～450,000
成交价：RMB 437,000
7.5cm×5.9cm 西泠印社 2020-08-10

64 高古玉祥鹿钮印章（一对）
估　价：RMB 500,000
成交价：RMB 660,000
4.5cm×3.6cm×13.8cm×2 北京贞观 2020-11-28

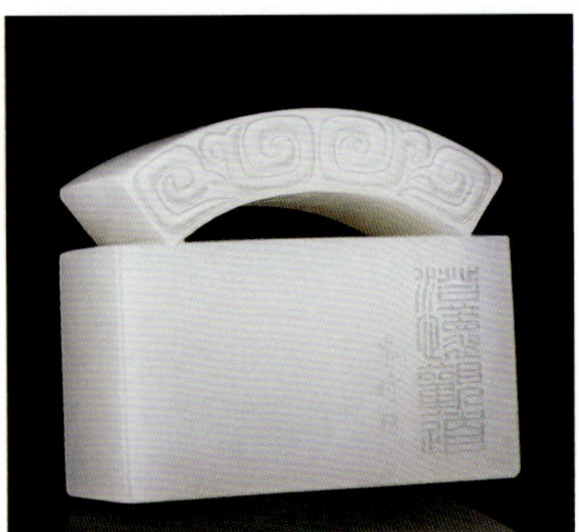

312 韩东时 白玉澄怀观道瓦当钮章
估　价：RMB 170,000～220,000
成交价：RMB 190,400
3.05cm×4cm×1.55cm 上海联合 2020-11-29

417 玉龟钮印（一组共三十枚）
估　价：HKD 80,000～150,000
成交价：RMB 189,810
最宽3.2cm 佳士得 2020-10-08

4654 瞿利军 古木幽亭 白玉印
估　价：RMB 380,000～480,000
成交价：RMB 517,500
7.6cm×5.6cm×3.0cm 西泠印社 2020-08-10

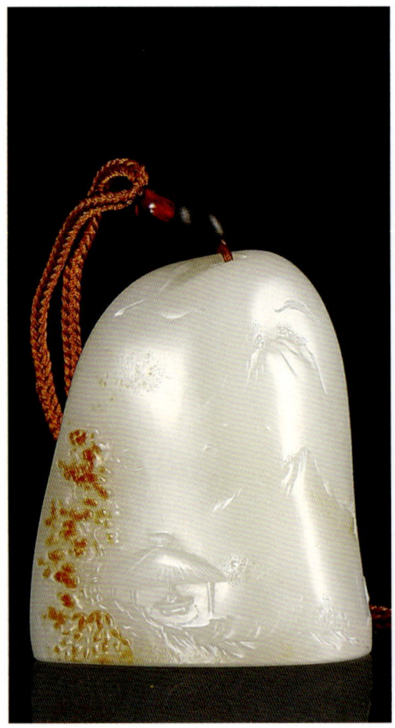

4652 瞿利军 林亭山居 白玉印
钤印：中鼎
估　价：RMB 250,000～350,000
成交价：RMB 322,000
6.3cm×5.5cm 西泠印社 2020-08-10

玉砚屏

2086 清 白玉砚屏
估 价：NTD 600,000
成交价：RMB 511,920
25cm × 20cm 台北艺珍 2020-08-16

8122 清 白玉雕人物故事砚屏
估 价：RMB 100,000 ~ 150,000
成交价：RMB 115,000
高27cm 十竹斋拍卖（北京） 2020-10-18

4337 清 青白玉雕崔白款描金人物砚屏
估 价：RMB 80,000 ~ 100,000
成交价：RMB 97,750
12.7cm × 10.9cm 西泠印社 2020-08-09

葬 玉

56 东周春秋时期 袖珍圆雕云纹玉猪
估 价：HKD 200,000 ~ 300,000
成交价：RMB 163,674
长3.7cm 香港苏富比 2020-10-09

465 西周 玉猪
估 价：HKD 50,000 ~ 70,000
成交价：RMB 224,814
高2.1cm；宽3.8cm 中国嘉德 2020-10-10

473 战国 青玉猪
估 价：HKD 350,000 ~ 450,000
成交价：RMB 2,350,324
高1.5cm；长3cm 中国嘉德 2020-10-10

111 东汉 青白玉八刀蝉
估 价：HKD 80,000～100,000
成交价：RMB 76,381
长7cm 香港苏富比 2020-10-09

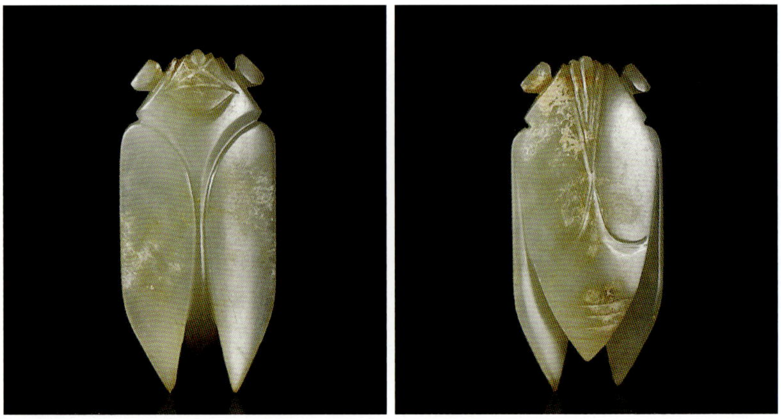

4323 汉 白玉蝉
估 价：RMB 100,000～120,000
成交价：RMB 149,500
6.3cm×2.9cm 西泠印社 2020-08-09

705 汉 白玉蝉和玉塞（各一件）
估 价：HKD 65,000～75,000
成交价：RMB 66,422
高6.5cm 中国嘉德 2020-10-10

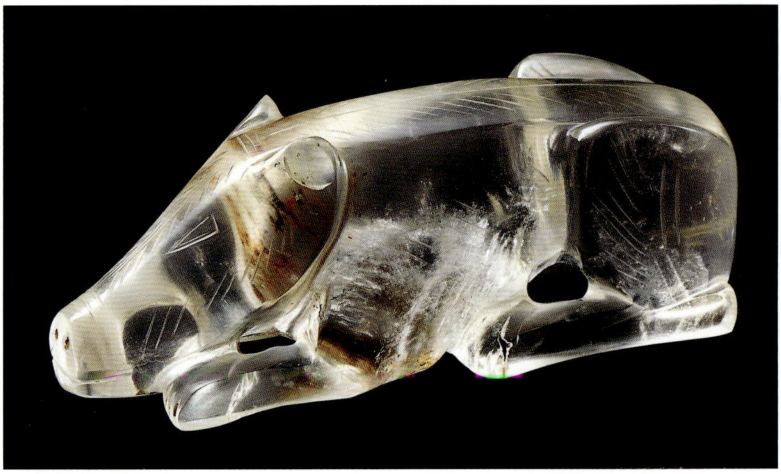

71 东汉 水晶卧猪
估 价：HKD 240,000～300,000
成交价：RMB 240,055
长7.7cm 香港苏富比 2020-10-09

759 汉 白玉蝉
估 价：HKD 60,000～80,000
成交价：RMB 76,641
高6cm 中国嘉德 2020-10-10

原 石

4761 和田玉籽料原石
估 价：RMB 320,000～380,000
成交价：RMB 402,500
8.9cm×4.8cm×3.0cm；重量200.5g
西泠印社 2020-08-10

2020玉器拍卖成交汇总

拍品名称	物品尺寸	成交价RMB	拍卖公司	拍卖日期
礼玉				
玉璜				
新石器时代 青玉璜	宽11.5cm	42,180	佳士得	2020-10-08
新石器时代 中国东南部 公元前四千年至前三千年 玉璜（三件）	最长14.7cm	221,423	纽约佳士得	2020-09-25
文化期 黄玉双鸟首璜	宽6.7cm	18,394	中国嘉德	2020-10-10
文化期 玉雕双龙首璜	宽4.8cm	30,656	中国嘉德	2020-10-10
文化期 玉璜（三件）	宽9.5cm	32,700	中国嘉德	2020-10-10
商晚期/周 玉璜（一组四件）	最长12cm	978,300	伦敦佳士得	2020-11-03
商晚期/西周早期 玉双龙形璜	长27.1cm	191,700	佳士得	2020-11-30
商至西周 玉璜（一组两件）	宽13.8cm；宽12.2cm	71,132	伦敦苏富比	2020-06-15
西周 白玉龙纹璜	长8.8cm；宽3.8cm；厚0.3cm	63,800	上海呗美	2020-07-30
西周 白玉满红沁人龙复合纹璜	宽8.7cm	173,720	中国嘉德	2020-10-10
西周 黄玉人龙纹璜	长11.4cm	504,000	上海呗美	2020-08-22
西周 鸟纹玉璜	长7.2cm	275,908	中国嘉德	2020-10-10
西周 青玉龙纹璜	长7.4cm；宽3.1cm；厚0.3cm	74,800	上海呗美	2020-07-30
西周 玉璜	长8.6cm	298,200	佳士得	2020-11-30
西周 玉龙形璜	宽9cm	53,250	佳士得	2020-11-30
西周 玉双龙纹璜	长6.6cm	127,800	佳士得	2020-11-30
春秋 玉雕双龙首璜	宽5.8cm	143,063	中国嘉德	2020-10-10
春秋晚期 黄玉谷纹璜（一对）	宽17.7cm×2	153,282	中国嘉德	2020-10-10
汉 玉谷纹璜	长25.5cm	74,976	保利香港	2020-12-02
明 白玉红沁镂雕螭龙纹璜	14.8cm×7.6cm×0.4cm	1,008,000	上海呗美	2020-08-22
明 黄玉璜	宽11.5cm	107,077	伦敦佳士得	2020-02-13
明 黄玉璜	长10.5cm	34,500	中贸圣佳	2020-10-16
明 黄玉云雷纹璜	长11.5cm	345,000	北京保利	2020-10-20
明 玛瑙璜	宽14.6cm	65,220	伦敦佳士得	2020-11-03
清 白玉双凤纹谷纹璜	长8.2cm	11,500	西泠印社	2020-08-09
清 谷纹玉璜	长15.5cm	115,000	古天一	2020-10-16
清 谷纹玉璜	长5.1cm	5,750	北京禾谷	2020-09-24
清 青黄玉卷云纹璜	长8cm	69,000	古天一	2020-10-16
清 鱼形玉璜	长7.2cm	74,750	古天一	2020-10-16
白玉谷纹双龙首玉璜	12cm	1,086,750	东京国立拍卖	2020-01-10
螭龙纹玉璜	长21.5cm	833,175	东京国立拍卖	2020-01-10
谷纹玉璜	长12.5cm	796,950	东京国立拍卖	2020-01-10
和田玉螭虎玉璜	长9.8cm	9,040	钜鑫缘	2020-06-14
鸡骨白双龙首璜	长9.5cm	1,071,432	新加坡环球	2020-01-08
青白玉双龙首璜	长6.5cm	3,204,878	哈布斯堡	2020-08-22
玉琥				
商 玉虎	长27cm	372,750	佳士得	2020-11-30
商晚期 玉虎（一对）	长4.3cm；长4.2cm	286,126	中国嘉德	2020-10-10

拍品名称	物品尺寸	成交价RMB	拍卖公司	拍卖日期
玉璧				
公元前三千年 良渚文化 青玉璧	外径17.8cm	161,809	纽约佳士得	2020-09-25
新石器时代 白玉联璧	外径10cm	76,641	中国嘉德	2020-10-10
新石器时代 白玉素璧	径16cm；孔径6cm	69,488	中国嘉德	2020-10-10
新石器时代 良渚文化 公元前三千年 灰白玉璧	外径14.5cm	80,904	纽约佳士得	2020-09-25
新石器时代 良渚文化 公元前四千年至前三千年 灰白玉璧	直径29cm	85,163	纽约佳士得	2020-09-25
新石器时代 良渚文化玉璧	外径13.3cm	114,240	香港苏富比	2020-06-05
新石器时代 青白玉璧	外径22.5cm	255,470	中国嘉德	2020-10-10
新石器时代 青白玉璧	径7.1cm；孔径3cm	100,144	中国嘉德	2020-10-10
新石器时代 青玉璧	外径19.2cm	112,407	中国嘉德	2020-10-10
新石器时代 青玉璧	径11.2cm；孔径5cm	49,050	中国嘉德	2020-10-10
新石器时代 玉璧（两件）	外径18cm×2	200,355	佳士得	2020-10-08
新石器时代 玉璧（两件）	直径16.5cm	63,270	佳士得	2020-10-08
新石器时代红山文化 青白玉三联璧	高8.8cm	196,409	香港苏富比	2020-10-09
新石器时代江淮地区 青玉齿牙璧	外径16.6cm	709,254	香港苏富比	2020-10-09
新石器时代至商 玉牙璧	外径14cm	1,808,000	香港苏富比	2020-07-11
新石器时代至周 玉璧	外径16.3cm	960,500	香港苏富比	2020-07-11
中国西北部 公元前二千年 灰褐玉璧	外径17.1cm	153,293	纽约佳士得	2020-09-25
中国西北部 公元前二千年 玉璧（两件）	大的外径13.5cm	144,776	纽约佳士得	2020-09-25
中国西北部 公元前二千年 玉璧（两件）	外径11.5cm×2	110,711	纽约佳士得	2020-09-25
中国西北部 公元前二千年 玉璧（两件）	大的直径14cm	76,646	纽约佳士得	2020-09-25
齐家文化 环形大玉璧	外径11.3cm	42,660	台北艺珍	2020-08-16
文化期 良渚玉璧	外径12.4cm	53,138	中国嘉德	2020-10-10
文化期 玉斧两件、玉璧一件	高14cm	12,263	中国嘉德	2020-10-10
文化期 玉双联璧	高6.8cm	128,006	中国嘉德	2020-07-13
文化期或以后 白玉锥形器、双联璧、方形片（各一件）	长7cm	58,670	中国嘉德	2020-07-13
文化期或以后 玉环玉璧（一组五件）	直径13.5cm	16,001	中国嘉德	2020-07-13
商 玉璧	外径10.3cm；内径4.5cm	48,300	西泠印社	2020-08-09
商 玉有领璧	外径10.1cm	340,800	佳士得	2020-11-30
商 玉有领璧	高1.9cm	276,900	佳士得	2020-11-30
西周 环形大璧	外径11.6cm	127,980	台北艺珍	2020-08-16
战国 白玉谷纹璧	外径6.4cm	73,575	中国嘉德	2020-10-10
战国 白玉谷纹璧	直径4.8cm	72,537	中国嘉德	2020-07-13
战国 白玉红沁谷纹璧	直径4.8cm	26,668	中国嘉德	2020-07-13
战国 谷纹系璧	长6cm	71,532	中国嘉德	2020-10-10
战国 玉雕勾云纹璧、蒲纹璧（各一件）	直径7.3cm	4,267	中国嘉德	2020-07-13

拍品名称	物品尺寸	成交价RMB	拍卖公司	拍卖日期
西汉 玉卧蚕纹出廓璧	外径6.5cm	91,392	香港苏富比	2020-06-05
汉 白玉谷纹绞丝纹璧	直径10.8cm	53,336	中国嘉德	2020-07-13
汉 白玉红沁谷纹璧	外径12.2cm	153,282	中国嘉德	2020-10-10
汉 红沁蒲纹璧	直径6cm	42,669	中国嘉德	2020-07-13
汉 双神兽玉璧	重247.8g；直径9cm	98,531	库恩国际	2020-01-08
汉 玉涡纹璧	直径7.5cm,	21,859	伦敦苏富比	2020-06-16
汉代 谷纹璧	直径6.6cm	28,440	台北艺珍	2020-08-16
汉代 和田瑞兽纹九龙璧	重203g	1,343,603	库恩国际	2020-01-08
汉代 和田玉谷粒纹双圈玉璧	重108g	3,762,087	库恩国际	2020-01-08
汉代 蝌蚪纹双凤呈祥玉璧	重213g	6,807,586	库恩国际	2020-01-08
元 浮雕双螭龙勾云纹玉璧	高1.8cm；长6cm；宽5cm	20,700	西泠印社	2020-08-09
元代 白玉高浮雕螭龙纹系璧	直径3.2cm；厚1cm	18,700	上海呗美	2020-09-20
元代 白玉卷云纹螭龙璧	直径4.6cm；厚0.9cm	13,200	上海呗美	2020-09-20
元代 旧玉镂雕双螭龙纹方璧	长8.7cm；宽6.5cm；厚2.9cm	55,000	上海呗美	2020-09-20
明早期 谷纹双面工红沁灰皮玉璧	直径6cm	34,500	上海嘉禾	2020-01-05
16/17世纪 青玉螭龙灵芝璧	长9cm	29,782	巴黎佳士得	2020-06-23
明 "玶青素瑗"囊匣题铭 龚心钊旧藏玉璧	外径14cm	460,000	北京保利	2020-10-19
明 白玉螭龙圭璧	高8.5cm	48,300	中贸圣佳	2020-12-08
明 白玉雕龙纹璧	4.6cm×4.6cm	5,750	西泠印社	2020-08-09
明 白玉圭璧（铭文）	高21.6cm；宽8.8cm；厚1.2cm；连座高28cm	18,700	上海呗美	2020-07-10
明 白玉龙凤纹出廓璧	高11.7cm	34,500	中鸿信	2020-01-03
明 白玉提油双龙谷纹璧摆件	带座高12cm；外径7.8cm；内径2.2cm	32,200	西泠印社	2020-08-09
明 白玉透雕龙纹出廓璧形佩	长9.3cm	137,085	佳士得	2020-10-08
明 螭龙璧	宽8.5cm	42,660	台北艺珍	2020-08-16
明 古玉璧	外径20.8cm	977,500	北京保利	2020-10-20
明 黄玉高浮雕龙纹璧	直径5.4cm；厚1.1cm	8,800	上海呗美	2020-06-10
明 火烧玉螭龙衔灵芝纹璧	直径5.5cm	18,400	西泠印社	2020-08-09
明 玛瑙兽面纹璧	长5.7cm	13,800	中鸿信	2020-01-03
明 青白玉螭龙形璧	5.3cm及4.9cm	21,362	香港苏富比	2020-11-26
明 青白玉如意纹璧	直径5.2cm；厚0.4cm	3,850	上海呗美	2020-07-10
明 素玉璧	6.1cm×6cm	5,750	西泠印社	2020-08-09
明 提油玉璧	4.8cm×4.8cm	6,900	西泠印社	2020-08-09
明 玉璧	外径5cm	34,500	中国嘉德	2020-08-18
明 玉螭龙璧	直径4.2cm	40,250	广东崇正	2020-09-13
明 玉雕勾连谷纹璧	外径8.9cm；内径4.5cm	10,350	西泠印社	2020-08-09
18世纪 白玉雕螭龙纹璧	直径5.7cm	38,253	伦敦苏富比	2020-06-16
清乾隆 白玉浮雕五龙璧	长15.8cm；宽9.9cm；厚4.8cm	1,008,000	上海呗美	2020-08-22
清乾隆白玉巧雕螭龙璧（配底座）	外径8.2cm	345,000	北京保利	2020-12-05
清乾隆 白玉饕餮纹圭璧附带铜鎏金烧蓝底座	高24cm	287,500	中鸿信	2020-01-03
清中期 白玉螭龙纹璧	直径7cm	6,900	北京翰海	2020-12-12
清中期 白玉十二生肖八卦纹玉璧	直径10.8cm	1,150	中鸿信	2020-01-03
清中期 白玉云纹璧	外径5.75cm	179,200	上海联合	2020-11-29
19世纪 灰青玉雕赶珠龙纹圭璧	高22.9cm	34,428	纽约苏富比	2020-09-23
清 白玉螭龙璧及佩（一组两件）	长6cm×2	91,392	香港苏富比	2020-06-05
清 白玉螭龙纹璧	外径4cm	609,500	古天一	2020-10-16
清 白玉螭龙纹璧	直径5cm	20,700	北京翰海	2020-12-12
清 白玉螭龙纹玉璧	直径6cm	11,500	中贸圣佳	2020-12-08
清 白玉雕螭龙谷纹璧	5.7cm×5.7cm	32,200	西泠印社	2020-08-09
清 白玉雕螭龙纹璧	5.3cm×5.3cm	17,250	西泠印社	2020-08-09
清 白玉雕双螭龙出廓璧	6.0cm×4.7cm	36,800	西泠印社	2020-08-09
清 白玉雕双螭龙纹璧	直径5cm	28,750	北京保利	2020-12-05
清 白玉浮雕螭龙璧	直径6cm；厚1.2cm	3,300	上海呗美	2020-07-30
清 白玉浮雕龙凤纹璧	直径7.4cm；厚1cm	47,300	上海呗美	2020-09-20
清 白玉高浮雕螭龙纹璧	长5.9cm；宽5.4cm	9,200	西泠印社	2020-08-09
清 白玉谷纹璧	外径6.8cm	172,500	古天一	2020-10-16
清 白玉谷纹璧	直径4.6cm	138,000	古天一	2020-10-16
清 白玉镂雕凤凰佩及青白玉螭龙璧（一组两件）	7.5及6.2cm	37,384	香港苏富比	2020-11-26
清 白玉如意纹璧	直径5.7cm；厚0.8cm	19,800	上海呗美	2020-09-20
清 白玉如意纹璧	直径5.3cm；厚0.5cm	1,320	上海呗美	2020-07-30
清 白玉双螭龙纹出廓璧	长7cm	138,000	古天一	2020-10-16
清 白玉透雕福在眼前、双凤抱璧（两件）	长8.6cm；长8.1cm	40,250	中国嘉德	2020-08-18
清 白玉透雕云气龙纹璧	外径8.5cm	230,000	古天一	2020-10-16
清 白玉长宜子孙璧	直径5.9cm	32,200	中国嘉德	2020-12-03
清 谷纹玉璧	外径6cm	172,500	古天一	2020-10-16
清 和田璧玉龙纹手镯（一对）	直径5.7cm×2	6,900	北京钜鑫缘	2020-10-13
清 旧玉珏	直径11cm	32,200	中鸿信	2020-01-03
清 蒲纹玉璧	直径7cm	63,250	古天一	2020-10-16
清青白玉仿古螭龙纹璧（一组三件）	外径5.5cm至7.8cm	100,622	香港苏富比	2020-11-26
清青白玉龙凤及谷纹璧（一组三件）	直径4.6至5.8cm	27,418	香港苏富比	2020-06-05
清 青白玉龙纹璧	直径5.5cm；厚0.4cm	3,816	上海呗美	2020-07-30
清 双螭龙纹玉璧	长6cm；宽3.2cm	20,700	西泠印社	2020-08-08
清 玉雕龙纹璧	外径7.5cm	126,500	古天一	2020-10-16
清 玉卧虎藏龙佩、玉仿古浮雕螭龙璧、玉仿古螭龙瓶		79,088	佳士得	2020-10-08
19/20世纪 白玉镂雕仿古璧牌及双凤鸠合同心牌（共两件）	宽5.3cm	108,181	佳士得	2020-04-21
19/20世纪 黄玉龙纹璧及白玉环（两组）	直径6.2cm	9,017	伦敦佳士得	2020-02-13
19/20世纪 青白玉仙人像及璧玉寿老纹摆件	最大高度12.1cm	39,449	伦敦佳士得	2020-02-13
白玉螭龙璧	直径5.7cm	8,050	中国嘉德	2020-11-11
白玉勾云纹玉璧	直径19.5cm	362,250	东京国立拍卖	2020-01-10

拍品名称	物品尺寸	成交价RMB	拍卖公司	拍卖日期
白玉喜鹊登梅玉璧	直径12.5cm	796,950	东京国立拍卖	2020-01-10
高古玉璧	直径15.2cm	1,010,625	哈布斯堡	2020-06-26
高古玉谷纹出廓玉璧	长11.5cm	2,619,056	新加坡环球	2020-01-08
和田白玉雕谷纹璧	直径9.6cm	710,010	东京国立拍卖	2020-01-10
和田玉卷云纹璧	直径6cm	5,750	北京钜鑫缘	2020-10-13
红玉雕出廓三虎水浪纹玉璧	直径9.8cm	688,275	东京国立拍卖	2020-01-10
黄玉高浮雕龙纹璧	直径5.8cm	2,039,468	哈布斯堡	2020-08-22
双龙谷纹玉璧	8cm×6cm	336,000	上海联合	2020-11-29
崧泽文化 瑗形玉璧	外径9.3cm	85,320	台北艺珍	2020-08-16
玉璧	长5cm	9,200	北京翰海	2020-09-12
玉璧（两件）		43,700	北京翰海	2020-09-12
玉谷纹璧	直径8cm	1,165,410	哈布斯堡	2020-08-22
玉琮				
新石器时代 白玉琮	孔径2.5cm；高2.5cm	38,831	中国嘉德	2020-10-10
新石器时代 黄玉琮	孔径3.5cm；高2cm	327,002	中国嘉德	2020-10-10
新石器时代 黄玉圆琮	孔径7.8cm；高4cm	173,720	中国嘉德	2020-10-10
新石器时代 良渚文化 公元前三千年 玉石琮	高12.8cm	55,356	纽约佳士得	2020-09-25
新石器时代 良渚文化玉琮	宽3cm	42,724	香港苏富比	2020-11-26
新石器时代 齐家文化青玉琮	孔径13cm	114,240	香港苏富比	2020-06-05
新石器时代 青白玉琮	孔径5.5cm；高5.5cm	163,501	中国嘉德	2020-10-10
新石器时代 青白玉琮	孔径3cm；高2.2cm	81,750	中国嘉德	2020-10-10
新石器时代 青玉琮	孔径4.7cm；高3.5cm	327,002	中国嘉德	2020-10-10
新石器时代 青玉琮	孔径5cm；高4cm	255,470	中国嘉德	2020-10-10
新石器时代 青玉琮	孔径4.2cm；高3cm	163,501	中国嘉德	2020-10-10
新石器时代 青玉琮	孔径5cm；高5.5cm	132,844	中国嘉德	2020-10-10
新石器时代 玉琮	孔径4.4cm；高2.3cm	306,564	中国嘉德	2020-10-10
新石器时代（或良渚文化）玉琮	直径6.4cm	91,989	香港苏富比	2020-05-22
新石器时代（或齐家文化）玉琮	高12.7cm	344,960	香港苏富比	2020-05-22
新石器时代良渚文化 玉琮		3,273,480	香港苏富比	2020-10-09
中国西北部公元前一千年灰褐玉琮	高20.8cm	723,881	纽约佳士得	2020-09-25
中国西北部公元前一千年灰绿玉琮	长5.8cm	102,195	纽约佳士得	2020-09-25
中国西北部公元前一千年青白玉琮	孔径4.7cm	76,646	纽约佳士得	2020-09-25
良渚文化 玉琮	高5.8cm；宽9.3cm	22,142,790	哈布斯堡	2020-08-22
良渚文化 玉琮	高2.5cm；孔径6cm	170,640	台北艺珍	2020-08-16
良渚文化 玉琮	宽6.5cm	105,450	佳士得	2020-10-08
良渚玉琮	高12cm	25,358	东京国立拍卖	2020-01-10
文化期 白玉神面纹琮	宽5cm	102,188	中国嘉德	2020-10-10
文化期 满红沁玉琮	宽5cm	213,344	中国嘉德	2020-07-13
文化期 玉琮	高20.8cm	2,248,136	中国嘉德	2020-10-10
文化期 玉琮	宽5.3cm	30,656	中国嘉德	2020-10-10
文化期 玉雕红沁琮勒	高3.1cm	255,470	中国嘉德	2020-10-10
商 玉琮	宽8.3cm	42,669	中国嘉德	2020-07-13
商至西周 玉琮（一组两件）	宽5.5cm；宽4.3cm	98,490	伦敦苏富比	2020-06-15
西周 沁色蝉纹玉琮	宽6.1cm	286,126	中国嘉德	2020-10-10
西周 青白玉琮	高11.2cm	204,376	中国嘉德	2020-10-10
周 公元前一千年 灰青玉琮	长6.4cm	119,315	纽约佳士得	2020-09-24
宋 八卦兽面纹红沁玉琮	高13.5cm	172,500	西泠印社	2020-08-09
明以前 玉琮	直径5.5；高4.2cm	39,100	广东崇正	2020-09-13
明 白玉琮	4.4×4.4×2.2cm	5,750	广东崇正	2020-09-13
明 旧玉琮	长5.5cm	134,400	上海呗美	2020-08-22
明 旧玉琮	高3.2cm；直径9.2cm	67,200	上海呗美	2020-08-22
明 旧玉琮	方4.7cm；高2.8cm	30,800	上海呗美	2020-10-20
明 旧玉琮	长4.6cm	20,700	中国嘉德	2020-08-18
明 刻御题诗玉琮	高23.6cm	368,000	北京保利	2020-10-20
明 玉琮	4.3cm×4.3cm	71,300	华艺国际	2020-10-16
明 玉琮	高4.8cm	43,700	古天一	2020-10-16
明 玉琮	6.6cm×4.8cm	11,500	西泠印社	2020-08-09
明 玉雕十二节弦纹琮	高25cm	92,000	西泠印社	2020-08-09
明玉兽、勒子、琮、坠（一组四件）	尺寸不一	25,300	广东崇正	2020-09-13
清乾隆 仿古旧玉琮	直径8cm	3,450	中鸿信	2020-01-03
19世纪 白玉琮	宽3.1cm	6,558	伦敦苏富比	2020-06-16
清 玉琮	高5.5cm	207,000	古天一	2020-10-16
清 玉琮	高4.8cm；5.5cm×5.5cm	89,700	古天一	2020-10-16
清 玉琮及出廓玉环一组三件	3.2cm至6.1cm	79,968	香港苏富比	2020-06-05
玉圭				
新石器时代 青玉圭	长24.5cm	204,376	中国嘉德	2020-10-10
新石器时代 青玉圭	长14cm；宽3.5cm	59,269	中国嘉德	2020-10-10
商 出土鸡骨白沁玉圭	55cm×10cm	16,799	富艺香港	2020-06-06
明 旧玉雕“江山永固”圭	长28cm	34,500	北京保利	2020-10-20
明 青玉圭	长30cm	115,000	北京保利	2020-12-05
清早期 白玉五岳真形玉圭	高20.5cm	36,800	中鸿信	2020-01-03
清乾隆 御题诗海水纹圭	高27cm	57,500	中鸿信	2020-01-03
玉璋				
二里头文化或略早 玉牙璋	长15.9cm	1,917,000	佳士得	2020-11-30
新石器时代 白玉璋	长17.4cm	459,846	中国嘉德	2020-10-10
新石器时代 灰青玉璋	长19.8cm	45,985	中国嘉德	2020-10-10
新石器时代晚期 墨玉牙璋	长38cm	4,280,440	香港苏富比	2020-07-11
玉册				
清乾隆 碧玉雕《后赤壁赋》玉册	高8.9cm×4	3,220,000	永乐拍卖	2020-12-02
清 黄玉阴刻罗汉册	8.8cm×6.5cm	138,000	古天一	2020-10-16
清 青白玉刻四库全书册页	长17.5cm；宽11cm	86,250	西泠印社	2020-08-09
玉刀				
二里头文化 墨玉刀	长13cm	426,000	佳士得	2020-11-30

拍品名称	物品尺寸	成交价RMB	拍卖公司	拍卖日期
二里头文化 璋式玉刀	长9cm	79,875	佳士得	2020-11-30
新石器时代 灰玉刀	长16.3cm；宽4.5cm	53,138	中国嘉德	2020-10-10
新石器时代 玉刀	长24.3cm	47,453	佳士得	2020-10-08
红山文化 玉刀	长23.3cm	42,180	佳士得	2020-10-08
新石器时期齐家文化 青玉刀	长37.1cm	869,600	伦敦佳士得	2020-11-03
文化期 三孔玉刀	长47.3cm	132,844	中国嘉德	2020-10-10
商 鱼形刻刀（共三件）	最长3.9cm	340,800	佳士得	2020-11-30
玉戈				
商 玉戈	长34.5cm	678,000	佳士得	2020-07-09
商 玉戈	高6.7cm	319,500	佳士得	2020-11-30
商晚期 "曩侯弥用"白玉戈	高3.5cm	5,529,480	佳士得	2020-11-30
商晚期 嵌绿松石青铜柄玉戈	长23.2cm	1,847,900	伦敦佳士得	2020-11-03
商晚期 青玉戈	长28.9cm	2,500,100	伦敦佳士得	2020-11-03
商晚期 玉戈	高3.5cm	1,704,000	佳士得	2020-11-30
商晚期 玉戈	高6.9cm	234,300	佳士得	2020-11-30
商至周 玉戈	长43.4cm	678,000	香港苏富比	2020-07-11
晚商 安阳时期 玉援铜内戈	高4.8cm	5,325,000	佳士得	2020-11-30
西周 玉戈	长11cm	202,350	佳士得	2020-11-30
西周 玉戈	长13.5cm	117,150	佳士得	2020-11-30
西周 玉戈	长13.2cm	44,730	佳士得	2020-11-30
西周早期 玉戈	长9.6cm	85,200	佳士得	2020-11-30
战国或更早 青白玉戈	长19.5cm	137,088	香港苏富比	2020-06-05
其他				
新石器时代 白玉钺	长12cm；宽4.7cm	91,969	中国嘉德	2020-10-10
新石器时代 黄玉钺	长11.4cm	89,633	佳士得	2020-10-08
新石器时代 灰玉钺	长24.5cm；宽6.5cm	76,641	中国嘉德	2020-10-10
新石器时代 龙山文化玉钺	长3.3cm	148,512	香港苏富比	2020-06-05
新石器时代 青玉钺	长21.3cm；宽5.4cm	306,564	中国嘉德	2020-10-10
新石器时代 青玉钺	长18.7cm	63,270	佳士得	2020-10-08
新石器时代 青玉钺	长16.1cm；宽8.5cm	51,094	中国嘉德	2020-10-10
新石器时代 青玉钺	长18cm；宽5.8cm	30,656	中国嘉德	2020-10-10
新石器时代 青玉钺（两件）	长9cm	31,635	佳士得	2020-10-08
文化期 玉钺	高6.1cm	112,407	中国嘉德	2020-10-10
文化期 玉钺	高19.2cm	53,138	中国嘉德	2020-10-10
商 玉斧及钺（一组两件）	长11cm.，长14.4cm	57,493	香港苏富比	2020-05-22
新石器时代 白玉斧	长20.6cm；宽7.6cm	613,128	中国嘉德	2020-10-10
新石器时代 白玉斧	长12.6cm；宽5.8cm	81,750	中国嘉德	2020-10-10
新石器时代 碧玉斧	长9.8cm；宽4.6cm	81,750	中国嘉德	2020-10-10
新石器时代 青白玉斧	长15cm；宽7.2cm	63,357	中国嘉德	2020-10-10
新石器时代 青白玉斧	长10.8cm；宽5.2cm	59,269	中国嘉德	2020-10-10
新石器时代 青玉斧	长15.5cm；宽9.2cm	132,844	中国嘉德	2020-10-10
新石器时代 青玉斧	长15.8cm；宽9.2cm	45,985	中国嘉德	2020-10-10
新石器时代 青玉斧	长15cm；宽7.2cm	40,875	中国嘉德	2020-10-10
新石器时代 中国东南部 公元前四千年至前三千年 石斧四件	最高16.5cm	34,065	纽约佳士得	2020-09-25
新石器时代（或大汶口文化）玉斧	长8.4cm	43,695	香港苏富比	2020-05-22
新石器时代东北地区 青黄玉斧	长22.8cm	196,409	香港苏富比	2020-10-09

拍品名称	物品尺寸	成交价RMB	拍卖公司	拍卖日期
中国西北部公元前二千年黑玉斧	高10.2cm	35,768	纽约佳士得	2020-09-25
中国西北部 公元前二千年 灰青玉斧	长13.5cm	25,549	纽约佳士得	2020-09-25
良渚文化 青玉斧、青玉锛各一及黄玉环	长7.7cm	44,289	佳士得	2020-10-08
文化期 玉斧	长45cm	388,314	中国嘉德	2020-10-10
夏／商 玉戚	长13.5cm	101,175	佳士得	2020-11-30
商 墨玉锛	高8.4cm	117,150	佳士得	2020-11-30
商 镶嵌绿松石兽面铜内玉戚	长5cm	5,325,000	佳士得	2020-11-30
商 玉斧三件	8.3cm至14cm	22,997	香港苏富比	2020-05-22
商/西周 玉斧	长10.4cm	49,245	伦敦苏富比	2020-06-15
商晚期/西周早期 青玉戚	长10.2cm	489,150	伦敦佳士得	2020-11-03
晚商/西周 公元前12至前8世纪灰绿玉斧	高12.2cm	76,646	纽约佳士得	2020-09-25
西周 玉戚	长10.6cm	372,750	佳士得	2020-11-30
新石器时代 玉铲	长25.4cm	57,493	香港苏富比	2020-05-22
战国 白玉剑首、剑璏、剑珌（各一件）	宽5.3cm	35,766	中国嘉德	2020-10-10
西汉 剑首	外径4cm	79,632	台北艺珍	2020-08-16
红山文化 绿松石蝉蛹；战国 水晶剑格	蝉蛹长 9.3cm 剑格宽5.1cm	34,163	佳士得	2020-04-21
汉 白玉兽面纹剑璏和剑格（各一件）	宽5.7cm	51,094	中国嘉德	2020-10-10
明 剑格	长4.5cm	5,750	北京禾谷	2020-09-24
清 玉剑格	长5.9cm	6,900	北京禾谷	2020-09-24
或战国 白玉卧蚕纹剑璏	长9.5cm	114,240	香港苏富比	2020-06-05
战国 白玉螭龙纹剑饰	长9.8cm	357,658	中国嘉德	2020-10-10
战国 乳钉纹剑饰	长10.3cm；宽2.5cm；高1.5cm	79,707	中国嘉德	2020-10-10
战国 玉璏两件	长6.2cm；长9cm	36,796	香港苏富比	2020-05-22
汉 白玉兽面勾连云纹剑璏	长7.2cm	102,188	中国嘉德	2020-10-10
宋/明 红沁螭龙剑璏	长5.5cm	40,875	中国嘉德	2020-10-10
明 白玉兽面纹剑璏	长13.1cm；宽2.4cm；厚1.5cm	36,300	上海呗美	2020-09-20
东周/汉 黄玉剑珌、剑套及剑璏（一组三件）	长9.3cm	217,400	伦敦佳士得	2020-11-03
战国 白玉兽面纹剑珌	宽5.5cm	112,407	中国嘉德	2020-10-10
明以前 白玉剑珌	长6.2cm	23,000	广东崇正	2020-09-13
新石器时代 碧玉凿	长30cm；宽6.5cm	286,126	中国嘉德	2020-10-10
新石器时代 青玉凿	长13.5cm；宽4.7cm	255,470	中国嘉德	2020-10-10
新石器时代 青玉凿	长23cm；宽5cm	194,157	中国嘉德	2020-10-10
新石器时代 青玉凿	长17cm；宽3.2cm	112,407	中国嘉德	2020-10-10
战国 玉剑饰（四件）	剑首外径4cm；剑格宽6cm；剑璏长8.7cm；剑珌高5.5cm	327,002	中国嘉德	2020-10-10
汉 黄玉蟠螭纹剑饰	长8.8cm；宽3.8cm	23,000	西泠印社	2020-08-09
佩玩件				
玉玦				

拍品名称	物品尺寸	成交价RMB	拍卖公司	拍卖日期
或新石器时代 黄玉玦及玉管（一组两件）	直径3.6cm；长3.7cm	25,133	香港苏富比	2020-06-05
新石器时代 红山文化玉玦及玉珠（一组四件）	直径2cm-5cm	102,816	香港苏富比	2020-06-05
文化期 红山玉玦	高2.6cm	15,328	中国嘉德	2020-10-10
文化期 黄玉玦	宽1.8cm	58,670	中国嘉德	2020-07-13
清 龙纹玉玦	直径3.8cm	43,700	古天一	2020-10-16
蟠虺纹玉玦	直径4.8cm	2,330,820	哈布斯堡	2020-08-22
玉璇玑				
新石器时代晚期至商 玉璇玑（一组两件）	直径6.8cm；直径6.4cm	60,189	伦敦苏富比	2020-06-15
文化期 白玉璇玑	宽7cm	170,675	中国嘉德	2020-07-13
文化期 黄玉璇玑	宽4cm	94,013	中国嘉德	2020-10-10
文化期 玉璇玑	宽7.4cm	42,919	中国嘉德	2020-10-10
商 玉雕牙璇玑	宽9.3cm	102,188	中国嘉德	2020-10-10
玉环、玉瑗				
新石器时代 白玉环	直径16cm	132,844	中国嘉德	2020-10-10
新石器时代 黄玉环	直径15.2cm	115,995	佳士得	2020-10-08
新石器时代 青玉环	径12.5cm；孔径6cm	63,357	中国嘉德	2020-10-10
新石器时代 玉环	直径12cm	63,270	佳士得	2020-10-08
新石器时代 中国东部 公元前三千年 玉环十五件	最大直径4.5cm	144,776	纽约佳士得	2020-09-25
中国西北部 公元前二千年 玉环两件	大的直径12.1cm	144,776	纽约佳士得	2020-09-25
红山文化 环面猪形龙	直径5cm；高2.6cm	625,680	台北艺珍	2020-08-16
文化期 白玉环	直径5.9cm	32,700	中国嘉德	2020-10-10
文化期 玉环（两件）	宽11.5cm	16,001	中国嘉德	2020-07-13
文化期 玉环（十两件）	宽2.9cm	42,919	中国嘉德	2020-10-10
文化期 玉环和玉珠（各一件）	宽3.2cm	10,219	中国嘉德	2020-10-10
文化期 玉人面环	宽5.7cm	45,985	中国嘉德	2020-10-10
或商 玉环	直径13.3cm	160,981	香港苏富比	2020-05-22
商 红沁玉瑗	直径11cm	640,032	中国嘉德	2020-07-13
商 玉环	直径10.7cm	103,285	纽约苏富比	2020-09-23
西周 龙形牙环	长9cm	404,700	佳士得	2020-11-30
西周 青黄玉凤鸟纹环	直径8.3cm	255,470	中国嘉德	2020-10-10
西周 玉环（两件）	长6cm	74,550	佳士得	2020-11-30
春秋 白玉红沁浮雕龙纹瑗	外径5.6cm；内径2.5cm	17,250	西泠印社	2020-08-09
东周 玉雕出廓双凤环	宽7.2cm	132,844	中国嘉德	2020-10-10
春秋 玉炭坑沁小环	直径2.8cm	20,438	中国嘉德	2020-10-10
战国 白玉出廓谷纹龙环	宽7cm	69,488	中国嘉德	2020-10-10
战国 绿玛瑙环	直径6.2cm	14,478	纽约佳士得	2020-09-25
元代 白玉浮雕龙纹绦环	长7.1cm	50,600	上海哄美	2020-06-10
明以前 玛瑙环	直径5.4cm	47,150	广东崇正	2020-09-13
明以前 玉玛瑙环（两件）	直径8cm；直径6cm	10,350	广东崇正	2020-09-13
明 白玉龟鹤祥云纹带环	高3.5cm	36,800	北京保利	2020-10-20
明 白玉卧狮纹带环	长4cm	63,250	北京保利	2020-10-20

拍品名称	物品尺寸	成交价RMB	拍卖公司	拍卖日期
明 碧玉素面带环	长3.2cm	32,200	北京保利	2020-12-05
明 红沁螭龙纹环	直径4.6cm	80,500	中贸圣佳	2020-10-16
明 黄玉素环	直径3.4cm；厚0.6cm	13,200	上海哄美	2020-06-10
明 龙首玉环	直径5cm	11,500	北京禾谷	2020-09-24
明 水晶梅花形环	外径6cm；内径3.5cm	32,200	中贸圣佳	2020-12-08
明 玉蝉、玉鱼形佩、碧玉环（各一件）	宽6.8cm	32,002	中国嘉德	2020-07-13
清中期 白玉龙凤纹套环	长6.5cm	184,000	北京翰海	2020-12-12
清中期 白玉龙纹套环	长6.5cm	149,500	北京翰海	2020-12-12
清 白玉螭龙纹环	直径5.5cm	17,250	北京翰海	2020-12-12
清 白玉雕螭龙环	直径5cm；厚2cm	11,500	西泠印社	2020-08-09
清 白玉雕龙纹双联环	长7cm；直径5cm	25,300	西泠印社	2020-08-09
清 白玉浮雕螭龙纹环	外径5.7cm；内径4.1cm	18,400	西泠印社	2020-08-09
清 白玉浮雕螭龙纹环	外径5.3cm；内径2.5cm；厚1.2cm	11,500	西泠印社	2020-08-09
清 白玉浮雕勾云纹环	外径6.1cm；内径3.3cm	9,200	西泠印社	2020-08-09
清 白玉浮雕龙纹环两件、素环1件	大直径3.9cm，条粗0.7cm；小直径3.2cm，条粗1cm	41,800	上海哄美	2020-09-20
清 白玉谷纹环	直径6.6cm	310,500	古天一	2020-10-16
清 白玉龙节环佩	长7cm；宽2.7cm；厚0.6cm	46,200	上海哄美	2020-09-20
清 白玉梅树纹带环	长5.5cm	69,000	北京保利	2020-10-20
清 白玉扭丝环	直径4.5cm	368,000	古天一	2020-10-16
清 白玉浅刻“梅花落”诗文环	直径5.8cm	57,500	北京保利	2020-12-05
清 白玉诗文勒龙纹环（二件）	高4cm；直径4.2cm	13,800	北京翰海	2020-12-12
清 白玉受沁浮雕龙纹环	外径5cm；内径2.7cm	11,500	西泠印社	2020-08-09
清 白玉细线刻夔龙纹方环	长3.7cm	63,250	中贸圣佳	2020-12-08
清 黄玉三联环	直径12.4cm	63,250	中贸圣佳	2020-12-08
清 青黄玉勾连云纹环	直径5.7cm	345,000	古天一	2020-10-16
清 青玉浅浮雕龙纹环	直径7.2cm	23,000	北京保利	2020-10-20
清 素玉环	直径5.8cm	184,000	古天一	2020-10-16
清 玉三才环	直径9.5cm	92,000	古天一	2020-10-16
白玉谷纹玉环	直径4cm	89,600	上海联合	2020-11-29
黄罕勇 辟邪 白玉指环	3.1cm×3.2cm	20,700	西泠印社	2020-08-10
夔龙纹玉环	直径12cm	2,214,279	哈布斯堡	2020-08-22
青白玉环、龟钮印四件	尺寸不一	8,050	中国嘉德	2020-07-15
蜻蜓眼顶珠配玛瑙三才环	直径6.8cm	35,840	上海联合	2020-11-29
玉螭龙环	长4cm	6,900	北京翰海	2020-09-12
玉环	直径6cm	5,750	北京翰海	2020-09-12
玉环 花果坠（3件）		8,050	北京翰海	2020-09-12
玉管、玉勒				
或新石器时代山东龙山文化 兽面纹玉管	高5cm	1,142,398	香港苏富比	2020-06-05

拍品名称	物品尺寸	成交价RMB	拍卖公司	拍卖日期
新石器时代 玉管（一对）	长6.2cm×2	115,995	佳士得	2020-10-08
良渚文化 特长管勒	长10cm	42,660	台北艺珍	2020-08-16
文化期 黄玉龙面纹勒	宽3.1cm	1,941,572	中国嘉德	2020-10-10
文化期青白玉扣子两件和黄玉勒一件	长1.9cm	38,831	中国嘉德	2020-10-10
西周 白玉龙纹管	长11.2cm	511,200	佳士得	2020-11-30
西周 青玉勒	长7.2cm	84,360	佳士得	2020-10-08
春秋 白玉带沁勒	高6cm	66,422	中国嘉德	2020-10-10
春秋 白玉红沁虺纹绞丝纹圆勒	长6.2cm	51,094	中国嘉德	2020-10-10
春秋 青玉勾云纹勒子	宽2.7cm	30,656	中国嘉德	2020-10-10
战国 白玉红沁勒	高4cm	132,844	中国嘉德	2020-10-10
战国 玉谷纹勒	外径1.85cm	91,008	台北艺珍	2020-08-16
宋 宣和三年修内司款双钩阴刻陶渊明诗文黄玉勒	高5.1cm；外径1.4cm；内径0.8cm	1,173,000	西泠印社	2020-08-09
元代 白玉谷纹勒	高2.9cm；直径1.6cm	9,900	上海呗美	2020-10-20
明 白玉金银沁仿良渚勒子	长5.2cm；直径0.8cm	23,000	西泠印社	2020-08-09
明 玉沁色圆珠形勒子	长4cm	55,200	中国嘉德	2020-12-03
明 玉勒（十八件）	高8.5cm	132,844	中国嘉德	2020-10-10
明 玉铭文八棱式勒子	高2.7cm	17,250	广东崇正	2020-09-13
明或更早 青白玉管及玉蝉（一组两件）	bead 4.7cm；cicada 5.7cm	5,875	香港苏富比	2020-11-26
清早期 黄玉蛇形勒	高5.2cm	37,335	中国嘉德	2020-07-13
清乾隆 白玉"佛"款菩萨勒子	长4cm	35,766	中国嘉德	2020-10-10
清乾隆 白玉刻心经诗文勒子	长7cm；直径1.7cm；内径1cm	138,000	西泠印社	2020-08-09
清嘉庆 白玉翎管	高7.1cm	40,875	中国嘉德	2020-10-10
19世纪 白玉勒子	长3.8cm	120,223	伦敦苏富比	2020-06-16
清 白玉带沁刻诗文勒	长3.7cm；直径1.7cm	25,300	西泠印社	2020-08-09
清 白玉勾云纹扁勒	长5.8cm	46,000	古天一	2020-10-16
清 白玉留皮镶金翎管	高8cm	32,200	中贸圣佳	2020-12-08
明 沁色玉琮式管	3.7cm×1.5cm	172,500	西泠印社	2020-08-09
清 白玉梅花诗文勒	长7.2cm；直径1.5cm	57,500	西泠印社	2020-08-09
清 白玉兽面纹勒	高4.3cm	6,900	北京翰海	2020-12-12
清 白玉文字方勒	高6cm	6,900	北京翰海	2020-12-12
清 管式佩（一组两件）	3.3及2.6cm	17,090	香港苏富比	2020-11-26
清 龙凤纹出廓玉勒	高1.8cm	218,500	古天一	2020-10-16
清 青黄玉谷纹勒子	高2.6cm	92,000	古天一	2020-10-16
清 青黄玉龙纹扁勒子	长4cm	184,000	古天一	2020-10-16
清 青黄玉兽面勒子	高2.5cm	126,500	古天一	2020-10-16
清 弦纹玉勒	长2.8cm	138,000	古天一	2020-10-16
清 玉龟甲勒子	长2.6cm	32,200	古天一	2020-10-16
旧玉勒子（3件）		5,750	北京翰海	2020-09-12
明 黄玉八卦琮形勒	高6.5cm；直径1.8cm	32,480	上海呗美	2020-08-22
玉扳指				

拍品名称	物品尺寸	成交价RMB	拍卖公司	拍卖日期
明 和田扳指	重58g	49,265	库恩国际	2020-01-08
明清 老扳指十三个含三层老描金漆盒	尺寸不一	34,500	上海嘉禾	2020-01-05
18世纪 白玉"喜"字扳指	高3cm	29,702	香港苏富比	2020-06-05
清18世纪水晶雕瑞狮、水晶雕九如意带扣共两件白玉浮雕渔人垂钓图扳指、白玉浮雕三星图扳指共两件	6.7cm	33,744	佳士得	2020-10-08
清乾隆 白玉扳指	直径3.2cm	92,395	伦敦佳士得	2020-11-03
清乾隆 白玉绳系璧纹扳指	外径3.2cm	161,000	中国嘉德	2020-12-03
清乾隆 白玉透雕狩猎图扳指	直径3cm	97,750	古天一	2020-10-16
清乾隆 和田玉御题诗扳指	2.8cm×2.3cm	42,000	乾禧国际	2020-01-20
清乾隆 青玉御题诗咏玉韘扳指	直径3.1cm	65,220	伦敦佳士得	2020-11-03
清嘉庆 白玉扳指	宽3.1cm	34,974	伦敦苏富比	2020-06-16
清中期 白玉扳指	内径2.2cm	5,750	北京翰海	2020-12-12
18/19世纪白玉带皮米芾拜石图扳指	宽3.1cm	34,974	伦敦苏富比	2020-06-16
18/19世纪 白玉及玻璃仿玉扳指（一组七件）	直径3.5cm	103,265	伦敦佳士得	2020-11-03
18/19世纪 白玉松下虎纹扳指	直径3.2cm	21,940	伦敦佳士得	2020-05-21
18/19世纪 玉扳指（一组十件）	最大直径3.5cm	61,992	伦敦佳士得	2020-02-13
19世纪 白玉"万寿无疆"纹扳指	宽2.9cm	16,394	伦敦苏富比	2020-06-16
19世纪 青白玉青松图扳指	宽3.2cm	16,394	伦敦苏富比	2020-06-16
19世纪 青白玉御题诗扳指	宽3.3cm	153,011	伦敦苏富比	2020-06-16
清 白翡亭阁人物纹扳指	直径3.3cm；高2.7cm	25,300	中贸圣佳	2020-12-08
清 白玉扳指	直径3.5cm	12,817	香港苏富比	2020-11-26
清 白玉螭龙纹扳指	内径2.3cm	11,500	北京翰海	2020-12-12
清 白玉带皮扳指	3.5cm	42,724	香港苏富比	2020-11-26
清 白玉雕云龙扳指、素扳指（两件）	直径2.7cm	29,900	北京保利	2020-10-20
清 白玉浮雕雄鸡图扳指	外径3cm；内径2cm；高2.4cm	17,250	西泠印社	2020-08-09
清 白玉鹤鹿同春扳指、玉雕龙凤呈祥扳指各一只	内径2cm	25,300	中国嘉德	2020-12-03
清 白玉及青白玉扳指一组四件	3.1cm至3.9cm	37,384	香港苏富比	2020-11-26
清 白玉兰花诗文扳指、狩猎图扳指各一只	内径1.9cm；内径2.1cm	86,250	中国嘉德	2020-12-03
清 白玉留皮人物纹扳指	长3.6cm；宽3cm；高2.3cm	6,600	上海呗美	2020-07-30
清 白玉秋猎图扳指	直径3.1cm；高2.6cm	36,800	中贸圣佳	2020-10-16
清 白玉洒金皮扳指	长3.6cm	86,250	中贸圣佳	2020-12-08
清 白玉喜上梅梢、高士独钓扳指（两只）	直径13cm；高12.5cm；直径23cm；高22.1cm	18,400	中贸圣佳	2020-12-08
清 白玉腰鼓扳指	内径1.8cm；外径3cm	48,300	中国嘉德	2020-08-18
清 和田铭文扳指	重60g	161,232	库恩国际	2020-01-08
清 琥珀扳指	外径3.4cm	63,250	中国嘉德	2020-08-18
清 黄玉红沁扳指（一组两件）	1.高2.6cm；外径3cm；内径2.2cm；2.高2.7cm；外径3cm；内径2.2cm	51,750	西泠印社	2020-08-09

拍品名称	物品尺寸	成交价RMB	拍卖公司	拍卖日期
清 灵芝纹玉扳指	内径2.4cm；宽3.3cm	8,960	上海联合	2020-11-29
清 绿松石、料扳指（三只）	内径2cm；内径2cm；内径2.2cm	17,250	中国嘉德	2020-08-18
清 玉雕提油云龙纹扳指	高2.4cm；外径3cm；内径2cm	13,800	西泠印社	2020-08-09
民国 白玉枣红皮扳指	重量50g	8,050	江苏汇中	2020-12-10
现代 和田玉龙纹扳指	2.5cm×3.3cm	63,000	乾禧国际	2020-01-20
白玉、青白玉扳指各一只	内径2.4cm；内径2.2cm	6,900	中国嘉德	2020-07-15
白玉、青白玉扳指各一只	内径2.2cm；内径2.2cm	5,750	中国嘉德	2020-11-11
白玉扳指、勒子（六只）	尺寸不一	5,750	中国嘉德	2020-11-11
白玉雕活套工字纹扳指	3cm×3.5cm	3,499	加拿大尚德	2020-04-04
白玉刻“得心应手”纹扳指、刻《咏玉韘》诗文扳指及刻《兰涧》诗文扳指共三件	直径3.1cm	91,100	佳士得	2020-04-21
白玉兽面纹扳指	直径3.25cm；厚0.5cm；宽2cm；重量18.2g	10,640	上海联合	2020-11-29
白玉兽面纹扳指	内径2.2cm	5,750	中国嘉德	2020-11-11
扳指（十五只）	尺寸不一	5,750	中国嘉德	2020-11-11
扳指十三只	尺寸不一	13,800	中国嘉德	2020-07-15
青白玉扳指	内径2.5cm	3,450	中国嘉德	2020-07-15
血玉扳指	高3.7cm	10,094,700	美国摩根	2020-01-14
杨菊青 白玉灵芝扳指	2.5cm×4.1cm×3.3cm 重量37.5g	28,000	上海联合	2020-11-29
玉带板				
唐 青白玉胡人弹琴带板	宽5.5cm	224,814	中国嘉德	2020-10-10
唐或更晚 青玉胡人弄琴带板	长4.1cm	64,086	香港苏富比	2020-11-26
元白玉雕穿花龙纹带板（一对）	7.7cm×4.7cm×2	138,000	西泠印社	2020-08-09
明 白玉带板（一组）	尺寸不一	1,840,000	中贸圣佳	2020-10-16
明 白玉花卉带板	高9cm	35,346	香港普艺	2020-07-11
明 白玉花卉带板连紫檀木墨床	宽12cm	25,990	香港普艺	2020-07-11
明 白玉连珠边花鸟纹带板	长7.8cm	57,500	北京保利	2020-12-05
明 白玉龙纹带板	长6.7cm	92,000	北京保利	2020-10-20
明 白玉龙纹带板、鹿纹带板（两件）	6.7cm×5.1cm；6.9cm×5.4cm	80,500	中国嘉德	2020-12-03
明 白玉镂雕花鸟纹带板	8.9cm×5.5cm	138,000	西泠印社	2020-08-09
明 白玉镂雕龙纹带板	7.6cm	18,158	香港苏富比	2020-11-26
明 白玉镂雕龙纹带板（一组十五件）	长4.5cm—7.8cm；宽2.2cm—4.5cm	63,250	西泠印社	2020-08-08
明 白玉镂刻麒麟带板	长7.5cm；宽6.1cm；厚0.8cm	26,400	上海呗美	2020-06-10
明 白玉透雕龙纹带板	6cm×5.1cm	28,750	中国嘉德	2020-12-03
明 白玉透雕五毒带板	长9.3cm	149,500	中国嘉德	2020-08-18
明 包金龙纹玉带板（一组）	最宽10cm	224,814	中国嘉德	2020-10-10
明 黑白玉巧色雕双獬豸纹带板	长6.8cm	138,000	北京保利	2020-10-20
明 黑白玉巧色雕云龙纹带板	长5.8cm	126,500	北京保利	2020-10-20
明 灰白玉带皮巧色雕荷塘鸳鸯纹带板	长7.5cm	63,250	北京保利	2020-10-20
明 灰玉提色双龙抢珠纹带板	长8.1cm	48,300	北京保利	2020-10-20
明 镂刻龙纹带板	宽5.5cm	59,269	中国嘉德	2020-10-10
明 麒麟纹带板	7.7×6.3×0.8cm	22,400	上海联合	2020-11-29
明 青白玉花鸟纹带板	长15.2cm	25,300	中国嘉德	2020-11-11
明 青玉鹿纹带板	4.3cm×4cm	69,000	中国嘉德	2020-12-03
明 素面玉带板（一组）	宽7.8cm	18,394	中国嘉德	2020-10-10
明 玉面具	长8cm	34,500	北京禾谷	2020-09-24
清 龙带板	尺寸不一	92,000	北京禾谷	2020-09-24
清 玉带板（一套十三件）	尺寸不一	115,000	北京禾谷	2020-09-24
玉雕螭龙带板	长5cm	9,200	北京翰海	2020-09-12
玉雕龙纹带板	长8cm	28,750	北京翰海	2020-09-12
玉雕鹭鸶带板	长7cm	11,500	北京翰海	2020-09-12
玉雕瑞兽带板	长4.6cm	9,200	北京翰海	2020-09-12
玉雕云龙带板	长8.2cm	64,400	北京翰海	2020-09-12
玉雕云龙带板	长6.2cm	43,700	北京翰海	2020-09-12
其他玉带饰				
元 玉龙纹带饰	长8.2cm	40,250	中国嘉德	2020-12-03
明 白玉春水图带饰	长9.5cm	138,000	北京保利	2020-12-05
明 白玉雕龙纹带饰	8cm×5.5cm×1cm	34,500	广东崇正	2020-09-13
明 白玉红沁螭龙纹带饰	长9.8cm	201,600	上海呗美	2020-08-22
明 白玉留皮巧色雕马上封侯带饰	长5cm	40,250	北京保利	2020-12-05
明 白玉马上封侯带饰	高5.7cm；长9.3cm；厚2.4cm	29,700	上海呗美	2020-10-20
明 白玉双节带饰	4.2cm×2.7cm×1.5cm	5,600	上海联合	2020-11-29
明 白玉一路连科带饰	长9cm	74,750	北京翰海	2020-12-12
明 灰玉海东青击雁图带饰	宽5.7cm	138,000	北京保利	2020-10-20
明晚期 青白玉穿花龙纹带饰	长5.8cm	23,000	北京保利	2020-12-05
清中期 白玉喜鹊登梅带饰	长9cm	46,000	北京翰海	2020-12-12
清 青玉带饰	长8.2cm；宽5.9cm；厚2cm	1,650	上海呗美	2020-07-30
明 白玉镂雕龙纹铊尾	16.3cm×5.5cm	69,000	中国嘉德	2020-12-03
明 白玉镂雕龙纹铊尾（两件）	12.4cm×4.4cm×2	184,000	中国嘉德	2020-12-03
战国 白玉雕饕餮纹虎首带钩	长5cm	384,200	佳士得	2020-07-09
战国 白玉沁色鹿纹带钩	长14cm	153,282	中国嘉德	2020-10-10
战国 玛瑙龙勾兽面带钩	18cm×3cm	44,001	富艺香港	2020-04-18
战国 青玉雁首带钩	长4cm	53,138	中国嘉德	2020-10-10
西汉 黄玉带钩	9.2cm×6.4cm	25,240,140	伦敦佳士得	2020-11-03
宋 白玉凤凰带钩	7.5cm	18,158	香港苏富比	2020-11-26
宋代/元代 白玉鸭首钩	长4.6cm；宽2.3cm；高3.1cm	49,500	上海呗美	2020-09-20
明早期 老水晶螭龙龙钩	长8cm	8,050	上海嘉禾	2020-01-05
明 白玉苍龙教子带钩	长9.7cm	5,712	罗芙奥	2020-07-18
明 玛瑙龙纹带钩	高8cm	20,700	广东崇正	2020-09-13

拍品名称	物品尺寸	成交价RMB	拍卖公司	拍卖日期
明水晶笔山、水晶带钩（一组两件）	长7cm；长11.5cm	23,000	广东崇正	2020-09-13
明至清 白玉红沁龙首带钩	长11cm	25,300	西泠印社	2020-08-09
明清 和田玉花件龙钩（三件）	尺寸不一	11,500	上海嘉禾	2020-01-05
明末清初 黄玉龙形带钩	长10cm	20,700	古天一	2020-10-16
清初 白玉龙首带钩	长15cm	57,500	北京翰海	2020-12-12
18世纪 白玉苍龙教子带钩	长14.5cm	64,528	巴黎佳士得	2020-06-23
18世纪 玉雕螭龙纹带钩一组三件	长14.7cm；长12cm；长10.8cm	21,859	伦敦苏富比	2020-06-16
清中期 白玉灵芝带钩	长11.5cm	143,750	北京翰海	2020-12-12
清中期 白玉龙首带钩	长13.3cm	34,500	中国嘉德	2020-11-11
清中期 白玉龙首带钩	长12.5cm	23,000	北京翰海	2020-12-12
18/19世纪 白玉苍龙教子带钩（一组两件）	最大长度9.5cm	14,653	伦敦佳士得	2020-02-13
18/19世纪 黄玉鹿首带钩	长8.9cm	13,164	伦敦佳士得	2020-05-21
18/19世纪 青白玉雕螭龙纹带钩	长9.6cm	49,182	伦敦苏富比	2020-06-16
18/19世纪 青白玉雕螭龙纹带钩	长12cm	14,226	伦敦苏富比	2020-06-15
19世纪 青白玉雕螭龙纹带钩及白玉猴首带钩（一组两件）	长7.8 及6.2cm	17,487	伦敦苏富比	2020-06-16
清白玉苍龙教子、凤首带钩（两件）	长12.7cm；长8.5cm	20,700	北京保利	2020-10-20
清 白玉雕蜻蜓首带钩、白玉雕带子上朝纹带钩	长9cm	21,090	佳士得	2020-10-08
清 白玉雕竹燕螭龙带钩	宽12.4cm	40,214	保利香港	2020-12-02
清 白玉鹅头带钩	长10.2cm	20,700	中贸圣佳	2020-12-08
清 白玉鹅头形带钩	长7.5cm	20,700	中贸圣佳	2020-12-08
清 白玉凤形带钩	长9cm	78,200	中国嘉德	2020-08-18
清 白玉留皮苍龙教子带钩	长13.2cm；宽2.9cm；高2.7cm	31,900	上海呗美	2020-06-10
清 白玉龙首带钩	长12.2cm	20,700	中国嘉德	2020-07-15
清 白玉龙首带钩	长10.5cm	13,800	中国嘉德	2020-07-16
清 白玉龙形小带钩	长4cm	82,800	古天一	2020-10-16
清 白玉镂雕花篮图圆盖盒及白玉镂雕瓜藤纹带钩一对	盒长5.9cm；带钩长4.8cm	25,634	香港苏富比	2020-11-26
清 白玉如意式三多带钩一对	长12.3cm×2	68,544	香港苏富比	2020-06-05
清 白玉双鹅带钩	9cm	21,362	香港苏富比	2020-11-26
清 白玉鸭嘴形带钩	长2.6cm	80,500	古天一	2020-10-16
清 碧玉雕螭龙带钩	宽10.2cm	40,214	保利香港	2020-12-02
清 青白玉苍龙教子带钩	长13.6cm；宽2.6cm；厚3cm	24,200	上海呗美	2020-07-10
清 玉带钩	长13cm	11,500	北京禾谷	2020-09-24
白玉灵芝纹带钩	长9cm	3,450	中国嘉德	2020-07-15
白玉龙勾	长13cm	10,350	北京翰海	2020-09-12
青白玉龙带钩	12.5cm	21,362	香港苏富比	2020-11-26
明 白玉龙钩	长11.3cm；宽1.8cm；高2.1cm	26,400	上海呗美	2020-09-20
清 白玉苍龙教子纹龙钩	长13cm	43,700	中贸圣佳	2020-10-16
清 白玉勾云纹龙钩	长11.2cm	40,250	十竹斋拍卖（北京）	2020-10-18

拍品名称	物品尺寸	成交价RMB	拍卖公司	拍卖日期
清 白玉龙钩	长11.3cm	17,250	中国嘉德	2020-12-03
清 青白玉双龙钩	长9cm；高2.8cm；宽2cm	5,500	上海呗美	2020-09-10
宋 白玉琴形带扣	11.3cm×3.5cm	112,407	中国嘉德	2020-10-10
辽 嵌玉腰带扣（白玉）	长10.8cm	11,500	北京禾谷	2020-09-24
辽/金 元 玉雕秋山图带扣、玉雕佩各一 青玉雕春水图帽顶	长6.7cm	84,360	佳士得	2020-10-08
辽至元 青白玉镂雕龙纹带扣	5.8cm	21,362	香港苏富比	2020-11-26
元 墨白玉巧雕龙纹带扣	长7.6cm	117,491	香港苏富比	2020-11-26
元至明 青白玉镂雕春水带扣	7.3cm	12,817	香港苏富比	2020-11-26
明 白玉将军扣	直径7.2cm；厚0.7cm	5,500	上海呗美	2020-07-10
明 白玉镂雕龙纹带扣	长7.2cm	78,200	中贸圣佳	2020-10-16
明 白玉镂雕麒麟镶碧玉带扣	7.8cm×5.3cm	57,500	中国嘉德	2020-12-03
清早期 白玉绳结形带扣	长6.2cm；宽3.6cm	33,350	中贸圣佳	2020-12-08
18世纪 白玉带皮光素带扣	长5.6cm	36,557	香港苏富比	2020-06-05
清中期 青白玉雕狮子戏球带扣	长7.3cm	13,800	北京保利	2020-10-20
18/19世纪 青白玉福禄寿带扣	直径6.3cm	7,426	香港苏富比	2020-06-05
清 白玉雕“喜”字带扣一对及瑞兽（一组三件）	尺寸不一	11,500	保利厦门	2020-09-26
清 白玉雕双龙带扣	长12cm	23,000	十竹斋拍卖（北京）	2020-10-18
清 白玉红沁双龙纹带扣	1.长5.5cm；宽5cm 2.长6cm；宽5cm	10,350	西泠印社	2020-08-08
清 白玉龙纹带扣	7.5cm×6.3cm	51,094	中国嘉德	2020-10-10
清 白玉卧马带扣	长5.5cm	10,350	中贸圣佳	2020-12-08
清 螭龙纹带扣	长12.2cm	101,200	中贸圣佳	2020-10-16
清 翠玉龙纹带扣	7.7cm	6,409	香港苏富比	2020-11-26
清 精雕双福龙纹玉带扣	重71g	850,948	库恩国际	2020-01-08
清 青白玉戏猫童子及刘海带扣（一组两件）	各5.8cm	41,126	香港苏富比	2020-06-05
玉雕螭龙带扣（两件）	长9.5cm	20,700	北京翰海	2020-09-12
玉雕夔龙带扣	长6.7cm	8,050	北京翰海	2020-09-12
玉龙钩 带扣（3件）		6,900	北京翰海	2020-09-12
玉裙带扣	长8cm	17,250	北京翰海	2020-09-12
玉 锁				
18世纪 白玉双喜锁牌	长7.8cm	31,767	巴黎佳士得	2020-06-23
18/19世纪 白玉福禄双全纹锁片	宽8.4cm	52,461	伦敦苏富比	2020-06-16
清 白玉“玉堂富贵”锁	7.6cm×5.6cm	49,450	中国嘉德	2020-08-18
清 白玉梅寿长春锁	长7.4cm；宽4.9cm；厚0.5cm	1,650	上海呗美	2020-07-30
清 白玉锁片（一组）	长7.7cm；长8.9cm；长9.1cm；长12.6cm	89,700	中贸圣佳	2020-12-08
清 白玉玉堂富贵花卉锁	9.7cm×7cm	17,250	中国嘉德	2020-12-03
玉麒麟送子锁	长9cm	20,700	北京翰海	2020-09-12
玉 磬				
清乾隆 白玉御题诗螭龙纹磬	长13.4cm	109,250	北京翰海	2020-12-12
清 碧玉龙纹磬	长20.2cm	17,250	广东崇正	2020-09-13

拍品名称	物品尺寸	成交价RMB	拍卖公司	拍卖日期
清 灰白玉鱼形佩及白玉透雕福庆双全玉磬（共两件）	宽17.6cm	21,090	佳士得	2020-10-08
清 青玉雕夔龙纹磬	长26cm	55,200	西泠印社	2020-08-09
20世纪 仿古玉磬	宽21.5cm	9,017	伦敦佳士得	2020-02-13
玉刚卯				
明以前 白玉刚卯（两件）	高2.5cm；高4.5cm	57,500	广东崇正	2020-09-13
明 玉刚卯	高2.8cm	32,200	中国嘉德	2020-12-03
18/19世纪 白玉刚卯	长2.2cm	25,133	香港苏富比	2020-06-05
玉柄形器				
红山文化 青玉柄形器（两件）	长10.5cm	44,289	佳士得	2020-10-08
商 夔龙冠立鸮柄形器	长29.8cm	426,000	佳士得	2020-11-30
商晚期 玉柄形器	长8.5cm	117,150	佳士得	2020-11-30
西周 凤纹柄形器	长7.6cm	159,750	佳士得	2020-11-30
西周 玉凤纹柄形器	长9.6cm	127,800	佳士得	2020-11-30
明 白玉柄形器	长10cm；宽1cm；厚0.9cm	6,600	上海呗美	2020-07-30
清 白玉柄形器	长18cm	43,700	古天一	2020-10-16
玉炉顶				
元 白玉一鹭莲科炉顶	高4cm	230,000	北京翰海	2020-12-12
元 青白玉镂雕宝鸭纹炉顶	宽4.8cm	20,766	伦敦苏富比	2020-06-16
元 玉沁色孔雀纹炉顶	高4.6cm	172,500	中国嘉德	2020-12-03
元代 白玉红沁鸳鸯炉顶	高3.6cm；宽3.9cm；厚3.2cm	28,600	上海呗美	2020-07-20
元或更晚青白玉镂雕一品清廉炉顶	宽4.5cm	21,362	香港苏富比	2020-11-26
17世纪 青玉镂雕苍龙教子纹炉顶	高5cm	49,182	伦敦苏富比	2020-06-16
明 白玉镂雕鸳鸯荷花炉顶	高4.7cm	82,800	中贸圣佳	2020-12-08
明 白玉镂雕云龙纹炉顶	长4.6cm；高3.8cm	39,100	中贸圣佳	2020-12-08
明 白玉双凤纹炉顶	高3.6cm	43,700	北京保利	2020-12-05
明 白玉鸳鸯炉顶	长3.5cm	63,250	中国嘉德	2020-12-03
明 和田玉龙纹镂空大炉顶	高6cm	1,150	上海嘉禾	2020-01-05
明 黑白玉炉顶、黄玉卷云纹勒子（一组两件）	高14.5cm；高23cm	6,900	广东崇正	2020-09-13
明 玉一路连科炉顶	高4.5cm	46,000	北京翰海	2020-12-12
清早期 白玉抚琴炉顶	高5cm	230,000	十竹斋拍卖（北京）	2020-10-18
清 玉鹤鹿同春炉顶	高4cm	28,750	北京翰海	2020-12-12
青白玉一路连科图炉顶	长8.6cm	3,450	中国嘉德	2020-07-15
玉香囊				
清 白玉镂雕佛手形香囊	长6.8cm	29,900	西泠印社	2020-08-09
清 白玉镂空葫芦香囊	高6.5cm；宽4.2cm；厚2.5cm	29,700	上海呗美	2020-07-10
清 白玉镂空香囊	直径5.6cm	48,300	中贸圣佳	2020-10-16
清烧蓝嵌玉香盒（含香囊）、旧宣纸、烧蓝嵌玉首饰盒（一组三件）	12.3cm×8.7cm×3cm 13cm×8.4cm×5cm	241,500	广东崇正	2020-06-27
和田玉籽料香囊	4.8cm×3.5cm	8,050	华艺国际	2020-10-15
黄沁连年有鱼香囊	6.8cm×4.15cm×2cm 重量39g	29,120	上海联合	2020-11-29

拍品名称	物品尺寸	成交价RMB	拍卖公司	拍卖日期
黄玉兽面纹香囊	长8.4cm	6,900	中国嘉德	2020-11-11
青白玉缠枝莲纹香囊（一对）	高45cm	8,050	中国嘉德	2020-07-15
俞巍巍 白玉透雕缠枝莲纹香囊	3.85cm×2.25cm×1.95cm 重量11.3g	17,920	上海联合	2020-11-29
玉珠串、项链				
公元前三千年 灰白玉颈链	长9cm	238,455	纽约佳士得	2020-09-25
新石器时代 公元前三千年 灰白玉串饰	长6cm	425,813	纽约佳士得	2020-09-25
新石器时代 良渚文化 公元前三千年 玉珠三串	长7.7cm	170,325	纽约佳士得	2020-09-25
良渚文化 玉串饰	长33cm	14,763	佳士得	2020-10-08
良渚文化 玉串饰及玉珠	串饰长27.5cm	179,265	佳士得	2020-10-08
文化期 良渚玉串饰	总围长64cm	327,002	中国嘉德	2020-10-10
文化期 良渚玉串饰	总围长71cm；大玉环直径4.9cm	73,575	中国嘉德	2020-10-10
文化期 玉珠（一对）	宽2cm	21,334	中国嘉德	2020-07-13
萨珊文化 缠丝玛瑙玉贝珠串	通长26cm	58,650	西泠印社	2020-08-10
斯基泰文化 精品蓝松金贝八棱玛瑙珠串	通长33cm	87,400	西泠印社	2020-08-10
商至战国琉璃玛瑙珠贝手握组串	通长26cm	161,000	西泠印社	2020-08-10
战国 蓝松金贝松石玛瑙蚌贝珠串	通长39cm	85,100	西泠印社	2020-08-10
战国 小米松石金珠串	通长32.5cm	49,450	西泠印社	2020-08-10
汉 白玉兽面多宝串	直径2.9cm	81,750	中国嘉德	2020-10-10
宋或更早 玉熊及螭龙纹玉勒多宝串	熊高2cm；玉勒长2.2cm	43,700	西泠印社	2020-08-09
公元前一千年或以后绿松石珠串	长3.5cm	46,839	纽约佳士得	2020-09-25
元至明 螭龙纹玉璧及云纹玉璧多宝串	螭龙纹璧直径3cm	11,500	西泠印社	2020-08-09
明 白玉红沁多宝串	勒子高1.8cm；璧直径3.6cm	100,800	上海呗美	2020-08-22
明 玉牛气冲天多宝串	长12.4cm	9,200	广东崇正	2020-09-13
明 玉兽多宝串（一组）	尺寸不一	32,200	中贸圣佳	2020-12-08
明 玉兽多宝串（一组）	尺寸不一	20,700	中贸圣佳	2020-12-08
莫卧儿文化 玉贝棱形螺钿青金石松石珠串	通长28cm	69,000	西泠印社	2020-08-10
清中期 玉多宝串（三件）		11,500	北京翰海	2020-12-12
清 白玉鸡、环、仕女多宝串	长11.8cm	21,850	广东崇正	2020-09-13
清白玉十二生肖多宝串（十二件）		17,250	北京翰海	2020-12-12
清 白玉珠多宝串	最大长度2.8cm	10,681	香港苏富比	2020-11-26
清 碧玉十八子手串	单颗直径1.5cm	5,750	中贸圣佳	2020-12-08
清 沉香手串（18子）		13,800	北京翰海	2020-09-12
清 钴蓝琉璃珠串、蓝沁玛瑙管珠（一对）	通长11mm至16mm	17,250	西泠印社	2020-08-10
清 琥珀配翡翠十八子手串	直径0.8cm×18	9,200	广东崇正	2020-09-13
清 琥珀十八子持珠	珠径约1cm；总重33g	28,750	西泠印社	2020-08-09

拍品名称	物品尺寸	成交价RMB	拍卖公司	拍卖日期
清 金珀圆珠手串	直径1.2cm	34,179	香港苏富比	2020-11-26
清 金珀圆珠手串	直径1.2cm	25,634	香港苏富比	2020-11-26
清 玛瑙随形珠一组十八颗	通长15mm至18mm	17,250	西泠印社	2020-08-10
清 青白玉多宝串	长8.2cm	4,600	中国嘉德	2020-07-15
清 珊瑚、玛瑙及玉项链	长42cm	54,835	香港苏富比	2020-06-05
清 玉蝉多宝串	蝉 4.5cm×2.1cm×0.5cm	7,280	上海联合	2020-11-29
清或更早 玉璧、玛瑙羊及玉猪多宝串	1.羊长2.3cm；2.璧直径4cm；3.猪长4.2cm；4.龙纹璧直径5.5cm	10,350	西泠印社	2020-08-09
民国 翡翠雕“连中三元”、白玉雕“瓜瓞绵绵”、白玉雕“大吉”、黑白玉瑞兽、银制“瓜瓞绵绵”、玉多宝串、火烧玉瑞兽纸镇（共七件）	长5.5cm	43,700	北京保利	2020-10-19
民国 琥珀挂珠108颗	单珠直径0.7cm	11,500	中国嘉德	2020-12-02
20世纪 翠玉珠（一组）	最大长度4.5cm	10,144	伦敦佳士得	2020-02-13
和田玉原石手串	尺寸不一	6,900	北京钜鑫缘	2020-10-13
和田玉珍珠宫廷十八子手串	133.7g	1,150	上海嘉禾	2020-01-05
琥珀、蜜蜡串饰三串	长26.5cm；长20cm；长12cm	13,800	中国嘉德	2020-07-15
斯基泰文化 绿松石折叶金珠串	通长31cm	47,150	西泠印社	2020-08-10
19世纪 蜜蜡项链四串	尺寸不一	23,000	中国嘉德	2020-07-15
清 东珠108子朝珠	珠径1cm	51,750	西泠印社	2020-08-09
清 黄料108颗朝珠		9,200	北京翰海	2020-09-12
清 蜜蜡108子朝珠	珠径1.2cm；总重225.6g	46,000	西泠印社	2020-08-08
清 青白玉镂雕佩饰项链	佩饰长5.3cm	10,681	香港苏富比	2020-11-26
朝珠两串	长89cm；长77cm	34,500	中国嘉德	2020-07-15
朝珠两串	长84cm；长83cm	5,750	中国嘉德	2020-11-11
红珊瑚配翡翠项链佛珠共108颗	珊瑚直径约8mm-9mm；佛珠长约96cm	172,500	华艺国际	2020-10-15
琥珀项链连角雕双獾坠	长43.5cm	27,330	佳士得	2020-04-21
玛瑙朝珠（一串）	尺寸不一	137,655	东京国立拍卖	2020-01-10
玛瑙项链	长47cm	4,600	中国嘉德	2020-07-15
玉雕动物项链	长47.3cm	113,875	佳士得	2020-04-21
玉雕什锦项链	长44.2cm	102,488	佳士得	2020-04-21
玉镯				
新石器时代 良渚文化 公元前三千年 灰褐玉镯	直径11.2cm	170,325	纽约佳士得	2020-09-25
新石器时代 良渚文化 公元前三千年 玉镯（三件）	最大直径10cm	1,277,438	纽约佳士得	2020-09-25
红山文化 玉手镯	外径8.4cm；内径6.7cm	426,600	台北艺珍	2020-08-16

拍品名称	物品尺寸	成交价RMB	拍卖公司	拍卖日期
良渚玉镯（一对）	直径6.3cm，宽0.7cm；直径6.1cm，宽0.5cm	1,726,725	美国摩根	2020-01-14
文化期 满红沁玉镯	直径8.2cm	183,938	中国嘉德	2020-10-10
文化期 满红沁玉镯	直径8.5cm	163,501	中国嘉德	2020-10-10
汉 白玉奶皮沁手镯	直径7.7cm	28,613	中国嘉德	2020-10-10
明 白玉绳纹手镯（一对）	内径5.7cm×2	183,938	中国嘉德	2020-10-10
明 和田玉红沁手镯	直径8.8cm	8,050	上海嘉禾	2020-01-05
明 黄玉蝉纹玉镯	直径6.2cm	17,250	广东崇正	2020-09-13
明 青白玉带皮手镯	内径6.2cm	14,953	香港苏富比	2020-11-26
明 青金石、手镯	直径8cm	5,750	北京禾谷	2020-09-24
明玉雕兽面纹镯和诗文镯（各一件）	直径8.6cm	63,357	中国嘉德	2020-10-10
明或更早 白玉手镯（一对）	内径5.3cm×2	255,470	中国嘉德	2020-10-10
明至清 黄玉浮雕龙纹镯	外径8.2cm	64,400	西泠印社	2020-08-09
清中期 白玉二龙戏珠手镯	内径6.1cm	23,000	北京翰海	2020-12-12
清中期 白玉绞丝纹手镯	内径6.1cm	57,500	北京翰海	2020-12-12
清中期 白玉留皮文字手镯	内径5.8cm	32,200	北京翰海	2020-12-12
清 白玉雕双龙戏珠手镯	内径5.9cm	40,250	西泠印社	2020-08-09
清 白玉二龙戏珠镯（一对）	内径5.6cm×2	55,200	中国嘉德	2020-08-18
清白玉浮雕溪山访友图诗文手镯	外径7.8cm；内径5.8cm	11,500	西泠印社	2020-08-09
清 白玉绞丝镯	内径5.6cm；外径7.7cm	28,750	中国嘉德	2020-08-18
清 白玉连珠手镯	直径7.3cm	66,700	中贸圣佳	2020-10-16
清 白玉连珠手镯	内径5.4cm；外径7.1cm	66,700	中国嘉德	2020-08-18
清 白玉连珠龙纹手镯	直径6cm	20,700	广东崇正	2020-09-13
清 白玉马蹄镯	内径5.4cm	28,750	中国嘉德	2020-12-03
清 白玉绳纹手镯	直径8.2cm	11,500	中贸圣佳	2020-10-16
清 白玉手镯	直径6cm	34,500	广东崇正	2020-09-13
清 白玉手镯	内径5.8cm	28,750	北京翰海	2020-12-12
清 白玉手镯	内径6cm	11,500	北京翰海	2020-12-12
清 白玉手镯	内径6.2cm	6,900	北京翰海	2020-12-12
清 白玉手镯	直径8cm	5,750	荣宝斋（南京）	2020-11-28
清 白玉手镯（一对）	外径7.5cm×2	286,126	中国嘉德	2020-10-10
清 白玉手镯（一对）	直径8cm	69,000	北京保利	2020-12-05
清 白玉双龙抱珠手镯	7cm×8cm	74,750	古天一	2020-10-16
清 白玉竹节手镯（一对）	直径7.3cm×2	195,500	古天一	2020-10-16
清 白玉镯	内径5.8cm	28,750	中国嘉德	2020-12-03
清 白玉镯	内径5.8cm	20,700	中国嘉德	2020-12-03
清 雕花手镯	直径8cm	9,200	北京禾谷	2020-09-24
清 黄玉手镯	直径7.5cm	8,050	荣宝斋（南京）	2020-11-28
清 黄玉手镯（一对）	内径6.2cm；宽1.25cm	22,400	上海联合	2020-11-29
清 青白玉镯	内径6.1cm；条粗1cm	7,150	上海呗美	2020-10-20

拍品名称	物品尺寸	成交价RMB	拍卖公司	拍卖日期
清 青玉手镯	内径6.1cm；条粗1cm	5,500	上海呗美	2020-10-20
清 青玉兽面纹手镯	直径8cm	43,700	古天一	2020-10-16
清 银饰双龙首手镯	重120g	376,209	库恩国际	2020-01-08
民国 白玉手镯（一对）	直径8cm	29,900	北京保利	2020-10-20
清晚/民国 青白玉对镯	内径5.5cm；条粗1.1cm	16,500	上海呗美	2020-09-20
19/20世纪 银鎏金累翠花卉纹镯	直径7cm	6,763	伦敦佳士得	2020-02-13
现代 和田羊脂白玉手镯	110.64g	41,400	北京禾谷	2020-09-24
现代 和田羊脂白玉手镯	110.58g	40,250	北京禾谷	2020-09-24
现代 和田羊脂白玉手镯	92.87g	28,750	北京禾谷	2020-09-24
白玉、碧玉镯（一对）	内径5.7cm；内径5.4cm	13,800	中国嘉德	2020-07-15
白玉、青白玉镯九只	尺寸不一	10,350	中国嘉德	2020-07-15
白玉绞丝纹手镯	直径8cm	11,500	北京翰海	2020-09-12
白玉绞丝镯四只	内径5.6cm	23,000	中国嘉德	2020-07-15
白玉龙鱼手镯	宽1.68cm；厚0.7cm；手寸5.3cm	8,400	上海联合	2020-11-29
白玉手镯	内径5.75cm	268,800	上海联合	2020-11-29
白玉手镯	宽1.7cm；厚0.9cm；手寸5.5cm；重量68.4g	151,200	上海联合	2020-11-29
白玉手镯	手寸5.65cm；宽1.4cm；厚0.95cm；重量64.5g	61,600	上海联合	2020-11-29
白玉手镯	重63.5g；外径8.1cm	54,167	国枰拍卖	2020-05-17
白玉镯	内径5.8cm	10,350	中国嘉德	2020-07-15
白玉镯	内径5.6cm	9,200	中国嘉德	2020-07-15
白玉镯	内径5.6cm	6,900	中国嘉德	2020-11-11
勾云纹手镯	直径12.5cm	796,950	东京国立拍卖	2020-01-10
和田玉手镯	直径5.7cm	1,152,113	哈布斯堡	2020-06-26
青白玉贵妃镯（一对）	内径5.9cm	11,500	中国嘉德	2020-07-15
青白玉镯	内径5.6cm	5,750	中国嘉德	2020-07-15
青白玉镯	内径5.6cm	5,750	中国嘉德	2020-11-11
青白玉镯（三只）	内径5.9cm；内径5.8cm；内径5.8cm	6,900	中国嘉德	2020-11-11
手镯（一对）	直径6.4cm	1,009,470	美国摩根	2020-01-14
玉连珠手镯	直径7.5cm	8,050	北京翰海	2020-09-12
玉手镯	直径7.5cm	6,900	北京翰海	2020-09-12
玉云龙手镯	直径8cm	14,950	北京翰海	2020-09-12
玉发器				
新石器时代红山文化 黄玉箍形器	长12.8cm	847,500	香港苏富比	2020-07-11
清白玉花卉纹簪饰（一组三件）	1.长13.6cm；2.长14.7cm；3.长14.8cm	25,300	西泠印社	2020-08-09
明 白玉方簪	长7.7cm	63,357	中国嘉德	2020-10-10
明 白玉凤首发簪	长18.2cm	10,350	中贸圣佳	2020-12-08
明 白玉蘑菇头簪	高11.2cm	5,688	台北艺珍	2020-08-16
明 白玉三螭纹头簪	长11.5cm	161,000	北京保利	2020-10-20

拍品名称	物品尺寸	成交价RMB	拍卖公司	拍卖日期
明 玉沁色蘑菇头簪子	长15.8cm	25,300	中国嘉德	2020-12-03
清 白玉喜上眉梢发簪	11.5cm×1.8cm	3,667	富艺香港	2020-04-18
清 白玉子冈款螭龙纹簪	长12.4cm	36,800	中国嘉德	2020-12-03
清 青玉发簪	长25.7cm	29,120	上海联合	2020-11-29
玉发簪	长26cm	51,750	北京翰海	2020-09-12
辽 黄青玉透雕春水梳子	8.2cm	18,158	香港苏富比	2020-11-26
元至明 青白玉镂雕凤凰梳子	8.7cm	9,613	香港苏富比	2020-11-26
商 黄玉弦纹箍	直径5.5cm	61,313	中国嘉德	2020-10-10
清 弦纹玉发箍	直径4.8cm；高1.3cm	195,500	古天一	2020-10-16
明 白玉梵文发冠	宽9cm	81,750	中国嘉德	2020-10-10
明 白玉七棱发冠	高4.2cm；宽5.4cm；厚3.7cm	20,900	上海呗美	2020-10-20
明 白玉扁方	长28cm	86,250	西泠印社	2020-08-09
玉韘形佩				
汉 黄玉鸡心佩	8cm×6cm	7,140	富艺香港	2020-06-06
宋 黄玉螭龙鸡心佩	高7.3cm	37,335	中国嘉德	2020-07-13
17世纪 青白玉螭龙鸡心佩	高6.8cm	71,532	中国嘉德	2020-10-10
明 白玉红沁鸡心佩	长5.9cm	11,500	广东崇正	2020-09-13
明 白玉人龙凤纹鸡心佩	长8.4cm	425,600	上海呗美	2020-08-22
明 旧玉龙凤纹鸡心佩	长7.4cm	220,000	上海呗美	2020-07-20
明 玉雕龙纹鸡心佩	长9.8cm	23,000	西泠印社	2020-08-08
清乾隆 碧玉雕仿古瑞兽纹韘形佩	高7cm	989,812	纽约苏富比	2020-09-22
清 白玉变形云气螭纹韘形佩	6cm×5cm	126,500	古天一	2020-10-16
清 白玉龙纹韘形佩	高6.8cm	1,610,000	古天一	2020-10-16
清 白玉韘形佩	高5.5cm	101,200	古天一	2020-10-16
清 黄玉仿古龙纹韘式佩	高7.5cm	117,491	香港苏富比	2020-11-26
清 黄玉鸡心佩	长9.7cm；宽4.2cm	460,000	中贸圣佳	2020-10-16
清 玉雕云纹韘形佩	高5.5cm	207,000	古天一	2020-10-16
白玉留皮螭龙鸡心佩	长7.9cm	11,500	中国嘉德	2020-11-11
玉司南佩				
汉 白玉带沁色司南	高1.6cm	30,656	中国嘉德	2020-10-10
汉 玉珠连玉斧一串和工字佩一件	长62.2cm	61,313	中国嘉德	2020-10-10
明 沁色玉雕司南佩	高4.5cm	11,500	西泠印社	2020-08-09
明末清初 白玉工字佩	3.5cm×3.5cm	46,000	古天一	2020-10-16
清 玉三才环、白玉工字佩串饰	环直径4.8cm	59,800	古天一	2020-10-16
玉牌				
东周 玉虎形牌	长14cm	2,754,259	纽约苏富比	2020-09-23
战国 钱纹牌、六坑连珠挂牌一对	通长77mm至138mm	17,250	西泠印社	2020-08-10
宋 透雕仕女图玉牌	总宽16.2cm	274,170	佳士得	2020-10-08
元 白玉雕天王牌	高5.9cm	731,600	纽约苏富比	2020-09-22
元 白玉镂雕莲花龙纹牌及18/19世纪紫檀框	宽16cm	101,441	伦敦佳士得	2020-02-13
明早期 和田玉双面镂空雕福禄寿老包银腰牌	长8.8cm	23,000	上海嘉禾	2020-01-05
16/17世纪 白玉透雕穿花龙纹牌	直径10.8cm	86,071	纽约苏富比	2020-09-23
明 白玉、财源滚滚牌	直径5.5cm	5,750	北京禾谷	2020-09-24

拍品名称	物品尺寸	成交价RMB	拍卖公司	拍卖日期
明 白玉螭龙鹿寿诗文牌	高4.6cm	173,720	中国嘉德	2020-10-10
明 白玉雕龙纹牌	宽11cm	55,356	纽约佳士得	2020-09-25
明 白玉雕喜事连连牌	高3.7cm	103,500	西泠印社	2020-08-09
明 白玉红沁龙牌	高5.2cm；宽3.8cm；厚0.7cm	4,400	上海呗美	2020-07-30
明 白玉红沁无字牌	长5cm；宽3.4cm；厚0.5cm	27,500	上海呗美	2020-09-20
明 白玉花卉纹牌	长4.1cm；宽4.1cm；厚0.5cm	4,400	上海呗美	2020-07-10
明 和田风景诗文子冈牌	重71g	116,446	库恩国际	2020-01-08
明 和田松鹤延年子冈牌	重89g	179,147	库恩国际	2020-01-08
明 青白玉镂雕羊牌	4.1cm×3.2cm×0.6cm	6,900	广东崇正	2020-09-13
明或以前 白玉镂空芦雁纹牌	长8.6cm	11,500	广东崇正	2020-09-13
明末至清初 白玉浮雕荔枝方牌	高6.6cm	34,272	香港苏富比	2020-06-05
清初至民国 黄玉牌	6.5cm	42,724	香港苏富比	2020-11-26
18世纪 白玉雕孙策图诗文《无双谱》子冈牌	长6.6cm	319,500	佳士得	2020-11-30
18世纪 白玉榴开百子牌	高5.8cm	204,376	中国嘉德	2020-10-10
18世纪 白玉米芾拜石题字牌	长5.9cm	91,392	香港苏富比	2020-06-05
清乾隆 白玉“龙凤呈祥”对牌	长6cm×2；重46.5g、重44.7g	1,265,000	北京保利	2020-10-20
清乾隆 白玉“五月蕤宾”月令牌	高8.5cm	282,500	香港苏富比	2020-07-11
清乾隆 白玉郭子仪诗文子冈牌	长6.3cm	460,000	北京保利	2020-10-20
清乾隆 白玉《西厢记》牌	长5.2cm	287,500	北京保利	2020-10-20
清乾隆 白玉斋戒牌	长6cm	92,000	永乐拍卖	2020-08-17
清中期 白玉雕人物诗文牌	高5.6cm	115,000	中国嘉德	2020-08-18
清中期 白玉兰石子冈牌	长6cm	149,500	北京保利	2020-10-20
18/19世纪 白玉梅寿牌	高7cm	84,382	巴黎佳士得	2020-06-23
19世纪 翠玉蝙蝠寿桃纹牌	高5cm	29,782	巴黎佳士得	2020-06-23
清 白玉牌	长6.7cm	5,750	北京禾谷	2020-09-24
清 白玉“白云抱幽石”牌	高5.6cm	255,470	中国嘉德	2020-10-10
清 白玉螭龙牌	直径5.5cm	388,314	中国嘉德	2020-10-10
清白玉大吉、鹿纹牌（一组两件）	长5.7cm；长5.3cm	5,750	广东崇正	2020-09-13
清 白玉雕传留百子牌	5.6cm×5.5cm	48,300	西泠印社	2020-08-09
清 白玉雕诗文浮雕梅花牌	长5.5cm	69,000	北京保利	2020-12-05
清 白玉雕仕女牌	长5.2cm；宽3.5cm	20,700	西泠印社	2020-08-09
清 白玉雕天保九如诗文牌	5.7cm×4.1cm	94,300	西泠印社	2020-08-09
清 白玉雕天鸡诗文牌	6.7cm×4.6cm	92,000	西泠印社	2020-08-09
清 白玉雕童子献宝诗文牌	6.6cm×4.5cm	63,250	西泠印社	2020-08-09
清 白玉雕醉酒图牌	5.4cm×4.2cm	57,500	西泠印社	2020-08-09
清 白玉仿西班牙银币牌	直径5.7cm	56,356	伦敦佳士得	2020-02-13
清 白玉浮雕人物文珍牌	长5.5cm；宽3.7cm	109,250	中贸圣佳	2020-12-08
清 白玉浮雕渔樵耕读图牌	长6cm	69,000	西泠印社	2020-08-09
清 白玉福禄长春牌	5.8cm×3.8cm	80,500	古天一	2020-10-16
清 白玉高士纹牌	6×5.5×2cm	32,200	广东崇正	2020-09-13
清 白玉高士图诗文牌	高5.2cm	234,982	香港苏富比	2020-11-26
清 白玉葫芦童子牌	高5.9cm；宽4cm；厚0.7cm	55,000	上海呗美	2020-07-30
清 白玉吉庆有余牌	高5.1cm；宽4cm；厚0.7cm	55,000	上海呗美	2020-06-10
清 白玉吉祥如意纹牌	6cm×3.7cm×0.6cm	20,700	广东崇正	2020-09-13
清 白玉加官进爵诗文牌	高7cm	306,564	中国嘉德	2020-10-10
清 白玉老翁童子牌	高5.8cm	97,079	中国嘉德	2020-10-10
清 白玉榴开百子牌	长5.5cm；宽4.8cm	32,200	中贸圣佳	2020-12-08
清 白玉镂雕双龙牌	高5.2cm；宽3.9cm；厚0.6cm	7,700	上海呗美	2020-10-20
清 白玉罗汉纹牌	5.9cm×4cm×0.6cm	17,250	广东崇正	2020-09-13
清 白玉牌	高6.5cm	61,313	中国嘉德	2020-10-10
清 白玉人物牌	长7.5cm	11,500	北京禾谷	2020-09-24
清 白玉人物牌	高3cm；宽2cm；厚0.5cm	8,800	上海呗美	2020-09-10
清 白玉人物诗文牌	长4cm	17,250	北京禾谷	2020-09-24
清 白玉三羊开泰牌	长6cm	23,000	北京保利	2020-10-20
清 白玉三阳开泰纹牌	高5.7cm；宽4.7cm；厚0.7cm	140,000	上海呗美	2020-08-22
清 白玉山水人物诗文牌	长5.7cm；宽3.9cm	23,000	西泠印社	2020-08-09
清 白玉山水诗文牌	5.2cm×4.1cm	57,500	中国嘉德	2020-12-03
清 白玉山水诗文牌	宽4cm；长5.5cm	28,750	中贸圣佳	2020-12-08
清 白玉石榴纹如意牌	长4.7cm	5,750	广东崇正	2020-09-13
清 白玉寿字暗八仙纹牌	直径5.6cm；厚0.4cm	3,850	上海呗美	2020-07-10
清 白玉双龙福喜牌	长5.5cm	11,500	中国嘉德	2020-07-15
清 白玉双龙富贵喜字牌	长7cm	74,750	中国嘉德	2020-08-18
清 白玉双面暗刻梅花牌	长6.6cm	529,000	中国嘉德	2020-08-18
清 白玉双喜牌	高5.8cm；宽4.5cm；厚0.7cm	51,700	上海呗美	2020-07-20
清 白玉松下对弈子冈牌	5.2cm×3.8cm	195,500	古天一	2020-10-16
清 白玉苏工松下高士牌	5.3cm×3.7cm	51,750	中贸圣佳	2020-12-08
清 白玉素牌	长4.9cm；宽3.4cm；厚1cm	6,050	上海呗美	2020-07-20
清 白玉岁岁平安牌	高5.9cm	286,126	中国嘉德	2020-10-10
清 白玉太平丰乐牌	长6.1cm；宽4cm；重量41g	80,500	江苏汇中	2020-12-10
清 白玉太狮少狮玉堂锦绣牌	长5cm；宽4.5cm	17,250	西泠印社	2020-08-09
清 白玉童子高士诗文牌	高5.3cm	43,700	中国嘉德	2020-08-18
清 白玉童子戏象子冈牌	6.2cm×3.9cm	109,250	中贸圣佳	2020-12-08
清 白玉武将诗文牌	长6.1cm	11,500	中国嘉德	2020-07-15
清 白玉羲之爱鹅牌	高5.7cm	265,689	中国嘉德	2020-10-10
清 白玉羲之爱鹅牌	长5.8cm；宽3.9cm	89,700	中贸圣佳	2020-12-08
清 白玉仙鹤衔书纹葫芦形牌	长12cm；宽6cm	23,000	西泠印社	2020-08-09
清 白玉亚字形牌	长4.1cm；宽4.1cm	43,700	中贸圣佳	2020-12-08

拍品名称	物品尺寸	成交价RMB	拍卖公司	拍卖日期
清 白玉子冈牌	长5.9cm；宽3.7cm	276,000	中贸圣佳	2020-10-16
清 白玉子冈牌	长6cm；宽4cm；重量43g	46,000	江苏汇中	2020-12-10
清 福寿诗文子冈牌	5.3cm×8cm	5,650	钜鑫缘	2020-06-14
清 蝠寿绵绵白玉牌	长4.4cm；宽5.1cm	55,200	中贸圣佳	2020-10-16
清 和田观音牌	重68g	492,654	库恩国际	2020-01-08
清 和田观音玉牌	重122g	89,574	库恩国际	2020-01-08
清 黄玉平安牌	长4.4cm；宽2.6cm	20,700	西泠印社	2020-08-09
清 黄玉一路连科牌	长6cm；宽4cm	10,350	荣宝斋（南京）	2020-11-28
清 黄玉斋戒牌	4.1cm×6.3cm	138,000	中国嘉德	2020-12-03
清 玛瑙俏色斋戒牌	高4.2cm	25,547	中国嘉德	2020-10-10
清 嵌白玉瓜瓞绵绵插牌	长11.5cm；宽9.5cm	34,500	中贸圣佳	2020-10-16
清 俏色玛瑙梅寿长春牌	长7.5cm；宽4.1cm	55,200	中贸圣佳	2020-12-08
清 青白玉雕红皮献寿图诗文牌	4.3cm×2.7cm	48,300	西泠印社	2020-08-09
清 青白玉双喜牌	高5.5cm；宽5cm；厚0.5cm	14,300	上海呗美	2020-07-10
清 青玉道家符箓纹牌	长9.1cm；宽3cm	33,350	中贸圣佳	2020-12-08
清19世纪晚期青白玉螭龙纹牌	长8cm,	12,022	伦敦苏富比	2020-06-16
清 一路连科玉牌	直径8cm	28,750	北京禾谷	2020-09-24
清 玉雕童子拜观音插牌	高17cm；宽9.5cm；连座高27cm	23,000	朵云轩	2020-09-24
清 竹林七贤子冈牌	6.2cm×4.3cm	109,250	中贸圣佳	2020-12-08
清 子冈款白玉牌	长5.5cm；宽5cm	195,500	中贸圣佳	2020-10-16
清末 青白玉山居秋暝牌	高6.5cm	16,876	巴黎佳士得	2020-06-23
19/20世纪 镂雕玉牌（一组六件）	最大直径5.9cm	11,271	伦敦佳士得	2020-02-13
现代 和田羊脂白玉生肖牌	6.8cm×4cm	23,000	北京禾谷	2020-09-24
现代 和田羊脂白玉生肖牌	6.6cm×3.9cm	20,700	北京禾谷	2020-09-24
现代 和田玉观音牌	2.2cm×6.8cm×1cm	115,500	乾禧国际	2020-01-20
当代 吉庆有余羊脂玉牌	0.53cm×0.53cm	1,600,000	安徽大都	2020-04-28
当代 人生如意羊脂玉牌	0.53cm×0.53cm	1,600,000	安徽大都	2020-04-28
白玉百事如意纹牌	长7.2cm	11,500	中国嘉德	2020-11-11
白玉雕凤鸟把件及必定如意牌（共两件）	宽6.2cm	193,588	佳士得	2020-04-21
白玉独占鳌头挂牌	6.6cm×3.5cm×1.75cm 重量60.7g	24,640	上海联合	2020-11-29
白玉仿古 人物诗文挂牌	5.6cm×5cm×0.6cm 重量41.4g	31,360	上海联合	2020-11-29
白玉仿古 "欢天喜地" 人物挂牌	5.6cm×4.7cm×0.68cm 重量46g	29,120	上海联合	2020-11-29
白玉观音牌	4.6cm×2.8cm	99,680	上海联合	2020-11-29
白玉观音牌	长5.3cm	3,450	中国嘉德	2020-07-15
白玉花开见佛挂牌	高4.93cm	78,400	上海联合	2020-11-29
白玉弥勒牌	长5.7cm	6,900	中国嘉德	2020-07-15

拍品名称	物品尺寸	成交价RMB	拍卖公司	拍卖日期
白玉平安无事牌	6.45cm×3.3cm×0.8cm 重量52g	14,560	上海联合	2020-11-29
白玉秋山枫韵挂牌	8cm×5.2cm	470,400	上海联合	2020-11-29
白玉人物诗文牌（一对）	长5.6cm；长5.5cm	13,800	中国嘉德	2020-07-15
白玉双鹤牌	长13.5cm	724,500	东京国立拍卖	2020-01-10
白玉太狮少狮牌	长5.5cm	5,750	中国嘉德	2020-11-11
白玉杂宝纹牌	长5.7cm	10,350	中国嘉德	2020-11-11
白玉斋戒牌	长6.1cm	11,500	中国嘉德	2020-11-11
白玉竹报平安、花开富贵牌（一对）	长5.9cm	25,300	中国嘉德	2020-07-15
顾铭 荷塘清趣 白玉牌	5.6cm×3.3cm	40,250	西泠印社	2020-08-10
郭文安 慧愿宏深 白玉插牌	11.2cm×6.5cm	1,035,000	西泠印社	2020-08-10
韩东时 碧玉释迦牟尼牌	6cm×3.2cm	347,200	上海联合	2020-11-29
韩东时 碧玉《心经》挂牌	高5.6cm	145,600	上海联合	2020-11-29
和田籽料江南风韵牌	6.3cm×3.9cm	8,800	上海呗美	2020-09-20
胡锡涛 妙法莲华 白玉牌	6cm×3.7cm	80,500	西泠印社	2020-08-10
黄杨洪 白玉观音牌	5.7cm×3.6cm	50,400	上海联合	2020-11-29
黄玉山水人物诗文牌	长6.5cm	5,750	中国嘉德	2020-07-15
李剑 十二生肖碧玉套牌	5.0cm×3.7cm×12	172,500	西泠印社	2020-08-10
李宜钧 白玉一枝独秀牌	4.6cm×1.2cm×0.8cm 重量13.3g	19,040	上海联合	2020-11-29
林金波 春夏秋冬 白玉套牌	4.2cm×18.cm×4	48,300	西泠印社	2020-08-10
林金波 丰禄平安 黄玉牌	7.5cm×2.6cm	17,250	西泠印社	2020-08-10
林金波 平安无事 白玉牌	7.7cm×3.2cm	126,500	西泠印社	2020-08-10
林金波 齐天大圣 白玉牌	5.7cm×3.3cm	115,000	西泠印社	2020-08-10
林金波 琴棋书画 黑青玉牌	5.7cm×3.5cm	11,500	西泠印社	2020-08-10
林金波 四季 黑青玉牌	7cm×3.7cm	11,500	西泠印社	2020-08-10
庞然 坐看云起时 白玉牌	8.5cm×4.2cm	402,500	西泠印社	2020-08-10
平安无事牌、耳钉	24.528g	3,450	上海嘉禾	2020-01-05
青白玉牌、佩四件	尺寸不一	17,250	中国嘉德	2020-07-15
青白玉人物诗文牌	长6.1cm	11,500	中国嘉德	2020-11-11
瞿利军 秋江静钓 白玉牌	6.7cm×4.2cm	161,000	西泠印社	2020-08-10
瞿利军 溪山访友 白玉牌	6.5cm×4.2cm	195,500	西泠印社	2020-08-10
茹月峰 青玉喜事连连挂牌	5.7cm×3.5cm×1.1cm 重量60.6g	6,720	上海联合	2020-11-29
王彬 青花劲松挂牌	6.2cm×3.2cm×0.9cm 重量48.9g	33,600	上海联合	2020-11-29
王彬 青花山水挂牌	4.7cm×3.2cm×1.25cm 重量51.2g	5,040	上海联合	2020-11-29
王彬 鸭蛋青鳜鱼挂牌	4.4cm×2.55cm×1.25cm 重量25.7g	5,040	上海联合	2020-11-29
王一卜 禅定 白玉牌	6.3cm×2.7cm	86,250	西泠印社	2020-08-10
吴金星 龙凤呈祥 白玉牌	4.9cm×2.4cm	92,000	西泠印社	2020-08-10
吴灶发 白玉花好月圆挂牌	6.25cm×3.8cm	168,000	上海联合	2020-11-29
吴灶发 白玉锦上添花挂牌	9.5cm×4.8cm	425,600	上海联合	2020-11-29

拍品名称	物品尺寸	成交价RMB	拍卖公司	拍卖日期
吴灶发 喜相逢 白玉牌	9.2cm×5.2cm	747,500	西泠印社	2020-08-10
吴灶发 一路连科 白玉牌	7.9cm×4.3cm	345,000	西泠印社	2020-08-10
徐志浩 慧性明心 白玉牌	6.9cm×3.1cm	161,000	西泠印社	2020-08-10
杨建发 白玉飞龙在天挂牌	7.8cm×4cm	201,600	上海联合	2020-11-29
杨曦 净心涤尘 白玉牌	5.2cm×3.2cm	207,000	西泠印社	2020-08-10
杨曦 清和朗润 白玉牌	6.6cm×4.0cm	287,500	西泠印社	2020-08-10
杨曦 相映成趣 白玉对牌	5.2cm×3.3cm；4.3cm×2.8cm	253,000	西泠印社	2020-08-10
杨曦 笑口常开 白玉牌	5.3cm×3.3cm	230,000	西泠印社	2020-08-10
姚圣国 清川澹如此 白玉牌	6.5cm×3.1cm	48,300	西泠印社	2020-08-10
姚圣国 正是人间好时节 白玉牌	6.1cm×3.3cm	48,300	西泠印社	2020-08-10
姚圣云 白玉净瓶观音挂牌	5.7cm×3.55cm	80,640	上海联合	2020-11-29
于雪涛 白玉财神挂牌	6.6cm×5cm	123,200	上海联合	2020-11-29
翟倚卫 白玉双娇挂牌	7.55cm×4.2cm	705,600	上海联合	2020-11-29
张焕庆 白玉四君子插牌	16.4cm×8.8cm	627,200	上海联合	2020-11-29
张明泉 静观 白玉牌	7.1cm×4.4cm	195,500	西泠印社	2020-08-10
张明泉 白玉春和日丽挂牌	5.4cm×3.4cm	78,400	上海联合	2020-11-29
张明泉 白玉福寿喜三多挂牌	高5.2cm	109,760	上海联合	2020-11-29
张明泉 白玉长寿挂牌	高6.9cm	61,600	上海联合	2020-11-29
张永来 长寿佛 白玉牌	4.9cm×2.9cm	48,300	西泠印社	2020-08-10
章德中 碧玉地藏王菩萨挂牌	7.2cm×3.85cm×1.1cm 重量59.5g	16,800	上海联合	2020-11-29
赵琦 慈航普度白玉牌	6.3cm×4.5cm	63,250	西泠印社	2020-08-10
赵琦 千手观音白玉牌	5.9cm×4.0cm	115,000	西泠印社	2020-08-10
佩挂件				
或新石器时代红山文化 黄玉神人	高4cm	85,680	香港苏富比	2020-06-05
或新石器时代红山文化 玉雕神人	高5.5cm	114,240	香港苏富比	2020-06-05
或新石器时代良渚文化 玉兽面纹鱼形佩	长7.6cm	22,997	香港苏富比	2020-05-22
新石器时代 大汶口文化白玉鳖	长5.5cm	274,175	香港苏富比	2020-06-05
新石器时代 红山文化玉蝉	长7cm	42,724	香港苏富比	2020-11-26
新石器时代 良渚文化 公元前三千年 褐玉佩	高4.7cm	851,625	纽约佳士得	2020-09-25
新石器时代 良渚文化 公元前三千年 玉佩两件	最高4.5cm	72,388	纽约佳士得	2020-09-25
新石器时代红山文化 黄玉猪龙	高7.2cm	5,039,800	香港苏富比	2020-07-11
新石器时代红山文化 黄玉猪龙	高10cm	2,182,320	香港苏富比	2020-10-09
新石器时代红山文化 青玉鸟	长4.3cm	45,995	香港苏富比	2020-05-22
红山文化 飞玉蝉	6.9cm×3.5cm	540,360	台北艺珍	2020-08-16
红山文化 黄玉飞鹰	4.8cm×5.7cm	1,194,480	台北艺珍	2020-08-16
红山文化 石鸟	长6.2cm	27,417	佳士得	2020-10-08
红山文化 玉鳖	6.3cm×6.3cm	1,279,800	台北艺珍	2020-08-16
红山文化 玉蝉蛹	长5.6cm	426,600	台北艺珍	2020-08-16
红山文化 玉女神首	6.2cm×3.3cm	1,279,800	台北艺珍	2020-08-16
红山文化 玉兽面丫形器	9.7cm×3.2cm	426,600	台北艺珍	2020-08-16
红山文化 玉双猪龙璜	6cm×2.6cm	255,960	台北艺珍	2020-08-16
红山文化 玉太阳神人	8.7cm×4.2cm	2,701,800	台北艺珍	2020-08-16

拍品名称	物品尺寸	成交价RMB	拍卖公司	拍卖日期
红山文化 玉枭	宽4.8cm	184,860	台北艺珍	2020-08-16
红山文化 玉熊面佩	10.6cm×7.7cm	255,960	台北艺珍	2020-08-16
红山文化 玉鹰	3.8cm×6.3cm	511,920	台北艺珍	2020-08-16
红山文化 玉猪龙	重188g	895,735	库恩国际	2020-01-08
红山文化 玉猪面首	长4.8cm；宽4cm	511,920	台北艺珍	2020-08-16
红山文化式青玉蝉	长7.9cm	85,680	香港苏富比	2020-06-05
文化期 白玉虎头	宽3.7cm	510,940	中国嘉德	2020-10-10
文化期 黄玉蝉	长4.7cm	19,201	中国嘉德	2020-07-13
文化期 黄玉红沁鸟	宽4.1cm	71,532	中国嘉德	2020-10-10
文化期 黄玉奶皮沁勾云形佩	宽4.7cm	22,481	中国嘉德	2020-10-10
文化期 黄玉佩	宽7.5cm	53,336	中国嘉德	2020-07-13
文化期 满红沁玉蚕	长6.2cm	37,335	中国嘉德	2020-07-13
文化期 青玉蚕	长4cm	32,700	中国嘉德	2020-10-10
文化期 玉猪龙	高7.5cm	224,814	中国嘉德	2020-10-10
文化期 玉猪龙	高5.8cm	204,376	中国嘉德	2020-10-10
商 白玉鸮	高6.7cm	585,750	佳士得	2020-11-30
商 青玉鸮	高5.5cm	1,917,000	佳士得	2020-11-30
商 青玉鸮	高4.6cm	63,900	佳士得	2020-11-30
商 青玉鹦鹉佩	长32cm	1,065,000	佳士得	2020-11-30
商 玉虎佩	长7.8cm	319,500	佳士得	2020-11-30
商 玉龙鸟佩	长31.3cm	34,080	佳士得	2020-11-30
商 玉鸟形佩	长9.8cm	479,250	佳士得	2020-11-30
商 玉人佩	长48.9cm	213,000	佳士得	2020-11-30
商 玉鲨鱼形佩	长18.2cm	319,500	佳士得	2020-11-30
商 玉兽面	高3.1cm	61,313	中国嘉德	2020-10-10
商 玉兔形佩	长9.2cm	106,500	佳士得	2020-11-30
商 玉鹦鹉形佩	长24.5cm	532,500	佳士得	2020-11-30
商晚期 青灰玉饕餮纹珠	宽3.3cm	1,195,700	伦敦佳士得	2020-11-03
商晚期 玉龙形佩	长34.1cm	319,500	佳士得	2020-11-30
商晚期 玉蛇纹佩	长19.1cm	745,500	佳士得	2020-11-30
商晚期 / 西周早期 玉虎形佩	长9.8cm	181,050	佳士得	2020-11-30
商晚期 / 西周早期 玉虎形佩	宽5.2cm	74,550	佳士得	2020-11-30
晚商/西周早期 玉鱼形佩	长8.7cm	161,809	纽约佳士得	2020-09-25
西周 黄玉镂雕人龙复合纹佩	高7.2cm	183,938	中国嘉德	2020-10-10
西周 龙纹人形佩	长5.7cm	357,658	中国嘉德	2020-10-10
西周 鸟纹圆形佩	直径4.3cm	213,000	佳士得	2020-11-30
西周 青白玉鱼形佩	宽3cm	51,120	佳士得	2020-11-30
西周 青玉人龙佩	长7.4cm	127,800	佳士得	2020-11-30
西周 兽面形玉贝、玉牛面形佩及玉兽面各一	宽6.2cm	181,050	佳士得	2020-11-30
西周或以后 白玉人形佩（玉人像）及玉猴两件	高2.8cm	189,810	佳士得	2020-10-08
西周 玉蝉形佩、玉鹿形佩及玉兔形佩各一	宽5cm	191,700	佳士得	2020-11-30
西周 玉凤鸟和玉虎（各一件）	宽4cm	30,656	中国嘉德	2020-10-10
西周 玉虎形佩	宽4.5cm	234,300	佳士得	2020-11-30
西周 玉夔龙形佩	宽8.3cm	51,120	佳士得	2020-11-30

拍品名称	物品尺寸	成交价RMB	拍卖公司	拍卖日期
西周 玉龙纹佩	宽4.1cm	69,225	佳士得	2020-11-30
西周 玉鸟形佩	长6cm	276,900	佳士得	2020-11-30
西周 玉鸟形佩	宽6.7cm	213,000	佳士得	2020-11-30
西周 玉鸟形佩（两件）	宽5.2cm	63,900	佳士得	2020-11-30
西周 玉牛形佩	宽3.1cm	958,500	佳士得	2020-11-30
西周 玉牛形佩	宽5.7cm	101,175	佳士得	2020-11-30
西周 玉人龙纹佩	长5.8cm	191,700	佳士得	2020-11-30
西周 玉人龙纹佩	长8cm	170,400	佳士得	2020-11-30
西周 玉人龙纹佩	长3.8cm	90,525	佳士得	2020-11-30
西周 玉兽面（两件）	宽2cm	15,328	中国嘉德	2020-10-10
西周 玉鱼形佩	宽9.5cm	213,000	佳士得	2020-11-30
西周 玉鱼形佩	宽4cm	69,225	佳士得	2020-11-30
西周或以后 青玉人首龙形佩	长5cm	274,170	佳士得	2020-10-08
西周或以后 玉兽形佩	宽3.5cm	442,890	佳士得	2020-10-08
东周 虎纹玉珩	长13cm	192,100	香港苏富比	2020-07-11
东周 玉雕咬尾龙佩	宽7.1cm	35,766	中国嘉德	2020-10-10
东周春秋时期 青白玉龙形佩	长8.1cm	283,702	香港苏富比	2020-10-09
春秋 玉镂雕龙纹佩	宽7.5cm	21,334	中国嘉德	2020-07-13
战国 白玉龙纹佩	长4.2cm；宽3.5cm	510,940	中国嘉德	2020-10-10
周玉蝉、圆雕玉虎、玉蚕、玉鸟	长：蝉2.3cm；虎2.7cm；蚕3cm；鸟4.6cm	122,626	中国嘉德	2020-10-10
或西汉 墨白玉凤佩	长4.4cm	125,664	香港苏富比	2020-06-05
西汉 青白玉鹰	长6.4cm	436,464	香港苏富比	2020-10-09
汉代 和田青白玉镂空雕螭龙佩	重106g	1,791,470	库恩国际	2020-01-08
或唐 白玉凤佩	长3.7cm	90,789	香港苏富比	2020-11-26
唐 白玉宝相花佩	高7.7cm	61,313	中国嘉德	2020-10-10
唐 莲花仕女玉佩	7.1cm×2.9cm×0.9cm	868,598	中国嘉德	2020-10-10
宋 白玉花卉佩	高4.3cm；宽2.4cm	30,656	中国嘉德	2020-10-10
宋 白玉花形佩	长5.5cm	79,707	中国嘉德	2020-10-10
宋 白玉双喜佩	宽4.3cm	51,094	中国嘉德	2020-10-10
宋 黄玉骆驼佩	长6cm	511,200	佳士得	2020-11-30
宋 青白玉童子佩	高5.5cm	30,656	中国嘉德	2020-10-10
宋/明 玉雕仿古龙形佩	长12cm	80,904	纽约佳士得	2020-09-25
宋代 白玉红沁镂雕穿云龙佩	高5.2cm；宽6.1cm；厚2.4cm	280,000	上海呗美	2020-08-22
宋至明 玉兽	高4.4cm	29,702	香港苏富比	2020-06-05
辽 龙形挂花	通长9.2cm	28,750	西泠印社	2020-08-10
辽至金 白玉飞天挂件	宽6.5cm	184,000	永乐拍卖	2020-08-17
辽金 白玉镂雕红沁花卉纹环佩	外径5.6cm	25,300	西泠印社	2020-08-09
元白玉红沁镂雕绶带鸟花卉纹佩	直径6cm	28,750	西泠印社	2020-08-09
元 沁色玉雕螭龙衔芝佩	11.8cm×7.0cm	287,500	西泠印社	2020-08-09
元 玉雕龙纹佩	长12cm	28,750	西泠印社	2020-08-09
元 玉虎（两件）	宽4.4cm	21,334	中国嘉德	2020-07-13
元 玉透雕莲花大雁佩	长4.7cm	20,700	中国嘉德	2020-08-18
元代 旧玉蝉	长4.3cm；宽1.7cm；厚0.6cm	16,500	上海呗美	2020-07-30
元或更晚 白玉镂雕春水佩	长9.3cm	10,681	香港苏富比	2020-11-26

拍品名称	物品尺寸	成交价RMB	拍卖公司	拍卖日期
元至明 青白玉龟巢荷叶佩及花卉佩（一组三件）	直径9.2cm；直径6.2cm×2	399,839	香港苏富比	2020-06-05
明早期 双凤老包银玉佩	长5cm	4,600	上海嘉禾	2020-01-05
明万历 玉雕双兔捣药图佩	6cm×4.4cm	18,400	北京诚轩	2020-08-17
明 白玉蝉	长4.9cm；宽2.8cm；厚1.4cm	2,200	上海呗美	2020-07-10
明 白带皮人面挂坠	长3.2cm	9,200	广东崇正	2020-09-13
明 白玉雕高士形佩	高7.4cm	559,459	纽约苏富比	2020-09-22
明 白玉雕蛇形佩	长5.2cm	345,000	中国嘉德	2020-12-03
明 白玉凤穿牡丹佩	长6.9cm；宽4.6cm；厚2.2cm	24,200	上海呗美	2020-07-10
明 白玉浮雕云龙纹佩	长5cm；宽3.7cm	13,800	西泠印社	2020-08-09
明 白玉福禄寿三星佩	高5.8cm；宽4.5cm；厚0.6cm	5,500	上海呗美	2020-07-10
明 白玉府上有龙佩	高7.6cm；宽5.7cm；厚1.7cm	9,900	上海呗美	2020-06-10
明 白玉龟壳	宽4.3cm	16,001	中国嘉德	2020-07-13
明 白玉红沁荷塘春色佩	高3.4cm；长5.9cm；厚1.8cm	19,800	上海呗美	2020-10-20
明 白玉红沁卧虎	高3.6cm；长4.6cm；厚1.3cm	24,200	上海呗美	2020-07-20
明 白玉金刚杵挂件	长5.5cm	20,700	西泠印社	2020-08-09
明 白玉莲鹅挂件	长5.1cm；宽4.1cm	11,500	中贸圣佳	2020-12-08
明 白玉凌霄花佩	长7.6cm；宽4cm；厚2.6cm	3,300	上海呗美	2020-07-30
明 白玉留皮鹅莲佩	高5.2cm	34,500	中国嘉德	2020-08-18
明 白玉留皮伽楼罗鸟挂件	长6.6cm	29,900	中贸圣佳	2020-12-08
明 白玉龙凤佩	高4.5cm	78,200	古天一	2020-10-16
明 白玉龙纹扇坠	高3.7cm；宽1.8cm；厚1cm	12,100	上海呗美	2020-06-10
明 白玉琴形佩	长8.9cm	9,200	中国嘉德	2020-11-11
明 白玉双菇君子佩	4cm×3.5cm	48,300	古天一	2020-10-16
明 白玉双联管形佩	高3.7cm	43,700	中贸圣佳	2020-12-08
明 白玉太子像佩	高6.2cm	287,500	北京保利	2020-10-20
明 白玉提油螭龙佩	长7cm；宽5.4cm	32,200	中贸圣佳	2020-12-08
明 白玉童子乘槎佩	长4.3cm；宽2.9cm；厚1.1cm	5,500	上海呗美	2020-07-20
明 白玉一路连科	长4.5cm；宽3.7cm；厚2.3cm	5,500	上海呗美	2020-07-10
明 白玉圆雕宝鸭挂坠	长5cm	322,000	中贸圣佳	2020-12-08
明 白玉坐佛挂片	长4.3cm	29,900	中贸圣佳	2020-12-08
明 纯金累丝嵌白玉佛挂件	高6.2cm；总重25.7g	74,750	西泠印社	2020-08-09
明 古玉龙纹方佩	长7.8cm	92,000	北京保利	2020-10-20
明 古玉龙纹佩	长9.8cm	402,500	北京保利	2020-10-20
明 和田玉雕螭龙佩	高9.3cm	1,461,075	美国摩根	2020-01-14
明 黄玉府上有龙佩	高5.6cm	3,450	中鸿信	2020-01-03

拍品名称	物品尺寸	成交价RMB	拍卖公司	拍卖日期
明 黄玉腰“蝉”万贯挂携佩	长5.6cm	8,050	中贸圣佳	2020-12-08
明 灰玉官人立像佩	高5.2cm	92,000	北京保利	2020-10-20
明 荔枝花卉纹佩	长5.1cm；宽3.8cm；厚0.5cm	6,600	上海呗美	2020-10-20
明 沁色玉蝉	高4.8cm	85,338	中国嘉德	2020-07-13
明 沁色玉雕连年有余佩	高8.3cm	32,200	西泠印社	2020-08-09
明 青白玉带皮双鱼佩	长7.3cm	45,200	香港苏富比	2020-07-11
明 青白玉团马佩	高4.1cm	51,094	中国嘉德	2020-10-10
明 青玉留皮兔形挂坠	长6cm；高3.8cm	43,700	中贸圣佳	2020-12-08
明 青玉通天孔游龙佩	高2.5cm；长3.7cm	17,600	上海呗美	2020-10-20
明 十二眼老天珠挂件	尺寸不一	8,050	上海嘉禾	2020-01-05
明 双龙献如意玉佩	重44g	197,062	库恩国际	2020-01-08
明 提油翁仲挂件	长4.2cm	19,550	中贸圣佳	2020-12-08
明 玉蝉	长8cm	17,250	北京禾谷	2020-09-24
明 玉雕高士遇虎坠	长4.2cm	9,200	中国嘉德	2020-11-11
明 玉雕宋式狮形佩	高4.9cm	64,086	香港苏富比	2020-11-26
明 玉龟吐祥云游莲佩	长6.3cm	74,750	中国嘉德	2020-12-03
明 玉虎挂件	长5.3cm	13,800	广东崇正	2020-09-13
明 玉沁色蝉	长5.8cm	69,000	中国嘉德	2020-12-03
明 玉沁色龙佩	长8.9cm	63,250	中国嘉德	2020-12-03
明 玉留皮虎纹佩	长5cm	59,800	中国嘉德	2020-08-18
明 玉提色望子成龙佩	长7.8cm	43,700	中国嘉德	2020-12-03
明 玉透雕凤穿牡丹佩、玉镂雕盘肠（两件）	长8.8cm；长5cm	43,700	中国嘉德	2020-08-18
明 玉卧羊坠	3.1cm × 3.2cm × 1.4cm	33,600	上海联合	2020-11-29
明 玉鱼、玉佩（一组）	长3.5cm；直径3.5cm	17,250	中国嘉德	2020-12-03
明 玉猪龙	直径4.5cm	28,750	北京禾谷	2020-09-24
明 锥形玉坠（两件）	长3.8cm；长3.1cm	6,900	中国嘉德	2020-08-18
明或更早 白玉缠龙佩	长7cm	112,407	中国嘉德	2020-10-10
明至清 巧色玉蝉两件	5.2cm及4.4cm	32,043	香港苏富比	2020-11-26
明至清 青白玉秋山佩	7.2cm	21,362	香港苏富比	2020-11-26
明末清初 白玉凌霄花佩	高5.8cm	36,800	北京保利	2020-10-20
明末清初 白玉镂雕教子朝天佩	高10.5cm	184,000	古天一	2020-10-16
明末清初 白玉一团和气童子佩	5.5cm × 5.5cm	97,750	古天一	2020-10-16
明末清初 子冈螭龙人物诗文佩	高5.5cm	138,000	中鸿信	2020-01-03
18世纪 白玉雕紫菀花蝶图佩	高5cm	163,534	纽约苏富比	2020-09-22
18世纪 白玉福山寿海佩	高6.1cm	282,500	香港苏富比	2020-07-11
18世纪 白玉巧色松鼠葡萄佩	3.8cm	21,362	香港苏富比	2020-11-26
18世纪 碧玺寿桃蝙蝠纹佩	长4.5cm	37,724	巴黎佳士得	2020-06-23
18世纪 粉红碧玺镂雕瓜果松鼠佩	4cm	32,043	香港苏富比	2020-11-26
18世纪 鸡骨白玉鸟衔寿桃佩	长4.5cm	22,543	伦敦佳士得	2020-02-13
18世纪 青玉褐斑荔枝坠	长6cm	14,653	伦敦佳士得	2020-02-13
清乾隆“乾隆年制”款玉佛挂件	高3.5cm；佛高2.8cm	345,000	古天一	2020-10-16
清乾隆白玉“天喜大吉”佩（一对）	高8cm × 2	316,400	香港苏富比	2020-07-11
清乾隆 白玉大吉佩	长5cm	161,000	中国嘉德	2020-08-18
清乾隆 白玉雕福寿双全挂件	4.3cm × 3.7cm	172,500	西泠印社	2020-08-09

拍品名称	物品尺寸	成交价RMB	拍卖公司	拍卖日期
清乾隆 白玉雕瓜藤蝈蝈佩	高5.7cm	301,247	纽约苏富比	2020-09-22
清乾隆 白玉雕童子挂件	长5.5cm	115,000	永乐拍卖	2020-12-02
清乾隆 白玉九如佩	长7cm	51,750	中鸿信	2020-01-03
清乾隆 白玉烤色葫芦挂件	高6.3cm	29,900	中贸圣佳	2020-12-08
清乾隆 白玉留皮螭龙佩	高6.3cm	92,000	中鸿信	2020-01-03
清乾隆 白玉留皮诗文福寿双全坠	长6cm	287,500	北京保利	2020-10-20
清乾隆 白玉留皮苏作花鸟佩	长5.2cm	109,250	中贸圣佳	2020-12-08
清乾隆 白玉镂雕双螭龙纹佩	高6.2cm	327,068	纽约苏富比	2020-09-22
清乾隆 白玉年年有余挂件	长5.3cm；宽4.7cm	20,700	广东崇正	2020-09-13
清乾隆 白玉巧雕岁岁平安坠	长3.4cm	57,500	中国嘉德	2020-08-18
清乾隆 白玉洒金御题诗文佩	高7.2cm	23,000	北京翰海	2020-12-12
清乾隆 白玉太平有象佩	长6.8cm	69,000	中鸿信	2020-01-03
清乾隆 白玉籽料留皮巧雕灵芝多子坠	长3.7cm	345,000	北京保利	2020-10-20
清乾隆 苏作玛瑙灵猴献寿佩	长6.3cm	226,000	香港苏富比	2020-07-11
清乾隆 羊脂白玉螭龙佩	长8.2cm	195,500	中鸿信	2020-01-03
清中期 白玉“瓜瓞绵绵”佩	高5.4cm	85,338	中国嘉德	2020-07-13
清中期 白玉螭龙纹佩	高5.5cm	6,900	北京翰海	2020-12-12
清中期 白玉大吉葫芦佩	高5.6cm	132,250	北京翰海	2020-12-12
清中期 白玉大吉葫芦佩	高6.8cm	17,250	北京翰海	2020-12-12
清中期 白玉大吉葫芦佩	高8cm	11,500	北京翰海	2020-12-12
清中期 白玉凤纹佩	高10.5cm	13,800	北京翰海	2020-12-12
清中期 白玉福寿康宁佩	高5.5cm	34,500	北京翰海	2020-12-12
清中期 白玉福寿天长佩	高5.8cm	20,700	北京翰海	2020-12-12
清中期 白玉福寿坠	高3cm	23,000	北京翰海	2020-12-12
清中期 白玉福在眼前诗文佩	高5.2cm	34,500	北京翰海	2020-12-12
清中期 白玉富贵有余佩	高5.8cm	28,750	北京翰海	2020-12-12
清中期 白玉花卉富贵佩	高6.5cm	172,500	北京翰海	2020-12-12
清中期 白玉欢天喜地佩	高5.3cm	55,200	北京翰海	2020-12-12
清中期 白玉吉祥玉玩佩	高5.2cm	20,700	北京翰海	2020-12-12
清中期 白玉教子升天佩	高7.8cm	9,200	北京翰海	2020-12-12
清中期 白玉夔凤佩	高6cm	63,250	北京翰海	2020-12-12
清中期 白玉夔龙纹佩	8.6cm × 2cm × 0.5cm	10,640	上海联合	2020-11-29
清中期 白玉连年有余坠	长8cm	23,000	北京翰海	2020-12-12
清中期 白玉刘海戏金蟾	高4.2cm	9,200	北京翰海	2020-12-12
清中期 白玉留皮葫芦万代坠	高6cm	17,250	北京翰海	2020-12-12
清中期 白玉龙凤佩	高6.8cm	17,250	北京翰海	2020-12-12
清中期 白玉龙凤佩	高6.5cm	9,200	北京翰海	2020-12-12
清中期 白玉龙纹三多佩	高7cm	17,250	北京翰海	2020-12-12
清中期 白玉龙祥凤瑞佩	高5.5cm	11,500	北京翰海	2020-12-12
清中期 白玉平安无事佩	高6cm	25,300	北京翰海	2020-12-12
清中期 白玉平安无事佩	高5.2cm	9,200	北京翰海	2020-12-12
清中期 白玉麒麟负书坠	3.7cm × 3cm	69,440	上海联合	2020-11-29
清中期 白玉清廉坠	高5.5cm	6,900	北京翰海	2020-12-12
清中期 白玉人物诗文佩	高6cm	25,300	北京翰海	2020-12-12
清中期 白玉洒金福禄万代坠	高5.3cm	28,750	北京翰海	2020-12-12
清中期 白玉洒金松下人物坠	高5.5cm	23,000	北京翰海	2020-12-12

拍品名称	物品尺寸	成交价RMB	拍卖公司	拍卖日期
清中期 白玉三娘教子佩	高5.2cm	23,000	北京翰海	2020-12-12
清中期 白玉山水人物诗文佩	高6cm	43,700	北京翰海	2020-12-12
清中期 白玉山水人物坠	高6.5cm	46,000	北京翰海	2020-12-12
清中期 白玉寿天百禄佩	高6cm	207,000	北京翰海	2020-12-12
清中期 白玉双欢坠	长5.5cm	86,250	北京翰海	2020-12-12
清中期 白玉双龙佩	高7.2cm	20,700	北京翰海	2020-12-12
清中期 白玉双鱼佩	高8cm	13,800	北京翰海	2020-12-12
清中期 白玉松竹梅坠	高7.5cm	32,200	北京翰海	2020-12-12
清中期 白玉羲之爱鹅诗文佩	高6.3cm	28,750	北京翰海	2020-12-12
清中期 白玉羲之爱鹅诗文佩	高5.5cm	23,000	北京翰海	2020-12-12
清中期 白玉一路连科佩	高5.5cm	25,300	北京翰海	2020-12-12
清中期 白玉鱼坠	长8.5cm	17,250	北京翰海	2020-12-12
清中期 白玉载米花甲佩	高6cm	103,500	北京翰海	2020-12-12
清中期 白玉长宜子孙佩	高9.3cm	34,500	北京翰海	2020-12-12
清中期 白玉长宜子孙佩	高6.5cm	17,250	北京翰海	2020-12-12
清中期 白玉诸事如意佩	高6cm	20,700	北京翰海	2020-12-12
清中期 白玉子辰佩	高6.6cm	9,200	北京翰海	2020-12-12
清中期 粉碧玺代代封侯佩	长6.3cm	126,500	中国嘉德	2020-08-18
清中期 黑白玉巧雕螭龙纹佩 太狮少狮坠（二件）	高5.4cm；高4cm	5,750	北京翰海	2020-12-12
清中期 黑白玉俏色灵猴佩	高4.7cm；宽2.3cm；厚1.6cm	42,919	中国嘉德	2020-10-10
清中期 玛瑙巧雕人物佩	高5.7cm	32,200	北京翰海	2020-12-12
清中期 子冈款白玉浮雕婴戏纹诗文佩	长5.7cm；宽3.9cm	51,750	西泠印社	2020-08-09
18/19世纪 白玉蝉	4.8cm	10,681	香港苏富比	2020-11-26
18/19世纪 白玉飞天佩	4.8cm	21,362	香港苏富比	2020-11-26
18/19世纪 白玉镂雕“喜”字佩	长5.1cm	6,558	伦敦苏富比	2020-06-16
18/19世纪 白玉蟠桃及白玉菇形佩（一组两件）	5.7cm及2.6cm	10,681	香港苏富比	2020-11-26
18/19世纪灰白玉瓜瓞绵绵镂雕佩	长5cm	95,806	伦敦佳士得	2020-02-13
18/19世纪 青白玉花卉纹佩	宽7.8cm	13,115	伦敦苏富比	2020-06-16
18/19世纪 青白玉镂雕双凤佩	长5.8cm	16,022	香港苏富比	2020-11-26
19世纪 白玉“五谷丰登”佩	长6.1厘米	43,718	伦敦苏富比	2020-06-16
19世纪玛瑙镂雕佩（一组两件）	最大高度6.3cm	45,085	伦敦佳士得	2020-02-13
19世纪 青玉灵猴	高2.4cm	15,301	伦敦苏富比	2020-06-16
清晚期 岫玉双龙戏珠转心佩	重19g；通高5cm	5,500	广东宜传	2020-09-18
或清 新石器时代红山文化式 青白玉猪龙及刀形器（一组两件）	长3.9cm；长9.5cm	1,256,637	香港苏富比	2020-06-05
清 白玉 黄玉 碧玉佩（三件）	高5.2cm；高5.8cm；高6cm	34,500	北京翰海	2020-12-12
清 白玉“贵子兰孙”及桃寿万年佩（一组两件）	高5.5cm-5.8cm	62,832	香港苏富比	2020-06-05
清 白玉宝鹅及猴子葫芦佩（一组两件）	长4.5cm至4.9cm	29,702	香港苏富比	2020-06-05
清 白玉辈辈封侯挂件	高5.5cm	46,000	中贸圣佳	2020-12-08

拍品名称	物品尺寸	成交价RMB	拍卖公司	拍卖日期
清 白玉蝉	长5.3cm	21,362	香港苏富比	2020-11-26
清 白玉螭龙佩	长4.9cm；宽3.6cm；厚2cm	39,600	上海呗美	2020-07-30
清 白玉持荷童子佩	高5.8cm	96,320	上海呗美	2020-08-22
清 白玉带皮执莲童子挂件	长6cm	32,200	中贸圣佳	2020-12-08
清 白玉带子上朝佩	长7cm；宽3.7cm	11,500	西泠印社	2020-08-09
清 白玉雕“平安至宝”双龙戏珠迦楼罗佩	长7.3cm；宽5cm	40,250	西泠印社	2020-08-09
清 白玉雕大吉福禄	6.9cm×4.6cm	138,000	西泠印社	2020-08-09
清 白玉雕带皮葫芦坠	4.2cm×3.1cm	34,500	西泠印社	2020-08-09
清 白玉雕鹅衔莲坠	4.2cm×3.6cm	25,300	西泠印社	2020-08-09
清 白玉雕福禄双全佩	4.6cm×4.1cm	17,250	西泠印社	2020-08-09
清 白玉雕福寿万代佩	长5.5cm	11,500	西泠印社	2020-08-09
清 白玉雕福至心灵佩	6.6cm×4.2cm	57,500	西泠印社	2020-08-09
清 白玉雕观音像及白玉镂雕螭龙纹佩（一组两件）	1.观音像长4cm；宽2.5cm；2.龙佩长5cm；宽3.7cm	17,250	西泠印社	2020-08-09
清 白玉雕吉庆有余佩	5.9cm×4.0cm	86,250	西泠印社	2020-08-09
清 白玉雕龙纹佩	长5.4cm	11,500	中贸圣佳	2020-12-08
清 白玉雕如意纹转心佩	5.8cm×5.8cm	28,750	西泠印社	2020-08-09
清 白玉雕云纹法轮转心佩	5.5cm×5.5cm	17,250	西泠印社	2020-08-09
清 白玉吊坠	长7cm	17,250	北京禾谷	2020-09-24
清 白玉豆荚佩	高5.5cm	20,700	中贸圣佳	2020-10-16
清 白玉鹅形佩	高3.7cm	36,800	中贸圣佳	2020-10-16
清 白玉仿古螭龙佩	长8.3cm	45,696	香港苏富比	2020-06-05
清白玉浮雕“御赐嘉福”螭龙纹佩	长5.7cm；宽3.3cm	20,700	西泠印社	2020-08-09
清 白玉浮雕丛竹诗文佩	长5.4cm；宽4.7cm	55,200	西泠印社	2020-08-09
清 白玉浮雕梅花诗文佩	长6.2cm；宽4.7cm	126,500	西泠印社	2020-08-09
清 白玉浮雕诗文福寿佩	长8.2cm；宽5.4cm	17,250	西泠印社	2020-08-09
清 白玉福禄佩	长6.1cm；宽4.6cm；厚0.5cm	5,500	上海呗美	2020-07-10
清 白玉福禄佩	长6.1cm；宽4.6cm；厚0.5cm	9,350	上海呗美	2020-07-30
清 白玉福寿佩	长6.8cm	6,900	中国嘉德	2020-11-11
清 白玉福寿双全佩	直径5.9cm；厚0.5cm	3,850	上海呗美	2020-07-10
清 白玉福在眼前佩	长5cm	6,900	中国嘉德	2020-11-11
清 白玉福字佩	高5.5cm；宽4.5cm；厚0.3cm	4,400	上海呗美	2020-07-20
清 白玉府上有龙佩	长11cm	17,250	西泠印社	2020-08-08
清 白玉富甲一方佩	长6.7cm；宽3cm；厚1.7cm	27,500	上海呗美	2020-09-20
清 白玉瓜瓞绵绵佩	长5.5cm；宽4.5cm	13,800	中贸圣佳	2020-10-16
清 白玉瓜果坠	长5.3cm；宽3.4cm；厚2cm	7,150	上海呗美	2020-07-20
清 白玉海东青捕雁佩	长7.2cm	391,000	中贸圣佳	2020-10-16

拍品名称	物品尺寸	成交价RMB	拍卖公司	拍卖日期
清 白玉和合二仙喜字圆片	直径6.6cm	34,500	中国嘉德	2020-12-03
清 白玉红皮福禄坠子	高5.3cm	32,200	中贸圣佳	2020-10-16
清 白玉红皮瓜瓞绵绵佩	长5.3cm；宽3.7cm；厚2.6cm	7,150	上海呗美	2020-07-30
清 白玉红皮瓜果坠	长6cm；宽4.5cm；厚1.9cm	14,300	上海呗美	2020-09-20
清 白玉红沁玉蝉挂件	长4.7cm；宽2.9cm	13,800	西泠印社	2020-08-09
清 白玉犼形佩	高4.8cm	20,700	中贸圣佳	2020-10-16
清 白玉葫芦福寿佩	高6.6cm；宽4.3cm；厚0.8cm	35,200	上海呗美	2020-07-30
清 白玉葫芦佩	高6.2cm	18,400	中贸圣佳	2020-12-08
清 白玉葫芦佩	高5.4cm；宽4.2cm；厚0.9cm	9,350	上海呗美	2020-06-10
清 白玉葫芦佩及白玉菇形佩	5.1cm及5.4cm	17,090	香港苏富比	2020-11-26
清 白玉蝴蝶佩	长7.4cm	34,500	中国嘉德	2020-08-18
清 白玉花形佩	直径5.8cm	9,200	广东崇正	2020-09-13
清 白玉吉庆有余、花蝶佩（一组三件）	宽11cm	21,334	中国嘉德	2020-07-13
清 白玉金刚杵挂件	长6.4cm	23,000	西泠印社	2020-08-09
清 白玉连年有余佩	长7.3cm；宽4.9cm；厚0.8cm	13,200	上海呗美	2020-07-20
清 白玉连年有余坠	长4.7cm	59,800	中国嘉德	2020-08-18
清 白玉连珠英武佩	直径5.6cm；厚0.5cm	11,000	上海呗美	2020-07-20
清 白玉灵猴献寿坠	高3.5cm	6,900	中贸圣佳	2020-12-08
清 白玉灵芝、喜事连连坠（两件）	长4cm；长3.8cm	57,500	中国嘉德	2020-12-03
清 白玉灵芝挂件	长5.2cm	20,700	中贸圣佳	2020-12-08
清 白玉灵芝佩	长4.4cm；宽2.7cm；厚1.2cm	1,100	上海呗美	2020-07-10
清 白玉灵芝佩	长4.8cm；高3.3cm；厚2.4cm	11,000	上海呗美	2020-07-20
清 白玉留皮雕携子上朝佩	长6.8cm	168,000	上海呗美	2020-08-22
清 白玉留皮瓜蝶佩	长5.6cm	32,200	中贸圣佳	2020-12-08
清 白玉留皮葫芦佩	高5.2cm	94,300	中贸圣佳	2020-10-16
清 白玉留皮花卉喜字佩	5.1cm×4.7cm	34,500	中国嘉德	2020-12-03
清 白玉留皮罗汉图坠	高4cm	13,800	北京翰海	2020-12-12
清 白玉留皮年年有余坠	高6cm	17,250	北京翰海	2020-12-12
清 白玉留皮巧雕福禄坠、代代为侯坠（共两件）	长5.5cm	52,725	佳士得	2020-10-08
清 白玉龙凤佩	高6.2cm	17,250	北京翰海	2020-12-12
清 白玉龙凤纹佩	直径5.5cm	28,750	北京翰海	2020-12-12
清 白玉龙凤纹佩	直径6.5cm	25,300	北京翰海	2020-12-12
清 白玉龙节佩	高6.2cm；宽3.9cm；厚0.6cm	6,050	上海呗美	2020-07-10
清 白玉龙佩	直径5.3cm	36,800	北京翰海	2020-12-12
清 白玉龙首竹节佩	长7.3cm	43,700	中国嘉德	2020-12-03
清 白玉龙形佩	直径4.9cm	9,200	广东崇正	2020-09-13
清 白玉镂雕八仙人物纹佩	直径9cm	23,000	中贸圣佳	2020-12-08
清 白玉镂雕苍龙戏珠佩	长5.5cm；宽5cm	11,500	西泠印社	2020-08-09
清 白玉镂雕螭龙佩	5.2cm×5.2cm	74,750	西泠印社	2020-08-09
清 白玉镂雕瓜瓞绵绵佩	外径5.3cm；内径1.6cm	8,050	西泠印社	2020-08-09
清 白玉镂雕龙船转心佩	高5.8cm	55,200	中贸圣佳	2020-12-08
清 白玉镂雕秋山佩	长7.7cm	195,500	中贸圣佳	2020-10-16
清 白玉镂雕绶带纹佩	长3.5cm	36,800	古天一	2020-10-16
清 白玉镂雕团龙纹佩	3.2cm×3.8cm	63,250	古天一	2020-10-16
清 白玉镂雕鹦鹉图竹节佩	长6cm；宽3.7cm	37,950	西泠印社	2020-08-09
清 白玉镂空福禄寿佩	高5.7cm；宽4.5cm；厚0.4cm	5,500	上海呗美	2020-09-10
清 白玉镂空福禄寿三星佩	直径8cm；厚0.4cm	8,800	上海呗美	2020-06-10
清 白玉镂空福寿佩	高4.9cm；宽5.5cm；厚0.5cm	25,300	上海呗美	2020-06-10
清 白玉镂空福寿双龙佩	高5.5cm；宽5cm；厚0.5cm	7,700	上海呗美	2020-09-10
清 白玉镂空福字佩	高4.7cm；宽4.5cm；厚0.5cm	11,000	上海呗美	2020-09-10
清 白玉镂空连珠寿字佩	长5.7cm；宽4cm；厚0.5cm	15,400	上海呗美	2020-07-20
清 白玉镂空龙船佩	长9.4cm；宽5.2cm；厚0.5cm	13,200	上海呗美	2020-07-10
清 白玉镂空狮子戏球坠	长5.5cm；宽4.1cm；厚2.3cm	22,000	上海呗美	2020-07-10
清 白玉镂空双喜佩	高5.4cm；宽4cm；厚0.6cm	3,300	上海呗美	2020-07-10
清 白玉帽花、镂空麒麟送子佩	长4.9cm；长10.5cm	23,000	广东崇正	2020-09-13
清 白玉梅花喜鹊佩	5cm×7cm	11,376	台北艺珍	2020-08-16
清 白玉年年有余坠	直径4cm	23,000	北京翰海	2020-12-12
清 白玉藕片	长5.8cm	25,300	中国嘉德	2020-12-03
清 白玉佩蝉	高4.8cm	184,000	古天一	2020-10-16
清 白玉佩蝉	长3.6cm	109,250	古天一	2020-10-16
清 白玉飘带纹"代子还朝"长方佩	长7.8cm	27,418	香港苏富比	2020-06-05
清 白玉麒麟童子坠	长4.5cm	69,000	古天一	2020-10-16
清 白玉巧雕持莲童子佩	高3.6cm；长3cm	13,800	西泠印社	2020-08-09
清 白玉巧色福在眼前佩	5.8cm	8,545	香港苏富比	2020-11-26
清 白玉瑞兽挂件	6cm×4cm	42,560	上海联合	2020-11-29
清 白玉瑞兽佩	长6.5cm	6,900	中国嘉德	2020-11-11
清 白玉三多小挂件	长3.5cm	11,500	中贸圣佳	2020-12-08
清 白玉三欢坠	长3.8cm；宽3.2cm；高2.3cm	34,100	上海呗美	2020-07-20
清 白玉三龙交结佩	长5.5cm	55,200	中贸圣佳	2020-10-16
清 白玉山水人物纹佩	长7cm	32,200	中国嘉德	2020-07-15
清 白玉十字金刚杵	长6.5cm	180,800	佳士得	2020-07-09
清 白玉兽形坠	长5.7cm	63,250	中贸圣佳	2020-12-08
清 白玉双凤吉庆佩	直径5.6cm；厚0.5cm	6,600	上海呗美	2020-07-20
清 白玉双欢佩（一组两件）	长5cm；长5.3cm	74,256	香港苏富比	2020-06-05

拍品名称	物品尺寸	成交价RMB	拍卖公司	拍卖日期
清 白玉双獾挂件	长4.6cm	195,500	中贸圣佳	2020-12-08
清 白玉双獾守业佩	长6.8cm	51,750	中国嘉德	2020-08-18
清 白玉双莲蓬挂件	长7.5cm	51,750	中贸圣佳	2020-12-08
清 白玉双龙捧寿佩、连珠福字佩（两件）	长6.7cm；长6.2cm	34,500	中国嘉德	2020-12-03
清 白玉双童子挂件	高3cm	92,000	中贸圣佳	2020-12-08
清 白玉双喜佩	长5.5cm；宽3.2cm；厚2.5cm	29,700	上海呗美	2020-07-30
清 白玉松鼠葡萄佩	长8.1cm；宽4.8cm；厚2.2cm	46,200	上海呗美	2020-07-20
清 白玉太平有象佩	4.5cm×3.5cm	168,000	上海联合	2020-11-29
清 白玉童子佩	长7cm；宽3.6cm；厚0.7cm	1,650	上海呗美	2020-07-30
清 白玉透雕龙舟佩	长8.1cm	46,000	中国嘉德	2020-08-18
清 白玉望子成龙佩	长7.5cm；宽4.1cm；厚1.1cm	29,700	上海呗美	2020-07-30
清 白玉喜报三元佩	直径7.2cm	55,200	中国嘉德	2020-08-18
清 白玉阴刻兰竹诗文佩	长6.2cm；宽4.6cm	63,250	西泠印社	2020-08-09
清 白玉鱼衔莲花佩（一组两件）	7.7cm及6.4cm	13,885	香港苏富比	2020-11-26
清 白玉渔翁坠	长2.3cm	11,500	中国嘉德	2020-12-03
清 白玉原皮一叶知秋	长7.1cm；宽2.7cm；厚0.7cm	8,800	上海呗美	2020-06-10
清 白玉原籽龙坠	长3.9cm；宽2.8cm；厚1.4cm	6,600	上海呗美	2020-07-20
清 白玉云龙纹佩	长6.1cm	2,300	中国嘉德	2020-07-15
清 白玉竹节笔搁及岁寒三友佩（一组两件）	长6.3；长6.5cm	62,832	香港苏富比	2020-06-05
清 白玉竹节鹦鹉佩	直径5.7cm；厚0.8cm	26,400	上海呗美	2020-09-20
清 白玉竹节鹦鹉佩	直径5.1cm；厚0.5cm	8,250	上海呗美	2020-07-10
清 白玉转心佩	直径5.6cm	46,000	中贸圣佳	2020-10-16
清 白玉转心人物佩	长4.7cm	63,250	广东崇正	2020-09-13
清 碧玺龙纹挂件	高4.5cm	25,300	中贸圣佳	2020-12-08
清 冰糖玛瑙巧雕竹节佩	长4.5cm	207,000	中贸圣佳	2020-10-16
清 翠玉巧作岁寒三友佩	6.6cm	37,384	香港苏富比	2020-11-26
清 翠玉云龙赶珠纹佩	长5.4cm	59,564	巴黎佳士得	2020-06-23
清 翡翠巧雕灵猴献寿图佩	6.9cm×4cm×1.2cm	36,800	北京诚轩	2020-08-17
清 浮雕人物纹松子及仿松子白玉持珠	珠长约1.4cm	63,250	西泠印社	2020-08-09
清 和田玉浮雕关公佩	长4cm；宽7.3cm	8,050	北京钜鑫缘	2020-10-13
清 和田玉山林访友图玉佩	重66g	788,247	库恩国际	2020-01-08
清 黑白玉巧雕松鼠葡萄佩	高4cm	11,500	古天一	2020-10-16
清 黑白玉琴棋书画佩	长5cm；宽3.5cm；厚0.8cm	24,200	上海呗美	2020-07-20
清 黄玉蝉形佩	长5.1cm	59,800	中贸圣佳	2020-10-16

拍品名称	物品尺寸	成交价RMB	拍卖公司	拍卖日期
清 黄玉鹅挂件	长4cm	11,500	广东崇正	2020-09-13
清 黄玉红沁鸡形挂件	长5cm	36,800	西泠印社	2020-08-09
清 黄玉鸡形佩	长6.6cm	59,800	中贸圣佳	2020-10-16
清 黄玉卷草纹包袱佩	长6.4cm	11,500	中国嘉德	2020-07-15
清 黄玉龙凤形佩	长6cm	184,000	古天一	2020-10-16
清 金珀随形坠	长7.6cm	25,300	中国嘉德	2020-12-03
清 镂雕玉佩（一组五件）	最大长度6cm	22,543	伦敦佳士得	2020-02-13
清 玛瑙巧色莲池双鱼挂件	长6cm	20,700	中贸圣佳	2020-12-08
清 玛瑙如意坠	4.25cm×3.7cm×2.8cm	10,080	上海联合	2020-11-29
清 南红喜事连连挂坠	长4.7cm	6,900	广东崇正	2020-09-13
清 青白玉雕螭龙佩、青玉虎头（共三件）	尺寸不一	16,100	北京保利	2020-10-20
清 青白玉雕盘蛇佩	长4.9cm	45,550	佳士得	2020-04-21
清 青白玉凤及鱼形佩（一组两件）	高7.2cm；高6.3cm	51,269	香港苏富比	2020-11-26
清 青白玉富甲一方（茄子）	长8cm；宽3.8cm；厚2.8cm	22,000	上海呗美	2020-07-20
清 青白玉蝴蝶佩	长9.4cm	6,900	中国嘉德	2020-07-15
清 青白玉灵仙祝寿佩	4.6cm×3.9cm×1.7cm	24,640	上海联合	2020-11-29
清 青白玉龙形佩	长16.3cm	115,000	古天一	2020-10-16
清 青白玉龙形佩（一对）	长11cm；长11.5cm	396,750	古天一	2020-10-16
清 青白玉三鱼纹挂件	重31.4g；宽10cm	71,659	库恩国际	2020-01-08
清 青白玉题诗蟠桃佩	高5.2cm	51,408	香港苏富比	2020-06-05
清 青白玉咬尾龙佩	直径5.5cm；厚0.5cm	7,700	上海呗美	2020-07-20
清 青白玉坠	长7cm	13,800	北京禾谷	2020-09-24
清 青黄玉蝉	长6cm	105,800	古天一	2020-10-16
清 青黄玉谷纹龙形佩	长26.5cm	172,500	古天一	2020-10-16
清 青玉兽面佩（一组两件）	5.2cm及5.4cm	11,749	香港苏富比	2020-11-26
清 青玉喜事临门玉佩	重49g	197,062	库恩国际	2020-01-08
清 双色碧玺荷花鸳鸯佩	长5.8cm	20,700	中国嘉德	2020-12-03
清 松石挂件、白玉环（一组两件）	松石长5.5cm；玉环直径5.2cm	5,750	中贸圣佳	2020-12-08
清 提油松鼠灵芝挂件	长6cm	51,750	中贸圣佳	2020-10-16
清 徐致祥款季和款松子《兰亭集序》十八子持珠	珠长约1.3cm	34,500	西泠印社	2020-08-09
清 玉留皮松鼠葡萄坠	长5cm	59,800	中国嘉德	2020-08-18
清 玉鸟（一组五件）	长3cm至4cm	182,784	香港苏富比	2020-06-05
清 玉巧雕瓜果双鸟佩	高5cm	728	香港普艺	2020-07-11
清 玉瑞兽佩四件	尺寸不一	8,050	中国嘉德	2020-07-15
清 玉透雕鸟纹佩、五毒佩（两件）	长3.8cm；长4.5cm	94,300	中国嘉德	2020-08-18
清 子冈款白玉刻花鸟诗文佩	长6cm；宽3.9cm	36,800	西泠印社	2020-08-08
清 子冈款白玉米芾拜石图诗文佩	长6cm；宽4cm	78,200	西泠印社	2020-08-08
清 子冈款白玉郑和下西洋人物佩	厚0.5cm；长6cm；宽4cm	36,800	西泠印社	2020-08-08
清 子冈款翡翠人物诗文佩	长6.8cm；宽4.2cm	17,250	西泠印社	2020-08-09
清 紫晶双欢	长5cm	8,050	荣宝斋（南京）	2020-11-28

拍品名称	物品尺寸	成交价RMB	拍卖公司	拍卖日期
清或更晚 黄青玉透雕夔凤纹“长命富贵”佩	长9.7cm	534,051	香港苏富比	2020-11-26
19/20世纪 玉件（一组三件）	尺寸不一	27,797	巴黎佳士得	2020-06-23
20世纪 翠玉灵猴献寿坠	长5.0cm	178,692	巴黎佳士得	2020-06-23
现代 背莲花观音白玉挂件	45.2g	5,750	北京禾谷	2020-09-24
现代 和田玉龙坠	4.5cm×1.5cm	8,400	乾禧国际	2020-01-20
当代 罗敏制国色天香	33g	1,150	上海嘉禾	2020-01-05
当代 罗敏制和田玉花开富贵	22g	1,150	上海嘉禾	2020-01-05
当代 罗敏制和田玉喜上眉梢	27g	3,450	上海嘉禾	2020-01-05
白玉财神挂件	2.15cm×1.75cm×1cm 重量5.7g	6,720	上海联合	2020-11-29
白玉螭龙灵芝佩	长6.5cm	4,600	中国嘉德	2020-07-15
白玉雕蝉形佩（共两件）	最长5.1cm	113,875	佳士得	2020-04-21
白玉雕善财童子纹吊坠	2cm×3.5cm×3.5cm	2,228	加拿大尚德	2020-04-04
白玉鹅如意挂件	2.4cm×2.8cm×1.45cm 重量11.6g	8,960	上海联合	2020-11-29
白玉封侯拜相挂件	3.6cm×2cm×1.9cm 重量16.1g	10,640	上海联合	2020-11-29
白玉府上有龙挂件	5.4cm×2.3cm×1.3cm 重量21.4g	22,400	上海联合	2020-11-29
白玉关公挂件	4.3cm×3.3cm×1.85cm 重量36.7g	13,440	上海联合	2020-11-29
白玉观音挂件	6.7cm×4.1cm	504,000	上海联合	2020-11-29
白玉观音佩	长3.8cm	6,900	中国嘉德	2020-07-15
白玉观音佩	长4cm	5,750	中国嘉德	2020-07-15
白玉葫芦福禄万代挂件	3.9cm×1.65cm×1.45cm 重量12.6g	47,040	上海联合	2020-11-29
白玉蝴蝶佩	13.2cm	6,158	东京 国立拍卖	2020-01-10
白玉花开富贵挂件	3.2cm×2.6cm×1.1cm 重量13.5g	13,440	上海联合	2020-11-29
白玉金玉满堂挂件	3.4cm×2.9cm×0.95cm 重量14.2g	35,840	上海联合	2020-11-29
白玉留皮瓜瓞连绵坠	长5.5cm	43,700	中国嘉德	2020-11-11
白玉留皮葫芦秋蝉坠	长5.5cm	6,900	中国嘉德	2020-11-11
白玉留皮事事如意秋蝉坠	长4.9cm	10,350	中国嘉德	2020-11-11
白玉镂雕花蝶螳螂鸡形佩（共三件）	长5cm	47,828	佳士得	2020-04-21
白玉镂雕龙纹佩（共三件）	长5.3cm	125,263	佳士得	2020-04-21
白玉弥勒挂件	3.7cm×2.55cm×1.15cm 重量15.4g	5,040	上海联合	2020-11-29
白玉瑞兽挂件	3.3cm×1.75cm×1.67cm 重量14.6g	13,440	上海联合	2020-11-29
白玉狮球佩	长7.8cm	2,300	中国嘉德	2020-07-15
白玉兽面挂件	3.5cm×1.55cm×1.6cm 重量15.3g	13,440	上海联合	2020-11-29

拍品名称	物品尺寸	成交价RMB	拍卖公司	拍卖日期
白玉双童子挂件	4.4cm×4.8cm	19,550	广东 精诚所至	2020-09-15
白玉太白醉酒挂件	长3.9cm	78,400	上海联合	2020-11-29
白玉太平有象佩	高29cm	8,050	中国嘉德	2020-07-15
白玉唐马挂件	4.6cm×2.3cm×1.8cm 重量26.4g	17,920	上海联合	2020-11-29
白玉天干地支佩	长7.1cm	17,250	中国嘉德	2020-07-15
白玉喜鹊登梅手件	高7cm	7,069	香港普艺	2020-07-11
白玉有凤来仪挂件	3cm×2.8cm×0.6cm 重量7.7g	6,160	上海联合	2020-11-29
白玉鱼化龙挂件	2.7cm×4.9cm×1.5cm 重量22.8g	6,160	上海联合	2020-11-29
白玉元宝弥勒挂件	3.75cm×2.65cm×0.9cm 重量17.4g	34,720	上海联合	2020-11-29
白玉招财进宝挂件	3.6cm×2.2cm×2.1cm 重量13.2g	9,520	上海联合	2020-11-29
茶晶蝉	宽4cm	1,559	香港普艺	2020-07-11
仿古纹玉	长4.4cm	73,815	佳士得	2020-10-08
高俊华 青花临江独眺挂件	4cm×2.6cm×1.45cm 重量24g	10,080	上海联合	2020-11-29
龚克勤 白玉府上有龙挂件	长5.3cm	89,600	上海联合	2020-11-29
龚克勤 白玉荷韵挂件	3.8cm×2.5cm×1.55cm 重量18.2g	35,840	上海联合	2020-11-29
和田青白玉雕C形玉猪龙	高9.5cm	1,593,900	东京 国立拍卖	2020-01-10
和田玉（四件套）	113.9g	1,150	上海嘉禾	2020-01-05
和田玉龙纹佩	长7.4cm	5,750	北京钜鑫缘	2020-10-13
和田玉透雕龙纹佩	长7cm	3,095,248	新加坡环球	2020-01-08
和田玉籽料“马到成功”挂坠	4.76cm×4.76cm	17,250	华艺国际	2020-10-15
和田籽料 留皮巧雕龙龟挂件	5.3cm×2.9cm	2,200	上海呗美	2020-07-30
和田籽料 留皮巧雕马上有福	5.6cm×2.5cm	3,850	上海呗美	2020-07-30
和田籽料 留皮巧雕普度众生	6.2cm×3.8cm	23,100	上海呗美	2020-07-30
和田籽料 龙首灵芝挂件	62cm×34cm×18cm 重50.6g	3,300	上海呗美	2020-07-30
黑白玉巧作灵猴坠	长3cm	5,750	北京翰海	2020-09-12
红玉雕龙形佩	长12.5cm	579,600	东京 国立拍卖	2020-01-10
侯晓锋 接喜纳福 黄玉挂件	5.4cm×3.5cm	11,500	西泠印社	2020-08-10
侯晓锋 喜笑颜开 白玉挂件	4.6cm×3.3cm	40,250	西泠印社	2020-08-10
侯晓锋 引福来 白玉挂件	4.6cm×3.4cm	115,000	西泠印社	2020-08-10
胡锡涛 慈佑众生 白玉挂件	5.1cm×3.1cm	80,500	西泠印社	2020-08-10
胡锡涛 鸿运当头 白玉挂件	3.7cm×3.7cm	92,000	西泠印社	2020-08-10
胡锡涛 鱼化龙 白玉挂件	5.5cm×2.7cm	138,000	西泠印社	2020-08-10
琥珀坠（五件）		6,900	中国嘉德	2020-11-11
黄罕勇 ON MY WAY 白玉挂件	5.4cm×5.4cm	57,500	西泠印社	2020-08-10
黄罕勇 扭转乾坤 白玉挂件	6.6cm×1.8cm	57,500	西泠印社	2020-08-10

拍品名称	物品尺寸	成交价RMB	拍卖公司	拍卖日期
黄罕勇 有禄 白玉挂件	4.8cm×3.4cm	55,200	西泠印社	2020-08-10
黄沁连生贵子挂件	3.45cm×3.1cm×2cm 重量28.5g	31,360	上海联合	2020-11-29
黄沁平安扣	直径2.5cm；厚0.63cm；重量10.7g	6,720	上海联合	2020-11-29
黄沁如意挂件	5.9cm×3.8cm×1.6cm 重量61.5g	19,040	上海联合	2020-11-29
黄玉、青白玉观音佩各一件	长5cm；长5cm	5,750	中国嘉德	2020-07-15
黄玉留皮巧雕张骞乘槎佩	长5.1cm	51,244	佳士得	2020-04-21
黄玉弥勒佩	长4cm	6,900	中国嘉德	2020-07-15
蒋永葆 白玉貔貅挂件	长3.8cm	89,600	上海联合	2020-11-29
林金波 福禄寿喜财 白玉挂件	5.2cm×2.5cm	69,000	西泠印社	2020-08-10
林金波 如鱼得水 白玉挂件	3.9cm×2.9cm	115,000	西泠印社	2020-08-10
林金波 武财神 白玉挂件	5.2cm×3.2cm	149,500	西泠印社	2020-08-10
刘海 白玉蝶恋花挂件	长5.3cm	56,000	上海联合	2020-11-29
龙凤玉佩	5cm×7cm×0.5cm	17,250	广东精诚所至	2020-09-15
玛瑙壶、青白玉乳钉双耳杯、青白玉佩各一件	长11.5cm；长11.2cm；长9.5cm	10,350	中国嘉德	2020-11-11
玛瑙巧雕俏色童子	长3.8cm	796,950	美国摩根	2020-01-14
青白玉螭龙佩	直径7.5cm	6,900	中国嘉德	2020-07-15
青白玉穿花龙纹佩	长7.9cm	9,200	中国嘉德	2020-07-15
青白玉龙凤纹佩	长6cm	3,450	中国嘉德	2020-07-15
青玉雕猪龙	高16.5cm	579,600	东京国立拍卖	2020-01-10
三色翠青天之骄子挂件	4.4cm×2.75cm×1.45cm 重量23.5g	33,600	上海联合	2020-11-29
寿山田黄石 凤纹挂件	2.7cm×2.1cm×0.85cm 重量29.1g	13,440	上海联合	2020-11-29
寿山田黄石 龙纹挂件	3.2cm×2.6cm×0.9cm 重量37.2g	16,800	上海联合	2020-11-29
王彬 白玉财帛星君挂件	长4.85cm	97,440	上海联合	2020-11-29
王彬 碧玉安居乐业挂件	2.75cm×3.35cm×1.72cm 重量33.8g	6,720	上海联合	2020-11-29
王一卜 佛缘 白玉挂件	4.6cm×2.3cm	51,750	西泠印社	2020-08-10
吴金星 白玉苍龙出海挂件	6.6cm×2.3cm	336,000	上海联合	2020-11-29
吴金星 白玉一鸣惊人挂件	长4.15cm	56,000	上海联合	2020-11-29
吴金星 蝶恋花 白玉挂件	4.4cm×1.8cm	78,200	西泠印社	2020-08-10
吴金星 龙吟九天 白玉挂件	6.1cm×2.5cm	97,750	西泠印社	2020-08-10
吴灶发 花开见喜 白玉挂件	3.5cm×3.1cm	74,750	西泠印社	2020-08-10
新疆和田玉洒金皮千手观音	6.73cm×5.59cm	172,500	永乐拍卖	2020-12-04
熊明星 白玉福猪挂件	2.4cm×2cm×1.7cm 重量11.5g	16,800	上海联合	2020-11-29
徐志浩 万法唯心 白玉挂件	6.4cm×3.7cm	69,000	西泠印社	2020-08-10
杨建发 白玉封侯拜相挂件	4.93cm×3.2cm	224,000	上海联合	2020-11-29
杨建发 白玉鸿运当头挂件	4.75cm×3.35cm	268,800	上海联合	2020-11-29
杨建发 白玉金龙献瑞挂件	4.75cm×2.8cm	201,600	上海联合	2020-11-29

拍品名称	物品尺寸	成交价RMB	拍卖公司	拍卖日期
杨建发 白玉瑞兽挂件	4.1cm×2.8cm×2.4cm 重量38.1g	89,600	上海联合	2020-11-29
杨建发 白玉知足挂件	4.87cm×2.85cm×1.65cm 重量28.7g	89,600	上海联合	2020-11-29
玉蝙蝠	长6.3cm	5,750	北京翰海	2020-09-12
玉蝉	长7.7cm	9,200	北京翰海	2020-09-12
玉蝉坠	高5.5cm	5,750	北京翰海	2020-09-12
玉雕螭龙纹佩	长8.5cm	2,330,820	哈布斯堡	2020-08-22
玉雕螭龙转心佩	长6cm	23,000	北京翰海	2020-09-12
玉雕二龙戏珠佩	长6cm	13,800	北京翰海	2020-09-12
玉雕二龙戏珠佩	长5.5cm	12,650	北京翰海	2020-09-12
玉雕风云际会佩	长6.5cm	10,350	北京翰海	2020-09-12
玉雕福禄坠	长5cm	42,550	北京翰海	2020-09-12
玉雕福寿佩	长5cm	23,000	北京翰海	2020-09-12
玉雕福寿佩	长5cm	17,250	北京翰海	2020-09-12
玉雕福在眼前佩	长5.3cm	5,750	北京翰海	2020-09-12
玉雕葫芦形大吉佩	长6.8cm	48,300	北京翰海	2020-09-12
玉雕花卉佩	长5cm	34,500	北京翰海	2020-09-12
玉雕花鸟佩	长5cm	13,800	北京翰海	2020-09-12
玉雕吉祥如意佩	长6cm	34,500	北京翰海	2020-09-12
玉雕梅花琴式坠	长8.5cm	10,350	北京翰海	2020-09-12
玉雕人物佩	高5.5cm	46,000	北京翰海	2020-09-12
玉雕人物佩	长5cm	17,250	北京翰海	2020-09-12
玉雕人物佩（两件）		18,400	北京翰海	2020-09-12
玉雕人物坠（两件）		17,250	北京翰海	2020-09-12
玉雕仕女竹纹佩	高6.5cm	9,200	北京翰海	2020-09-12
玉雕松鼠葡萄	长5cm	6,900	北京翰海	2020-09-12
玉雕天鹅连珠佩	直径5.5cm	20,700	北京翰海	2020-09-12
玉雕喜字花卉佩	长5cm	11,500	北京翰海	2020-09-12
玉雕一路太平佩	长5cm	40,250	北京翰海	2020-09-12
玉雕云龙佩	长5cm	17,250	北京翰海	2020-09-12
玉福禄佩	高6.5cm	5,750	北京翰海	2020-09-12
玉瓜 兽坠（两件）		48,300	北京翰海	2020-09-12
玉瓜果坠（5件）		13,800	北京翰海	2020-09-12
玉瓜坠	长4cm	19,550	北京翰海	2020-09-12
玉葫芦	长6.5cm	6,900	北京翰海	2020-09-12
玉蝴蝶坠	长5cm	23,000	北京翰海	2020-09-12
玉花卉佩	长6.5cm	6,900	北京翰海	2020-09-12
玉花鸟佩	长5cm	5,750	北京翰海	2020-09-12
玉花鸟佩（两件）		16,100	北京翰海	2020-09-12
玉吉祥佩	高6cm	16,100	北京翰海	2020-09-12
玉夔龙佩	长5.3cm	8,050	北京翰海	2020-09-12
玉猫叶佩	长7.5cm	39,100	北京翰海	2020-09-12
玉鸟寿桃佩	宽5cm	3,119	香港普艺	2020-07-11
玉藕佩	长5.8cm	20,700	北京翰海	2020-09-12
玉佩（两件）		18,400	北京翰海	2020-09-12
玉人物佩	高7.5cm	9,200	北京翰海	2020-09-12

拍品名称	物品尺寸	成交价RMB	拍卖公司	拍卖日期
玉山水佩	长5cm	8,050	北京翰海	2020-09-12
玉双桃	长5cm	8,050	北京翰海	2020-09-12
玉松鹤延年坠	长4.5cm	25,300	北京翰海	2020-09-12
玉竹节坠	高5cm	23,000	北京翰海	2020-09-12
元中堂 王天翔 白玉安居守业挂件	5.05cm×2.05cm×1.65cm 重量27.2g	38,080	上海联合	2020-11-29
赵琦 纯一妙善 白玉挂件	4.8cm×2.8cm	57,500	西泠印社	2020-08-10
赵琦 花开见佛 白玉挂件	5.1cm×2.5cm	46,000	西泠印社	2020-08-10
把玩件				
或新石器时代红山文化 黄玉鸮	长7cm	148,512	香港苏富比	2020-06-05
西汉 黄玉红沁卧牛把件	高3.6cm；长7cm	109,250	西泠印社	2020-08-09
辽宋 青玉飞天把件 玉飞天把件	长6.8cm	84,360	佳士得	2020-10-08
宋 白玉雕持莲童子把件	长6.5cm	9,200	西泠印社	2020-08-09
宋 白玉红沁镂雕持莲婴戏把件	直径5cm	40,250	西泠印社	2020-08-09
宋 白玉红沁童子把件	长6.8cm；宽4.5cm	13,800	西泠印社	2020-08-09
宋 玉红沁持莲童子把件	高7cm	11,500	西泠印社	2020-08-09
宋/元 黑白玉连生贵子把件及白玉沁色连生贵子把件	高4.5cm	68,543	佳士得	2020-10-08
宋至明 黄玉雕瑞兽把件	长6.5cm	860,706	纽约苏富比	2020-09-22
元 黄玉带沁持莲童子把件	长5.6cm	25,300	西泠印社	2020-08-09
元 黄玉胡人戏象把件	长4.5cm	1,522,808	香港苏富比	2020-11-26
元 玉雕胡人戏狮把件	高6cm	25,300	西泠印社	2020-08-09
元至明 玉雕胡人戏狮把件	高10.3cm	48,300	西泠印社	2020-08-09
明早期 双狮老和田玉把件	长5cm	5,750	上海嘉禾	2020-01-05
明 白玉雕瑞兽把件	高9cm 长6.7cm	34,500	西泠印社	2020-08-09
明 白玉雕太师少师把件	长9.6cm	55,200	西泠印社	2020-08-09
明 白玉红沁龙龟把件	高2cm；长4.5cm；宽3cm	13,800	西泠印社	2020-08-09
明 白玉胡人戏兽把件	高6.4cm	10,350	西泠印社	2020-08-09
明 白玉镂雕佛手把件		1,612,323	库恩国际	2020-01-08
明 白玉双鹿把件	长6.5cm；宽3.5cm；高4.3cm	28,600	上海呗美	2020-07-20
明 灰玉雕瑞兽把件	长10.3cm	50,721	伦敦佳士得	2020-02-13
明 青白玉鹅把件	长6cm	51,269	香港苏富比	2020-11-26
明 青玉和合二仙把件	宽3.1cm	13,115	伦敦苏富比	2020-06-16
明 玉雕提油瑞兽把件	高1.8cm；长7.5cm	25,300	西泠印社	2020-08-09
明 玉雕提油卧犬把件	长8.5cm	34,500	西泠印社	2020-08-09
明至清 白玉红沁瑞兽把件	高3.5cm；长6.5cm	9,200	西泠印社	2020-08-08
明至清 白玉双兽把件	长5.5cm	63,250	西泠印社	2020-08-09
明至清 玉雕太狮少狮把件	高3cm；宽8.5cm	1,150	西泠印社	2020-08-09
明至清 玉雕鲤鱼、大象及瑞兽把件（一组三件）	长7.5cm；长6cm；长4.8cm	51,269	香港苏富比	2020-11-26
明至清 玉雕童子把件（一组三件）	4cm至7.5cm	48,065	香港苏富比	2020-11-26
明末至清初 玉雕瑞兽两件	长5.5cm及8.1cm	13,709	香港苏富比	2020-06-05
17/18世纪 白玉巧雕水牛把件	宽7.3cm	226,000	佳士得	2020-07-09
18世纪 白玉持荷童子	高6.8cm	34,272	香港苏富比	2020-06-05
18世纪 白玉带皮双桃把件	宽5cm	17,487	伦敦苏富比	2020-06-16
18世纪 白玉雕双欢把件	长6cm	111,892	纽约苏富比	2020-09-22
18世纪 白玉马上封侯把件	宽6.7cm	32,910	伦敦佳士得	2020-05-21
18世纪 白玉卧马把件	长8.8cm	99,273	巴黎佳士得	2020-06-23
18世纪 福在眼前玉把件	宽4.2cm	8,744	伦敦苏富比	2020-06-16
18世纪 墨白玉透雕瑞兽衔灵芝把件	宽7cm	84,360	佳士得	2020-10-08
18世纪 青玉瑞兽衔芝把件	长9.0cm	69,491	巴黎佳士得	2020-06-23
清乾隆 白玉雕佛手把件	高7.3cm	344,282	纽约苏富比	2020-09-22
清乾隆 白玉福寿双全手握	6.8cm×5.8cm	560,000	上海联合	2020-11-29
清乾隆 黄玉雕福迭富贵把件	宽7.8cm	301,247	纽约苏富比	2020-09-22
清乾隆 黄玉雕一路连科把件	长7.3cm	430,353	纽约苏富比	2020-09-22
清中期 白玉耄耋把件	长5.5cm	51,750	十竹斋拍卖（北京）	2020-10-18
清中期 白玉瑞兽把件	长5.2cm	51,750	十竹斋拍卖（北京）	2020-10-18
清中期 玛瑙童子把件	高6cm	23,000	西泠印社	2020-08-09
18/19世纪 白玉衔荷鸳鸯把件	6.5cm	10,681	香港苏富比	2020-11-26
18/19世纪 巧色玉雕葫芦猴子把件	长4.2cm	7,679	伦敦佳士得	2020-05-21
18/19世纪 青白玉灵猴献寿把件	高4.5cm	33,814	伦敦佳士得	2020-02-13
18/19世纪 青玉福寿绵绵纹把件	长10.8cm	12,022	伦敦苏富比	2020-06-16
18/19世纪 青玉马上封侯把件	高6cm	11,271	伦敦佳士得	2020-02-13
19世纪 白玉福至心灵纹把件	宽6cm	16,394	伦敦苏富比	2020-06-16
19世纪 白玉童子骑鹅把件	高5.4厘米	10,929	伦敦苏富比	2020-06-16
19世纪 巧色玉雕双獾把件	长4.7cm	41,686	伦敦佳士得	2020-05-21
19世纪 青白玉持莲童子	高5.8cm	10,929	伦敦苏富比	2020-06-16
19世纪 青白玉玉兰花把件	高7cm	15,987	巴黎苏富比	2020-06-18
清 白玉雕福寿双全把件	长5.8cm	218,500	西泠印社	2020-08-09
清 白玉雕留皮佛手把件	10.8cm×6.4cm	97,750	西泠印社	2020-08-09
清 白玉雕卧马把件	高4.5cm；长6.5cm	23,000	西泠印社	2020-08-09
清 白玉雕饮马把件	宽5cm	738,150	佳士得	2020-10-08
清 白玉佛手把件	长7.3cm	149,500	上海敬华	2020-09-22
清 白玉佛手把件	长7cm	34,500	西泠印社	2020-08-09
清 白玉红沁镂雕云龙纹把件	高2.5cm；长5cm；宽3.4cm	20,700	西泠印社	2020-08-09
清 白玉红沁瑞兽把件	长9.5cm	86,250	西泠印社	2020-08-09
清 白玉红沁瑞兽驮书把件	高3cm；长8.3cm	17,250	西泠印社	2020-08-09
清 白玉红沁四喜童子把件	长4.5cm；宽4.5cm	13,800	西泠印社	2020-08-09
清 白玉红沁子母羊把件	高3.5cm；长6.8cm	13,800	西泠印社	2020-08-09
清 白玉葫芦把件	长5.1cm	13,885	香港苏富比	2020-11-26
清 白玉菱角把件	长4.9cm	8,050	广东崇正	2020-09-13
清 白玉麒麟背书及青白玉瑞兽把件（一组两件）	7.5cm	42,724	香港苏富比	2020-11-26
清 白玉巧雕灵芝卧羊把件	长5.5cm	135,600	佳士得	2020-07-09
清 白玉三羊开泰把件	长6cm	64,086	香港苏富比	2020-11-26
清 白玉寿桃蝙蝠把件	长4.2cm	27,771	香港苏富比	2020-11-26
清 白玉童子、双欢把件（一组两件）	长5.4cm；长5.8cm	28,750	广东崇正	2020-09-13

拍品名称	物品尺寸	成交价RMB	拍卖公司	拍卖日期
清 白玉童子牧牛把件	高3.5cm；长6cm	40,250	西泠印社	2020-08-09
清 白玉童子牧牛把件	宽5.3cm	24,045	伦敦苏富比	2020-06-16
清 白玉鸳鸯把件及年年有余佩（一组两件）	长7cm；长13.5cm	43,411	香港苏富比	2020-06-05
清 白玉子母羊把件	带座高7.5cm；高4.5cm；长6cm	34,500	西泠印社	2020-08-09
清 鹅如意把件	5.5cm×4.3cm×2.2cm	16,800	上海联合	2020-11-29
清 琥珀佛手把件	长10cm	55,200	西泠印社	2020-08-09
清 黄玉镂空雕松鼠葡萄纹把件	长5.4cm	5,750	广东崇正	2020-09-13
清 鸡骨白玉童子绣球把件	7.5cm	42,180	佳士得	2020-10-08
清 玛瑙欢天喜地把件	长3.7cm	10,350	广东崇正	2020-09-13
清 玛瑙巧雕瑞兽把件	高3cm；长4.5cm	11,500	西泠印社	2020-08-09
清 青白玉把件（两件）	长6cm；长5.3cm	19,983	巴黎苏富比	2020-06-18
清 青白玉雕海马负书把件	长6.1cm	23,980	巴黎苏富比	2020-06-18
清 青白玉刘海金蟾把件	6.3cm	32,043	香港苏富比	2020-11-26
清 青白玉辟邪把件	长13.5cm；宽4cm	10,350	西泠印社	2020-08-08
清 青白玉卧羊衔仙草把件	长10cm	53,405	香港苏富比	2020-11-26
清 青玉童子把件	高6.5cm	63,270	佳士得	2020-10-08
清 玉把件（一组两件）	最大宽度6.4cm	50,721	伦敦佳士得	2020-02-13
清 玉雕动物把件（一组三件）	长5.1cm；4.5cm及4.1cm	20,294	香港苏富比	2020-11-26
清 玉雕莲蓬、瓜果把件（一组两件）	1.高2.5cm；长6cm；2.长5.5cm；宽3cm	34,500	西泠印社	2020-08-09
清 玉雕童子两件	高5.6cm及5.9cm	12,566	香港苏富比	2020-06-05
清 玉鹿把件	高6.5cm；长6.5cm	28,750	西泠印社	2020-08-08
白玉雕蟾把件	长5.8cm	113,875	佳士得	2020-04-21
白玉雕持芝童子及持鱼童子把件（共两件）	最宽4.3cm	31,885	佳士得	2020-04-21
白玉雕双獾把件（共两件）	最宽5.9cm	74,019	佳士得	2020-04-21
白玉雕童子耄耋把件	宽6.3cm	47,828	佳士得	2020-04-21
白玉雕鹰雄把件（共两件）	最长5.2cm	108,181	佳士得	2020-04-21
白玉佛手把件	长9.6cm	2,039,468	哈布斯堡	2020-08-22
白玉福猪把件	5.2cm×3.3cm	224,000	上海联合	2020-11-29
白玉镂雕滚马笔舔、荷花莲蓬把件及鱼戏莲叶笔舔（共三件）	长6.6cm	36,440	佳士得	2020-04-21
白玉手镯、瑞兽把件	镯内径5.6cm；把件长5.65cm	268,800	上海联合	2020-11-29
白玉一鸣惊人把件	4.2cm×2.2cm	873,600	上海联合	2020-11-29
白玉招财猫把件	5.4cm×3.1cm	201,600	上海联合	2020-11-29
崔磊 财神到 白玉把件	6.2cm×3.8cm	690,000	西泠印社	2020-08-10
房文杰 碧玉一品清莲把件	5.15cm×4cm	56,000	上海联合	2020-11-29
和田籽料 多子多福把件	9.8cm×4.1cm	7,150	上海呗美	2020-07-30
侯晓锋 喜乐随缘 白玉把件	5.7cm×3.6cm	230,000	西泠印社	2020-08-10
黄杨洪 白玉貔貅把件	4.6cm×3.3cm	117,600	上海联合	2020-11-29
黄杨洪 绿松石事事如意把件	长4.45cm	69,440	上海联合	2020-11-29
李剑 掌中有宝 白玉把件	7.1cm×3.5cm	230,000	西泠印社	2020-08-10
刘国皓 高瞻远瞩 白玉把件	长7.6cm	207,000	西泠印社	2020-08-10

拍品名称	物品尺寸	成交价RMB	拍卖公司	拍卖日期
刘海 白玉前途无量把件	9.15cm×4.75cm	224,000	上海联合	2020-11-29
卢开飞 白玉鹅如意把件	3.8cm×4.9cm×2.2cm 重量48.7g	19,040	上海联合	2020-11-29
卢开飞 白玉龙凤呈祥把件	长6.25cm	103,040	上海联合	2020-11-29
陆爱风 白玉长寿龟把件	4.2cm×2.9cm	134,400	上海联合	2020-11-29
麒麟牛角冻把件	4.8cm×8.6cm×2.7cm	2,300	瀚成拍卖	2020-01-05
青玉 瑞兽把件	5.3cm×4.9cm×3.3cm 重量133.8g	20,160	上海联合	2020-11-29
青玉 握犬把件	8.4cm×2.3cm×1.7cm 重量41.5g	9,520	上海联合	2020-11-29
青玉留皮把件	长13.7cm	5,750	中国嘉德	2020-07-15
瞿利军 高瞻远瞩 白玉把件	7.2cm×3.3cm	126,500	西泠印社	2020-08-10
瞿利军 秋山仙隐 白玉把件	6.0cm×6.2cm	115,000	西泠印社	2020-08-10
瞿利军 溪山林舍 白玉把件	5.3cm×3.3cm	103,500	西泠印社	2020-08-10
王彬 青花出门见喜手把件	7.4cm×2.6cm×1.8cm 重量35.6g	6,720	上海联合	2020-11-29
王金忠 白玉福在眼前把件	5.6cm×4.3cm	616,000	上海联合	2020-11-29
王一卜 鸟鸣涧 白玉把件	6.2cm×5.8cm	402,500	西泠印社	2020-08-10
吴德昇 云游四海 白玉把件	8.3cm×3.5cm	345,000	西泠印社	2020-08-10
吴金星 神武瑞兽 白玉把件	6cm×2.5cm	172,500	西泠印社	2020-08-10
仵子辉 鸭蛋青碧玉福报把件	12.2cm×4.55cm	784,000	上海联合	2020-11-29
新疆和田青白玉岁岁平安手把件	7.23cm×3.99cm	32,200	永乐拍卖	2020-12-04
新疆和田玉洒金皮福在眼前手把件	6.04cm×5.8cm	92,000	永乐拍卖	2020-12-04
徐志浩 白玉瓜瓞绵绵把件	8.3cm×3.9cm	212,800	上海联合	2020-11-29
杨建发 白玉龙戏珠把件	5.7cm×4cm	313,600	上海联合	2020-11-29
杨建发 白玉马上封侯把件	3.05cm×4.9cm	78,400	上海联合	2020-11-29
杨建发 白玉一鸣惊人把件	7cm×3.35cm	201,600	上海联合	2020-11-29
杨曦 鸿运当头 白玉把件	7.1cm×3.9cm	345,000	西泠印社	2020-08-10
杨曦 太狮少狮 白玉把件	6.3cm×4.5cm	402,500	西泠印社	2020-08-10
杨勇 白玉钟馗纳福手把件	7cm×4.1cm	89,600	上海联合	2020-11-29
姚圣国 只缘身在最高层 白玉把件	8.1cm×4.6cm	299,000	西泠印社	2020-08-10
俞巍巍 白玉龙戏珠把件	5cm×3.3cm×2.8cm 重量56.3g	20,160	上海联合	2020-11-29
张永来 如意瑞兽 白玉把件	6.9cm×4.2cm	172,500	西泠印社	2020-08-10
张永来 圆满瑞兽 白玉把件	长6.4cm	230,000	西泠印社	2020-08-10
赵琦 贵妃醉酒 白玉把件	4.5cm×4.5cm	80,500	西泠印社	2020-08-10
赵琦 双修佛 南红把件	7cm×6cm	51,750	西泠印社	2020-08-10
赵琦 鱼化龙 白玉把件	5.3cm×5.2cm	80,500	西泠印社	2020-08-10
赵显志 封侯拜相 白玉把件	长6.6cm	322,000	西泠印社	2020-08-10
玉兵剑饰				
元代 白玉红沁兽面纹剑璏	长12.1cm	179,200	上海呗美	2020-08-22
明以前 玉剑珌（两件）	长4.8cm；长4cm	13,800	广东崇正	2020-06-27
明以前 玉首、玉格、玉珌、玉璏（一组四件）	首直径4.9cm；格长5.1cm；珌长4.5cm；璏长6.3cm	23,000	广东崇正	2020-06-27
明以前 玉兽面纹剑珌（一组两件）	长4.5cm；长5.5cm	21,850	广东崇正	2020-06-27

拍品名称	物品尺寸	成交价RMB	拍卖公司	拍卖日期
17世纪 黄玉"平定"虎符	长10.3cm	678,000	香港苏富比	2020-07-11
明 白玉高浮雕双螭龙剑璏	长13.5cm	115,000	古天一	2020-10-16
明 旧玉剑格	长4.5cm	20,700	中鸿信	2020-01-03
明 沁色玉剑格	4.9cm×2.3cm	5,750	西泠印社	2020-08-09
明 青白玉红沁虎符把件	高1.7cm；长5.7cm	13,800	西泠印社	2020-08-09
明 青玉云雷纹剑首	直径5.5cm；高1.5cm	23,000	广东崇正	2020-09-13
明 提油剑璏	8.5cm×2.5cm×1cm	22,400	上海联合	2020-11-29
明 玉剑饰	长6.3cm	9,200	广东崇正	2020-09-13
明 玉提色虎符	长5.4cm	34,500	中国嘉德	2020-12-03
明或更晚 褐玉带皮剑璏及扣（一组四件）	最大长度9.5cm	22,543	伦敦佳士得	2020-02-13
明或更早 青玉饕餮纹剑珌及璧玉钺（一组两件）	钺长8.3cm；剑珌宽6cm	13,526	伦敦佳士得	2020-02-13
明及更早 玉佩两件及玉剑璏	通长3.5cm-4cm	36,557	香港苏富比	2020-06-05
明至清 青白玉螭龙璧及剑饰（一组三件）	5.5-8.8cm	32,043	香港苏富比	2020-11-26
明至清 青白玉螭龙剑格及瑞兽佩饰（一组两件）	长5.8cm；长6.5cm	53,405	香港苏富比	2020-11-26
18世纪 灰白玉镂雕仿古螭龙纹斧佩	长12.1cm	32,788	伦敦苏富比	2020-06-16
清乾隆 白玉御题诗文斧	长12cm	36,800	中鸿信	2020-01-03
清乾隆 碧玉雕仿古兽面纹斧（钺）	长18cm	126,500	永乐拍卖	2020-08-17
清乾隆 掐丝珐琅龟背纹五福捧寿腰刀、白玉刻"乾隆御赏"画别子、白玉雕乾隆御笔构件（三件）	尺寸不一	345,000	中国嘉德	2020-08-18
清乾隆 紫檀嵌银丝题铭架配古玉斧	玉斧高15.4cm	1,495,000	北京保利	2020-10-20
清中期 白玉龙纹斧形佩	高5.4cm	25,300	北京翰海	2020-12-12
或清 剑璏（一组两件）	长10.1cm；长9.8cm	58,746	香港苏富比	2020-11-26
清 白玉螭龙剑首	直径4.5cm	368,000	古天一	2020-10-16
清 白玉螭龙纹文带	长8.7cm	63,250	中贸圣佳	2020-12-08
清 白玉螭纹剑首	高2.8cm	310,500	古天一	2020-10-16
清 白玉浮雕双螭龙纹斧形佩	长6.2cm；宽4cm	9,200	西泠印社	2020-08-09
清 白玉斧形佩	长7.3cm；宽2.4cm；厚0.8cm	8,250	上海呗美	2020-07-30
清 白玉高浮雕凤纹剑珌	长3cm	184,000	古天一	2020-10-16
清 白玉高浮雕龙纹剑首	长3cm	253,000	古天一	2020-10-16
清 白玉勾云纹兽面剑璏	长7cm	149,500	古天一	2020-10-16
清 白玉剑珌及螭龙纹璧（一组两件）	宽4.7cm；直径8.7cm	39,984	香港苏富比	2020-06-05
清 白玉龙首刀	长9.8cm	22,000	上海呗美	2020-07-30
清 白玉兽面勾云纹剑璏	长6.5cm	86,250	古天一	2020-10-16
清 白玉兽面纹剑璏	长6cm	82,800	古天一	2020-10-16
清 白玉透雕出廓螭龙纹剑璏	长4cm	94,300	古天一	2020-10-16
清 白玉透雕双凤双兽纹刀首环	5cm×3cm	212,750	古天一	2020-10-16
清 白玉弦纹剑璏	长3cm	40,250	古天一	2020-10-16
清 螭龙纹黄玉剑彘	长11.1cm	9,200	北京禾谷	2020-09-24

拍品名称	物品尺寸	成交价RMB	拍卖公司	拍卖日期
清 鸡骨白玉螭龙纹文带	长10.6cm	87,400	中贸圣佳	2020-12-08
清 江藤旧藏仿旧玉饕餮纹玉斧	长14cm	74,750	中鸿信	2020-01-03
清 青白玉柄短刀配螭龙纹鞘	22.5cm；18cm	103,500	西泠印社	2020-08-09
清 青白玉剑格（一组两件）	长4.5cm；长6.3cm	62,832	香港苏富比	2020-06-05
清 玉螭龙剑璏、玉兽面剑璏（两件）	长8.1cm；长6.1cm	40,250	中国嘉德	2020-08-18
清 玉雕兽面纹剑珌	5cm×4.3cm	69,000	古天一	2020-10-16
清 玉雕兽面纹剑璏	长9.5cm	230,000	古天一	2020-10-16
清 玉勾连纹剑珌（三件）	长9.4cm；长8.6cm；长8.4cm	6,900	中国嘉德	2020-07-15
清 玉剑珌（四件）	尺寸不一	9,200	中国嘉德	2020-07-15
清或更早 玉剑饰（一组四件）	3.3cm至4.2cm	40,588	香港苏富比	2020-11-26
白玉雕瑞兽把件及玉雕剑饰三件（共四件）	长6.8cm	85,406	佳士得	2020-04-21
白玉关公茶刀	5.75cm×2.2cm×0.95cm 重量11.9g	5,600	上海联合	2020-11-29
黄玉龙凤纹刀	长16cm	2,039,468	哈布斯堡	2020-08-22
玉柄腰刀	长93cm	32,200	中国嘉德	2020-11-12
玉斧	长6.5cm	2,039,468	哈布斯堡	2020-08-22
玉剑饰	直径5cm	11,500	北京翰海	2020-09-12
其他佩玩件				
吴金星 白玉戈形佩	6.35cm×3cm	224,000	上海联合	2020-11-29
玉龙纹佩	长7cm	69,000	北京翰海	2020-09-12
或新石器时代红山文化 黄玉双蝉	长2cm	125,664	香港苏富比	2020-06-05
新石器时代 良渚文化 公元前三千年 灰褐玉饰	长5.2cm	93,679	纽约佳士得	2020-09-25
新石器时代 良渚文化 公元前三千年至前二千年 象牙白玉鸟首形饰	高3cm	170,325	纽约佳士得	2020-09-25
新石器时代 青白玉凿	长9.4cm；宽5.2cm	30,656	中国嘉德	2020-10-10
新石器时代 玉锥形器	长14cm	94,905	佳士得	2020-10-08
新石器时代 中国东南部 公元前三千年 灰棕玉发饰	直径6cm	42,581	纽约佳士得	2020-09-25
新石器时代红山文化 玉镂空兽面饰及青玉人面佩	长6.8cm；长4.9cm	40,245	香港苏富比	2020-05-22
红山文化 玉钩形器	17.8cm×3.4cm	511,920	台北艺珍	2020-08-16
良渚文化 玉锥形器（三件）	长8.6cm	16,872	佳士得	2020-10-08
文化期 青黄玉红沁钩形器和匕首（各一件）	长7cm	51,094	中国嘉德	2020-10-10
文化期 玉雕兽面纹杖顶	宽4.8cm	64,003	中国嘉德	2020-07-13
商 玉雕炭坑沁兽面纹觿	长9.9cm	613,128	中国嘉德	2020-10-10
商 玉虎饰	长6.8cm	585,750	佳士得	2020-11-30
商 玉人面形饰	高4.2cm	559,459	纽约苏富比	2020-09-22
或西周 玉牌饰	长7.8cm	32,830	伦敦苏富比	2020-06-15
西周 白玉双龙纹玉饰（一对）	5.5cm×1.6cm×2	112,407	中国嘉德	2020-10-10
西周 黄玉佩饰	宽4.9cm	388,314	中国嘉德	2020-10-10
西周 龙纹玉璜、龙纹圈饰	璜长5cm；圈径2.7cm	132,844	中国嘉德	2020-10-10

拍品名称	物品尺寸	成交价RMB	拍卖公司	拍卖日期
西周 兽首玉饰、圆雕玉鸟、玉蚕	兽长2.1cm；鸟长2.7cm；蚕长3cm	153,282	中国嘉德	2020-10-10
西周 小玉件（七件）	长5.2cm	18,394	中国嘉德	2020-10-10
西周 异形玉佩饰（共十件）	宽7.5cm	159,750	佳士得	2020-11-30
西周 玉饰（十二件）	宽6.9cm	319,500	佳士得	2020-11-30
西周 玉饰（三件）	高5.6cm；高7.2cm；高8.4cm	206,976	香港苏富比	2020-05-22
西周或以后 青玉人龙纹饰件	长20.6cm	316,350	佳士得	2020-10-08
东周 玉犀形佩饰	长12.7cm	1,130,000	香港苏富比	2020-07-11
东周/战国 玉扭丝纹饰	直径5.9cm	129,106	纽约苏富比	2020-09-22
东周春秋时期 青白玉兽面纹牌饰	长5cm	152,762	香港苏富比	2020-10-09
东周晚期至西汉 玉饰（一组三件）	直径3.2cm至4.6cm	25,133	香港苏富比	2020-06-05
春秋 白玉龙纹牌饰	高6.6cm	408,752	中国嘉德	2020-10-10
春秋 白玉炭坑沁觿	长9.5cm	224,814	中国嘉德	2020-10-10
春秋 青白玉红沁龙纹兽面臂形饰	宽4.6cm	357,658	中国嘉德	2020-10-10
春秋 青白玉龙纹兽面双系拱形饰	宽5.2cm	163,501	中国嘉德	2020-10-10
春秋 兽面玉饰	宽1.9cm	204,376	中国嘉德	2020-10-10
战国 褐白玉龙形觿	长11.1cm	1,847,900	伦敦佳士得	2020-11-03
战国 鸟形嵌饰器	高3.4cm；宽3cm	1,328,444	中国嘉德	2020-10-10
六朝 白玉熊嵌饰物	3.6cm × 1.8cm	367,877	中国嘉德	2020-10-10
宋代 黄玉鹌鹑杖首	长7cm	313,600	上海呗美	2020-08-22
宋或更早 白玉镂雕飞鸟蜻蜓饰	长5.2cm	194,208	香港苏富比	2020-06-05
宋至元 白玉镂雕花鸟纹杏形佩饰	长6cm	117,491	香港苏富比	2020-11-26
辽 白玉飞天耳环（一对）	长3.9cm；长4cm	161,000	西泠印社	2020-08-09
辽 白玉延年益寿嵌件	2.4cm × 2.2cm	81,750	中国嘉德	2020-10-10
辽至金 灰白玉镂雕孔雀花卉佩饰	5.5cm	18,158	香港苏富比	2020-11-26
金/清 白玉小件（六件）	长8.7cm	29,868	中国嘉德	2020-07-13
元 玉蟠龙诗文嵌饰	5cm × 4.9cm	195,500	中国嘉德	2020-12-03
元/明 青玉镂雕穿花云龙纹牌饰	长10.6cm	32,830	伦敦苏富比	2020-06-15
元代 白玉雕鹭鸟纹嵌饰	6cm × 5.5cm	59,800	古天一	2020-10-16
元代 黄玉秋山玉饰	高4.5cm；宽4.9cm；厚1cm	26,400	上海呗美	2020-07-30
元至明 白玉穿花龙佩饰	7.6cm	21,362	香港苏富比	2020-11-26
元至明 青白玉镂空大雁佩饰（一组两件）	长6.3cm；长6.4cm	251,327	香港苏富比	2020-06-05
元至明 青白玉镂空花鸟纹佩饰（一组两件）	直径5.4cm；直径6cm	43,411	香港苏富比	2020-06-05
元至明 玉镂空龙纹佩饰（一组两件）	长6.5cm；长9.3cm	274,175	香港苏富比	2020-06-05
明 白玉春水饰件	长6.7cm；宽3.8cm	287,500	中贸圣佳	2020-10-16
明 白玉飞天饰	长4cm	74,750	北京保利	2020-10-20
明 白玉凤形手暖	长9.1cm	86,250	中贸圣佳	2020-12-08
明 白玉荷塘鱼贝纹饰	长4cm	17,250	北京保利	2020-12-05
明 白玉孔雀牡丹纹、双凤牡丹纹嵌饰（两件）	长9cm；长6.1cm	55,200	中国嘉德	2020-12-03
明 白玉龙钮玉饰	高1.5cm	61,600	上海呗美	2020-07-30
明 白玉牡丹凤纹嵌饰	长5.8cm	34,500	北京保利	2020-12-05
明 白玉透雕人物嵌饰（两件）	长4.5cm；长7.5cm	51,750	中国嘉德	2020-12-03
明 白玉一路连科提携	5.5cm × 4.7cm × 0.95cm	7,840	上海联合	2020-11-29
明 白玉鸳鸯衔荷草纹帽顶	高4.5cm	97,750	北京保利	2020-12-05
明 白玉云纹带穿	长5.2cm	20,700	北京保利	2020-12-05
明 古玉龙纹觿（一对）	长10.7cm × 2	230,000	北京保利	2020-10-20
明 黄玉金蟾手暖	长5cm；高2.7cm	63,250	中贸圣佳	2020-12-08
明 旧玉（一组）	尺寸不一	138,000	中鸿信	2020-01-03
明 青白玉螭云纹马饰器	宽5.8cm	48,300	北京保利	2020-10-20
明 青玉面具	长6.9cm	34,500	北京禾谷	2020-09-24
明 青玉龙头杖首	长7.7cm	74,750	北京保利	2020-10-20
明 玉琴轸（一组七个）	长4.3cm × 7	34,500	广东崇正	2020-09-13
明 玉双龙纹杖首	高4.3cm	115,000	中国嘉德	2020-12-03
明或以前 白玉凤纹杖首	高7cm	80,500	广东崇正	2020-09-13
明及更早 玉饰（三件）	长4.3cm至5.4cm	36,557	香港苏富比	2020-06-05
明至清 仿古玉三联串饰	最大3cm	10,681	香港苏富比	2020-11-26
明至清初 青白玉镂空龙纹佩饰（一组四件）	最大9cm	57,120	香港苏富比	2020-06-05
18世纪 青玉仿古螭龙牌饰（一组两件）	宽7.3cm；宽6.6cm	35,019	伦敦苏富比	2020-06-15
18世纪 玉佩饰及玉弦纹琮（一组两件）	宽3.8cm；宽5cm	60,189	伦敦苏富比	2020-06-15
乾隆 白玉刻“内府图书”玉别子（二件）	长8.9cm × 2；宽3.7cm × 2	92,000	江苏汇中	2020-12-10
清乾隆 白玉刻“乾隆御赏”“仇英虎丘图”画别子	长7.2cm	207,000	中国嘉德	2020-08-18
清乾隆 白玉镂雕缠枝西番莲纹座	直径7.3cm	63,250	中贸圣佳	2020-12-08
清乾隆 碧玉镂雕莲纹菱花式座	直径11.5cm	275,426	纽约苏富比	2020-09-22
清中期 白玉葫芦万代	高9.3cm	17,250	北京翰海	2020-12-12
清中期 白玉透雕龙纹瓦子	长6.2cm	48,300	北京翰海	2020-12-12
18/19世纪 仿古白玉锥形器	长7.2cm	26,231	伦敦苏富比	2020-06-16
18/19世纪青玉配件（一组六件）	最大长度8.5cm	24,797	伦敦佳士得	2020-02-13
18/19世纪 玉配饰（一组两件）	宽4.4cm；长4.7cm	21,887	伦敦苏富比	2020-06-15
清 白玉螭衔灵芝纹镶饰	长8cm	51,750	北京保利	2020-10-20
清 白玉出廓云纹牌饰	2.1cm × 3.8cm	71,300	古天一	2020-10-16
清 白玉丹凤朝阳佩饰	长6.7cm	59,800	中国嘉德	2020-08-18
清 白玉雕瓜形佩饰	5.5cm	34,179	香港苏富比	2020-11-26
清 白玉佛手、葫芦及巧雕灵鸟寿桃佩饰（一组三件）	7.4cm；5.5cm及5.4cm	29,907	香港苏富比	2020-11-26
清 白玉宫廷手卷别子（两件）	长6.5cm；长3.6cm	161,000	古天一	2020-10-16
清 白玉金刚铃	高15cm	108,700	伦敦佳士得	2020-11-03
清 白玉佩饰（一组三件）	长2.9cm至6cm	117,491	香港苏富比	2020-11-26
清 白玉佩饰（一组三件）	4.3cm至8.7cm	27,771	香港苏富比	2020-11-26
清 白玉瑞兽兵符	长4.2cm	57,120	香港苏富比	2020-06-05
清 白玉诗文美人弄梅牌饰	长5.1cm	44,860	香港苏富比	2020-11-26
清 白玉双螭纹提携	长8.7cm；宽5.5cm	24,150	中贸圣佳	2020-12-08
清 白玉永保子孙觿	长14.3cm	17,250	北京翰海	2020-12-12
清 白玉圆形佩饰（一组四件）	5.5cm至7cm	37,384	香港苏富比	2020-11-26

拍品名称	物品尺寸	成交价RMB	拍卖公司	拍卖日期
清 碧玉雕仿古纹别子	长6.5cm	40,250	北京保利	2020-10-20
清 碧玉镂雕底座	7cm	12,817	香港苏富比	2020-11-26
清 翠玉雕饰（一组三件）	最长5.5cm	29,907	香港苏富比	2020-11-26
清 翠玉勺两件、琥珀飞鸟佩饰（一对）	琥珀长5.2cm	21,362	香港苏富比	2020-11-26
清 仿古旧玉（一组）	尺寸不一	17,250	中鸿信	2020-01-03
清 谷纹玉勒子串饰	高4.8cm	161,000	古天一	2020-10-16
清 蜜蜡花鸟帽正（两件）	长7.1cm；长6.3cm	46,000	中国嘉德	2020-12-03
清 扭丝玉环、玉勒子串饰	直径4.2cm；长3.5cm	126,500	古天一	2020-10-16
清 青白玉螭龙饰（一组三件）	长7.3cm至8.8cm	90,789	香港苏富比	2020-11-26
清 青白玉春水饰	7cm	13,885	香港苏富比	2020-11-26
清 青白玉镂雕童子人物佩饰（一组四件）	5.7cm至7.6cm	29,907	香港苏富比	2020-11-26
清 青白玉松下高士诗句牌饰	长5.2cm	58,746	香港苏富比	2020-11-26
清 青白玉鱼衔荷花佩饰（一组两件）	11.4cm及7.5cm	10,681	香港苏富比	2020-11-26
清 青黄玉方形锥形器	长15.6cm	345,000	古天一	2020-10-16
清 青黄玉龙纹腕饰（一对）	长6.5cm × 2	161,000	古天一	2020-10-16
清 青玉蝴蝶喜珠将军扣	直径6.6cm	20,700	中国嘉德	2020-12-03
清 铜鎏金镶白玉卧马纹带头	长7.8cm	74,750	北京保利	2020-10-20
清 玉蝉及玉螭龙璧佩饰（一组六件）	长4.8cm至7.3cm	64,086	香港苏富比	2020-11-26
清 玉环、龙纹玉勒串饰	直径5cm；长2.2cm	126,500	古天一	2020-10-16
清 玉马、玉勒、玉蚕串饰	长2.6cm；长1.8cm；长2cm	207,000	古天一	2020-10-16
清 玉佩饰（一组三件）	5.3cm至10.8cm	42,724	香港苏富比	2020-11-26
清 玉兽面、玉环串饰	高3cm	126,500	古天一	2020-10-16
19/20 世纪 玉雕配饰（一组五件）	最大长度10.9cm	47,339	伦敦佳士得	2020-02-13
白玉仿古纹饰勒子、诗文童子玉牌（两件）	长3cm；长6cm	32,200	广东崇正	2020-09-13
勾云纹配饰		3,187,800	美国摩根	2020-01-14
平安无事牌、戒指	11.269g	1,150	上海嘉禾	2020-01-05
文玩四件	尺寸不一	6,900	中国嘉德	2020-07-15
玉 玛瑙杂件（三件）		6,900	北京翰海	2020-09-12
玉面	高21.8cm	1,806,420	美国摩根	2020-01-14
玉器（一组）	尺寸不一	1,593,900	美国摩根	2020-01-14
玉小件、串饰（五件）	尺寸不一	3,450	中国嘉德	2020-07-15
玉杂件（三件）		14,950	北京翰海	2020-09-12
中国西北部 公元前二千年 褐白玉三件式腕或臂饰	宽10cm	46,839	纽约佳士得	2020-09-25
清 白玉糖色仙人祝寿瓦子	长9cm；宽8cm	5,750	中贸圣佳	2020-12-08
清 青白玉龙纹瓦子	长7.5cm	9,200	广东崇正	2020-09-13
明 白玉双层镂雕寿纹花片	长6.2cm	34,500	中贸圣佳	2020-12-08
陈设和生活用品				
玉屏				
明 白玉龙纹插屏	7.4cm × 5.2cm；带座高19cm	57,500	中国嘉德	2020-08-18

拍品名称	物品尺寸	成交价RMB	拍卖公司	拍卖日期
清乾隆 白玉雕香山九老图插屏	高32.4cm	161,000	中鸿信	2020-01-03
清乾隆 白玉浅刻岁朝村庆图御题诗小座屏（一对）	14.6cm × 9cm × 17cm	172,500	北京保利	2020-10-20
清乾隆 白玉童子献瑞图圆屏	屏径 19cm；总高 30.5cm	2,260,000	香港苏富比	2020-07-11
清乾隆 碧玉人物故事插屏（一对）	高28cm × 2	287,500	中鸿信	2020-01-03
清乾隆 碧玉山水人物花鸟纹圆屏	直径22.8cm	204,376	中国嘉德	2020-10-10
清乾隆 高士仙游图插屏	高32cm	230,000	中鸿信	2020-01-03
清乾隆 痕都斯坦白玉嵌碧玉御题诗插屏	16cm × 12.5cm × 1.3cm	115,000	广东崇正	2020-09-13
清乾隆 青白玉描金御题诗山水图插屏（一对）	宽18.9cm × 2	326,100	伦敦佳士得	2020-11-03
清乾隆 青金石御题诗松鹤延年图插屏	高17.0cm	238,256	巴黎佳士得	2020-06-23
清乾隆 青玉雕六合同春图插屏（一对）	高14.6cm × 2	661,581	纽约苏富比	2020-11-22
清乾隆 青玉进宝图插屏	高29cm	377,238	巴黎佳士得	2020-06-23
清乾隆 御制白玉达摩渡江插屏	高26.3cm	74,750	中鸿信	2020-01-03
清中期 白玉梅花诗文插屏	长13.5cm	34,500	北京翰海	2020-12-12
清中期 白玉山水亭台人物插屏	高22.5cm	92,000	北京翰海	2020-12-12
清中期 碧玉浮雕人物故事插屏	40cm × 40cm	253,000	中鸿信	2020-01-03
清中期 碧玉刻佛经填金插屏	高16.5cm	12,650	北京保利	2020-10-19
清 白玉雕山水人物故事插屏（一对）	高32cm × 2	287,500	十竹斋拍卖（北京）	2020-10-18
清 白玉雕御题诗梅花图插屏	高19cm；长16.5cm	17,250	北京保利	2020-10-20
清 白玉浮雕高士游山图插屏	1.屏心长24cm；宽12.5cm；2.高38cm；长22cm；宽12.5cm	92,000	西泠印社	2020-08-09
清 白玉山水人物玉屏	高50cm	172,500	北京禾谷	2020-09-24
清 白玉山水人物玉屏（一对）	直径16cm	920,000	北京禾谷	2020-09-23
清 白玉双兔插屏	高22.1cm	504,000	上海呗美	2020-08-22
清 白玉太平有象圆插屏	直径21cm	198,000	上海呗美	2020-09-20
清 白玉仙人乘槎图插屏	长9.5cm；宽4.4cm	11,500	广东崇正	2020-09-13
清 碧玉描金山水花鸟纹插屏	直径19cm	34,500	广东崇正	2020-09-13
清 浮雕五岳真形图玉圭插屏摆件	1.屏心高17cm；宽5.4cm；2.带座高23cm；长7.8cm；宽 8.3cm	55,200	西泠印社	2020-08-09
清 菊圃主人款刻诗文梅花喜鹊图插屏	屏心长21cm；宽18.9cm；屏风高27cm；长24cm；宽12cm	34,500	西泠印社	2020-08-09
清 罗汉屏风	高32cm	34,500	北京禾谷	2020-09-24
清 玉雕夜游赤壁双面插屏	长22cm；高15cm；连座高24cm	28,750	朵云轩	2020-09-24
清 玉屏罗云山造款萧	长63.9cm	8,050	西泠印社	2020-08-08
清 紫檀嵌白玉夔龙纹插屏	高24cm	51,750	中鸿信	2020-01-03
19/20世纪 青白玉嵌百宝松下月兔插屏	直径25.4cm	26,328	伦敦佳士得	2020-05-21

拍品名称	物品尺寸	成交价RMB	拍卖公司	拍卖日期
碧玉嵌青白玉诗文小插屏	高24cm	5,750	中国嘉德	2020-07-15
玉如意				
明 玉雕卧牛摆件及清 玉如意	长26.8cm；长34cm	17,985	巴黎苏富比	2020-06-18
18世纪 白玉雕人物纹如意	长41cm	161,000	中贸圣佳	2020-12-08
清乾隆 白玉螭龙赶珠五福临门菊花纹如意	长42.7cm	2,130,000	佳士得	2020-11-30
清乾隆 白玉雕福寿有余如意	长30cm	1,955,000	西泠印社	2020-08-09
清乾隆 白玉仿汉谷纹云福如意	长42.5cm	2,300,000	十竹斋拍卖（北京）	2020-10-18
清乾隆 白玉嵌百宝多子纹如意尾	长9.6cm	69,000	北京保利	2020-12-05
清乾隆 白玉仙人贺寿双蝠如意（一对）	长43cm×2	11,270,000	北京保利	2020-10-19
清乾隆 白玉云龙赶珠如意	长43.5cm	632,500	北京保利	2020-12-05
清乾隆 碧玉雕仿古凤纹如意	长45.5cm	1,782,500	北京保利	2020-10-19
清乾隆 青白玉万福长寿如意	长44.5cm	402,500	中国嘉德	2020-08-18
17至18世纪 青玉灵芝如意	长32.3cm	339,000	香港苏富比	2020-07-11
清中期 白玉雕福寿如意盖盒	直径10cm	57,500	荣宝斋（南京）	2020-11-28
清中期 白玉留皮雕事事如意	长5.5cm	6,900	荣宝斋（南京）	2020-11-28
清中期 白玉喜庆如意插屏	高43cm	40,250	广东崇正	2020-09-13
清中期 青白玉高士图三镶如意	长65cm	287,500	中国嘉德	2020-12-03
18/19世纪 白玉八仙图如意	长41.2cm	152,180	伦敦佳士得	2020-11-03
18/19世纪 白玉凤衔牡丹如意	长34cm	904,000	香港苏富比	2020-07-11
清末民初 和田碧玉三镶白玉大如意	长52cm；重量2900g	138,000	江苏汇中	2020-12-10
清 白玉浮雕九桃纹如意摆件	长37cm	97,750	西泠印社	2020-08-09
清 白玉留皮如意童子	高4.8cm	40,250	中贸圣佳	2020-10-16
清 白玉镂雕福寿灵芝如意	长22cm	69,000	中鸿信	2020-01-03
清 白玉三镶福寿纹如意（带原盒）	长44cm	57,500	广东崇正	2020-09-13
清 白玉三镶如意	长62cm	74,750	中贸圣佳	2020-10-16
清 白玉三镶紫檀嵌银丝如意	长46.4cm	66,700	中贸圣佳	2020-10-16
清 白玉柿柿如意	长5.5cm	43,700	中国嘉德	2020-12-03
清 白玉岁岁平安如意	长46cm；宽11.5cm；高6.8cm	225,500	上海呗美	2020-07-10
清 白玉镶嵌银鎏金灵芝如意	长34cm	13,800	中鸿信	2020-01-03
清 碧玉嵌白玉博古图如意	长46cm	51,750	中鸿信	2020-01-03
清 黄玉仿灵芝如意	长30cm	115,000	中鸿信	2020-01-03
清 木嵌元至明青白玉如意	长45cm	106,810	香港苏富比	2020-11-26
清 青白玉八宝如意	长44.3cm	345,000	中贸圣佳	2020-10-16
清 青白玉福寿如意及木嵌青白玉持荷童子砚屏（一组两件）	20.5cm×9.5cm	64,086	香港苏富比	2020-11-26
清 青花玉雕凤纹如意	35.8cm×7cm	23,000	西泠印社	2020-08-09
清 松石绿地缠枝花卉如意	长43.5cm	43,700	中鸿信	2020-01-03
清 童子如意	长4cm	11,500	北京禾谷	2020-09-24
清 硬木镶青白玉太平有象如意	长35cm	17,250	中国嘉德	2020-11-11
清 紫檀春水玉三镶大如意	长54cm	109,250	中贸圣佳	2020-10-16

拍品名称	物品尺寸	成交价RMB	拍卖公司	拍卖日期
清 紫檀仿生灵芝如意摆件	长37.8cm	34,500	西泠印社	2020-08-09
白玉嵌百宝灵芝如意	长34.2cm	8,050	中国嘉德	2020-07-15
白玉嵌百宝灵芝如意	长33.8cm	5,750	中国嘉德	2020-11-11
玉三镶如意	长40cm	304,750	北京翰海	2020-09-12
玉三镶如意	长27cm	20,700	北京翰海	2020-09-12
玉三镶如意	长32cm	17,250	北京翰海	2020-09-12
玉三镶如意	长27cm	14,950	北京翰海	2020-09-12
玉三镶如意	长31cm	9,200	北京翰海	2020-09-12
玉佛手				
清乾隆 青白玉雕佛手摆件	高16.3cm	559,459	纽约苏富比	2020-09-22
清中期 白玉佛手	长6.7cm	172,500	中国嘉德	2020-08-18
18/19世纪 青白玉佛手	长8.9cm	21,859	伦敦苏富比	2020-06-16
清 白玉雕佛手摆件	高7.4cm	25,300	西泠印社	2020-08-09
清 白玉佛手	高4.6cm；宽2.5cm；厚2.5cm	6,600	上海呗美	2020-07-10
清 白玉佛手摆件	高19.7cm	582,400	上海呗美	2020-08-22
清 白玉佛手摆件	连座高17.7cm	103,500	中国嘉德	2020-12-03
清 青白玉佛手	长8.5cm	5,750	北京禾谷	2020-09-24
清 青白玉红沁佛手	高7.9cm；宽5cm；厚2.5cm	11,000	上海呗美	2020-06-10
晚清 和田白玉佛手摆件	16.5cm×4cm×4.5cm	29,400	乾禧国际	2020-01-20
白玉葫芦、佛手、黑白玉龙纹佩各一件	长8.5cm；长7.3cm；长6.5cm	6,900	中国嘉德	2020-11-11
青白玉佛手	高15.8cm	8,050	中国嘉德	2020-11-11
青白玉佛手	长6.7cm	6,900	中国嘉德	2020-11-11
青白玉佛手、瓜瓞连绵坠各一件	长7.3cm；长4cm	5,750	中国嘉德	2020-07-15
青玉佛手摆件	长23.2cm	6,900	中国嘉德	2020-07-15
玉雕佛手 喜鹊登梅坠（两件）		41,400	北京翰海	2020-09-12
玉童子 佛手（两件）		8,050	北京翰海	2020-09-12
玉山子				
宋 白玉瑞兽山子	长10cm；宽7cm	1,737,196	中国嘉德	2020-10-10
清早期 火烧玉老子出关图山子	长15cm	25,300	中鸿信	2020-01-03
清早期 灵璧石山子	高21cm	39,100	保利厦门	2020-09-26
18世纪 白玉雕芝仙祝寿山子 连红木座	高16.7cm	847,500	佳士得	2020-07-09
18世纪 白玉松鹿图山子	高12.2cm	92,395	伦敦佳士得	2020-11-03
18世纪 青白玉雕灵岳绝壁图山子	高29.4cm	1,118,918	纽约苏富比	2020-09-22
清乾隆 白玉雕松下罗汉山子摆件	长17cm	63,250	中鸿信	2020-01-03
清乾隆 白玉浮雕《搜神记》图山子	长21.7cm	368,000	中鸿信	2020-01-03
清乾隆 白玉松鹤长春图山子	长9.5cm	402,500	华艺国际	2020-10-16
清乾隆 白玉携琴访友松鹤延年山子	高23.5cm	287,500	中国嘉德	2020-12-03
清乾隆 白玉瑶池祝寿山子（配木座）	高18cm	828,000	华艺国际	2020-10-16
清乾隆 白玉驿马图山子	高18.8cm	1,495,000	北京保利	2020-12-05
清乾隆 青白玉雕罗汉图山子	高12.7cm	688,565	纽约苏富比	2020-09-23
清中期 白玉松下高士图山子	高13.5cm	103,500	中鸿信	2020-01-03
清中期 白玉松下人物山子	高6cm	28,750	北京翰海	2020-12-12
清中期 白玉童子洗象图山子	长11cm	161,000	北京保利	2020-10-20

拍品名称	物品尺寸	成交价RMB	拍卖公司	拍卖日期
清中期 白玉祝寿图山子	长16.5cm	184,000	中鸿信	2020-01-03
清中期 灵璧石山子摆件	24cm×23.5cm	24,640	上海联合	2020-11-29
清中期 赏石山子	30cm×16cm×30cm	10,350	中国嘉德	2020-12-01
18/19世纪 白玉松鹿长春山子	高15.5cm	34,272	香港苏富比	2020-06-05
18/19世纪 水晶山子	宽21.5cm	5,636	伦敦佳士得	2020-02-13
清“英雄”白玉山子摆件	9.3cm×7.7cm	201,600	上海联合	2020-11-29
清 白玉红沁诗文高士山子摆件	高10cm；长12cm；宽12.4cm	109,250	西泠印社	2020-08-09
清 白玉俏色山水人物山子	高18.5cm	103,500	中鸿信	2020-01-03
清 白玉山水人物山子	长19cm；高9.5cm	138,000	中贸圣佳	2020-10-16
清 白玉松荫山子	长13cm；宽8cm	613,128	中国嘉德	2020-10-10
清 白玉小山子	长7.6cm	51,094	中国嘉德	2020-10-10
清“大清乾隆年造”款玉山子	10.4cm×7.8cm	195,500	西泠印社	2020-08-09
清 红皮松下访友山子	高7cm；宽11.9cm；厚4.2cm	27,500	上海呗美	2020-06-10
清 琥珀凤纹山子	高17.5cm	3,450	中鸿信	2020-01-03
清 琥珀苏武牧羊山子	高15.2cm	20,700	中鸿信	2020-01-03
清 火山岩山子	17cm×11cm	17,250	永乐拍卖	2020-12-03
清 灵璧石“玉蟾蜍”山子	长26.8cm	11,500	中国嘉德	2020-11-11
清 玛瑙山子摆件	高15.5cm	13,800	十竹斋拍卖（北京）	2020-10-18
清 墨玉巧雕罗汉山子	高10cm；宽8cm；连座高14cm	32,200	朵云轩	2020-09-24
清 南红玛瑙雕携琴访友图山子	长19.5cm	55,200	中鸿信	2020-01-03
清 南红玛瑙巧雕山水人物山子	高13cm	23,000	北京禾谷	2020-09-24
清 南红巧雕朝拜山子	高14.5cm	46,000	北京禾谷	2020-09-24
清 奇木“山韵”山子	高24cm（含座）	5,750	中国嘉德	2020-07-17
清 乾隆、白玉带皮山子	高5cm	28,750	北京禾谷	2020-09-24
清 青白玉浮舟山子	长15cm	143,063	中国嘉德	2020-10-10
清 青白玉山子	长15.4cm	97,079	中国嘉德	2020-10-10
清 山水人物山子	高24cm	92,000	北京禾谷	2020-09-24
清 寿山罗汉山子摆件	16.5cm×9.5cm×5cm	11,200	上海联合	2020-11-29
清 铜 石山子（四件）		20,700	北京翰海	2020-09-12
清 英石山子（一组三件）	尺寸不一	17,250	广东崇正	2020-09-13
清 玉罗汉山子	高 19cm（不含座）	562,034	中国嘉德	2020-10-10
民国 仿生瓷山子	长19cm；高12cm	34,500	朵云轩	2020-09-24
现代 白玉过桥山水人物山子	高16cm	112,700	北京禾谷	2020-09-24
当代 青玉留皮仙山楼阁大山子	长60cm；高31.1cm	391,000	中贸圣佳	2020-12-08
白玉山子摆件	16.8cm×12cm×5.6cm 重量1672g	33,600	上海联合	2020-11-29
碧玉山水楼阁人物山子	长35cm	10,350	中国嘉德	2020-07-15
碧玉山水人物大山子	长60cm	17,250	中国嘉德	2020-07-15
碧玉山水人物大山子	高57cm	10,350	中国嘉德	2020-07-15
碧玉山水人物大山子	高34.5cm	10,350	中国嘉德	2020-07-15
碧玉山水人物大山子	长63cm	10,350	中国嘉德	2020-11-11
碧玉山水人物大山子	高50cm（含座）	5,750	中国嘉德	2020-11-11
碧玉山水人物山子	长39cm	13,800	中国嘉德	2020-07-15
碧玉山水人物山子	长45cm	10,350	中国嘉德	2020-11-11
碧玉山水人物山子	长42cm	9,200	中国嘉德	2020-11-11
碧玉山水人物山子	高42cm（含座）	8,050	中国嘉德	2020-11-11
碧玉山水人物山子（两件）	高28.3cm；高22.4cm	8,050	中国嘉德	2020-07-15
碧玉松下高士大山子	长74cm	8,050	中国嘉德	2020-07-15
碧玉松下高士山子（两件）	长30cm；高20.5cm	13,800	中国嘉德	2020-07-15
顾铭 献寿图 白玉山子	11.2cm×8.1cm	368,000	西泠印社	2020-08-10
绿松石山子（四件）	尺寸不一	6,900	中国嘉德	2020-11-11
绿松石山子（两件）	高25.5cm；高23cm	17,250	中国嘉德	2020-07-15
青白玉罗汉御题诗文山子	长20.8cm	10,350	中国嘉德	2020-11-11
青白玉山水人物山子	长15.5cm	13,800	中国嘉德	2020-07-15
青白玉山水人物御题诗文山子	长23cm	4,600	中国嘉德	2020-07-15
青白玉松鹤延年山子	长13.8cm	8,050	中国嘉德	2020-11-11
山子连座	连座高19cm	920,000	朵云轩	2020-11-30
山子连座	连座高61cm	598,000	朵云轩	2020-11-30
山子连座	连座高17cm	46,000	朵云轩	2020-11-30
山子连座	连座高12cm	20,700	朵云轩	2020-11-30
山子连座	连座高21cm	5,750	朵云轩	2020-11-30
玉石山子（两件）	高15.3cm；高15cm	5,750	中国嘉德	2020-07-17
人物摆件				
文化期 玉雕受沁神人	高6cm	388,314	中国嘉德	2020-10-10
汉 青玉女跪人（一对）	长7.5cm；长7.6cm	64,086	香港苏富比	2020-11-26
汉代 白玉俑	高5.8cm	91,008	台北艺珍	2020-08-16
唐 白玉胡人	高8.2cm	516,424	纽约苏富比	2020-09-22
唐 玉雕天王像	高4.2cm	8,534	中国嘉德	2020-07-13
唐至宋 白玉人物	高4.6cm	112,407	中国嘉德	2020-10-10
唐至宋 青白玉木马戏童	高3.6cm	132,844	中国嘉德	2020-10-10
宋 白玉持卷童子	高4.1cm	51,094	中国嘉德	2020-10-10
宋 白玉平安富贵童子	高7.4cm	204,376	中国嘉德	2020-10-10
宋 白玉擎荷童子	高5.7cm	91,969	中国嘉德	2020-10-10
宋 白玉擎荷童子	高4.8cm	73,575	中国嘉德	2020-10-10
宋 白玉童子	高5cm	173,720	中国嘉德	2020-10-10
宋 白玉杂耍双童	高3.3cm	79,707	中国嘉德	2020-10-10
宋 黄玉童子	长4.4cm	13,800	西泠印社	2020-08-09
宋 青玉连生双子	高7cm	173,720	中国嘉德	2020-10-10
宋 玉翁仲	高8.4cm	9,200	西泠印社	2020-08-09
宋代 和田玉俑		358,294	库恩国际	2020-01-08
宋代 旧玉舞人	高7.1cm	151,200	上海呗美	2020-08-22
宋或更早 白玉飞天仕女	长5cm	126,500	广东崇正	2020-09-13
辽 青白玉人面	高2.9cm	15,328	中国嘉德	2020-10-10
辽金 童子飞天	宽6.1cm	255,470	中国嘉德	2020-10-10
辽金、清 白玉沁鹅、鸳鸯和童子抱鹅（各一件）	宽2.5cm	48,002	中国嘉德	2020-07-13
元 白玉沁色卧童	长4.6cm	184,000	中国嘉德	2020-08-18
元代 白玉胡人戏狮	高5.4cm；宽2.2cm；厚1.3cm	56,000	上海呗美	2020-08-22

拍品名称	物品尺寸	成交价RMB	拍卖公司	拍卖日期
元代 白玉释迦牟尼佛	高5.2cm	115,000	古天一	2020-10-16
元代 旧玉真武大帝坐像	通高12.5cm；宽7.3cm；厚3.5cm	99,000	上海呗美	2020-07-10
元至明 玉雕红沁地藏菩萨像	高9.5cm	23,000	西泠印社	2020-08-09
元至明 青白玉舞人	7cm	23,498	香港苏富比	2020-11-26
明早期 和田玉麻姑献寿摆件	高10cm	9,200	上海嘉禾	2020-01-05
17世纪 青玉雕童子牧牛摆件	长14cm	1,721,412	纽约苏富比	2020-09-22
明末 白玉雕马上封侯高士童子摆件	宽9.4cm	688,565	纽约苏富比	2020-09-22
约17世纪 火燎玉观音坐像	高11.5cm	317,674	巴黎佳士得	2020-06-23
明 白玉持荷童子	高5.6cm	33,350	中贸圣佳	2020-12-08
明 白玉持荷童子	高4.2cm；宽2.8cm；厚1.8cm	17,600	上海呗美	2020-10-20
明 白玉持莲童子	高3.6cm	74,750	北京保利	2020-10-20
明 白玉趺跏坐相观音	高5cm	69,000	中国嘉德	2020-12-03
明 白玉胡人戏象	长8.1cm；宽2.9cm；高5cm；连座高8.1cm	101,200	上海呗美	2020-06-10
明 白玉立雕山夫采药像	高4.5cm	276,000	北京保利	2020-10-20
明 白玉留皮秋叶童子	长4.5cm	48,300	中贸圣佳	2020-12-08
明 白玉沁色游戏童子	高5.2cm	172,500	中国嘉德	2020-08-18
明 白玉双喜童子	高3.5cm	11,500	广东崇正	2020-09-13
明 白玉文财神立像	高23.6cm	403,200	上海呗美	2020-08-22
明 白玉执莲童子	长5.5cm	40,250	中国嘉德	2020-12-03
明 白玉坐佛	高4.9cm	264,500	中国嘉德	2020-08-18
明 白玉坐佛（一组两件）	尺寸不一	69,000	中贸圣佳	2020-12-08
明 飞天	长6cm	11,500	北京禾谷	2020-09-24
明 黄玉俑	长7.5cm	5,750	北京禾谷	2020-09-24
明 黄玉留皮戏兽童子	高5.7cm	40,250	中贸圣佳	2020-12-08
明 黄玉巧色童子	高7.4cm	66,700	中贸圣佳	2020-12-08
明 江藤旧藏菩萨坐像	高18.7cm	57,500	中鸿信	2020-01-03
明 旧玉四喜童子	长5cm	9,200	中国嘉德	2020-11-11
明 玛瑙胡人	高3.4cm	103,500	中国嘉德	2020-08-18
明 沁色玉雕持荷童子	4.3cm×2.1cm	14,950	西泠印社	2020-08-09
明 沁色玉飞天	4cm×2.5cm	46,000	西泠印社	2020-08-09
明 青白玉带皮童子持莲摆件	长6cm	10,350	广东崇正	2020-09-13
明 青白玉飞天童子	高6.3cm	59,800	中贸圣佳	2020-12-08
明 青白玉佛	高11.5cm	286,126	中国嘉德	2020-10-10
明 青玉雕童子牧牛摆件	长17.9cm	1,032,847	纽约苏富比	2020-09-22
明 青玉骑卧童子	高5.4cm	30,656	中国嘉德	2020-10-10
明 青玉坐鹿仙人像	高8cm	48,300	北京保利	2020-10-20
明 双喜童子	长4.4cm；宽3.5cm；厚1.4cm	8,800	上海呗美	2020-07-20
明 玉持珠观音像	高14cm	40,883	台北艺珍	2020-08-16
明 玉跪人	高4.2cm	5,750	中国嘉德	2020-11-11
明 玉人	长5.6cm	34,500	北京禾谷	2020-09-24
明 玉人	高8cm	34,500	北京禾谷	2020-09-24
明 玉人	长5.8cm	5,750	北京禾谷	2020-09-24
明 玉人	长5.4cm	5,750	北京禾谷	2020-09-24
明 玉人面兽	长5.5cm	11,500	北京禾谷	2020-09-24
明 玉寿星翁	高10cm	51,192	台北艺珍	2020-08-16
明或更早 白玉胡人献宝	长5.6cm	255,470	中国嘉德	2020-10-10
明晚期 玉雕道教真人像	9cm×7cm×3.3cm	34,500	北京诚轩	2020-08-17
明末清初 白玉老少欢	高3.2cm；宽2cm	20,438	中国嘉德	2020-10-10
明至清初 白玉胡人献宝	高6.5cm	173,720	中国嘉德	2020-10-10
清早期 白玉雕童子摆件	长5.5cm	71,300	永乐拍卖	2020-12-02
清早期 白玉释迦坐像	高14cm	529,000	北京保利	2020-10-20
清早期 青白玉和合二仙	高9.2cm	79,707	中国嘉德	2020-10-10
清早期 青白玉童子	高9.3cm	66,422	中国嘉德	2020-10-10
清康熙 琥珀刘海戏金蟾	高15.8cm	920,000	中鸿信	2020-01-03
清康熙 青白玉仙人坐像	高9.7cm	255,600	佳士得	2020-11-30
清康熙/雍正 青玉雕仙山童子摆件	高9.8cm	3,938,755	纽约苏富比	2020-09-22
18世纪 白玉持芝童子	4.5cm	25,634	香港苏富比	2020-11-26
18世纪 白玉骑牛童子摆件	长14.4cm	272,520	纽约佳士得	2020-09-25
18世纪 青白玉持莲童子	高8.3cm	43,718	伦敦苏富比	2020-06-16
18世纪 青白玉佛陀坐像	高18.5cm	3,408,000	佳士得	2020-11-30
18世纪 青白玉三联童子	6.9cm	34,179	香港苏富比	2020-11-26
18世纪 青白玉寿老童子	高10.2cm	53,405	香港苏富比	2020-11-26
清乾隆 白玉持如意童子	高4.2cm	207,000	中贸圣佳	2020-12-08
清乾隆 白玉雕童子击鼓	5.0cm×4.4cm	402,500	西泠印社	2020-08-09
清乾隆 白玉刘海戏金蟾	高6.2cm	36,800	广东崇正	2020-09-13
清乾隆 白玉双童献寿	高5.2cm	40,250	中国嘉德	2020-08-18
清乾隆 白玉执芝童子（两件）	长3.2cm；长3.4cm	103,500	中国嘉德	2020-08-18
清乾隆 青白玉雕刘海戏金蟾摆件	高18.3cm	1,893,553	纽约苏富比	2020-09-22
清乾隆 青玉阿弥陀佛配铜鎏金龛	高20cm	736,000	北京保利	2020-10-20
清中期 白玉留皮童子	高5.5cm	9,200	北京翰海	2020-12-12
清中期 白玉洒金竹林七贤摆件	长6cm	46,000	北京翰海	2020-12-12
清中期 白玉小童击鼓	高2.3cm；宽2.8cm；厚1.2cm	30,656	中国嘉德	2020-10-10
清中期 玉滴水观音	高13.5cm	63,250	北京翰海	2020-12-12
18/19世纪 白玉童子献寿及福禄童子（一组两件）	高3.5cm	80,108	香港苏富比	2020-11-26
18/19世纪 青玉雕东方朔立像	高15cm	206,569	纽约苏富比	2020-09-22
19世纪 绿松石太白醉酒摆件	高7cm	7,890	伦敦佳士得	2020-02-13
19世纪末/20世纪初 白玉雕观音立像	高37.5cm	387,318	纽约苏富比	2020-09-23
清晚期 白玉仕女童子摆件	含座高13.3cm	28,750	中国嘉德	2020-12-03
清 白玉阿弥陀佛坐像	高7.1cm	632,500	北京保利	2020-10-20
清 白玉芭蕉仕女	长9cm；宽5cm	306,564	中国嘉德	2020-10-10
清 白玉抱鹅童子	高5.2cm；宽3.9cm；厚2.5cm	35,200	上海呗美	2020-10-20
清 白玉持荷观音	高25.8cm	517,500	中贸圣佳	2020-10-16
清 白玉持荷童子摆件	高6.4cm	78,200	中贸圣佳	2020-12-08

拍品名称	物品尺寸	成交价RMB	拍卖公司	拍卖日期
清 白玉持荷卧童	长6.8cm；宽2.4cm；高3.2cm	74,800	上海呗美	2020-07-30
清 白玉持莲高士	高7.6cm	64,086	香港苏富比	2020-11-26
清 白玉带皮童子	长3.4cm	5,750	广东崇正	2020-09-13
清 白玉雕持荷童子	4.3cm×3.3cm	23,000	西泠印社	2020-08-09
清 白玉雕持荷戏猫童子	9.4cm×4.8cm	161,000	西泠印社	2020-08-09
清 白玉雕地藏王菩萨坐像	带座高8.3cm；高6.3cm	32,200	西泠印社	2020-08-09
清 白玉雕麻姑献寿摆件	12.6cm×8cm	36,800	西泠印社	2020-08-09
清 白玉雕童戏图摆件	6.7cm×6.5cm	80,500	西泠印社	2020-08-09
清 白玉雕文殊菩萨像	带座高8cm；高5.8cm	17,250	西泠印社	2020-08-09
清 白玉雕仙人	高3.5cm	63,270	佳士得	2020-10-08
清 白玉雕叶下戏猫童子	6.1cm×3.1cm	13,800	西泠印社	2020-08-09
清 白玉凤阳婆戏猴	高6.5cm	23,000	北京翰海	2020-12-12
清 白玉福禄寿（三件）	福：高3.6cm；宽1.7cm；厚0.9cm；禄：高3.5cm；宽1.8cm；厚1.1cm；寿：高3.5cm；宽1.6cm；厚0.9cm	16,500	上海呗美	2020-07-10
清 白玉红皮童子荷灵芝	高5.2cm	20,700	中贸圣佳	2020-12-08
清 白玉欢喜童子	长4.4cm；宽2.4cm；高2.5cm	27,500	上海呗美	2020-09-20
清 白玉济公立像	高6.1cm；宽3.5cm；厚1.5cm；连座高7.5cm	35,200	上海呗美	2020-10-20
清 白玉济公人物	高5.2cm	16,100	中贸圣佳	2020-12-08
清 白玉迦楼罗	长4cm	253,000	古天一	2020-10-16
清 白玉莲笙童子	高6.3cm	49,450	中贸圣佳	2020-10-16
清 白玉灵芝童子	长5.5cm	20,700	中贸圣佳	2020-12-08
清 白玉刘海戏金蟾	高3.9cm；宽3.7cm；厚2.4cm	11,000	上海呗美	2020-06-10
清 白玉麻姑献寿像	高5.9cm	16,001	中国嘉德	2020-07-13
清 白玉菩萨像（一对）	高10.5cm	34,500	中鸿信	2020-01-03
清 白玉俏色巧雕胡人戏狮	高9.5cm	80,500	北京保利	2020-10-20
清 白玉仕女童子摆件	高14cm	184,000	中贸圣佳	2020-12-08
清 白玉释迦牟尼佛	高12cm	28,750	北京禾谷	2020-09-24
清 白玉释迦摩尼立像	带座高20.5cm；高16.5cm	115,000	西泠印社	2020-08-09
清 白玉童子	高2.8cm；宽1.8cm	32,700	中国嘉德	2020-10-10
清 白玉童子	高4.9cm；宽2.7cm；厚1.3cm	12,100	上海呗美	2020-06-10
清 白玉童子	长2.2cm	11,500	广东崇正	2020-09-13
清 白玉童子、火烧玉象踏祥云摆件	长16.8cm；长23.2cm	14,950	中贸圣佳	2020-12-08
清 白玉童子骑鱼	高3.6cm	25,300	古天一	2020-10-16
清 白玉卧虎及击鼓童子（一组两件）	3.8cm及2.8cm	37,384	香港苏富比	2020-11-26
清 白玉戏狮童子	长4.5cm	4,600	中国嘉德	2020-07-15

拍品名称	物品尺寸	成交价RMB	拍卖公司	拍卖日期
清 白玉雍正十二妃立像	高23cm；宽6.5cm；厚5.5cm；连座高26cm	515,200	上海呗美	2020-08-22
清 白玉坐佛	高13.8cm	195,500	中国嘉德	2020-12-03
清 茶晶观音立像	高29.8cm	11,200	上海联合	2020-11-29
清 和田玉麻姑献寿摆件		1,612,323	库恩国际	2020-01-08
清 绿松石布袋和尚	高8.7cm	6,900	中贸圣佳	2020-12-08
清 青白玉招财童子	高5.5cm	5,750	北京禾谷	2020-09-24
清 青白玉乘槎童子	高4.7cm；长6.5cm；厚2.2cm	29,700	上海呗美	2020-09-10
清 青白玉和合童子	长4.6cm	3,450	中国嘉德	2020-07-15
清 青白玉胡人献宝	高8.5cm	6,900	中贸圣佳	2020-12-08
清 青白玉欢喜童子	通高7.3cm；宽4cm；厚3cm	38,500	上海呗美	2020-10-20
清 青白玉迦楼罗像	高6.4cm	92,000	中贸圣佳	2020-10-16
清 青白玉刘海及和合二仙（一组两件）	高5.7cm；高6.5cm	27,418	香港苏富比	2020-06-05
清 青白玉刘海戏金蟾	高5.5cm	5,750	中国嘉德	2020-11-11
清 青白玉刘海戏金蟾	高5.3cm	3,450	中国嘉德	2020-07-15
清 青白玉仙人摆件	高19.6cm	119,570	伦敦佳士得	2020-11-03
清 青白玉瑶池献寿摆件	长10.8cm	13,800	中国嘉德	2020-07-15
清 青玉观音及童子像（一组两件）	观音高13.5cm；童子高9.6cm	22,543	伦敦佳士得	2020-02-13
清 青玉释迦牟尼坐像	高17.5cm	1,328,444	中国嘉德	2020-10-10
清 山水人物	高28cm	80,500	北京禾谷	2020-09-24
清 水晶雕持卷观音坐像	带座高22.5cm；高20cm	40,250	西泠印社	2020-08-09
清 玉吹箫引凤	高12cm	711,000	台北艺珍	2020-08-16
清 玉雕骑凤观音	高5.8cm	149,500	古天一	2020-10-16
清 紫水晶思维菩萨	高11.5cm	23,000	中贸圣佳	2020-10-16
清或稍早 白玉老少欢	高5cm	51,094	中国嘉德	2020-10-10
民国 玛瑙观音	长12.5cm	23,000	北京禾谷	2020-09-24
民国 青金石仕女像	高21.1cm	2,300	中国嘉德	2020-07-15
20世纪 翠玉高士及白玉童子（一组两件）	高12cm	14,653	伦敦佳士得	2020-02-13
现代 白玉观音	高32cm	207,000	北京禾谷	2020-09-24
现代 白玉拈花一笑（带座）	长17cm	69,000	北京禾谷	2020-09-24
现代 白玉玉子闹佛（带座）	高19cm	230,000	北京禾谷	2020-09-24
白玉、青白玉雕婴戏鱼纹、高士诗文摆件（两件）	高19cm；长13.5cm	13,800	中国嘉德	2020-07-15
白玉持莲童子	长4cm	9,200	中国嘉德	2020-07-15
白玉持莲童子	高4cm	5,750	中国嘉德	2020-11-11
白玉持莲童子	高3.5cm	3,450	中国嘉德	2020-07-15
白玉达摩渡海	高13.5cm	1,122,975	东京国立拍卖	2020-01-10
白玉雕人物跽坐像	高7cm	100,178	佳士得	2020-10-08
白玉灵芝童子	长6.2cm	1,281,951	哈布斯堡	2020-08-22
白玉鹿、青玉降龙罗汉小像各一件	长8cm；长6cm	9,200	中国嘉德	2020-07-15

拍品名称	物品尺寸	成交价RMB	拍卖公司	拍卖日期
白玉人物	高4cm	3,327	香港普艺	2020-07-11
白玉童子	长3.4cm	10,350	中国嘉德	2020-07-15
白玉童子	高5.2cm	6,900	中国嘉德	2020-11-11
白玉童子	长5.1cm	5,750	中国嘉德	2020-07-15
白玉童子	长5.5cm	4,600	中国嘉德	2020-07-15
白玉童子牧牛	长6.1cm	1,150	中国嘉德	2020-07-15
白玉童子戏鹅摆件	6.4cm×8.4cm×3.3cm 重量195g	12,320	上海联合	2020-11-29
白玉仙人摆件	8cm×4.5cm×1.6cm	13,440	上海联合	2020-11-29
碧玉关公	高41.5cm	20,700	中国嘉德	2020-11-11
碧玉关公像	高45cm	13,800	中国嘉德	2020-07-15
财神爷青玉摆件	重量1.5kg	19,500	国杯拍卖	2020-05-17
创汇期 绿松石穆桂英摆件	9.3cm×7.7cm	56,000	上海联合	2020-11-29
崔磊 白玉生生不息摆件	13.6cm×9cm	1,568,000	上海联合	2020-11-29
法家和田玉像	高25cm；重量3500g	707,438	哈布斯堡	2020-06-26
高毅进 白玉观音摆件	高约72cm；底座约20cm	8,625,000	华艺国际	2020-10-15
高毅进、张红哲 慈悲法愿 白玉摆件	22.3cm×22cm×8.3cm 重量4840g	4,140,000	西泠印社	2020-08-10
和田玉“八仙”摆件		1,045,000	北京贞观	2020-11-28
和田玉雕观音立像	高18cm	1,086,750	东京国立拍卖	2020-01-10
和田玉观音	长2cm；宽8cm；高10cm	28,750	广东小雅斋	2020-06-17
和田玉观音	长7cm；宽3cm；高12cm	3,450	广东小雅斋	2020-06-17
老挝北部黄 五子登科摆件	8.75cm×5.5cm×3.55cm 重量206.4g	14,560	上海联合	2020-11-29
老挝石 高士放鹤摆件	36cm×38cm	201,600	上海联合	2020-11-29
李言 逍遥游 青花摆件	13.1cm×9.3cm	4,600	西泠印社	2020-08-10
庞然 观世自在 白玉摆件	16.3cm×4.7cm	517,500	西泠印社	2020-08-10
青白玉佛	高7.3cm	2,300	中国嘉德	2020-07-15
青白玉神仙人物像	高12.5cm	11,500	中国嘉德	2020-11-11
青白玉仕女	高15cm	9,200	中国嘉德	2020-11-11
青白玉童子	长4.3cm	3,450	中国嘉德	2020-07-15
青白玉童子戏鹅	长6cm	5,750	中国嘉德	2020-07-15
青白玉婴戏图	高11.2cm	297,045	东京国立拍卖	2020-01-10
青玉持莲童子	长7.5cm	5,750	中国嘉德	2020-11-11
三色荔枝洞渔翁得利摆件	高9.8cm	782,000	朵云轩	2020-09-24
徐志浩 慧性灵心 白玉摆件	10.7cm×6.6cm	368,000	西泠印社	2020-08-10
玉持扇童子	高6cm	520	香港普艺	2020-07-11
玉观音	高73cm	25,300	北京翰海	2020-09-12
玉人	高5cm	6,900	北京翰海	2020-09-12
玉人物	高6cm	6,900	北京翰海	2020-09-12
玉太子玩莲	高7cm	11,500	北京翰海	2020-09-12

拍品名称	物品尺寸	成交价RMB	拍卖公司	拍卖日期
玉童子	高5cm	57,500	北京翰海	2020-09-12
玉童子	高2.5cm	46,000	北京翰海	2020-09-12
玉童子	长5.5cm	9,200	北京翰海	2020-09-12
玉童子	高5cm	6,900	北京翰海	2020-09-12
玉童子	长5.5cm	5,750	北京翰海	2020-09-12
玉俑（一组二十二件）	尺寸不一	402,500	北京禾谷	2020-09-24
元中堂王天翔 白玉四大菩萨（一套）	高11.2cm×4	1,624,000	上海联合	2020-11-29
动物摆件				
新石器时代 玉羊	长8.3cm	258,212	纽约苏富比	2020-09-22
文化期 黄玉鸟	高4cm	28,613	中国嘉德	2020-10-10
商 黄玉猪面	宽4.7cm	26,668	中国嘉德	2020-07-13
商 青玉鱼	5.9cm	44,860	香港苏富比	2020-11-26
商 玉鹅	长21cm	106,500	佳士得	2020-11-30
商 玉鸟	长11.8cm	170,400	佳士得	2020-11-30
商 玉牛	宽3.2cm	286,126	中国嘉德	2020-10-10
商 玉卧牛	长6.9cm	447,300	佳士得	2020-11-30
西周 青玉牛	宽3.9cm	204,376	中国嘉德	2020-10-10
西周 小玉鹿	宽3.3cm	85,200	佳士得	2020-11-30
西周 玉雕兔、玉雕虎（各一件）	宽4.4cm	9,600	中国嘉德	2020-07-13
西周 玉鹦	宽5.2cm	163,501	中国嘉德	2020-10-10
西周 玉卷尾龙	高4.5cm	94,013	中国嘉德	2020-10-10
西周 玉龙、玉虎	虎长4.9cm；龙长4.8cm	224,814	中国嘉德	2020-10-10
西周 玉鹿、玉夔龙、玉鱼、玉兔	长：鹿5.3cm；虎4.8cm；鱼5.7cm；兔4.7cm	327,002	中国嘉德	2020-10-10
西周 玉鸟	长7cm	191,700	佳士得	2020-11-30
西周 玉鸟	长10.5cm	63,900	佳士得	2020-11-30
西周 玉鸟三件、玉鹅一件、玉鱼一件	长：鸟4.2cm；鸟3.5cm；鸟3.4cm；鹅3.9cm；鱼7.1cm	204,376	中国嘉德	2020-10-10
西周 玉牛	宽3.2cm	798,750	佳士得	2020-11-30
西周 玉鱼（一对）	宽6cm×2	99,540	台北艺珍	2020-08-16
西周 圆雕双玉鹅	高3.3cm	204,376	中国嘉德	2020-10-10
西周晚期 玉鸟（两件）	宽6.5cm	319,500	佳士得	2020-11-30
战国 白玉犀牛	高2cm；宽4.3cm	163,501	中国嘉德	2020-10-10
战国 青玉鹦鹉	高2.6cm；宽1cm	3,780,956	中国嘉德	2020-10-10
战国 鸭首带穿	高1.9cm；宽2cm	143,063	中国嘉德	2020-10-10
东汉 青白玉辟邪	长4.8cm	1,854,972	香港苏富比	2020-10-09
汉 黄玉带沁跪鹿	9cm×6.5cm	15,715	富艺香港	2020-04-18
汉 玉辟邪	宽8.2cm	904,000	佳士得	2020-07-09
汉 圆雕玉兔	1.3cm×2.3cm×1.3cm	408,752	中国嘉德	2020-10-10
汉代 和田青玉瑞兽摆件	重426g；高14.3cm	1,612,323	库恩国际	2020-01-08
战国至汉 和田貔貅摆件	重249g；长10.3cm	734,503	库恩国际	2020-01-08
战国至汉 和田犀牛摆件	重300g；长10.9cm	895,735	库恩国际	2020-01-08
汉至六朝 白玉辟邪	高1cm；宽2.5cm	531,378	中国嘉德	2020-10-10
汉至六朝 玉马首	高9.7cm	5,095,926	纽约苏富比	2020-09-22

拍品名称	物品尺寸	成交价RMB	拍卖公司	拍卖日期
六朝 玉鸟（一对）	2.4cm × 1.8cm；2.2cm × 1.7cm	2,726	台北艺珍	2020-08-16
六朝 玉辟邪	宽4.4cm	204,376	中国嘉德	2020-10-10
六朝 玉辟邪	宽8cm	170,675	中国嘉德	2020-07-13
六朝 玉鹰	宽6cm	53,336	中国嘉德	2020-07-13
唐代 和田高士驼嘶鸣摆件	重400g；长13cm	824,076	库恩国际	2020-01-08
唐至宋 白玉鸟	高2.5cm；宽4cm	66,422	中国嘉德	2020-10-10
唐至宋 白玉兔	高2cm；宽3.7cm	224,814	中国嘉德	2020-10-10
宋 白青玉飞雁	高2cm；宽4.5cm	61,313	中国嘉德	2020-10-10
宋 白玉红沁瑞兽	宽5cm	71,532	中国嘉德	2020-10-10
宋 白玉红沁卧熊	宽6.9cm	306,564	中国嘉德	2020-10-10
宋 白玉牛毛沁灵犬	5.5cm × 2.2cm	2,619	富艺香港	2020-04-18
宋 白玉狮子戏球	高3.2cm；宽4cm	429,190	中国嘉德	2020-10-10
宋 白玉双马	高2.6cm；宽2.6cm	1,635,008	中国嘉德	2020-10-10
宋 白玉衔荷雁	高4cm；宽4.8cm	73,575	中国嘉德	2020-10-10
宋 白玉羊	高2.1cm；宽5.5cm	388,314	中国嘉德	2020-10-10
宋 黄玉带沁熊	高4.5cm	16,001	中国嘉德	2020-07-13
宋 灰玉双兔	高2.6cm；宽3.1cm	51,094	中国嘉德	2020-10-10
宋 沁色玉狗	9.8cm × 3.2cm	69,000	西泠印社	2020-08-09
宋 青玉犬	高1.3cm；宽5.8cm	132,844	中国嘉德	2020-10-10
宋 玉雕红沁瑞兽	宽4.5cm	163,501	中国嘉德	2020-10-10
宋代 和田牧童骑牛摆件	重400g；长13cm	627,015	库恩国际	2020-01-08
宋或更晚 青白玉雕卧鹿	9cm	34,179	香港苏富比	2020-11-26
宋或更早 白玉巧色双狮	高3.4cm；宽3cm	122,626	中国嘉德	2020-10-10
宋或更早 白玉羊	宽2.2cm	112,407	中国嘉德	2020-10-10
宋或稍晚 白玉牛	高2.1cm；宽6.2cm	286,126	中国嘉德	2020-10-10
宋至明 白玉兔	高2.4cm；宽3.6cm	122,626	中国嘉德	2020-10-10
宋至元 白玉瑞兽	高3.2cm；宽3.5cm	255,470	中国嘉德	2020-10-10
宋至元 白玉双鱼	高2.2cm；宽5.4cm	53,138	中国嘉德	2020-10-10
宋至明 黄玉雕瑞兽摆件	长9.7cm	645,530	纽约苏富比	2020-09-22
辽 春水玉（白玉）	8cm × 6.7cm	20,700	北京禾谷	2020-09-24
辽金 白玉山石玉兔	高1.8cm；宽3.8cm	173,720	中国嘉德	2020-10-10
辽金 青白玉双鹅	高2.4cm；宽4.6cm	79,707	中国嘉德	2020-10-10
辽金 玉雕猛虎下山	高3cm；宽5cm	327,002	中国嘉德	2020-10-10
元 白玉雕英雄摆件	宽5cm	690,000	永乐拍卖	2020-12-02
元 白玉红沁虎	宽6.1cm	306,564	中国嘉德	2020-10-10
元 白玉金蟾捣药摆件	长4.8cm	23,000	中鸿信	2020-01-03
元 白玉衔芝双龙摆件	长6.8cm	69,000	中贸圣佳	2020-12-08
元 黄玉马	高2.8cm；宽4.7cm	204,376	中国嘉德	2020-10-10
元 旧玉鹤鹿同春摆件	长17cm	310,500	北京禾谷	2020-09-23
元 旧玉卧羊	长6cm	74,750	北京翰海	2020-12-12
元 沁色玉雕瑞兽	宽7.8cm	122,626	中国嘉德	2020-10-10
元 青白玉鹅衔荷花	高3.4cm；宽4.2cm	63,357	中国嘉德	2020-10-10
元 青玉沁色卧鹿	长7cm；高4.8cm	48,300	中贸圣佳	2020-12-08
元 玉圆雕卧熊摆件	长6.6cm	48,300	中贸圣佳	2020-12-08
元/明 黄玉瑞兽	长4cm	137,713	纽约苏富比	2020-09-23

拍品名称	物品尺寸	成交价RMB	拍卖公司	拍卖日期
元代 白玉红沁鳜鱼	长8.6cm；宽4.6cm；厚2.2cm	88,000	上海呗美	2020-08-22
元代 白玉踏云衔枝瑞兽	高4.5cm	86,250	古天一	2020-10-16
元代 白玉卧马	长5.4cm；宽2.6cm；高6.1cm	140,000	上海呗美	2020-08-22
元代 白玉卧犬	7.5cm × 2.3cm	4,266	台北艺珍	2020-08-16
元代 白玉祥云瑞兽	高4cm；长6.5cm	218,500	古天一	2020-10-16
元代 白玉一路连科	长5.2cm；宽5.2cm；厚0.7cm	33,000	上海呗美	2020-07-10
元代 啃蹄马	4.5cm × 3cm	8,532	台北艺珍	2020-08-16
元代 玉鹅	高4.5cm；长6cm	161,000	古天一	2020-10-16
元至明 白玉沁色骆驼	高2.4cm；宽5.2cm；厚1.3cm	49,050	中国嘉德	2020-10-10
元至明 青白玉瑞鹅	长7cm	101,470	香港苏富比	2020-11-26
明以前 玉龟（一组三件）	长2.5cm	8,050	广东崇正	2020-06-27
明以前 白玉鳜鱼	长5cm	20,700	广东崇正	2020-09-13
明以前 玉牛首	长6.5cm	57,500	广东崇正	2020-09-13
明以前 玉鹦鹉	长4.5cm	28,750	广东崇正	2020-09-13
17世纪 白玉红沁瑞兽	长4.9cm	153,282	中国嘉德	2020-10-10
17世纪 白玉牛毛红沁牛	长4.9cm	153,282	中国嘉德	2020-10-10
明 白玉三羊开泰	长9cm	46,000	北京禾谷	2020-09-24
明 白玉虎	长5.5cm	23,000	北京禾谷	2020-09-24
明 白玉猪	长11.1cm	11,500	北京禾谷	2020-09-24
明 白玉鳌鱼太子	高3.9cm；长6.3cm；厚1.2cm	59,400	上海呗美	2020-10-20
明 白玉带沁瑞兽	长7.5cm	76,641	中国嘉德	2020-10-10
明 白玉带沁双獾	长6.3cm	51,094	中国嘉德	2020-10-10
明 白玉雕双獾	长4.5cm	120,750	中国嘉德	2020-12-03
明 白玉雕望天犼	5.1cm × 4.2cm	5,750	西泠印社	2020-08-09
明 白玉鹅	长5.5cm	57,500	广东崇正	2020-09-13
明 白玉狗	长7.7cm	43,700	广东崇正	2020-09-13
明 白玉红沁三羊开泰	长4cm；宽3.9cm；高3.9cm	25,300	上海呗美	2020-07-10
明 白玉红沁太少狮	长4.5cm；宽2.5cm；高2.7cm	16,500	上海呗美	2020-07-10
明 白玉回首灵芝兽	长6.3cm；宽2.5cm；高4.3cm	29,700	上海呗美	2020-06-10
明 白玉留皮羊形摆件	长5cm	109,250	中贸圣佳	2020-12-08
明 白玉龙马负图摆件	长9.4cm	563,500	中贸圣佳	2020-10-16
明 白玉镂雕展翅立凤	高4.8cm	598,000	中国嘉德	2020-08-18
明 白玉甪端	长8cm	43,700	中鸿信	2020-01-03
明 白玉马	长7cm	138,000	中鸿信	2020-01-03
明 白玉马	4.5cm × 4.1cm	8,050	西泠印社	2020-08-09
明 白玉马上封侯	长5.5cm	81,750	中国嘉德	2020-10-10
明 白玉马上封侯	高5.5cm	322,000	古天一	2020-10-16
明 白玉猫	高5cm；宽3.5cm	306,564	中国嘉德	2020-10-10
明 白玉母子双鹿摆件	长7cm	16,100	中贸圣佳	2020-12-08

拍品名称	物品尺寸	成交价RMB	拍卖公司	拍卖日期
明 白玉辟邪	高5.4cm；宽7.8cm	132,844	中国嘉德	2020-10-10
明 白玉麒麟背书	长13cm	213,620	香港苏富比	2020-11-26
明 白玉沁色三羊开泰	宽9.1cm	34,135	中国嘉德	2020-07-13
明 白玉沁色鸳鸯	长4cm	69,488	中国嘉德	2020-10-10
明 白玉瑞兽	长4.6cm	40,250	中国嘉德	2020-12-03
明 白玉双狮摆件	长8.5cm；高4.2cm	6,900	中贸圣佳	2020-12-08
明 白玉天禄	高4.8cm；宽4cm；厚1.2cm	25,300	上海呗美	2020-07-30
明 白玉天禄	高5.5cm；宽4cm；厚0.9cm	14,300	上海呗美	2020-09-10
明 白玉通天孔交颈鹅	高2.3cm；长3.1cm；宽1.9cm	15,400	上海呗美	2020-10-20
明 白玉兔	3.6cm×3.3cm	8,532	台北艺珍	2020-08-16
明 白玉卧虎	长5.1cm	163,050	伦敦佳士得	2020-11-03
明 白玉卧马	长6.8cm	103,500	北京翰海	2020-12-12
明 白玉卧马摆件	长6.5cm	253,000	中贸圣佳	2020-10-16
明 白玉卧牛	长7cm；宽3.6cm；重量95g	29,900	江苏汇中	2020-12-10
明 白玉卧犬	长7cm	437,000	北京保利	2020-10-20
明 白玉卧兽	6.1cm×3.1cm	5,750	西泠印社	2020-08-09
明 白玉卧熊摆件	长4.8cm	230,000	中贸圣佳	2020-12-08
明 白玉小兽	长2.7cm；宽1.2cm；高1.1cm	5,500	上海呗美	2020-07-20
明 白玉熊	6cm×3cm	8,532	台北艺珍	2020-08-16
明 白玉玄武（一对）	①长5cm；高3cm；②长4.8cm；高3.5cm	34,500	广东崇正	2020-09-13
明 白玉一叶双欢	长6cm；宽3.8cm；高1.9cm	15,400	上海呗美	2020-06-10
明 白玉鱼	高2.4cm；长6.5cm；厚0.7cm	5,500	上海呗美	2020-09-10
明 白玉子母鹿	长5cm；宽2.3cm；高3.2cm	24,200	上海呗美	2020-07-30
明 黑白玉卧犬	长6.8cm	32,200	中贸圣佳	2020-12-08
明 黑沁玉鹿	宽6.7cm	49,050	中国嘉德	2020-10-10
明 红沁玉兽、白玉沁色兔（各一件）	宽5.1cm	55,469	中国嘉德	2020-07-13
明 黄玉带皮瑞兽	高2.9cm	34,500	广东崇正	2020-09-13
明 黄玉老提油巧雕猴	高7.5cm	286,126	中国嘉德	2020-10-10
明 黄玉沁色瑞兽	长3cm	83,794	中国嘉德	2020-10-10
明 黄玉犬、鸟（一组两件）	长3.7cm；长4.3cm	5,750	广东崇正	2020-09-13
明 黄玉瑞兽	长7cm	1,150,000	北京保利	2020-12-05
明 黄玉兽面摆件	长7cm	632,500	北京保利	2020-10-20
明 黄玉太狮少狮摆件	高6cm	230,000	古天一	2020-10-16
明 黄玉卧兽	4.8cm×2cm	18,400	西泠印社	2020-08-09
明 黄玉鸟	长10cm	34,500	北京禾谷	2020-09-24
明 灰白玉雕猴戏马摆件	长10.8cm	172,500	北京保利	2020-10-20
明 火烧玉玄武摆件	长7.6cm	43,700	中贸圣佳	2020-12-08

拍品名称	物品尺寸	成交价RMB	拍卖公司	拍卖日期
明 鸡骨白玉雕卧象摆件	长12cm	51,098	纽约佳士得	2020-09-25
明 旧玉马	长14cm	207,000	北京禾谷	2020-09-23
明 旧玉瑞兽	长5.3cm	8,050	中国嘉德	2020-07-15
明 旧玉象	长4.3cm	74,750	北京翰海	2020-12-12
明 老和田玉动物摆件（一对）	尺寸不一	4,600	上海嘉禾	2020-01-05
明 沁色玉蟾	宽5.9cm	40,875	中国嘉德	2020-10-10
明 青白玉沁色鸿运当头卧马	5.4cm×4.1cm	286,126	中国嘉德	2020-10-10
明 青黑玉卧牛	6.8cm	27,771	香港苏富比	2020-11-26
明 青玉卧马	宽6cm	10,929	伦敦苏富比	2020-06-16
明 青玉卧犬	8.5cm	14,953	香港苏富比	2020-11-26
明 提油玉瑞兽	4.2cm×2.5cm	5,750	西泠印社	2020-08-09
明 提油玉兔	5.1cm×2.2cm	4,600	西泠印社	2020-08-09
明 玉雕独角兽	高3.5cm；长5cm	34,500	古天一	2020-10-16
明 玉雕马上封侯摆件	长11.6cm	452,000	香港苏富比	2020-07-11
明 玉雕俏色太狮少狮	宽7.5cm	49,050	中国嘉德	2020-10-10
明 玉雕受沁牛	宽6.8cm	9,197	中国嘉德	2020-10-10
明 玉雕卧马摆件	长7.5cm	430,353	纽约苏富比	2020-09-22
明 玉鹅	宽11.5cm	79,632	台北艺珍	2020-08-16
明 玉鳜鱼	长6.8cm	13,800	广东崇正	2020-09-13
明 玉沁色小牛	长4.6cm	40,250	中国嘉德	2020-12-03
明 玉留皮鹅	长7.6cm	57,500	中国嘉德	2020-08-18
明 玉骆驼	长3cm	5,750	广东崇正	2020-09-13
明 玉马上封侯摆件	长6.3cm	218,232	香港苏富比	2020-10-09
明 玉鸟摆件	高7.9cm	9,200	北京禾谷	2020-09-24
明 玉瑞兽	高5cm	57,500	北京禾谷	2020-09-24
明 玉兽（一组三件）	长6.7cm	54,660	佳士得	2020-04-21
明 玉小鹅、玉小羊（一组）	长3cm	57,500	中国嘉德	2020-12-03
明 玉鹦鹉	长5.7cm	11,500	广东崇正	2020-09-13
明 张嘴玉卧马	6.3cm×3.7cm	357,658	中国嘉德	2020-10-10
明或更晚 白玉坐狮	7.1cm	21,362	香港苏富比	2020-11-26
明或更早 白玉瑞兽	7.3cm	27,771	香港苏富比	2020-11-26
明或更早 白玉衔穗双雁	6.7cm×3.3cm	388,314	中国嘉德	2020-10-10
明或更早 青白带皮玉瑞兽	6.3cm	27,771	香港苏富比	2020-11-26
明或更早 青玉衔荷雁	6cm×3.8cm	79,707	中国嘉德	2020-10-10
晚明 青玉骑鹤摆件	长8.5cm	60,335	伦敦佳士得	2020-05-21
明末/清初 16至18世纪 灰褐玉瑞猫摆件	长6.6cm	59,614	纽约佳士得	2020-09-25
明末清初 白玉鸳鸯衔荷	10.3cm×6.5cm	143,063	中国嘉德	2020-10-10
明末清初 玉雕六牙白象	8.5cm×3.5cm×3cm	34,500	北京诚轩	2020-08-17
清初 灰墨玉卧犬	7.4cm	21,362	香港苏富比	2020-11-26
清早期 白玉麒麟负书	长10cm	562,034	中国嘉德	2020-10-10
清早期 白玉双獾	宽5.6cm	79,707	中国嘉德	2020-10-10
清早期 白玉卧犬	宽5.8cm	102,188	中国嘉德	2020-10-10
清早期 麒麟摆件	长9.1cm；宽4.5cm；高8cm	17,250	中国嘉德	2020-08-18
17/18世纪 青白玉雕卧兽	长11.4cm	127,838	纽约佳士得	2020-09-24
17/18世纪 青褐玉雕骆驼与犬	长7.7cm	55,396	纽约佳士得	2020-09-24

拍品名称	物品尺寸	成交价RMB	拍卖公司	拍卖日期
17/18世纪 青玉雕连年有余摆件	长9.2cm	154,927	纽约苏富比	2020-09-22
18世纪 青玉鹿衔灵芝摆件	长8.5cm	59,564	巴黎佳士得	2020-06-23
18世纪 青玉卧犬	宽7cm	12,398	伦敦佳士得	2020-02-13
清乾隆 白玉雕宝鸭穿莲摆件	高7.5cm	1,150,000	中国嘉德	2020-12-03
清乾隆 白玉雕河洛负书摆件	长29.5cm	3,220,000	永乐拍卖	2020-12-02
清乾隆 白玉雕连年有余摆件	长8.5cm	1,377,130	纽约苏富比	2020-09-22
清乾隆 白玉雕如意双安摆件	14.7cm×11.3cm	747,500	西泠印社	2020-08-09
清乾隆 白玉雕瑞兽摆件	长10.4cm	2,668,189	纽约苏富比	2020-09-22
清乾隆 白玉雕瑞兽摆件	长16cm	1,380,000	永乐拍卖	2020-12-02
清乾隆 白玉雕童子洗象摆件	高19cm	6,908,382	纽约佳士得	2020-09-25
清乾隆 白玉凤出麒麟摆件	长18cm	92,000	十竹斋拍卖（北京）	2020-10-18
清乾隆 白玉留皮瑞犬	长5.7cm	69,000	中鸿信	2020-01-03
清乾隆 白玉留皮童子洗象摆件	长14.7cm；高9.4cm	2,875,000	中贸圣佳	2020-10-17
清乾隆 白玉年年有余摆件（配木座）	长8cm	322,000	华艺国际	2020-10-16
清乾隆 白玉双鹿摆件	长8.8cm	46,000	中贸圣佳	2020-10-16
清乾隆 白玉喜报平安喜鹊摆件	长8.3cm	357,384	巴黎佳士得	2020-06-23
清乾隆 白玉鹰熊	高4.2cm	172,500	北京保利	2020-12-05
清乾隆 白玉鸳鸯戏水摆件	长10.5cm	218,500	十竹斋拍卖（北京）	2020-10-18
清乾隆 碎硬雕三羊开泰摆件	长17.2cm	51,750	中国嘉德	2020-08-18
清乾隆 黄玉雕瑞兽摆件	长15cm	11,708,334	纽约苏富比	2020-09-22
清乾隆 羊脂白玉双欢	长4.8cm	287,500	北京保利	2020-10-20
清中期 白玉雕仙鹿衔芝	长9.7cm	57,500	北京保利	2020-10-20
清中期 白玉合家欢	长6cm	48,300	北京翰海	2020-12-12
清中期 白玉鸡	长6cm	17,250	北京翰海	2020-12-12
清中期 白玉麒麟驮书	长8cm	43,700	北京翰海	2020-12-12
清中期 白玉瑞兽	长4.7cm	40,250	北京翰海	2020-12-12
清中期 白玉瑞兽	长9.2cm	25,300	北京翰海	2020-12-12
清中期 白玉洒金凤凰	长6.3cm	17,250	北京翰海	2020-12-12
清中期 白玉洒金鼠	长4.5cm	20,700	北京翰海	2020-12-12
清中期 白玉兔	长5cm	9,200	北京翰海	2020-12-12
清中期 白玉蛙	长6cm	17,250	北京翰海	2020-12-12
清中期 白玉卧鹿	长6.2cm	5,750	北京翰海	2020-12-12
清中期 白玉卧羊	长5.8cm	17,250	北京翰海	2020-12-12
清中期 翡翠宝鸭穿莲摆件	长5.5cm	55,200	古天一	2020-10-16
清中期 黑白玉巧雕海东青	长6.2cm	11,500	北京翰海	2020-12-12
清中期 黄玉鸡	长6.7cm	17,250	北京翰海	2020-12-12
清中期 黄玉牛	长4cm	122,626	中国嘉德	2020-10-10
清中期 旧玉鼠	长5cm	17,250	北京翰海	2020-12-12
清中期 青白玉宝鸭	宽6cm	30,656	中国嘉德	2020-10-10
18/19世纪 白玉灵猴献桃	长7.2cm	34,272	香港苏富比	2020-06-05
18/19世纪 白玉瑞象	长5.5cm	14,261	伦敦佳士得	2020-05-21
18/19世纪 白玉寿桃、刘海戏蟾及瑞兽（一组三件）	最大长度4.7cm	14,653	伦敦佳士得	2020-02-13
18/19世纪 粉晶瑞兽摆件	长12.3cm	10,970	伦敦佳士得	2020-05-21
18/19世纪 青白玉雕卧马	长15.9cm	63,919	纽约佳士得	2020-09-24

拍品名称	物品尺寸	成交价RMB	拍卖公司	拍卖日期
18/19世纪初 白玉雕松鹤延年摆件	高18.5cm	688,565	纽约苏富比	2020-09-22
19世纪 青白玉衔桃双鹤	7.9cm	21,362	香港苏富比	2020-11-26
19世纪 青玉双马摆件	长19.5cm；高11cm	29,900	广东崇正	2020-09-13
清 白玉宝鸭	高2.7cm；宽3.8cm；厚1.3cm	112,000	上海呗美	2020-08-22
清 白玉蝉	6.2cm	23,498	香港苏富比	2020-11-26
清 白玉达摩戏狮	高9.3cm；宽5.4cm；厚2.8cm；连座高12.1cm	81,400	上海呗美	2020-07-30
清 白玉带皮金玉满堂摆件	直径4cm	9,200	广东崇正	2020-09-13
清 白玉雕代代封侯	6.6cm×3.5cm	34,500	西泠印社	2020-08-09
清 白玉雕带子上朝摆件	带座高9cm；带座长12cm	17,250	西泠印社	2020-08-09
清 白玉雕滚尘马	5.5cm×3.2cm	92,000	西泠印社	2020-08-09
清 白玉雕老少背	5.8cm×3.8cm	97,750	西泠印社	2020-08-09
清 白玉雕马上封侯	9.0cm×5.0cm	368,000	西泠印社	2020-08-09
清 白玉雕马上封侯	4.4cm×3.1cm	5,750	西泠印社	2020-08-09
清 白玉雕马上封侯摆件	长8cm	158,175	佳士得	2020-10-08
清 白玉雕瑞兽摆件	高6cm	460,000	中贸圣佳	2020-10-16
清 白玉雕衔莲天禄	9.4cm×6.6cm	126,500	西泠印社	2020-08-09
清 白玉雕衔芝瑞兽	7.5cm×5.4cm	138,000	西泠印社	2020-08-09
清 白玉雕羊羊得意	78cm×52cm	575,000	西泠印社	2020-08-09
清 白玉雕鱼化龙	6.5cm×4.7cm	10,350	西泠印社	2020-08-09
清 白玉鹅	长5.5cm	5,750	中国嘉德	2020-11-11
清 白玉凤	长4.2cm	47,150	北京保利	2020-10-20
清 白玉凤	长6cm	40,250	中国嘉德	2020-12-03
清 白玉浮雕童子洗象插屏	屏心长14cm；宽9cm；带座高21cm；长11cm；宽8cm	42,550	西泠印社	2020-08-09
清 白玉福寿齐眉	长6cm；宽5cm；高3cm	17,600	上海呗美	2020-07-10
清 白玉福至心灵	长2.7cm；宽2.4cm；高2cm	4,400	上海呗美	2020-07-20
清 白玉狗	长5.8cm	5,750	广东崇正	2020-09-13
清 白玉河图洛书摆件	高6.5cm；长14.7cm	48,300	西泠印社	2020-08-08
清 白玉荷叶青蛙	长4.3cm；宽3.2cm；高1.8cm	13,200	上海呗美	2020-07-20
清 白玉荷叶鱼	高4cm；宽6.4cm；厚0.8cm	17,600	上海呗美	2020-10-20
清 白玉红沁瑞兽	长6.6cm；宽4.7cm；高4.2cm	57,200	上海呗美	2020-07-20
清 白玉红沁三羊开泰	高4cm	25,547	中国嘉德	2020-10-10
清 白玉红沁玉兽	长5.7cm；宽4.1cm	36,800	中贸圣佳	2020-10-16
清 白玉欢	长3.3cm；宽1.5cm；高1.4cm	6,600	上海呗美	2020-07-20
清 白玉灵蛇摆件	长7.5cm	36,800	中鸿信	2020-01-03
清 白玉鹿乳奉亲摆件	高6cm	9,200	中贸圣佳	2020-12-08
清 白玉马	长6.8cm	69,427	香港苏富比	2020-11-26
清 白玉马上封侯	长7.2cm	112,700	中贸圣佳	2020-10-16

拍品名称	物品尺寸	成交价RMB	拍卖公司	拍卖日期
清 白玉马上封侯	高3.4cm；宽5cm；厚2.3cm	7,150	上海呗美	2020-09-20
清 白玉年年有余	长7cm	230,000	北京保利	2020-10-20
清 白玉年年有余	长8.3cm；宽4.9cm；厚1.8cm	35,200	上海呗美	2020-10-20
清 白玉牛	长3cm；宽2.5cm；高1.8cm	11,000	上海呗美	2020-07-10
清 白玉辟邪	8.6cm×5.9cm	48,300	西泠印社	2020-08-09
清 白玉麒麟送子摆件	长4cm	59,800	中贸圣佳	2020-10-16
清 白玉瑞兽	4.2cm×3.5cm	23,000	西泠印社	2020-08-09
清 白玉瑞兽	长3.8cm	17,250	北京保利	2020-12-05
清 白玉瑞兽摆件	长4.5cm；高3.5cm	11,500	广东崇正	2020-09-13
清 白玉瑞兽灵芝摆件	长5.9cm	89,700	中贸圣佳	2020-12-08
清 白玉瑞兽灵芝摆件	长5.5cm	25,300	中贸圣佳	2020-10-16
清 白玉瑞兽衔灵芝	长5.2cm；宽3.6cm；高2.8cm；连座高4.7cm	16,500	上海呗美	2020-06-10
清 白玉三羊开泰摆件	长14.5cm	34,500	中鸿信	2020-01-03
清 白玉狮子舞绣球摆件	重320g	1,343,603	库恩国际	2020-01-08
清 白玉狮子戏球	长10cm	28,750	北京翰海	2020-12-12
清 白玉十二生肖·蛇神摆件	高4cm	92,000	中贸圣佳	2020-12-08
清 白玉守叶欢	长6.8cm；宽4.3cm；厚2.1cm	14,300	上海呗美	2020-07-10
清 白玉守叶欢	长6.2cm；宽4.3cm；高1.7cm	14,300	上海呗美	2020-07-20
清 白玉兽	长4.8cm；宽4.5cm；高4.3cm	44,000	上海呗美	2020-06-10
清 白玉鼠	6.7cm×3.0cm	276,000	西泠印社	2020-08-09
清 白玉双欢	长4.5cm	11,500	广东崇正	2020-09-13
清 白玉双羊	5.1cm×3.7cm	80,500	西泠印社	2020-08-09
清 白玉松鼠	长5.1cm；宽3.6cm	32,200	中贸圣佳	2020-12-08
清 白玉太少狮摆件	长5.5cm；宽3.5cm；高3.2cm；连座高5.6cm	60,480	上海呗美	2020-08-22
清 白玉通天孔猴	高4.8cm；宽2.8cm	7,150	上海呗美	2020-10-20
清 白玉兔形摆件	长5.8cm；高3.9cm	49,450	中贸圣佳	2020-12-08
清 白玉卧马	10.6cm×7.0cm	207,000	西泠印社	2020-08-09
清 白玉卧马	长5.3cm	17,250	北京翰海	2020-12-12
清 白玉卧马	长5.3cm	5,750	北京翰海	2020-12-12
清 白玉卧猫（一组两件）	4.2cm及3.8cm	19,226	香港苏富比	2020-11-26
清 白玉卧牛摆件	长3.6cm	10,350	中贸圣佳	2020-12-08
清 白玉卧羊	长5.4cm；宽3cm；高2.4cm	36,300	上海呗美	2020-10-20
清 白玉衔莲回首鹅	高3.6cm；宽5.1cm；厚1.6cm	23,100	上海呗美	2020-07-30
清 白玉象	高7cm；长11cm	138,000	古天一	2020-10-16
清 白玉小狗	长1.9cm；宽1cm；高1.4cm	3,300	上海呗美	2020-07-20

拍品名称	物品尺寸	成交价RMB	拍卖公司	拍卖日期
清 白玉小兽	高2.5cm；长4.5cm；宽2.1cm	6,600	上海呗美	2020-09-10
清 白玉一品清莲摆件	长24.5cm	515,200	上海呗美	2020-08-22
清 白玉圆雕卧犬摆件	长7.1cm	25,300	中贸圣佳	2020-12-08
清 白玉坐狮	高3.6cm	161,000	古天一	2020-10-16
清 独角兽玉雕件	长13.5cm	23,000	北京禾谷	2020-09-24
清 翡翠、白玉羊（一组两件）	长2.5cm；长3cm	6,900	广东崇正	2020-09-13
清 和田玉雕瑞兽摆件	长17.5cm；宽7.5cm；高6.8cm；重量631g	5,750	江苏汇中	2020-12-10
清 褐青玉雕骆驼	长26.6cm	68,180	纽约佳士得	2020-09-24
清 黑白玉巧雕狗摆件	5.9cm×4.4cm×2.2cm	8,960	上海联合	2020-11-29
清 黑白玉巧雕望子成龙	长6.7cm；高4.5cm；厚1.8cm	52,800	上海呗美	2020-09-10
清 黄玉荷莲鸳鸯摆件	长6.8cm	11,500	北京翰海	2020-12-12
清 黄玉骆驼摆件	高5cm	172,500	中贸圣佳	2020-10-16
清 黄玉牛	宽7.5cm	89,925	中国嘉德	2020-10-10
清 黄玉卧牛	长4.5cm	117,491	香港苏富比	2020-11-26
清 火烧玉马	长4.6cm	13,800	中国嘉德	2020-12-03
清 鸡骨白双兽摆件	长7.4cm	40,250	中贸圣佳	2020-12-08
清 鸡骨白玉荷塘双鹅摆件	长23.5cm	126,500	中贸圣佳	2020-10-16
清 旧玉提油卧牛摆件	长12cm	9,200	北京保利	2020-10-19
清 玛瑙巧雕双猴献寿	高3.5cm	26,450	十竹斋拍卖（北京）	2020-10-18
清 南红玛瑙瑞兽摆件	高4cm；长10cm	23,000	北京禾谷	2020-09-24
清 青白玉宝盖纹摆件	高7.6cm	48,300	北京保利	2020-10-20
清 青白玉雕蝠寿摆件	宽8cm	17,250	北京保利	2020-10-20
清 青白玉雕瑞兽	4.2cm	21,362	香港苏富比	2020-11-26
清 青白玉凤凰摆件	高12cm	168,765	巴黎佳士得	2020-06-23
清 青白玉福庆双喜	直径5.7cm；厚0.4cm	7,700	上海呗美	2020-07-10
清 青白玉灵猴戏马	15cm	44,860	香港苏富比	2020-11-26
清 青白玉俏色太狮少狮小件	长4.2cm；宽3.5cm	6,900	中贸圣佳	2020-12-08
清 青白玉卧马（一组两件）	长4.5cm；长5cm	59,405	香港苏富比	2020-06-05
清 青白玉卧兽及衔芝卧羊（一组两件）	长5cm；长5.6cm	57,120	香港苏富比	2020-06-05
清 青白玉子母猴	长4.3cm	6,900	中国嘉德	2020-11-11
清 青花玉俏色雕太师少师	4.6cm×3.6cm	51,750	西泠印社	2020-08-09
清 青金石瑞兽摆件	高12cm；长15cm	9,200	西泠印社	2020-08-09
清 青玉大象	高6.2cm；长9.3cm；宽3.2cm	34,100	上海呗美	2020-07-10
清 青玉带黄皮卧兽	长7cm	5,750	中贸圣佳	2020-12-08
清 提油玉卧兔	5.1cm×1.9cm	11,500	西泠印社	2020-08-09
清 玉蝉、蜻蜓及蝴蝶（一组三件）	长：蝉6.6cm；蜻蜓 7.3cm；蝴蝶7.5cm	12,817	香港苏富比	2020-11-26
清 玉雕动物（一组五件）	长3cm至4.5cm	96,129	香港苏富比	2020-11-26
清 玉雕秋山鹿	高3cm；长3.6cm	25,300	古天一	2020-10-16

拍品名称	物品尺寸	成交价RMB	拍卖公司	拍卖日期
清 玉雕双马	长7cm	64,086	香港苏富比	2020-11-26
清 玉巧雕独占鳌头	宽4cm	7,069	香港普艺	2020-07-11
清 玉兔		20,700	广东崇正	2020-09-13
清 玉卧熊	长6cm	59,800	古天一	2020-10-16
清 玉熊	长6.3cm	11,500	北京翰海	2020-12-12
清 紫水晶雕"太狮少狮"摆件	高30cm	12,650	北京保利	2020-10-19
晚清 和田白玉三羊摆件	直径8cm；高5.8cm	18,900	乾禧国际	2020-01-20
民国 白玉雕三羊开泰摆件	长20cm；宽11cm；高14cm；重量3080g	51,750	江苏汇中	2020-12-10
民国或以前 白玉瑞兽灵芝摆件	高6.5cm	32,200	广东崇正	2020-09-13
清末至民国 白玉卧犬	4.4cm	21,362	香港苏富比	2020-11-26
19/20世纪 碧玉及白玉雕（两件）	带扣长8.9cm；佩饰宽9.3cm	18,034	伦敦佳士得	2020-02-13
19/20世纪 青玉雕（一组四件）	长7.6cm	6,582	伦敦佳士得	2020-05-21
20世纪 翠玉福禄寿三色螃蟹摆件	长17.0cm	61,549	巴黎佳士得	2020-06-23
现代 和田玉带子上朝	5cm×6cm×4cm	68,250	乾禧国际	2020-01-20
现代 和田玉龙腾虎跃	7.2cm×4.9cm×1.7cm	63,000	乾禧国际	2020-01-20
白玉 浴牛图摆件	9.45cm×8.55cm	106,400	上海联合	2020-11-29
白玉雕教子摆件	长5cm	6,900	北京翰海	2020-09-12
白玉雕瑞兽摆件	3.5cm×4cm×8cm	2,863	加拿大尚德	2020-04-04
白玉鹅衔灵芝	长8cm	8,050	中国嘉德	2020-07-15
白玉合家欢	5.5cm×5.5cm×2.4cm	16,800	上海联合	2020-11-29
白玉鹿	长5.8cm	5,750	中国嘉德	2020-07-15
白玉瑞兽	长4cm	6,900	北京翰海	2020-09-12
白玉瑞兽	长5cm	4,600	中国嘉德	2020-07-15
白玉瑞兽	长4.5cm	4,600	中国嘉德	2020-07-15
白玉双獾	宽7cm	3,327	香港普艺	2020-07-11
白玉双骏	长6.2cm	10,350	中国嘉德	2020-07-15
白玉双水鸟	宽11cm	7,277	香港普艺	2020-07-11
白玉双羊	长7cm	5,750	中国嘉德	2020-11-11
白玉太师少师	长15cm	800,573	东京国立拍卖	2020-01-10
白玉羊	长6.6cm	5,750	中国嘉德	2020-07-15
白玉羊衔灵芝	长8cm	17,250	中国嘉德	2020-07-15
白玉圆雕羊	长12.3cm	869,400	东京国立拍卖	2020-01-10
碧玉狗	长47cm	6,900	中国嘉德	2020-11-11
碧玉牛	尺16.5cm	4,600	中国嘉德	2020-07-15
碧玉太平有象	高32.8cm	20,700	中国嘉德	2020-11-11
陈天元 白玉声威大震摆件	9.55cm×4.1cm	112,000	上海联合	2020-11-29
创汇期 黑白玉连年有余	长5.2cm；宽4.3cm；高5.6cm	16,500	上海呗美	2020-07-10
冯钤 如虎添翼 玉摆件	长8.9cm	149,500	西泠印社	2020-08-10
冯钤 心有猛虎 玉摆件（一组）	尺寸不一	92,000	西泠印社	2020-08-10
和田白玉雕金猴骑象献寿摆件	高14cm	3,622,500	东京国立拍卖	2020-01-10

拍品名称	物品尺寸	成交价RMB	拍卖公司	拍卖日期
和田白玉雕刻洪福齐天摆件	重28.15g	434,700	东京国立拍卖	2020-01-10
和田白玉雕马上封侯	长9cm	5,506,200	东京国立拍卖	2020-01-10
和田白玉雕麋鹿	高6cm	449,190	东京国立拍卖	2020-01-10
和田白玉雕狮子摆件	长13cm	615,825	东京国立拍卖	2020-01-10
和田白玉雕喜鹊含梅摆件	高12cm	1,811,250	东京国立拍卖	2020-01-10
和田宝玉雕狗熊	高4.6cm	226,769	东京国立拍卖	2020-01-10
和田玉猴子	长9cm；宽4cm；高6cm	28,750	广东小雅斋	2020-06-17
和田玉卧犬	长12.5cm	134,757	东京国立拍卖	2020-01-10
黑白玉巧雕鱼化龙	长7cm	3,450	中国嘉德	2020-07-15
卢开飞 白玉一鹭莲科摆件	7.8cm×7.4cm	112,000	上海联合	2020-11-29
青白玉雕凤鸟摆件（一对）	高36.2cm×2	161,809	纽约佳士得	2020-09-25
青白玉麒麟送子摆件	长9cm	4,600	中国嘉德	2020-07-15
青白玉瑞兽	长5.6cm	5,750	中国嘉德	2020-07-15
青白玉瑞兽三件	长7cm；长6.6cm；长4.6cm	17,250	中国嘉德	2020-07-15
青白玉太狮少狮	长8.6cm	6,900	中国嘉德	2020-11-11
青白玉子母猴	长4.5cm	1,150	中国嘉德	2020-07-15
青金石太平有象	高29.3cm	9,200	中国嘉德	2020-11-11
王朝杰 青花辈辈来财摆件	7.3cm×4.4cm×3.4cm 重量80g	14,560	上海联合	2020-11-29
熊明星 白玉世代富贵摆件	9cm×7.6cm×6.8cm 重量571.1g	1,176,000	上海联合	2020-11-29
俞巍巍 白玉辈辈旺财摆件	8.2cm×5.9cm	76,160	上海联合	2020-11-29
玉"英雄"	高5cm	364	香港普艺	2020-07-11
玉辈辈封侯	高4cm	8,050	北京翰海	2020-09-12
玉蝉	高3cm	832	香港普艺	2020-07-11
玉雕双骏	长8cm	5,750	北京翰海	2020-09-12
玉狗	高6cm	5,750	北京翰海	2020-09-12
玉猴	长5.2cm	5,750	北京翰海	2020-09-12
玉龙噬熊	宽10cm	2,807	香港普艺	2020-07-11
玉骆驼	宽6cm	4,158	香港普艺	2020-07-11
玉耄耋	长5cm	6,900	北京翰海	2020-09-12
玉鸟	长5.5cm	6,900	北京翰海	2020-09-12
玉巧雕卧犬	宽9cm	468	香港普艺	2020-07-11
玉瑞兽（六件）	尺寸不一	10,350	中国嘉德	2020-11-11
玉瑞兽四件	尺寸不一	9,200	中国嘉德	2020-07-15
玉兽	长6cm	6,900	北京翰海	2020-09-12
玉兽	宽6cm	2,287	香港普艺	2020-07-11
玉双猴	长6.2cm	18,400	北京翰海	2020-09-12

拍品名称	物品尺寸	成交价RMB	拍卖公司	拍卖日期
玉双欢	长4cm	8,050	北京翰海	2020-09-12
玉岁岁平安	宽8cm	1,040	香港普艺	2020-07-11
玉卧象	宽5cm	3,743	香港普艺	2020-07-11
玉象	高15cm	40,250	北京翰海	2020-09-12
玉鱼	长6cm	18,400	北京翰海	2020-09-12
玉鱼	长7cm	17,250	北京翰海	2020-09-12
玉鸳鸯	长5cm	11,500	北京翰海	2020-09-12
元中堂 王天翔 白玉路路通达摆件	12.3cm×7.25cm	358,400	上海联合	2020-11-29
其他摆件				
唐至五代 松绿石舍利函	长7.9cm	120,028	香港苏富比	2020-10-09
16/17世纪 灰青玉开光透雕云龙纹方灯笼配盖	高23.2cm	129,106	纽约苏富比	2020-09-23
明 白玉影骨佛指舍利	高4.5cm	48,300	中鸿信	2020-01-03
明 白玉正德通宝钱币	直径3.3cm；厚0.4cm	17,600	上海呗美	2020-06-10
明 黄玉菱角	高1.5cm；宽4.2cm；厚1.4cm	20,438	中国嘉德	2020-10-10
明 青白玉牵牛花摆件	10.3cm	42,724	香港苏富比	2020-11-26
18世纪 白玉苦瓜	高9cm	163,501	中国嘉德	2020-10-10
18世纪 白玉旭日东升摆件	宽12.5cm	548,340	佳士得	2020-10-08
18世纪 青白玉石榴双喜	长8.9cm	234,982	香港苏富比	2020-11-26
清乾隆 白玉福寿摆件	长7.2cm	126,500	中国嘉德	2020-12-03
清乾隆 白玉福寿双全摆件	长14.5cm	920,000	北京保利	2020-10-20
清乾隆 白玉留皮石榴摆件	高6.3cm	736,000	中贸圣佳	2020-10-17
清乾隆 白玉右旋法螺	长7.4cm	138,000	北京中汉	2020-12-04
清乾隆 白玉御题诗山水人物摆件	长16.5cm	34,500	中鸿信	2020-01-03
清乾隆 白玉御题诗文无量寿摆件	高8.8cm	230,000	北京翰海	2020-12-12
清乾隆 玉葫芦	高8cm	97,750	古天一	2020-10-16
清乾隆/嘉庆 白玉福禄寿摆件	高27.2cm	8,903,400	佳士得	2020-11-30
18/19世纪 白玉巧作多子多福雕件	长6.4cm	96,129	香港苏富比	2020-11-26
19世纪 白玉镂雕富贵吉祥摆件	高24.1cm	103,285	纽约苏富比	2020-09-23
19世纪 青白玉节节高升摆件	长19cm	20,700	广东崇正	2020-09-13
清 白玉	长14.5cm	69,000	北京禾谷	2020-09-24
清 白玉雕渔家乐摆件	高10.3cm；长13cm	20,700	西泠印社	2020-08-08
清 白玉福至心灵（菱角）	高4.2cm；宽3.1cm；厚2cm	3,850	上海呗美	2020-07-10
清 白玉观音配竹根雕佛龛	玉佛高8.2cm	9,200	江苏汇中	2020-12-10
清 白玉花篮	高7.8cm	63,250	广东崇正	2020-09-13
清 白玉花鸟摆件	长7cm	138,000	上海敬华	2020-09-22
清 白玉器（一组三件）	筒 直径4.3cm；高5.3cm；几长7.2cm；龙钩长8.9cm	16,100	中贸圣佳	2020-12-08
清 白玉寿桃	长6.5cm；宽2.5cm；高3.8cm	27,500	上海呗美	2020-06-10
清 白玉阴刻雁云纹琴轸及雁足（一组九件）	1.琴轸长4.6cm；琴轸直径1.4cm；2.雁足高4.7cm	43,700	西泠印社	2020-08-09
清 仿古纹玉雕（一组四件）	宽12cm	22,543	伦敦佳士得	2020-02-13
清 仿古玉雕（一组三件）	宽15.3cm	31,560	伦敦佳士得	2020-02-13

拍品名称	物品尺寸	成交价RMB	拍卖公司	拍卖日期
清 灵芝清供摆件	带座高18cm；长64cm	34,500	西泠印社	2020-08-09
清 文石"山境"摆件（带座）	高45cm	5,750	广东崇正	2020-09-13
清 玉、翡翠小件四件	尺寸不一	10,350	中国嘉德	2020-07-15
清 玉小件（三件）	长4cm；长3.5cm；直径3.3cm	10,350	中国嘉德	2020-11-11
现代 福禄寿喜硕果累累	重3000g	32,200	北京禾谷	2020-09-24
现代 宴	重356.45g	115,000	北京禾谷	2020-09-24
"绿云"绿松石	高23cm	11,500	北京翰海	2020-09-12
白玉三多摆件	长5.5cm	9,200	中国嘉德	2020-11-11
碧玉百财摆件	长50cm	10,350	中国嘉德	2020-07-15
碧玉百财摆件（两件）	长30cm；长26cm	13,800	中国嘉德	2020-11-11
崔磊设计和田玉"天地根"雕件	11cm×10cm	2,645,000	华艺国际	2020-12-05
和田玉银鎏镶宝石金佛龛	高9.5cm	690,624	香港贞观	2020-08-30
林凤鸣 老挝北部黄玉松下对弈摆件	8.1cm×10.3cm×5cm 重量540.5g	22,400	上海联合	2020-11-29
刘海 黄玉百财摆件	8cm×3.8cm	56,000	上海联合	2020-11-29
刘海 黄玉福寿喜三多摆件	15.5cm×7.8cm	336,000	上海联合	2020-11-29
青白玉大吉大利摆件	长9.8cm	2,300	中国嘉德	2020-07-15
雅园玉道 白玉游园惊梦摆件	12cm×7.7cm	336,000	上海联合	2020-11-29
玉、翡翠小件（十三件）	尺寸不一	17,250	中国嘉德	2020-07-15
玉、石小件（十六件）	尺寸不一	25,300	中国嘉德	2020-11-11
玉马蹄形器	长17.5cm	1,086,750	东京国立拍卖	2020-01-10
玉小件（六件）	尺寸不一	6,900	中国嘉德	2020-11-11
玉小件（六件）	尺寸不一	5,750	中国嘉德	2020-11-11
玉小件（五件）	尺寸不一	5,750	中国嘉德	2020-11-11
玉小件（六件）	尺寸不一	23,000	中国嘉德	2020-07-15
玉小件（六件）	尺寸不一	9,200	中国嘉德	2020-07-15
玉小件（七件）	尺寸不一	11,500	中国嘉德	2020-07-15
玉小件（三件）	长19cm；直径5.3cm；直径5cm	5,750	中国嘉德	2020-07-15
玉小件（十四件）	尺寸不一	25,300	中国嘉德	2020-07-15
玉小件（五件）	尺寸不一	4,600	中国嘉德	2020-07-15
张焕庆 白玉节节高摆件	高6.3cm	246,400	上海联合	2020-11-29
19世纪 翠玉渔舟摆件	高18.7cm	7,890	伦敦佳士得	2020-02-13
清 白玉和合二仙船形摆件	长16cm	51,750	北京保利	2020-12-05
清 白玉童子泛舟摆件	长9.8cm	63,250	中贸圣佳	2020-12-08
清 白玉渔船满载而归	12cm×6cm	9,219	富艺香港	2020-04-18
清 玉雕仙人乘船摆件	长9.5cm	80,500	十竹斋拍卖（北京）	2020-10-18
黄玉乌篷船摆件	长19cm	17,250	北京翰海	2020-09-12
吴少凡 老挝田松溪泛舟摆件	6.6cm×4.5cm×5.8cm 重量246.5g	39,200	上海联合	2020-11-29
玉瓶				
16/17世纪 鸡骨玉雕诗文菱花式瓶	高21.3cm	68,856	纽约苏富比	2020-09-23
明 白玉螭龙小瓶	高6.7cm	17,064	台北艺珍	2020-08-16

拍品名称	物品尺寸	成交价RMB	拍卖公司	拍卖日期
明 白玉带沁龙纹筒式盖瓶	高6.5cm；通径4.7cm	23,000	西泠印社	2020-08-09
明 白玉镂空花卉环耳盖瓶	长20cm	138,000	中鸿信	2020-01-03
明 青玉仿古饕餮纹觚式瓶	高17.2cm	16,907	伦敦佳士得	2020-02-13
明末至清初 鸡骨白玉镂雕仿古纹盖瓶	高15.9cm	37,968	巴黎苏富比	2020-06-18
17/18世纪 青白玉象首小瓶	高9.2cm	16,394	伦敦苏富比	2020-06-16
18世纪 白玉夔龙万寿纹如意耳盖瓶	总高25.8cm	852,000	佳士得	2020-11-30
18世纪 碧玉雕蟠桃八吉祥纹梅瓶	高25.5cm	1,130,000	佳士得	2020-07-09
18世纪 碧玉山水图双耳盖瓶	高27.3cm	380,450	伦敦佳士得	2020-11-03
18世纪 灰青玉龙凤呈祥纹活环盖瓶	高 17.8cm	49,182	伦敦苏富比	2020-06-16
18世纪 青白玉雕龙戏珠瓶	高17.1cm	272,720	纽约佳士得	2020-09-24
18世纪 水晶梅花纹六棱瓶	高13.3cm	12,398	伦敦佳士得	2020-02-13
清乾隆 白玉代代平安小瓶 连紫檀座	高7.7cm	339,000	佳士得	2020-07-09
清乾隆 白玉雕挂瓶	高24cm	690,000	永乐拍卖	2020-12-02
清乾隆 白玉雕和合二仙葫芦瓶	高16cm	230,000	西泠印社	2020-08-09
清乾隆 白玉龙凤纹瓶	高14.5cm	149,500	十竹斋拍卖（北京）	2020-10-18
清乾隆 白玉梅花如意盖扁瓶	高30.5cm	2,300,000	北京保利	2020-10-19
清乾隆 白玉梅花图御制诗文四方瓶	高28cm	230,000	中鸿信	2020-01-03
清乾隆 白玉人物故事诗文瓶	高21cm	69,000	中鸿信	2020-01-03
清乾隆 白玉饕餮纹铺首扁瓶	高19.6cm	627,200	上海呗美	2020-08-22
清乾隆 白玉饕餮纹兽耳双联瓶	高27cm	172,500	中鸿信	2020-01-03
清乾隆 白玉饕餮纹象耳衔环瓶	高27cm	138,000	中鸿信	2020-01-03
清乾隆 白玉西番莲纹瓶	高25.8cm	3,392,500	北京保利	2020-12-05
清乾隆 白玉喜上眉梢梅瓶	高18cm	287,500	中鸿信	2020-01-03
清乾隆 碧玉雕蟠螭纹香瓶	高12.9cm	184,000	中国嘉德	2020-08-18
清乾隆 火烧玉雕十字花卉纹螭龙耳盖瓶	12.5cm×7.1cm	109,250	西泠印社	2020-08-09
清乾隆 青白玉雕兽面纹瓶	高11.8cm	63,250	中国嘉德	2020-08-18
清乾隆 青白玉夔凤纹象首衔活环耳盖瓶	总高32.5cm	2,023,500	佳士得	2020-11-30
清乾隆 玉雕如意纹兽耳瓶	高27.5cm	138,000	中鸿信	2020-01-03
清乾隆 御制碧玉蹲龙钮八吉祥西番莲抱月瓶	高30.5cm	1,725,000	北京保利	2020-10-19
清乾隆 御制琥珀整挖兽耳衔环狮钮扁瓶	高21cm	1,725,000	中鸿信	2020-01-03
清中期 白玉雕御制诗文盖瓶	高8cm	43,700	荣宝斋（南京）	2020-11-28
清中期 白玉福寿图双象耳瓶	高15cm	63,250	中鸿信	2020-01-03
清中期 白玉福寿纹双耳衔环瓶	高23cm	115,000	中鸿信	2020-01-03
清中期 白玉夔龙纹双耳瓶	高23cm	57,500	中鸿信	2020-01-03
清中期 白玉龙纹盖瓶	高14.5cm	28,750	北京翰海	2020-12-12
清中期 白玉镂雕仿青铜器微型龙柄链瓶	高9.5cm	20,700	北京保利	2020-10-20
清中期 白玉镂雕瓜棱形天鸡游环橄榄形盖瓶	高26cm	207,000	中鸿信	2020-01-03
清中期 白玉兽耳衔环盖瓶	高29cm	287,500	北京翰海	2020-12-12
清中期 白玉饕餮纹盖瓶	高19.5cm	48,300	广东崇正	2020-09-13
清中期 白玉云龙纹如意耳衔环盖瓶	高54.5cm	138,000	北京翰海	2020-12-12
清中期 碧玉浮雕饕餮纹提梁盖瓶	高28.6cm	149,500	中鸿信	2020-01-03
清中期 碧玉兽面纹盖瓶	高23cm	138,000	中鸿信	2020-01-03
18/19世纪 水晶荷塘仙鹤纹六棱瓶	高10cm	6,763	伦敦佳士得	2020-02-13
18/19世纪早期 黄玉双羊首耳盖瓶	高7.6cm	33,814	伦敦佳士得	2020-02-13
19世纪 灰青玉痕都斯坦式双花活环耳瓶	高15.3cm	18,278	香港苏富比	2020-06-05
19世纪 青玉雕宝相花纹环耳瓶	高21cm	81,767	纽约苏富比	2020-09-23
19世纪 青玉仿古饕餮纹瓶	高12.3cm	22,543	伦敦佳士得	2020-02-13
19世纪初 白玉雕兽耳活环龙钮盖瓶	高24.1cm	344,282	纽约苏富比	2020-09-23
清 白玉带盖松鹤纹瓶	高12.9cm	106,400	上海联合	2020-11-29
清 白玉雕缠枝莲纹龙耳活环瑞兽钮盖瓶	高30.2cm	258,212	纽约苏富比	2020-09-23
清 白玉雕痕都斯坦风格西番莲纹活环耳盖瓶	高11.5cm	89,700	西泠印社	2020-08-09
清 白玉雕盘龙戏珠纹瓶	高30cm	805,000	西泠印社	2020-08-09
清 白玉雕兽钮双龙首衔活环耳赏瓶	高23cm	97,750	西泠印社	2020-08-09
清 白玉雕童戏图双耳扁瓶	高16.3cm	253,000	西泠印社	2020-08-09
清 白玉浮雕龙凤双联瓶	高15.5cm	368,000	西泠印社	2020-08-09
清 白玉浮雕山石灵芝梅花诗文双耳赏瓶	带座高9cm；高7.5cm	28,750	西泠印社	2020-08-09
清 白玉海棠形双龙耳盖瓶	高18.5cm	115,000	西泠印社	2020-08-09
清 白玉和合二仙葫芦盖瓶	高13.8cm	230,000	中国嘉德	2020-08-18
清 白玉红沁宝瓶瑞兽摆件	高7.8cm；长8.5cm	23,000	西泠印社	2020-08-08
清 白玉龙纹铺耳扁瓶	高12.6cm；宽7.7cm；厚2.1cm	26,400	上海呗美	2020-06-10
清 白玉梅花连案瓶	高15cm；宽19.5cm	255,470	中国嘉德	2020-10-10
清 白玉兽面纹斜方瓶	高11.8cm	23,000	中国嘉德	2020-12-03
清 白玉饕餮纹方瓶	高24.4cm	448,500	中贸圣佳	2020-12-08
清 白玉天鸡瓶	高25cm	391,000	中贸圣佳	2020-12-08
清 白玉香瓶	高8cm	63,250	广东崇正	2020-09-13
清 白玉云蝠纹盖瓶	高14cm	80,500	广东崇正	2020-09-13
清 碧玉雕龙纹双耳盖瓶	高15.4cm	74,750	西泠印社	2020-08-09
清 碧玉瓶	高16cm	255,470	中国嘉德	2020-10-10
清 碧玉兽面纹双耳瓶	高15cm	13,800	广东崇正	2020-09-13
清 翠玉提梁狮钮盖瓶	连提梁高22.5cm	3,164,000	香港苏富比	2020-07-11
清 峨眉山石长颈瓶	长16.5cm	10,350	广东崇正	2020-09-13
清 痕都斯坦活环双耳瓶	通高23.9cm；宽10.3cm；厚7.8cm	28,600	上海呗美	2020-07-30
清 黄玉螭龙瓶	高17.2cm；宽9cm	1,532,820	中国嘉德	2020-10-10
清 黄玉如意耳瓜棱赏瓶	高15cm	109,250	西泠印社	2020-08-09
清 青白玉雕缠枝莲纹贯耳瓶	高10.8cm	29,975	巴黎苏富比	2020-06-18
清 青玉高浮雕苍龙教子双耳瓶	高18.5cm	84,360	佳士得	2020-10-08
清 青玉双龙耳方瓶	高15.3cm；宽6.2cm；厚3cm	85,800	上海呗美	2020-07-10

拍品名称	物品尺寸	成交价RMB	拍卖公司	拍卖日期
清晚期 痕都斯坦式绿玉雕嵌宝抱月盖瓶	高29.5cm	85,163	纽约佳士得	2020-09-25
晚清 和田玉龙凤瓶	7cm×3.9cm	42,000	乾禧国际	2020-01-20
晚清 和田玉梅花瓶	22.7cm×6cm×4cm	48,300	乾禧国际	2020-01-20
19/20世纪 碧玉盘两件及玛瑙瑞兽纹大盖瓶（一组三件）	高26.1cm	13,164	伦敦佳士得	2020-05-21
20世纪初 白玉花卉纹兽耳衔环仿古式盖瓶	高20.2cm	198,547	巴黎佳士得	2020-06-23
白玉缠枝莲福字花卉耳衔环链瓶	高61cm（含架）	23,000	中国嘉德	2020-11-11
白玉缠枝莲福字花卉耳衔环链瓶	高61cm	4,600	中国嘉德	2020-07-15
白玉缠枝莲团寿字花卉耳链瓶	高64.5cm	17,250	中国嘉德	2020-07-15
白玉缠枝莲团寿字花卉耳链瓶（一对）	高61cm	23,000	中国嘉德	2020-07-15
白玉缠枝莲纹链瓶	高54.5cm	32,200	中国嘉德	2020-11-11
白玉镂空如意耳香囊形链瓶（一对）	高43cm（含架）	20,700	中国嘉德	2020-11-11
白玉兽面纹小方瓶（一对）	高9.5cm；高9.2cm	6,900	中国嘉德	2020-11-11
白玉双联瓶	高15cm	4,600	中国嘉德	2020-07-15
碧玉兽耳饕餮纹瓶	23.5cm×15.1cm×8cm 重量1688g	36,960	上海联合	2020-11-29
碧玉兽面纹象耳瓶	高25cm	13,800	中国嘉德	2020-11-11
碧玉云龙纹瓶	高30.5cm	17,250	中国嘉德	2020-07-15
法国Baccarat 水晶酒瓶及酒杯（原盒）（一套）	酒瓶高22cm；宽13cm；底座高5.5cm；宽5.3cm	13,800	华艺国际	2020-10-15
玛瑙雕螭龙纹盖瓶及白玉蝴蝶竹叶纹水丞连匙（共两件）	长：水丞8.5cm；瓶10.6cm	45,550	佳士得	2020-04-21
青白玉兰石图双耳盖瓶	高18cm	13,800	中国嘉德	2020-11-11
青白玉兽面纹象耳衔环瓶	高21.8cm	40,250	中国嘉德	2020-07-15
杨光 喜从天降 白玉瓶	高17.5cm	345,000	西泠印社	2020-08-10
玉兽面双耳瓶	高14cm	27,600	北京翰海	2020-09-12
玉尊				
清乾隆 碧玉天鸡尊	高19cm	735,754	中国嘉德	2020-10-10
清 翠玉仿古天鸡尊及龙纹配件（一组两件）	高11.5cm	12,067	伦敦佳士得	2020-05-21
清 黄玉螭龙耳方尊	高14.3cm	345,000	中贸圣佳	2020-12-07
清 青白玉尊	高7.8cm	17,250	中贸圣佳	2020-12-08
晚清 和田白玉凤头尊	11cm×5.8cm×3.2cm	33,600	乾禧国际	2020-01-20
和田青白玉雕犀牛尊	高13.5cm	7,245,000	东京国立拍卖	2020-01-10
魏玉忠 盘龙玉四羊方尊	高30cm；重6342g	179,200	上海联合	2020-11-29
严红新 磐龙墨玉犀牛尊	20cm×8.5cm×11cm 重1342g	761,600	上海联合	2020-11-29
玉觥、玉罍				
宋至元 玉镂雕仿古螭龙纹觥形杯	高8cm	74,750	西泠印社	2020-08-09
约17世纪 褐玉螭龙纹觥	高14.0cm	114,164	巴黎佳士得	2020-06-23

拍品名称	物品尺寸	成交价RMB	拍卖公司	拍卖日期
清中期 白玉巧色凤形觥	高25cm	460,000	北京保利	2020-10-20
白玉龙凤纹觥	长10.3cm	2,300	中国嘉德	2020-07-15
白玉螭龙团寿字兽耳衔环觥	高14cm	17,250	中国嘉德	2020-11-11
白玉凤首衔环觥	高10.5cm	8,050	中国嘉德	2020-11-11
创汇期 岫玉兽面纹觥	高12.3cm；宽14.5cm；厚5.4cm；连座高16.8cm	11,000	上海呗美	2020-09-10
青白玉龙首衔环觥	高11.3cm	2,300	中国嘉德	2020-07-15
清 青白玉兽面纹方罍	19cm×12cm×12.5cm	137,500	上海呗美	2020-10-20
玉觚				
明 玉雕饕餮纹觚	高21.2cm	55,200	古天一	2020-10-16
清乾隆 白玉褐沁饕餮纹方觚	高22.3cm	452,000	佳士得	2020-07-09
清乾隆 白玉痕都斯坦风格浮雕兽面纹花觚	带座高31cm；高27cm	253,000	西泠印社	2020-08-09
清乾隆 白玉龙纹花觚	高21.5cm	4,025,000	北京保利	2020-12-05
清乾隆 青白玉龙凤呈祥纹觚	高17.4cm	163,941	伦敦苏富比	2020-06-16
清 水晶花觚	长13cm；高19cm	43,700	中贸圣佳	2020-10-16
碧玉花觚（一对）	高3.28cm×2	53,760	上海联合	2020-11-29
玉鼎				
蔡文明 雅安绿逐鹿问鼎摆件	8.6cm×11.5cm×2.4cm 重量248g	39,200	上海联合	2020-11-29
马洪伟 磐龙墨玉兽面三足鼎	直径16cm；高14cm	784,000	上海联合	2020-11-29
玉壶				
东汉 玉兽首衔环壶	高12.7cm	1,200,276	香港苏富比	2020-10-09
宋代 和田善财童子龙形壶	重398g；长16.2cm	850,948	库恩国际	2020-01-08
宋至明 玉雕仿古饕餮纹凤耳壶	高8.4cm	430,353	纽约苏富比	2020-09-22
明 白玉仙鹤壶	重452g	582,228	库恩国际	2020-01-08
明 灰白玉和合二仙方执壶	高19.5cm；宽18cm	510,940	中国嘉德	2020-10-10
清乾隆 和田白玉羊首提梁壶	高21cm	103,500	中鸿信	2020-01-03
清 白玉提梁壶	高55cm	147,200	北京禾谷	2020-09-24
清 白玉菊瓣纹酒壶	通高14cm	313,600	上海呗美	2020-08-22
清 何焯玉壶端砚	13.5cm×10cm×2.8cm	23,000	朵云轩	2020-09-24
清 青白玉双凤纹夔龙耳如意纹提梁壶	壶高23cm	253,000	西泠印社	2020-08-09
清 玉壶摆件	高21.6cm	25,300	北京禾谷	2020-09-24
白玉缠枝莲团寿字链壶、杯（一套五件）	壶高22.5cm；杯高3.8cm	5,750	中国嘉德	2020-07-15
白玉缠枝莲团寿字纹执壶	高22.7cm	13,800	中国嘉德	2020-11-11
白玉缠枝莲纹壶、杯（一套五件）	壶高22.7cm；杯直径4.6cm	20,700	中国嘉德	2020-07-15
碧玉龙首菊瓣壶	高20cm	9,200	中国嘉德	2020-11-11
碧玉羊首提梁壶	高20.5cm	13,800	中国嘉德	2020-07-15
于洪飞 磐龙玉三友壶	14cm×10cm×17cm	89,600	上海联合	2020-11-29
玉罐				
清 白玉雕甪端钮凤耳活环三足罐	11.4cm×11.0cm	149,500	西泠印社	2020-08-09

拍品名称	物品尺寸	成交价RMB	拍卖公司	拍卖日期
清 青玉封侯挂印茶叶罐	高11cm	8,050	中贸圣佳	2020-12-08
蜜蜡镶嵌宝石掐丝多宝罐	高20cm	519,526	库恩国际	2020-01-08
玉 匜				
明 白玉匜形杯	宽13.1cm	78,384	保利香港	2020-12-02
明 青白玉刻龙纹匜	长18cm	2,932,500	北京保利	2020-10-19
清早期 白玉仿古匜	长13.6cm	138,000	北京保利	2020-10-20
清乾隆 白玉雕凤鸟纹匜	18.5cm × 14.3cm	575,000	西泠印社	2020-08-09
清 白玉八宝纹龙首匜	长21.9cm	126,500	上海呗美	2020-07-30
清 青白玉乳钉龙耳匜	长9.8cm	10,350	中国嘉德	2020-11-11
玉 炉				
明 白玉双龙耳簋式炉	高7cm	74,750	北京翰海	2020-12-12
明 青玉簋式炉	宽22.8cm	189,355	纽约苏富比	2020-09-22
明及清 白玉雕仿青铜器回纹兽面足筒式炉各一	直径5.7cm	63,270	佳士得	2020-10-08
18世纪 白玉饕餮纹炉盖	D7.5cm	17,090	香港苏富比	2020-11-26
18世纪 青白玉饕餮纹双龙衔环耳炉	直径16cm	86,960	伦敦佳士得	2020-11-03
18世纪 青玉雕夔龙纹兽耳活环簋式炉	宽15.9cm	86,071	纽约苏富比	2020-09-23
清乾隆 白玉雕蕉叶如意纹圈耳活环香熏	17.3cm × 17.3cm × 11.6cm	2,990,000	西泠印社	2020-08-09
清乾隆 白玉雕盘龙钮乳钉绳纹方鼎式香炉	高18.5cm	86,250	西泠印社	2020-08-09
清乾隆 白玉雕双龙耳兽面纹熏炉	高10.5cm	598,000	十竹斋拍卖（北京）	2020-10-18
清乾隆 白玉灵芝纹双蝠耳炉	长18.2cm	57,500	中鸿信	2020-01-03
清乾隆 白玉盘龙钮饕餮纹香炉	高10.3cm；长17cm	1,265,000	中贸圣佳	2020-10-17
清乾隆 白玉兽面纹龙钮活环三足炉	宽21.5cm	1,150,000	北京保利	2020-12-05
清乾隆 白玉饕餮纹兽面三足朝冠耳炉	长18.5cm	253,000	中鸿信	2020-01-03
清乾隆 白玉西番莲纹双耳炉	直径19.1cm	920,000	北京保利	2020-10-20
清乾隆 白玉翼龙耳炉	长17cm；高9.1cm	299,000	中贸圣佳	2020-10-16
清乾隆 碧玉雕花卉纹盖炉	宽18cm	402,500	北京保利	2020-10-20
清乾隆 碧玉雕兽面纹鼎式炉	高20cm	126,500	保利厦门	2020-09-26
清乾隆 碧玉饕餮纹兽耳衔环龙钮三足炉	高28.5cm	437,000	中鸿信	2020-01-03
清乾隆 黄玉夔龙纹双龙耳炉	长8.5cm	69,000	中鸿信	2020-01-03
清乾隆 黄玉饕餮纹朝冠耳炉	长20.5cm	172,500	中鸿信	2020-01-03
清乾隆 江藤旧藏仿旧玉御题诗文琮式香熏	高28.8cm	126,500	中鸿信	2020-01-03
清乾隆 青白玉雕莲瓣纹双环耳盖炉	宽10cm	251,340	保利香港	2020-12-02
清乾隆 青白玉雕龙钮兽面纹盖炉	12.6cm × 10.5cm	138,000	西泠印社	2020-08-09
清中期 白玉雕兽面纹双龙耳盖炉	宽14.5cm	105,800	华艺国际	2020-10-16
清中期 白玉镂雕灵芝形香熏	长25.1cm	69,000	中鸿信	2020-01-03

拍品名称	物品尺寸	成交价RMB	拍卖公司	拍卖日期
清中期 白玉太狮少狮双耳龙纹三足炉	高14.5；宽16.3cm	460,000	北京保利	2020-10-20
清中期 碧玉雕缠枝莲纹香熏	直径19cm	115,000	保利厦门	2020-09-26
清中期 黄玉凤钮兽耳衔环盖炉	高18cm	172,500	北京翰海	2020-12-12
18/19世纪 青白玉雕饕餮纹兽耳活环狮钮盖炉	宽15.5cm	120,499	纽约苏富比	2020-09-23
18/19世纪 青玉透雕莲纹兽耳活环三足熏炉	宽20cm	172,141	纽约苏富比	2020-09-23
19世纪 青金石雕饕餮纹龙耳活环龙钮三足盖炉	宽21.6cm	68,856	纽约苏富比	2020-09-23
19世纪 青玉雕凤耳活环瑞兽钮三足盖炉	宽20.3cm	1,032,847	纽约苏富比	2020-09-23
19世纪末/20世纪初 翠玉雕花卉纹龙耳活环凤凰牡丹钮三足盖炉	宽19cm	344,282	纽约苏富比	2020-09-23
清 白玉雕鼎式炉	8cm × 7.2cm	46,000	西泠印社	2020-08-09
清 白玉雕太狮少狮钮双龙活环耳三足盖炉	18cm × 11.8cm × 13.8cm	690,000	西泠印社	2020-08-09
清 白玉活环灵芝花卉纹三足炉	高10.5cm	414,000	古天一	2020-10-16
清 白玉锦地开窗瓜果福寿纹长方炉	长7.8cm；宽5.3cm	74,750	西泠印社	2020-08-09
清 白玉龙耳三足香炉	通高9.2cm；口径11cm；宽16.8cm	105,600	上海呗美	2020-07-20
清 白玉三足盖炉	宽15.8cm	137,085	佳士得	2020-10-08
清 白玉兽面纹铺首耳筒式炉	高5cm；直径8.5cm	43,700	西泠印社	2020-08-09
清 白玉兽面纹双龙耳炉	宽28.5cm；腹径20cm；通高20.5cm；连座高29.8cm	30,800	上海呗美	2020-09-10
清 白玉兽衔活环耳螭龙纹盖炉	高11.5cm	253,000	西泠印社	2020-08-09
清 碧玉狮钮环耳香炉	长19.8cm；高18.5cm	230,000	中贸圣佳	2020-10-16
清 琥珀料香炉	直径8cm	6,900	中鸿信	2020-01-03
清 玛瑙巧雕香熏	长8cm	9,200	北京翰海	2020-09-12
清 乾隆年制款鸡油黄料桥耳炉	高6.3cm；通径9.8cm	23,000	西泠印社	2020-08-09
清 青白玉雕兽面纹香熏炉	17.8cm × 12.8cm	80,500	西泠印社	2020-08-09
清 青白玉镂雕西番莲纹香熏炉	高9.3cm	172,500	西泠印社	2020-08-09
清 青金石螭龙纹香炉	直径15cm	11,500	中鸿信	2020-01-03
清 水晶雕兽耳三足炉	高17cm	11,500	北京翰海	2020-09-12
清 水晶双耳炉带盖	高11.5cm	12,650	广东崇正	2020-09-13
清 水晶香炉	高9cm	13,800	北京禾谷	2020-09-24
清 玉雕桥耳三足炉	高9cm	138,000	古天一	2020-10-16
清末 白玉双兽活环耳太狮少狮钮三足盖炉	高15.5cm	114,240	香港苏富比	2020-06-05
晚清 和田白玉菊花炉	直径14cm；高10.5cm	29,400	乾禧国际	2020-01-20
民国 白玉太狮少狮三足炉	宽19.8cm	479,250	佳士得	2020-11-30

拍品名称	物品尺寸	成交价RMB	拍卖公司	拍卖日期
白玉桥耳炉（一对）	直径7.8cm	8,050	中国嘉德	2020-11-11
白玉琴炉（两件）	直径6cm；直径5.4cm	9,200	中国嘉德	2020-07-15
白玉小炉（一对）	直径5.5cm	5,750	中国嘉德	2020-11-11
碧玉缠枝莲纹朝冠耳香熏	高31.5cm	25,300	中国嘉德	2020-11-11
碧玉缠枝莲纹朝冠耳香熏	高37.5cm	20,700	中国嘉德	2020-07-15
碧玉兽面纹螭耳鼎式炉	高18.5cm	9,200	中国嘉德	2020-07-15
和田白玉雕双耳香炉	高5cm	492,660	东京国立拍卖	2020-01-10
罗建明 河磨玉香炉	直径6.45cm；高4cm；重量131.2g	30,240	上海联合	2020-11-29
青白玉兽面狮耳衔环小炉	长7.3cm	11,500	中国嘉德	2020-07-15
玉盒				
汉 玉雕鸭形盖盒	宽10.5cm	204,376	中国嘉德	2020-10-10
明万历 青玉天伦图长方盖盒	长9.8cm	135,600	佳士得	2020-07-09
明 白玉瑞兽胭脂盒	直径5.5cm	230,000	北京保利	2020-10-20
清早期 青白玉雕石榴盖盒	长11.6cm	25,300	北京中汉	2020-12-04
清早期 青白玉浮雕荔枝纹盖盒	带座高5.4cm；高3cm；直径5.2cm	57,500	西泠印社	2020-08-09
18世纪 白玉题诗竹形盖盒	长11.3cm	452,000	佳士得	2020-07-09
18世纪 痕都斯坦式水晶花卉纹盖盒	长6cm	10,970	伦敦佳士得	2020-05-21
18世纪 痕都斯坦式水晶花卉纹盖盒	长7.5cm	5,485	伦敦佳士得	2020-05-21
清乾隆 白玉雕缠枝牡丹纹盖盒	直径9.5cm	115,000	中鸿信	2020-01-03
清中期 白玉福禄万代盖盒	长11cm	17,250	北京翰海	2020-12-12
清中期 白玉菊瓣纹盖盒	直径5.5cm	11,500	北京翰海	2020-12-12
19世纪 青白玉宝鸭盖盒	宽19.5cm	83,794	中国嘉德	2020-10-10
19世纪 青白玉镂雕仕女图香盒	长7cm	87,435	伦敦苏富比	2020-06-16
清 八角玉盒	直径8.5cm	34,500	北京禾谷	2020-09-24
清 白玉安居乐业香盒带座		28,750	广东崇正	2020-09-13
清 白玉雕凤鸟形盖盒	高6cm	69,000	西泠印社	2020-08-09
清 白玉雕荔枝纹海棠形盖盒	高2.5cm；长8.5cm；宽6.5cm	11,500	西泠印社	2020-08-09
清 白玉盖盒	长6.6cm；宽4.4cm；高1.5cm	12,100	上海呗美	2020-06-10
清 白玉痕都斯坦香盒	长4.6cm	46,000	中国嘉德	2020-12-03
清 白玉镂空花卉香盒	通高7.4cm；直径10.7cm	36,300	上海呗美	2020-09-20
清 白玉镂空莲纹香盒	直径6.1cm	55,200	中贸圣佳	2020-12-08
清 白玉嵌人物圆盖盒	直径5.5cm	57,500	上海敬华	2020-09-22
清 白玉诗文香盒	直径5.6cm	25,300	中鸿信	2020-01-03
清 白玉小盒	高3cm	11,200	上海联合	2020-11-29
清 碧玉嵌白玉龙纹捧盒（一对）	直径17.5cm×2	333,500	西泠印社	2020-08-09
清 碧玉素面盖盒	长15.7cm	20,700	北京保利	2020-10-20
清 黄玉竹纹盖盒	直径5cm	11,500	北京翰海	2020-12-12

拍品名称	物品尺寸	成交价RMB	拍卖公司	拍卖日期
清 老红缟玛瑙赏杯配红木老盒（六件）	尺寸不一	13,800	上海嘉禾	2020-01-05
清 青白玉香盒	长5.5cm；宽4.9cm；通高3.8cm；连座高5.4cm	35,200	上海呗美	2020-07-30
清 青白玉云龙纹倭角长方盖盒	长8cm	58,746	香港苏富比	2020-11-26
清 青玉五福拜寿盒	直径5.5cm	11,500	北京禾谷	2020-09-24
清 艺绿庭制款绿料童子牧牛图香盒	高6cm；直径8.5cm	9,200	西泠印社	2020-08-09
清 玉方盒	6cm×6cm	11,500	北京禾谷	2020-09-24
晚清/民初 青金石兔形盖盒（一对）	长10cm×2	79,088	佳士得	2020-10-08
HERMES 水晶杯（原盒）（两对）	高17cm；宽7.5cm	5,750	华艺国际	2020-10-15
法国Baccarat 水晶酒杯（原盒）（一套）	高13.5cm；宽8cm	17,250	华艺国际	2020-10-15
玉持盒人物	高7cm	1,975	香港普艺	2020-07-11
玉雕蝴蝶盖盒	长12cm	11,500	北京翰海	2020-09-12
玉奁				
清乾隆 青白玉奁	高20cm	575,000	北京保利	2020-10-20
清中期 白玉皮球花盖奁	宽16cm	138,000	北京保利	2020-12-05
清 白玉雕八吉祥莲花盖奁	直径18.3cm	287,500	北京保利	2020-10-20
玉盘				
宋代 和田虎啸盘踞摆件	重690g；高13cm	761,375	库恩国际	2020-01-08
明 墨玉盘	直径17.5cm	34,128	台北艺珍	2020-08-16
明 青白玉盘蛇	长3.6cm	19,550	广东崇正	2020-09-13
清乾隆 乾隆款碧玉盘（一对）	直径17.1cm	48,300	中贸圣佳	2020-12-08
清嘉庆 青白玉盘 四字楷书刻款	直径14.9cm	277,965	巴黎佳士得	2020-06-23
清中期 一束莲纹海棠形玉香盘	高1.5cm；长15.5cm；宽9cm	17,250	西泠印社	2020-08-09
清 白玉浮雕荷塘清趣赏盘	19.5cm×14.5cm	34,500	西泠印社	2020-08-09
清 白玉寿桃纹八角盘	直径10.5cm	86,250	古天一	2020-10-16
清 白玉香盘	长12.8cm；宽8.5cm；高2cm	68,200	上海呗美	2020-07-30
清 碧玉雕蝠耳活环盘	31.2cm×18cm	74,750	西泠印社	2020-08-09
清 碧玉方形承盘	长30cm；宽21.3cm	161,000	中贸圣佳	2020-10-16
清 乾隆年制款碧玉盘	直径17.8cm；高3cm	28,600	上海呗美	2020-09-20
清 青白玉雕五福捧寿纹盘	长15.5cm	69,000	西泠印社	2020-08-09
清 青玉浮雕芦雁香盘	19.5cm×13.2cm	55,200	中贸圣佳	2020-12-08
清 玉卧犬及盘蛇（一组两件）	直径5cm，直径4cm	25,133	香港苏富比	2020-06-05
碧玉算盘	长16.9cm	10,350	中国嘉德	2020-11-11
玛瑙葵花式盘	口径18cm	2,622,173	哈布斯堡	2020-08-22
于洪飞 磐龙墨玉重生	13cm×3cm×29cm	1,344,000	上海联合	2020-11-29
于洪飞 磐龙玉秋山幽居图	50cm×18cm×18cm	246,400	上海联合	2020-11-29

拍品名称	物品尺寸	成交价RMB	拍卖公司	拍卖日期
于洪飞 磐龙玉水井	24cm×14cm	98,560	上海联合	2020-11-29
于洪飞 磐龙玉拖拉机	45cm×16cm×17cm	392,000	上海联合	2020-11-29
于洪飞 磐龙玉一路连科	高37cm	179,200	上海联合	2020-11-29
银镶青白玉花卉灵芝纹海棠形盏托	长27cm	23,000	中国嘉德	2020-07-15
清 白玉烟碟	6.5cm×7.4cm	2,844	台北艺珍	2020-08-16
清 玉碟 连银镶红宝石梅花座（苏富比香港2014年11月编号1213）	宽10cm	43,663	香港普艺	2020-07-11
玉碗				
清乾隆 白玉碗（一对）	直径15.4cm；直径15.8cm	195,500	北京保利	2020-10-20
清乾隆 白玉云蝠纹盖碗连碧玉座	直径14.5cm	92,000	中鸿信	2020-01-03
清乾隆 碧玉雕痕都斯坦风格龙纹大碗	直径26cm	4,600	中鸿信	2020-01-03
清乾隆 墨白玉碗	直径14cm	54,600	巴黎佳士得	2020-06-23
清乾隆 青白玉浅碗	直径13.5cm	115,000	北京保利	2020-10-20
清乾隆 青玉碗	直径15.7cm	13,800	中国嘉德	2020-07-15
清中期 白玉高浮雕福寿盖碗	直径14.5cm	126,500	中鸿信	2020-01-03
19世纪 青白玉痕都斯坦式菊办纹盖碗	直径9.8cm	51,408	香港苏富比	2020-06-05
清 白玉八宝玉碗	径12.2cm；高6.3cm	531,378	中国嘉德	2020-10-10
清 白玉镂空莲花寿字纹碗	口径11.3cm；高6cm	33,000	上海呗美	2020-07-20
清 白玉碗	直径13cm	34,128	台北艺珍	2020-08-16
清 碧玉荷鹭纹碗	直径21.7cm	66,700	中贸圣佳	2020-12-08
清 碧玉碗	15.3cm	42,724	香港苏富比	2020-11-26
清 和田青白玉碗	直径10.5cm	57,500	北京禾谷	2020-09-24
清 玛瑙雕凤鸟纹花口碗	高6cm；通径9.7cm	25,300	西泠印社	2020-08-09
清 玛瑙碗	13.7cm×12.2cm	46,000	西泠印社	2020-08-09
清 青白玉三件套盖碗	8cm×8.4cm	20,160	上海联合	2020-11-29
清末至民国 白玉嵌宝痕都斯坦式嘎巴拉碗	宽14.5cm	62,832	香港苏富比	2020-06-05
19/20世纪 青玉雕莲纹盖碗	直径15.5cm	120,499	纽约苏富比	2020-09-23
白玉碗	口径13.8cm	2,447,361	哈布斯堡	2020-08-22
青白玉暗刻诗文碗（一对）	直径9cm×2	32,200	中国嘉德	2020-07-15
玉杯				
西汉 玉雕朱雀纹高足杯	直径11.3cm	19,013,030	香港苏富比	2020-10-09
汉 白玉带青铜沁角杯	20cm×10cm	39,811	富艺香港	2020-04-18
汉 鸡骨白酒杯	9cm×3.5cm	4,714	富艺香港	2020-04-18
宋 黄玉杯	口径7cm	25,300	西泠印社	2020-08-09
宋代 白玉卷草纹双耳杯	高9cm；长14.8cm；宽5.6cm；连座高10.6cm	35,200	上海呗美	2020-09-10
宋代 荷叶螭龙杯	长14.6cm；宽7.6cm；高6.5cm	35,200	上海呗美	2020-09-10
元 白玉高浮雕螭龙杯	高8cm	69,000	西泠印社	2020-08-09
元/明 青玉龙耳杯	宽11.3cm	189,355	纽约苏富比	2020-09-22

拍品名称	物品尺寸	成交价RMB	拍卖公司	拍卖日期
元代 白玉螭龙耳杯	长9.1cm；宽6.8cm；高3.8cm；连座高5.8cm	35,200	上海呗美	2020-09-10
元代 青白玉双螭耳杯	口径8.6cm	101,200	上海呗美	2020-09-10
元至明 白玉浮雕双螭龙荷叶杯	高5.5cm；长11.8cm	17,250	西泠印社	2020-08-09
元至清 白玉、青玉杯（一组十件）	尺寸不一	586,500	西泠印社	2020-08-09
17世纪 玛瑙竹节耳葵花式杯	直径12cm	251,327	香港苏富比	2020-06-05
17世纪 青白玉仿古谷纹双耳杯	12.3cm	21,362	香港苏富比	2020-11-26
明 白玉缠枝花卉纹杯	高3.3cm；长10.5cm；宽8.6cm	35,200	上海呗美	2020-09-10
明 白玉螭龙来通杯	高10.5cm；宽11.7cm；厚4.4cm	159,500	上海呗美	2020-06-10
明 白玉雕螭龙纹双板耳杯	宽14.6cm	78,384	保利香港	2020-12-02
明 白玉谷钉纹爵杯	长9.5cm	80,500	十竹斋拍卖（北京）	2020-10-18
明 白玉花卉荷叶形杯	长12.4cm；宽10cm；高4.1cm	30,800	上海呗美	2020-09-10
明 白玉花卉纹杯	长11.2cm；宽6.2cm；高3.5cm	31,900	上海呗美	2020-09-10
明 白玉灵芝桃形杯	高3.6cm；长10.5cm；宽7.6cm	36,300	上海呗美	2020-09-10
明 白玉寿字花卉双耳杯	高4.5cm	74,750	北京翰海	2020-12-12
明 碧玉细线刻花耳杯	长13.6cm；宽9.8cm	11,500	中贸圣佳	2020-10-16
明 黄玉牛首角杯	高4.8cm	57,120	香港苏富比	2020-06-05
明 火烧玉龙首衔活环耳浮雕穿云龙纹杯	通径14.5cm	17,250	西泠印社	2020-08-09
明 墨白玉杯	直径5.7cm	125,664	香港苏富比	2020-06-05
明 青白玉谷纹单耳杯	高3.4cm；宽9.2cm；口径6.8cm	20,900	上海呗美	2020-09-10
明 青白玉谷纹双耳杯	高3.7cm；宽11.6cm；口径6.9cm	19,800	上海呗美	2020-09-10
明 青白玉镂雕枝叶花卉纹杯	直径11.6cm	54,954	巴黎苏富比	2020-06-18
明 青白玉侍女双耳杯	宽12.9cm	429,190	中国嘉德	2020-10-10
明 青白玉松鼠纹杯	长12.2cm；宽10.4cm；高7.1cm	19,800	上海呗美	2020-09-10
明 青玉夔龙纹高足杯	直径13.7cm	114,240	香港苏富比	2020-06-05
明至清 白玉雕荷叶莲鱼纹杯	长6.6cm；高4.2cm	276,000	中贸圣佳	2020-10-16
明至清 白玉莲瓣体式小杯	口径5.2cm	35,650	西泠印社	2020-08-09
晚明/清初 琥珀雕螭龙纹杯	宽8.4cm	57,998	佳士得	2020-10-08
18世纪 白玉杯连海棠式杯托	宽11.5cm	115,995	佳士得	2020-10-08
18世纪 青白玉痕都斯坦风格花卉纹杯	直径7.8cm	64,528	巴黎佳士得	2020-06-23
清乾隆 白玉蝙蝠纹杯	长10.4cm	132,000	上海呗美	2020-09-10

拍品名称	物品尺寸	成交价RMB	拍卖公司	拍卖日期
清乾隆 白玉鸡缸杯	直径7.6cm	11,006,200	香港苏富比	2020-07-11
清乾隆 痕都斯坦碧玉刻莲花爵杯	长12.2cm	80,500	广东崇正	2020-09-13
清乾隆 黄玉御题《度一切诸佛境界智严经》杯	直径7cm	36,800	中鸿信	2020-01-03
清中期 白玉杯	杯口6.4cm；高3.9cm	20,160	上海联合	2020-11-29
清中期 白玉杯（一对）	直径6.3cm×2	153,282	中国嘉德	2020-10-10
清中期 白玉高足杯	直径11cm	78,200	荣宝斋（南京）	2020-11-28
清中期 玛瑙雕花形杯	口径6.8cm；高3cm	1,864,656	哈布斯堡	2020-08-22
18/19世纪 白玉荷花形杯	高8.6cm	24,134	伦敦佳士得	2020-05-21
19世纪 玛瑙痕都斯坦风格花卉纹叶耳杯	长20cm	317,674	巴黎佳士得	2020-06-23
清 白玉杯（一对）	直径6cm	48,300	中国嘉德	2020-12-03
清 白玉荷花纹杯	长9.8cm；宽7.1cm；高4cm；连座高5.9cm	19,800	上海呗美	2020-09-10
清 白玉荷叶纹杯	长10.8cm；宽7.9cm；高3.8cm；连座高6.8cm	19,800	上海呗美	2020-09-10
清 白玉荷叶形杯连木座	宽8cm	19,752	香港普艺	2020-07-11
清 白玉双耳杯	高2.9cm；长11.3cm；宽6.6cm	19,800	上海呗美	2020-09-10
清 白玉万字纹桃心杯	高2.1cm；长9.4cm；宽7cm	31,900	上海呗美	2020-09-10
清 白玉鱼藻纹杯	长11.9cm；宽7.2cm；高4.7cm	19,800	上海呗美	2020-09-10
清 碧玉竹纹杯	高5cm；宽8cm	8,050	荣宝斋（南京）	2020-11-28
清 和田白玉雕双耳天鸡杯	长8.3cm	29,900	中鸿信	2020-01-03
清 痕都斯坦羊角杯	长18.8cm	100,800	上海呗美	2020-08-22
清 旧玉单耳杯	长5.6cm；口径5.1cm；高2.9cm	19,800	上海呗美	2020-09-10
清 玛瑙双龙耳杯	高5.1cm；宽13.2cm；口径6.4cm	12,100	上海呗美	2020-09-10
清 青白玉雕菊瓣纹花形耳杯	高5.5cm	74,750	西泠印社	2020-08-09
清 青白玉红沁双龙耳杯	带座高9.2cm；高5cm；通径12.5cm	8,050	西泠印社	2020-08-09
清 青白玉猴把杯	直径4cm	183,938	中国嘉德	2020-10-10
清 青白玉兽面纹双耳杯	高4.1cm；宽12.2cm；口径7.4cm	20,900	上海呗美	2020-09-10
清 青玉菊瓣纹双耳杯	高6.5cm；宽12.8cm；口径8.1cm	33,000	上海呗美	2020-09-10
清 玉雕仿古螭龙纹杯	长11.5cm；宽6.5cm；高5cm	23,000	朵云轩	2020-09-24

拍品名称	物品尺寸	成交价RMB	拍卖公司	拍卖日期
50至60年代 捷克moser 手工水晶烈酒杯（一套）		5,750	上海嘉禾	2020-01-05
50至60年代 捷克moser 手工水晶烈酒杯（一套）		5,750	上海嘉禾	2020-01-05
白玉谷纹杯	15cm	710,010	东京国立拍卖	2020-01-10
碧玉爵杯	高21.5cm	702,765	东京国立拍卖	2020-01-10
碧玉饕餮纹爵杯	13.8cm×14.5cm×9.6cm 重量326g	22,400	上海联合	2020-11-29
创汇期 白玉螭龙纹犀角杯	高16.5cm；宽8.5cm；厚5.1cm；连座高17.6cm	13,200	上海呗美	2020-09-10
高毅进 圣思桃杯 白玉摆件	8.8cm×7.1cm	97,750	西泠印社	2020-08-10
银胎大漆寿字杯（一套十只）	直径6.7cm	17,250	中国嘉德	2020-07-17
玉杯（一对）	高10.4cm	28,750	北京禾谷	2020-09-24
李言 云起 糖玉茶盏	6.8cm×6.8cm	3,450	西泠印社	2020-08-10
玉盆、玉钵				
明 青白玉、玉钵	直径7.7cm	5,750	北京禾谷	2020-09-24
清早期 青白玉缠枝纹钵	8.5cm×3.8cm	392,000	上海联合	2020-11-29
清乾隆 菱花形白玉水仙盆	长21cm；宽18cm	368,000	中贸圣佳	2020-10-16
清碧玉竹节纹活环水仙盆（一对）	33.5cm×13.5cm×2	126,500	十竹斋拍卖（北京）	2020-10-18
清 水晶海棠形盆	长14.1cm；高5.2cm	5,750	中贸圣佳	2020-12-08
民国 端石刻山水诗文水仙盆	直径22.5cm	8,050	北京保利	2020-10-20
碧玉云龙纹钵	直径10.7cm	13,800	中国嘉德	2020-11-11
玉花插、花篮				
明 蜜蜡螭凤灵芝葫芦形花插	高13.4cm	460,000	中贸圣佳	2020-10-16
清初 青白玉留皮鲤鱼花插	长10.8cm	20,700	中贸圣佳	2020-12-08
清早期 南红花插	9cm×8.5cm	10,080	上海联合	2020-11-29
18世纪 白玉雕三多花插	高19cm	340,900	纽约佳士得	2020-09-24
18世纪 翠玉荷蛙花插	直径11.8cm	339,000	香港苏富比	2020-07-11
清乾隆 白玉沁色白菜形花插	高16.5cm	920,000	北京保利	2020-12-05
清乾隆 南红玛瑙巧做福寿花插	长25cm	644,000	十竹斋拍卖（北京）	2020-10-18
清乾隆 青白玉雕四季平安提梁花篮	3.3cm×2.3cm	460,000	西泠印社	2020-08-09
清乾隆 青白玉鱼化龙花插	高19cm	322,000	中国嘉德	2020-08-18
清中期 白玉福寿花插	高7cm	23,000	北京翰海	2020-12-12
清中期 宫廷雄晶花插	含座高15.3cm；不含座高12.5cm	48,300	中国嘉德	2020-12-03
清中期 黄玉鱼化龙花插	高12cm	632,700	佳士得	2020-10-08
18/19世纪 红玉髓雕梅桩形花插	长13.4cm	55,946	纽约苏富比	2020-09-23
清 白玉雕福寿纹花插	带座高16cm；高13.5cm	43,700	西泠印社	2020-08-09
清 白玉镂雕花篮佩	长5.8cm	23,000	中国嘉德	2020-12-03

拍品名称	物品尺寸	成交价RMB	拍卖公司	拍卖日期
清 白玉镂空活环花篮佩	长7.9cm；宽5.2cm；厚1cm	14,300	上海呗美	2020-07-20
清 碧玉花插	高16.1cm	20,700	中贸圣佳	2020-12-08
清 福寿灵芝翡翠花插	高16.1cm	126,500	中贸圣佳	2020-12-08
清 青玉灵芝纹花插	高22cm	253,000	西泠印社	2020-08-09
民国 青玉松竹梅花插	长11.5cm	17,250	中国嘉德	2020-08-18
现代 喜鹊登梅玛瑙巧雕花插	高32.5cm(连座)	5,750	中贸圣佳	2020-12-08
玉雕花篮佩	长5cm	17,250	北京翰海	2020-09-12
清 银烧蓝莲花盆景成对连白玉花觚	高25cm	3,450	中鸿信	2020-01-03
玉渣斗				
18世纪 白玉光素渣斗	长8.5cm	395,500	香港苏富比	2020-07-11
清乾隆 白玉痕都斯坦风格花式渣斗	高8.3cm	397,093	巴黎佳士得	2020-06-23
玉香筒				
18世纪 白玉双子宝瓶香插 后配鎏金座	高5.6cm	47,981	香港苏富比	2020-06-05
清 黄玉螭龙小香插	高4.8cm	57,500	中国嘉德	2020-12-03
清 黄玉大象香插	长9cm	23,000	中鸿信	2020-01-03
清 蓝白玛瑙耄耋香插	高9.5cm	20,700	北京禾谷	2020-09-24
清 镂雕亭阁四方玉香筒	高23.5cm	345,000	中贸圣佳	2020-10-16
清 南红玛瑙香插连座	高11.7cm	161,000	中贸圣佳	2020-10-16
清 玉雕松山人物香筒	长18.3cm	56,880	台北艺珍	2020-08-16
白玉悟道香插	10.5cm×3.5cm×3cm 重量57.7g	7,280	上海联合	2020-11-29
碧玉缠枝花卉纹香筒	高27.8cm	6,900	中国嘉德	2020-07-15
碧玉山水人物纹香筒（一对）	高18.7cm	10,350	中国嘉德	2020-07-15
玉 镜				
清 白玉龙钩镜（一组两件）	长22cm；长24cm	74,750	西泠印社	2020-08-09
清 和田白玉多宝镜	长27.8cm	138,000	中贸圣佳	2020-10-16
其他生活用品				
清 白玉牙签筒	高10.3cm	55,295	保利香港	2020-12-02
清 茶器（一套）	左高9.8cm；右高9.5cm	2,133	保利香港	2020-07-09
30年代 法国莱俪水晶酒具套组	尺寸不一	13,800	上海嘉禾	2020-01-05
法国古董级 手工切割 水晶醒酒器	高22cm	3,450	上海嘉禾	2020-01-05
绘金水晶酒具（一套）	酒瓶高18cm；宽9cm；酒杯高6.5cm；宽3.5cm；托盘宽20cm	5,175	华艺国际	2020-10-15
蚀刻水晶酒具（一套）	酒瓶高34.5cm；宽13cm；酒杯高19cm；宽9cm	10,350	华艺国际	2020-10-15
蚀刻水晶酒具（一套）	酒瓶高22.5cm；宽12cm；酒杯高7.3cm；宽8cm	10,350	华艺国际	2020-10-15
新石器 玉锥	高7.8cm	2,622,173	哈布斯堡	2020-08-22

拍品名称	物品尺寸	成交价RMB	拍卖公司	拍卖日期
英国古董级 手工切割 水晶醒酒器	高24cm	4,600	上海嘉禾	2020-01-05
18世纪 白玉仿古编钟摆件	高18.2cm	168,765	巴黎佳士得	2020-06-23
清 白玉沁色龙纹觿	长4.4cm	25,300	中国嘉德	2020-12-03
清 白玉灵猴钟形牌	高4.8cm	106,810	香港苏富比	2020-11-26
清 白玉双龙首编钟	长4.9cm；宽3.6cm；高8.2cm；重量119g	57,500	江苏汇中	2020-12-10
清 青白玉雕钟馗骑驴摆件	高13.2cm	63,872	纽约佳士得	2020-09-25
于洪飞 磐龙玉编钟	90cm×20cm×80cm	280,000	上海联合	2020-11-29
玉雕钟鼎佩	高5cm	10,350	北京翰海	2020-09-12
玉雕钟形佩	长5cm	5,750	北京翰海	2020-09-12
明 白玉莲花纹佛供	高8.3cm	46,200	上海呗美	2020-06-10

文房用品

拍品名称	物品尺寸	成交价RMB	拍卖公司	拍卖日期
玉笔				
清乾隆 白玉镶碧玉痕都斯坦风格毛笔	长23cm	23,000	十竹斋拍卖（北京）	2020-10-18
清 白玉龙纹笔	长16.5cm	172,500	中贸圣佳	2020-12-08
清 白玉毛笔（三支）	尺寸不一	46,000	十竹斋拍卖（北京）	2020-10-18
清 白玉素笔杆毛笔	长23.5cm	25,300	中国嘉德	2020-12-03
玉笔筒				
碧玉云龙纹笔筒	高17cm	11,500	中国嘉德	2020-11-11
明 黄玉松鹤延年笔筒	高17.3cm；宽9.4cm；厚9.4cm	55,000	上海呗美	2020-09-20
清乾隆 白玉烤色梅桩纹小笔筒	高8.2cm	391,000	中贸圣佳	2020-12-08
清乾隆 白玉人物故事笔筒	高10.2cm	138,000	十竹斋拍卖（北京）	2020-10-18
清乾隆 碧玉雕胡人献宝图笔筒	高19.4cm	3,236,175	纽约佳士得	2020-09-25
清乾隆 碧玉竹亭观瀑御题诗小笔筒	高10.9cm	345,000	中国嘉德	2020-12-03
清乾隆 御制碧玉仙山人物巨型笔海	直径24cm	149,500	中鸿信	2020-01-03
清中期 白玉雕留皮梅花纹笔筒	高8cm	69,000	保利厦门	2020-09-26
清中期 白玉竹节形笔筒	高10.6cm	115,000	北京保利	2020-12-05
清白玉红沁浮雕松鹤延年纹笔筒	带座高10.5cm；高9.3cm；长5cm；宽3.2cm	40,250	西泠印社	2020-08-09
清 白玉诗词笔筒	12cm×5.5cm	11,524	富艺香港	2020-04-18
清 白玉题诗笔筒	高8.8cm	426,600	台北艺珍	2020-08-16
清 碧玉山水人物图笔筒	高23cm	282,620	伦敦佳士得	2020-11-03
清 青白玉岁寒三友树桩式笔筒	高10cm	64,086	香港苏富比	2020-11-26
清 玉雕达摩一苇渡江笔筒	高9cm；口径5cm；连座10.5cm	40,250	朵云轩	2020-09-24
白玉雕梅兰竹菊倭角笔筒	高23cm	4,250,400	美国摩根	2020-01-14
盖盒、摆件、花瓶、笔筒	长14cm；宽20cm；长20cm；宽8cm；长15cm；宽7cm；长15.5cm；宽14cm	3,450	广东小雅斋	2020-06-17
玉笔架				
明 青白玉笔架山	长15cm	105,800	中国嘉德	2020-08-18

拍品名称	物品尺寸	成交价RMB	拍卖公司	拍卖日期
明 玉雕鸳鸯衔莲笔架	长11.5cm	20,700	西泠印社	2020-08-09
清早期 白玉雕苍龙教子纹笔架	长17cm	55,200	西泠印社	2020-08-09
清中期 白玉鹿衔灵芝笔架	长12cm	23,000	北京翰海	2020-12-12
清中期 白玉犬笔架	7.2cm×2.5cm×1.2cm	11,200	上海联合	2020-11-29
清中期至民国 清中期各色釉笔架三件及民国山形笔架（一件）	长112.5cm；长27.3cm；长38.4cm；长415.8cm	24,150	中贸圣佳	2020-12-08
18/19世纪 青玉鳌鱼乘浪笔架	长8.8cm	39,709	巴黎佳士得	2020-06-23
清 白玉持荷童子五峰笔架	长14cm	34,500	北京翰海	2020-12-12
清 白玉巧雕百鸟朝凤笔架	长16cm	126,500	十竹斋拍卖（北京）	2020-10-18
清 白玉松鹿人物笔架	9cm×5cm×3.5cm	28,000	上海联合	2020-11-29
清 白玉卧马笔架	长8cm	34,500	广东崇正	2020-09-13
清 青白玉留皮和合二仙笔架	长13.6cm	89,700	中贸圣佳	2020-12-08
清 玉沁色喜鹊衔梅笔架	长9.4cm	34,500	中国嘉德	2020-12-03
老紫檀文具盒带同仁堂玉镇纸笔架（四件）	尺寸不一	3,450	上海嘉禾	2020-01-05
青白玉笔架	高11.5cm；重量939.5g	808,500	哈布斯堡	2020-06-26
明 玉笔山（一组两件）	长18.5cm；长29cm	13,800	中贸圣佳	2020-12-08
明或更早 碧玉笔山	长10.8cm	71,532	中国嘉德	2020-10-10
清 灰白玉笔山	高9cm	153,282	中国嘉德	2020-10-10
清 青白玉笔山	长8.3cm	32,200	中国嘉德	2020-12-03
罗建明 白玉江山多娇笔山	长14.7cm	56,000	上海联合	2020-11-29
玉印盒				
明 白玉梅花纹方印盒	6.3cm×6.8cm	97,750	中国嘉德	2020-12-03
清中期 痕都斯坦玉印盒	7.9cm×3.1cm	91,840	上海联合	2020-11-29
清 陆子冈制款白玉浮雕花卉纹印盒	高2.5cm；直径5.5cm	20,700	西泠印社	2020-08-09
清 子冈款白玉浮雕海屋添筹纹印盒	8.5cm×8.5cm	34,500	西泠印社	2020-08-09
白玉嵌百宝花卉纹印盒	直径5.6cm	10,350	中国嘉德	2020-07-15
玉墨床				
清中期 白玉山水人物墨床	长10cm	11,500	北京翰海	2020-12-12
清 白玉仿古夔龙墨床	5.6cm	23,498	香港苏富比	2020-11-26
清 白玉菊花墨床	长14cm	11,500	十竹斋拍卖（北京）	2020-10-18
清 白玉兰石图墨床	长8.4cm；宽4.2cm	18,400	中贸圣佳	2020-12-08
清 白玉小觚、白玉墨床连座	高11.4cm(连座)；长9.2cm	17,250	中贸圣佳	2020-12-08
清 红木嵌白玉镂雕螭龙花卉纹书卷式墨床	长9.8cm	34,500	西泠印社	2020-08-09
黑白玉巧雕春水墨床	长8.3cm	4,600	中国嘉德	2020-07-15
玉水丞				
清 白玉雕玉兰花水丞	高8cm；宽10.5cm	34,500	朵云轩	2020-09-24
明 灰玉象形水盂	长3.2cm	347,439	中国嘉德	2020-10-10
18世纪 青白玉灵芝形水盂	长7cm	12,398	伦敦佳士得	2020-02-13
清中期 白玉天鸡水盂	长5.5cm	17,250	北京保利	2020-10-20
19世纪 青白玉福寿双全水盂	长10.7cm	21,887	伦敦苏富比	2020-06-15
清乾隆-清晚期 各色釉水盂及砚滴（一组四件）	高14.4cm；高25.2cm；高37cm；高42.8cm	46,000	中贸圣佳	2020-12-08
清 白玉鼓形水盂	口径3.5cm	46,000	西泠印社	2020-08-09
清 白玉烤皮童子水盂	直径6cm	89,700	中贸圣佳	2020-12-08
清 白玉巧雕一品清廉水盂	高1.7cm；长6.5cm；宽6cm	11,500	西泠印社	2020-08-09
清 白玉水盂	宽5cm	17,064	台北艺珍	2020-08-16
清 翡翠镂雕花鸟水盂（配鹅形小匙）（一对）	高3.8cm	28,750	中贸圣佳	2020-12-08
清 青白玉高浮雕花卉纹水盂	长8.7cm	46,000	西泠印社	2020-08-09
清 青白玉巧色喜上眉梢水盂	长12.7cm	58,746	香港苏富比	2020-11-26
白玉云龙纹水盂	宽13.6cm；高6.8cm	2,796,984	哈布斯堡	2020-08-22
紫晶水盂	高13.1cm	1,009,470	美国摩根	2020-01-14
清乾隆 白玉宝鸭衔花水丞	长12.5cm	287,500	十竹斋拍卖（北京）	2020-10-18
清中期 白玉螭龙纹梅花水丞	长11cm	17,250	北京翰海	2020-12-12
清中期 白玉鹅衔枝水丞	长8.7cm	11,500	北京翰海	2020-12-12
清中期 白玉三多水丞	长9cm	17,250	北京翰海	2020-12-12
清晚期 王东石制玉成窑马蹄形水丞	直径7.8cm	28,750	北京保利	2020-10-19
清 白玉雕鸠形水丞	高7cm	57,500	十竹斋拍卖（北京）	2020-10-18
玉砚滴				
清 白玉葫芦砚滴	长9.4cm；宽3.6cm；高1.9cm	5,500	上海呗美	2020-06-10
18/19世纪 青白玉麒麟纹水滴	长11.5cm	18,034	伦敦佳士得	2020-02-13
玉笔洗				
明 白玉带座荷叶洗	长9cm	40,250	西泠印社	2020-08-09
明 白玉火焰纹板沿洗	长17.5cm	36,800	中鸿信	2020-01-03
明 成化年制款白玉双螭龙耳洗	高5.3cm；长15.5cm	43,700	西泠印社	2020-08-08
明 火烧玉雕五龙戏海大水洗	高10cm；口径5cm	92,000	西泠印社	2020-08-09
明 青玉镂雕花形洗	长20.3cm	154,927	纽约苏富比	2020-09-23
明 玉雕三思洗	13cm×8.8cm	138,000	北京诚轩	2020-08-17
明 圆形玉洗	高4.8cm；直径26cm	23,000	西泠印社	2020-08-09
清早期 孔雀石随形灵芝纹洗	高6.8cm	59,800	中贸圣佳	2020-12-08
清雍正 白玉题诗海棠式洗	长9.3cm	397,093	巴黎佳士得	2020-06-23
17/18世纪 青白玉如意洗	高21.4cm	101,441	伦敦佳士得	2020-02-13
17/18世纪 青玉桃形洗	长10.5cm	76,506	伦敦苏富比	2020-06-16
18世纪 白玉螭龙洗	宽11.5cm	510,940	中国嘉德	2020-10-10
18世纪 青白玉题诗樵图斗式洗	高7.2cm	57,120	香港苏富比	2020-06-05
18世纪 青玉带皮蜻蜓莲花式荷叶洗	长14.7cm	59,564	巴黎佳士得	2020-06-23
清乾隆 白玉缠枝莲纹双鱼三足洗	直径17.7cm；高6.5cm	3,220,000	中贸圣佳	2020-10-17

拍品名称	物品尺寸	成交价RMB	拍卖公司	拍卖日期
清乾隆 白玉雕螭龙穿花蜻蜓耳活环水洗	长24cm	322,000	十竹斋拍卖（北京）	2020-10-18
清乾隆 白玉痕都斯坦式菊花活环耳瓜棱式洗	长13.8cm	345,000	中鸿信	2020-01-03
清乾隆白玉留皮福寿纹洗（一对）	9.6cm×7cm×2	2,645,000	中贸圣佳	2020-10-17
清乾隆 白玉兽耳含环双鱼洗	长19.8cm	333,500	中贸圣佳	2020-12-08
清乾隆 碧玉雕八吉祥纹蝶耳洗	宽31.1cm	681,300	纽约佳士得	2020-09-25
清乾隆 黄玉雕缠枝莲纹海螺洗	长13cm	782,000	永乐拍卖	2020-12-02
清乾隆 黄玉雕灵芝形洗	宽9cm	473,388	纽约苏富比	2020-09-22
清乾隆 青白玉八宝纹四足洗	直径15cm	287,500	中贸圣佳	2020-12-08
清乾隆 青白玉寿桃洗“乾隆年制”四字刻款	长8.4cm	39,709	巴黎佳士得	2020-06-23
清乾隆 青白玉童子戏水洗	长12.0cm	466,584	巴黎佳士得	2020-06-23
清乾隆 青玉云龙大洗	长40cm	1,058,000	北京保利	2020-12-05
清中期 白玉福寿洗	长13cm	34,500	中国嘉德	2020-11-09
清中期 白玉荷叶式水洗	长24cm	685,440	罗芙奥	2020-07-18
清中期 白玉镂雕牧童引路图笔洗	宽10.3cm	80,500	华艺国际	2020-10-16
清中期 白玉梅花洗	长6.7cm	57,500	中国嘉德	2020-08-18
清中期 青白玉菱花口洗	宽12cm	63,357	中国嘉德	2020-10-10
清中期 玉雕痕都斯坦风格花卉活环耳菊瓣纹洗	直径22cm	57,500	西泠印社	2020-08-09
18/19世纪 白玉雕方胜形笔洗	长17.5cm	357,683	纽约佳士得	2020-09-25
18/19世纪 青白玉雕鱼藻莲塘图洗	直径20.1cm	258,212	纽约苏富比	2020-09-23
18/19世纪 青白玉蝴蝶活环耳洗	长15.9cm	170,325	纽约佳士得	2020-09-25
19世纪 青白玉螭龙灵芝洗	6.8cm	23,498	香港苏富比	2020-11-26
19世纪 青玉螭龙纹小洗	宽5cm	8,744	伦敦苏富比	2020-06-16
19世纪 青玉仙鹤灵芝洗	宽16.2cm	38,395	伦敦佳士得	2020-05-21
19世纪 玉髓玛瑙海棠花纹洗	宽10.8cm	14,653	伦敦佳士得	2020-02-13
清晚期 白玉蛙莲纹洗	宽7.8cm	40,214	保利香港	2020-12-02
清 白玉带皮水洗	7cm×12cm	6,810	富艺香港	2020-04-18
清 白玉雕莲塘清趣水洗	高6.5cm；长13cm	20,700	西泠印社	2020-08-08
清 白玉浮雕岁寒四友纹双胜洗	长14cm	74,750	西泠印社	2020-08-08
清 白玉福寿桃形洗	长13.6；宽10.3cm；高5.1cm	57,200	上海呗美	2020-07-30
清 白玉荷塘清趣笔洗	长16.3cm	178,250	北京保利	2020-10-20
清 白玉莲鱼纹洗	宽9.2cm	85,456	保利香港	2020-12-02
清 白玉年年有余水洗	口径15cm	672,000	上海呗美	2020-08-22
清 白玉双鱼水洗	直径10.5cm	71,300	十竹斋拍卖（北京）	2020-10-18
清 白玉桃喜水洗喜上眉梢	11cm×7cm	24,149	富艺香港	2020-06-06
清 碧玉雕云龙纹大水洗	长18cm	46,000	西泠印社	2020-08-09
清 碧玉福寿花口洗	直径18.5cm	92,000	中国嘉德	2020-12-03
清 碧玉痕都斯坦菊瓣洗	长17.8cm	46,000	十竹斋拍卖（北京）	2020-10-18
清 黄玉兽面纹小洗	8.8cm×5.8cm×2cm	24,150	十竹斋拍卖（北京）	2020-10-18

拍品名称	物品尺寸	成交价RMB	拍卖公司	拍卖日期
清 青白玉雕海棠形水洗	高4cm；长15.4cm；宽12.3cm	13,800	西泠印社	2020-08-09
清 青白玉灵猴献桃纹洗	直径14.6cm	59,785	伦敦佳士得	2020-11-03
清 青白玉龙纹洗	16cm	45,085	伦敦佳士得	2020-02-13
清 青白玉镂雕花式洗	直径13.1cm	69,941	巴黎苏富比	2020-06-18
清 青白玉素面洗	23.3cm×23.3cm	74,750	西泠印社	2020-08-09
清 青玉雕痕都斯坦风格嵌宝菊瓣纹水洗	高5.3cm；通径19cm；口径12.5cm	51,750	西泠印社	2020-08-09
清 青玉秋葵洗	7.5cm	16,022	香港苏富比	2020-11-26
清 玉笔洗	宽7cm	27,255	台北艺珍	2020-08-16
清 玉雕荷叶形洗	长18.5cm	32,200	北京翰海	2020-12-12
清 玉鹅笔洗	宽10cm	28,440	台北艺珍	2020-08-16
清 玉沁色海棠洗	长10cm	34,500	中国嘉德	2020-12-03
晚清 青玉莲塘纹洗	长 16.4cm	32,830	伦敦苏富比	2020-06-15
清末/20世纪初 翠玉雕荷叶形洗	长18.5cm	72,441	纽约佳士得	2020-09-24
高毅进 福寿双喜 白玉大桃洗	21.5cm×19.3cm	3,243,000	西泠印社	2020-08-10
黄玉棠形洗	宽6.5cm；长15cm	1,631,574	哈布斯堡	2020-08-22
青白玉双螭耳洗	长22cm；高8.5cm	3,612,771	哈布斯堡	2020-08-22
玉笔舔				
清中期 白玉雕螭龙荷叶形笔舔	长11.5cm	69,000	华艺国际	2020-10-16
清中期 白玉荷塘清趣笔舔	长16cm	25,300	十竹斋拍卖（北京）	2020-10-18
清 白玉荷塘清趣笔舔	长8.2cm	17,250	西泠印社	2020-08-09
清 白玉年年有余笔舔	长11.1cm；宽6.7cm；高1.3cm	7,700	上海呗美	2020-07-20
清 白玉叶形笔舔	长11.7cm	28,750	西泠印社	2020-08-09
清 黑白玉俏色桃形笔舔	长3.7cm	20,700	中贸圣佳	2020-12-08
民国 青白玉一叶合欢笔舔	长9.2cm	6,900	中国嘉德	2020-07-15
玉纸镇				
汉 阴刻螭龙纹玉纸镇	长18.5cm；宽3cm	40,250	西泠印社	2020-08-09
元代 玉瑞兽镇	长6cm	51,750	古天一	2020-10-16
明 白玉瑞狮镇纸	长7.7cm	40,250	中贸圣佳	2020-12-08
明 青玉瑞兽镇纸	长8cm	115,000	中贸圣佳	2020-12-08
明末清初 玉雕蟾蜍衔石榴镇	6.5cm×4.8cm	21,850	北京诚轩	2020-08-17
清早期 青白玉雕螭龙钮荔枝纹纸镇	长20.2cm	103,500	北京保利	2020-12-05
清早期 青白玉雕瑞兽镇	7.4cm×4.6cm	34,500	北京诚轩	2020-08-17
清早期 青玉雕宝鸭衔莲镇	7.7cm×3.9cm×2.9cm	25,300	北京诚轩	2020-08-17
清乾隆 白玉带皮刻御题诗叶形镇	长15cm	103,500	北京保利	2020-10-20
清乾隆 白玉御题诗文纸镇	长9.8cm	115,000	北京翰海	2020-12-12
清乾隆 青白玉雕福禄绵延镇	7.3cm×5.9cm×2.7cm	23,000	北京诚轩	2020-08-17
清中期 白玉浮雕龙凤呈祥纸镇	长9.3cm；宽3.4cm	86,250	西泠印社	2020-08-09
清中期 白玉高浮雕菊石图镇纸	长14cm	115,000	西泠印社	2020-08-09
清中期 白玉花卉纸镇（二件）	长15.5cm	36,800	北京翰海	2020-12-12
清中期 白玉留皮荷塘清趣纸镇	长9cm	69,000	北京翰海	2020-12-12
清中期 玉留皮松鼠荔枝纸镇	长8.1cm	28,750	中国嘉德	2020-08-18

拍品名称	物品尺寸	成交价RMB	拍卖公司	拍卖日期
清 白玉松下高士镇纸	9.5cm	44,860	香港苏富比	2020-11-26
清 白玉喜鹊蹬梅纸镇	长8cm	32,200	十竹斋拍卖（北京）	2020-10-18
清 白玉竹形镇纸（一对）	14cm×4cm×1.3cm	24,640	上海联合	2020-11-29
清 青白玉双螭龙镇纸	长11.5cm；宽2cm	3,450	西泠印社	2020-08-08
清 太狮少狮形镇	高7.5cm	48,300	中贸圣佳	2020-12-08
清 玉留皮琴棋书画纸镇	长7.1cm	40,250	中国嘉德	2020-08-18
白玉瑞兽纹斗笠形纸镇	长6.1cm	3,450	中国嘉德	2020-07-15
和田玉镇纸	长25cm；宽3.5cm；高2cm	51,750	广东小雅斋	2020-06-17
玉龙凤镇	宽8cm	1,144	香港普艺	2020-07-11
玉砚台				
明 提油卷云纹玉砚	长9.2cm；宽6.2cm	17,250	中贸圣佳	2020-12-08
明 玉夔龙纹砚	长15.9cm	69,491	巴黎佳士得	2020-06-23
清乾隆 白玉仿古圆砚	直径16.3cm	23,000	中鸿信	2020-01-03
清 白玉诗文砚台	10.4cm×6.1cm	63,250	中国嘉德	2020-12-03
清 白玉小砚	长3.2cm；宽2.4cm；高0.9cm	45,985	中国嘉德	2020-10-10
清 白玉小砚配沉香木盖	长8.5cm	57,500	上海嘉禾	2020-01-05
清 青白玉“荷塘清趣”砚台	宽10.4cm	42,669	中国嘉德	2020-07-13
清 青白玉雕灵芝纹砚	高17cm	57,500	中鸿信	2020-01-03
玉玺				
清康熙 御制“稽古右文之章”玉玺	宽5cm	2,070,000	永乐拍卖	2020-12-02
清乾隆 乾隆帝御宝花青玉交龙钮玺	6.5cm×6.4cm×6.4cm	16,430,200	香港苏富比	2020-07-11
清乾隆 御制碧玉“三希堂”葫芦形宝玺	长8.7cm	98,900,000	华艺国际	2020-10-16
清嘉庆 嘉庆帝御宝镂雕龙钮碧玉玺	宽7cm	3,273,480	香港苏富比	2020-10-09
清嘉庆 御制“绿荫轩”黄玉玺	长3.5cm	1,840,000	永乐拍卖	2020-12-02
清光绪 碧玺瑞兽钮方印“天地一家春”	高5.6cm	45,962	伦敦苏富比	2020-06-15
清 和田瑞兽玉玺		64,493	库恩国际	2020-01-08
民国 青玉龙凤钮红皮大玺	长6.8cm；宽5.5cm；高6.3cm；重量615g	46,000	江苏汇中	2020-12-10
玉印章				
春秋 白玉印	宽2.4cm	40,875	中国嘉德	2020-10-10
战国 青玉龟钮玉印	宽1.8cm	163,501	中国嘉德	2020-10-10
战国 玉印	高1.7cm	30,656	中国嘉德	2020-10-10
汉 白玉瓦钮勾云纹印、辟邪钮印（各一件）	宽2.3cm	42,669	中国嘉德	2020-07-13
六朝 墨玉龟钮方印	高3cm	60,014	香港苏富比	2020-10-09
宋/明 沁色兽钮玉印	高4.2cm	61,313	中国嘉德	2020-10-10
元 白玉瑞兽钮巴思八文印章	长4.3cm	46,000	中鸿信	2020-01-03

拍品名称	物品尺寸	成交价RMB	拍卖公司	拍卖日期
明以前 白玉龟钮印章	2.3cm×1.9cm	17,250	广东崇正	2020-09-13
明 白玉沁色虎钮押	长3.8cm	506,000	中国嘉德	2020-12-03
明 白玉山水人物纹印池	宽5cm	1,610,000	北京保利	2020-10-19
明 古兽钮玉印	3.1cm×3cm×3.4cm	69,000	西泠印社	2020-08-09
明 旧玉老虎钮印章	直径8.7cm；高8.2cm	14,300	上海呗美	2020-07-20
明 青白玉螭龙钮印	高2.3cm	66,000	上海呗美	2020-07-20
明 青褐玉瑞兽钮方印	宽6.2cm	54,350	伦敦佳士得	2020-11-03
明 玉雕龙钮方印	4.5cm×4.3cm×5.3cm	1,840,000	北京保利	2020-10-19
明 玉龟钮印	高2cm；1.8cm×1.8cm	46,000	古天一	2020-10-16
18世纪 青白玉螭龙钮印	3.1cm×3.1cm	58,575	佳士得	2020-11-30
清乾隆 白玉留皮螭钮章	高3.3cm	48,300	中国嘉德	2020-08-18
清中期 白玉洒金兽钮印章	高5.3cm	11,500	北京翰海	2020-12-12
清道光 青白玉瓦钮印章（一对）	6.2cm×6.2cm×6cm×2	1,322,500	华艺国际	2020-12-05
18/19世纪 卧兽钮青玉方印	高3.9cm	12,022	伦敦苏富比	2020-06-16
清光绪三年碧玉雕龙钮方印	长10.1cm	153,405	纽约佳士得	2020-09-24
清 白玉雕兽钮印	1cm×1cm×1.5cm	184,000	古天一	2020-10-16
清 白玉留皮螭龙钮印	4.2cm×3cm×2.6cm	63,250	中贸圣佳	2020-10-16
清 白玉山水纹钮印	2.2cm×1.5cm×3.8cm	201,250	北京保利	2020-10-20
清 白玉狮纽相连印章	宽4cm	8,525	香港普艺	2020-07-11
清 白玉蛙钮印	高2cm；2.5cm×2.5cm	46,000	古天一	2020-10-16
清 白玉印	高1.5cm；1.8cm×1.8cm	36,800	古天一	2020-10-16
清 翠玉狮钮方章（一对）	2cm×2cm×2cm	20,700	北京保利	2020-10-20
清 翡翠、白玉印（一组三枚）	2.1cm×2.1cm；高2.5cm；高1.3cm	25,300	古天一	2020-10-16
清 古兽钮玉印（三方）	尺寸不一	28,750	西泠印社	2020-08-09
清 古兽钮玉印（十方）	尺寸不一	40,250	西泠印社	2020-08-09
清 古兽钮玉印（十方）	尺寸不一	36,800	西泠印社	2020-08-09
清 古兽钮玉印（五方）	尺寸不一	48,300	西泠印社	2020-08-09
清 龟钮等玉印（四方）	尺寸不一	46,000	西泠印社	2020-08-09
清 和田白玉印等（七方）	尺寸不一	92,000	西泠印社	2020-08-09
清 黄玉六面印	尺寸不一	78,200	中贸圣佳	2020-10-16
清 勤政殿虎钮玉印	高3.2cm；长3.2cm；宽2.3cm	28,750	西泠印社	2020-08-09
清 青白玉雕熏炉及清 玉印章	直径12.6cm；高6.6cm	15,987	巴黎苏富比	2020-06-18
清 青白玉兽钮、随形印章（一组四方）	尺寸不一	23,000	北京保利	2020-10-20
清 瓦钮玉印	2.5cm×2.4cm×1.7cm	33,600	上海联合	2020-11-29
清 玉勾连纹覆斗印	2.2cm×2.2cm×1.6cm	494,500	古天一	2020-10-16
清 玉留皮兽钮章	高2.9cm	34,500	中国嘉德	2020-08-18
清 玉印	3.5cm×3.5cm	20,700	古天一	2020-10-16
清 玉印章（一组六件）	尺寸不一	36,800	中贸圣佳	2020-10-16
清 玉印章（一组六件）	尺寸不一	28,750	中贸圣佳	2020-10-16
清 玉印章（一组六件）	尺寸不一	25,300	中贸圣佳	2020-10-16
清 玉印章（一组六件）	尺寸不一	20,700	中贸圣佳	2020-10-16

拍品名称	物品尺寸	成交价RMB	拍卖公司	拍卖日期
清 玉章	高3cm	27,600	北京翰海	2020-09-12
清或以前 青玉、白玉印章（一组三枚）	尺寸不一	10,350	广东崇正	2020-09-13
民国 寿山田黄薄意雕印章料寿山	高7cm	8,050	北京禾谷	2020-09-24
白玉貔貅印章		28,000	上海联合	2020-11-29
白玉羊钮印材	高7.5cm	5,750	中国嘉德	2020-07-15
崔磊 富甲天下 白玉印	7.5cm × 5.9cm	437,000	西泠印社	2020-08-10
高古玉祥鹿钮印章（一对）	2.1cm × 2.4cm × 6.1cm 重量71.6g	660,000	北京贞观	2020-11-28
韩东时 白玉澄怀观道瓦当钮章	3.05cm × 4cm × 1.55cm	190,400	上海联合	2020-11-29
李剑 桃源幽趣 黄玉印章	8.5cm × 2.6cm	25,300	西泠印社	2020-08-10
青玉瑞兽印章	5.1cm × 3.65cm × 3.65cm 重量168.6g	14,560	上海联合	2020-11-29
青玉太师少师方印章	高13.6cm	112,298	东京国立拍卖	2020-01-10
瞿利军 古木幽亭 白玉印	7.6cm × 5.6cm × 3.0cm	517,500	西泠印社	2020-08-10
瞿利军 林亭山居 白玉印	6.3cm × 5.5cm	322,000	西泠印社	2020-08-10
印石、摆件（一批）	7.6cm × 5.6cm × 3.0cm	3,450	广东小雅斋	2020-06-17
玉龟钮印（一组共三十枚）	最宽3.2cm	189,810	佳士得	2020-10-08
玉石印（十方）	尺寸不一	11,500	中国嘉德	2020-11-11
赵莲刻 "温其如玉" 竹根印	3.1cm × 2.2cm × 5.1cm	66,700	中国嘉德	2020-08-17
玉臂搁				
清中期 白玉松鹿诗文臂搁	长12cm	69,000	北京翰海	2020-12-12
清白玉臂搁、水函（一套两件）	长7cm；长8.2cm	14,950	北京保利	2020-10-20
玉砚屏				
清 白玉雕人物故事砚屏	高27cm	115,000	十竹斋拍卖（北京）	2020-10-18
清 白玉砚屏	25cm × 20cm	511,920	台北艺珍	2020-08-16
清 青白玉雕崔白款描金人物砚屏	12.7cm × 10.9cm	97,750	西泠印社	2020-08-09
其他玉文房用品				
青白玉、寿山石文房五件	尺寸不一	32,200	中国嘉德	2020-07-15
玉制文房四宝		650,000	国枰拍卖	2020-05-17
葬玉				
西周 玉猪	高2.1cm；宽3.8cm	224,814	中国嘉德	2020-10-10
东周春秋时期 袖珍圆雕云纹玉猪	长3.7cm	163,674	香港苏富比	2020-10-09
战国 青玉猪	高1.5cm；长3cm	2,350,324	中国嘉德	2020-10-10
东汉 青白玉八刀蝉	长7cm	76,381	香港苏富比	2020-10-09
汉 白玉蝉	6.3cm × 2.9cm	149,500	西泠印社	2020-08-09
汉 白玉蝉	高6cm	76,641	中国嘉德	2020-10-10
汉 白玉蝉	高6.6cm	32,700	中国嘉德	2020-10-10
汉 白玉蝉和玉塞（各一件）	高6.5cm	66,422	中国嘉德	2020-10-10
玉握猪	宽12cm	3,639	香港普艺	2020-07-11
原石				
当代 和田白玉原皮大籽料	长42cm；宽30cm；重量25080g	287,500	江苏汇中	2020-12-10
和田玉籽料原石	重4.65kg	6,641,250	美国摩根	2020-01-14
和田玉籽料原石	8.9cm × 4.8cm × 3.0cm 重量200.5g	402,500	西泠印社	2020-08-10
和田玉籽料原石	5.7cm × 4.6cm	63,250	西泠印社	2020-08-10
和田玉籽料原石	4.1cm × 3.3cm	40,250	西泠印社	2020-08-10
聚红皮和田玉籽料原石	3.7cm × 3.1cm	80,500	西泠印社	2020-08-10
洒金皮和田玉籽料原石	8.8cm × 5.9cm	57,500	西泠印社	2020-08-10
水晶原石		1,275,120	美国摩根	2020-01-14
清早期 迦楠香手串	单珠直径1.5cm	57,500	中国嘉德	2020-08-18
清 菩提子朝珠及琥珀手串	长29cm及5.5cm	51,408	香港苏富比	2020-06-05